城市轨道交通初期运营前安全评估组织指南

王 亮 张韬亮 主编

中国建筑工业出版社

图书在版编目（CIP）数据

城市轨道交通初期运营前安全评估组织指南 / 王亮，张韬亮主编 . — 北京：中国建筑工业出版社，2023.4（2023.11重印）
 ISBN 978-7-112-28497-9

Ⅰ.①城⋯ Ⅱ.①王⋯ ②张⋯ Ⅲ.①城市铁路-交通运输安全-交通运输管理-指南 Ⅳ.①U239.5-62

中国国家版本馆CIP数据核字（2023）第046336号

　　本书包括11章，分别是：城市轨道交通初期运营前安全评估意义及目标、城市轨道交通初期运营前安全评估政策、城市轨道交通初期运营前安全评估前期准备、城市轨道交通初期运营前安全评估资料准备、城市轨道交通初期运营前安全预评估、城市轨道交通初期运营前安全评估前置条件审核、城市轨道交通初期运营前安全评估正式评估、城市轨道交通初期运营前正式评估测试项目、城市轨道交通开通初期运营前正式评估问题库管理、城市轨道交通开通初期运营正式评估常见问题及优化、城市轨道交通开通初期运营。

　　本书可供从事城市轨道交通初期运营专业技术人员使用，也可供城市轨道交通工程建设、运营、设计、咨询及设备制造等单位及大专院校师生使用。

责任编辑：胡明安
责任校对：孙　莹

城市轨道交通初期
运营前安全评估组织指南
王　亮　张韬亮　主编

*

中国建筑工业出版社出版、发行（北京海淀三里河路9号）
各地新华书店、建筑书店经销
北京鸿文瀚海文化传媒有限公司制版
北京盛通印刷股份有限公司印刷

*

开本：787毫米×1092毫米　1/16　印张：24½　字数：607千字
2023年5月第一版　　2023年11月第二次印刷
定价：**75.00元**
ISBN 978-7-112-28497-9
（40628）

版权所有　翻印必究
如有印装质量问题，可寄本社图书出版中心退换
（邮政编码 100037）

主编简介

王亮，高级工程师，南宁市高层次人才，现任洛阳轨道交通集团运营分公司副总经理，从事地铁生产技术管理工作多年，积累了丰富的城市轨道交通运营管理经验，曾参与多家地铁公司多条地铁线路新线筹备：广州地铁三号线、郑州地铁一号线、二号线、南宁地铁一号线等；主持或牵头参与南宁地铁二号线、三号线、四号线、五号线全自动驾驶等线路、洛阳地铁一号线、二号线的设计联络、安装调试、验交、综合联调等运营筹备工作，参与多项国家标准、广西地方标准、行业标准的编制工作。

2005年至今，累计发表学术论文20余篇，参与并主持国家实用新型专利10余项，参与重大科研项目10余个，获得国家级奖项2个，2017年与中国建筑工业出版社合作，出版《城市轨道交通标准化作业教程》《城市轨道交通电客车驾驶》《城市轨道交通工程车驾驶》《城市轨道交通工程车检修技术》《城市轨道交通厂段调度》《城市轨道交通车辆系统功能与组成》《城市轨道交通车辆检修技术》《城市轨道交通设备维修技术》《城市轨道交通设备操作原理》《城市轨道交通运营安全管理》；2019年合作出版《城市轨道交通综合联调组织指南》；2020年合作出版《城市轨道交通新线筹备应用指南》；2021年合作出版《城市轨道交通电客车调试应用指南》等一系列运营专业管理学术著作，在多家单位和机构中担任行业专家，运营和维保管理理念在多家地铁公司推广使用，取得了良好的社会效益，得到了社会和同行的高度赞誉。

主编简介

张韬亮，河南洛阳人，1976年3月出生，2001年8月参加工作，2007年6月入党，硕士研究生学历，高级工程师、注册一级建造师，现任洛阳市轨道交通集团开发有限责任公司总经理。

2001年8月至今，参与了洛阳市多项重要工程建设项目，先后从事市政工程建设、轨道交通建设、商业资源规划运营和土地开发等工作，积累了丰富的工作经验，得到了社会各界广泛认同和赞誉。2012年、2015年和2016年参建项目获得河南省市政工程金杯奖，先后在国家级期刊发表论文多篇，参与多个国家实用新型专利，参与制定《洛阳市城市轨道交通场站及周边土地综合开发管理办法》，切实发挥轨道交通对城市发展的引领带动作用，提高土地集约利用水平，高效推进轨道交通场站及周边土地综合开发工作，建立土地综合开发收益反哺轨道交通建设发展机制。2021年9月当选为中国共产党河南省第十一次代表大会代表，2022年2月当选为洛阳市老城区第十七届人民代表大会代表。

本书编委会

主　编： 王亮、张韬亮
副主编： 蒋鑫、安相祥、贺凤珂、刘杰、职小强、罗敏、冯阵图、李军
主　审： 田华军
编　委：
第1章：王亮、安相祥、马庆祥、郭家慧、张博、韩春阳、高大毛、张浩然、江兴东、张鹏、李燕艳、李军、张韬亮
第2章：蒋鑫、王亮、刘洋、肖晟、王杭、董道锋、李中涛、孔维挺、张露洋、李燕艳、冯阵图、张韬亮
第3章：罗敏、王亮、李军徽、刘洋、贺凤珂、王志亮、张昊、刘洪晔、杨陪龙、张浩然、冯阵图、李军
第4章：刘杰、王亮、贺凤珂、张博、陈瑾、袁亦方、李军徽、高健龙、卫翔、李燕艳、张韬亮
第5章：职小强、王亮、田路路、马庆祥、刘鹏、罗敏、韩春阳、李牧林、杨宇博、冯阵图、李军
第6章：王杭、王亮、王晨曦、陈瑾、肖晟、周靓、刘杰、张鹏、李燕艳、张韬亮
第7章：王志亮、王亮、周靓、田路路、刘鹏、贺凤珂、张琳琳、卫翔、高大毛、李燕艳、冯阵图、张韬亮
第8章：陈东、王亮、蒋鑫、张琳琳、刘超伟、刘永强、江兴东、杨陪龙、李燕艳、李军
第9章：高健龙、王亮、贺凤珂、袁亦方、刘超伟、刘昆鹏、董道锋、孔维挺、李中涛、李燕艳、张韬亮
第10章：田路路、王亮、张国栋、陈东、职小强、刘永强、杨宇博、张露洋、刘洪晔、冯阵图、张韬亮
第11章：刘昆鹏、王亮、张国栋、郭家慧、王晨曦、安相祥、张昊、李牧林、李燕艳、冯阵图、李军

致谢单位：
洛阳市轨道交通集团有限责任公司
中国安全生产科学研究院
广州中咨城轨工程咨询有限公司
南宁轨道交通集团有限责任公司运营公司

序

"生命至上,安全第一"。安全生产事关人民福祉,事关经济社会发展大局。党的十八大以来,习近平总书记高度重视安全生产工作,作出一系列关于安全生产的重要论述。2017年2月,习近平主持召开国家安全工作座谈会强调"要加强交通运输、消防、危险化学品等重点领域安全生产治理"。城市轨道交通是大城市公共交通系统的骨干,在引领和支撑城市发展、满足人民群众出行、缓解交通拥堵、减少环境污染等方面发挥着越来越重要的作用,其运营安全与服务水平对保障人民群众生命财产安全、维护社会稳定以及提升人民群众获得感具有重要意义。近年来,随着我国城市轨道交通开通运营城市不断增多、新增运营里程迅速增加、线网规模持续扩大以及出行分担率稳步增大,城市轨道交通安全运行的压力和挑战日益加大。为提升城市轨道交通安全管理水平,更好地满足人民对城市轨道交通安全运营的需要,交通运输部发布了《城市轨道交通初期运营前安全评估管理暂行办法》等相关政策法规,使得城市轨道交通新建线路开通运营的条件变得越加严格,初期运营前安全评估作为新线投入运营的第一道安全关口,对于保证城市轨道交通安全运行具有重要作用。

本书作者是城市轨道交通运营管理的资深骨干专家,长期在运营安全管理一线工作,理论功底深厚,实践经验丰富,在城市轨道交通初期运营前安全评估组织管理方面颇有建树。为使城市轨道交通相关部门更好地落实城市轨道交通初期运营前安全评估政策,2019年起,本书作者开始收集资料,着手研究初期运营前安全评估组织过程,对安全评估前期准备、安全预评估、前提条件审查、安全正式评估、系统项目测试、评估常见问题、初期运营批复等内容进行了综合整理和深入研究,形成了《城市轨道交通初期运营前安全评估组织指南》一书。综观全书,具有三个鲜明的特点:一是系统性。这本书将初期运营前安全评估组织作为一门学问来研究,吸收了多家地铁评估组织的最新成果,全面阐述了综合性报告的撰写、评估会议的组织及过程管理等工作的理论与实务,体系完整、逻辑严密、表述规范。二是科学性。这本书坚持依"法"评估,全面、准确地诠释了《城市轨道交通初期运营前安全评估技术规范 第1部分:地铁和轻轨》等相关政策法规,全面介绍了安全评估的前提条件、系统功能核验、系统联动测试、运营准备等工作理论、要求、规定,内容规范、精细、严密。三是实用性,这本书坚持从实际出发,着眼于城市轨道交通运输主管部门、其他地铁建设及运营单位安全评估组织管理,既有理论深度,又有实践高度,针对性、指导性和可操作性强。

总之,该书的出版对于丰富城市轨道交通初期运营前安全评估理论,规范城市轨道交通初期运营前安全评估的组织管理，具有很好的借鉴意义，值得安全评估工作理论研究人员和广大城市轨道交通运营安全管理工作者认真一读。

洛阳轨道集团副总经理、运营公司总经理、
教授级高级工程师

前　言

近年来，随着我国社会经济全面快速发展，城市现代化建设形势越来越迅猛，交通压力逐步增加，城市轨道交通凭借其绿色、快捷、安全等特点，已逐渐成为我国城市市民的首选交通出行方式，城市轨道交通线网的规划也成为城市规划的导向。城市轨道交通由于系统复杂，涉及设施设备众多，具有封闭运行、客流密集等特点，在前期设计、建设和后期运营阶段均存在各类安全风险。如何有效控制城市轨道交通工程建设和运营风险，已逐渐成为政府主管部门和城市轨道交通各相关方关注的焦点。

本书以国务院办公厅、交通运输部发布的相关政策文件为依据，结合某城市轨道交通初期运营前安全评估工作经验，将初期运营前安全评估划分为前期工作准备、初期运营前安全评估、评估问题库和工作总结四大部分，从管理和技术等方面对开展安全评估工作的具体方式及思路进行全面而深入的论述与研究。在前期工作准备部分，着重对建设、运营、试运行、综合联调、自评自证、公交接驳方案等各类综合性报告及其他资料进行了独立章节的阐述，兼顾了资料的全面性和系统性；在初期运营前安全评估部分中涵盖了安全预评估会议、前期条件审查、正式评估会议等核心内容，模块化分析讲解了安全评估的组织过程；最后，针对安全评估常见问题进行举例分析，提出建议及措施，阐述闭环管理及批复初期运营的全过程。

本书用以指导城市轨道交通建设单位及运营单位解决在落实城市轨道交通初期运营前安全评估政策时出现的问题，从而更好地完成初期运营前安全评估工作，为城市轨道交通线路安全稳定的开通运营提供有力保障。同时，为了使读者更直观地了解相关工作文件内容，本书尽可能地引用有关地铁及评估单位的文件模板，为城市轨道交通初期运营前安全评估工作提供指导性作用。

本书从2021年策划开始编写，编制人员在广泛收集资料的基础上，结合实践经验，进行严格核实和科学编纂，力求章节内容深入浅出，简单明了。希望读者能通过本书了解城市轨道交通初期运营前安全评估工作中的流程和内容，填补国内轨道行业在该方面的教材空白，为城市轨道交通初期运营前安全评估工作指明方向，提供参考。

目 录

第1章 城市轨道交通初期运营前安全评估意义及目标 ... 1
1.1 初期运营前安全评估意义 ... 2
1.2 初期运营前安全评估目标 ... 5
1.2.1 城市轨道交通初期运营前安全评估方法 ... 6
1.2.2 城市轨道交通初期运营前安全评估工作实施流程 ... 7

第2章 城市轨道交通初期运营前安全评估政策 ... 9
2.1 政策出台背景 ... 9
2.1.1 政策内容解析 ... 9
2.1.2 指导思想 ... 17
2.1.3 基本原则 ... 18
2.1.4 基本要求 ... 18
2.1.5 典型案例 ... 19
2.2 政策落实要求 ... 20

第3章 城市轨道交通初期运营前安全评估前期准备 ... 22
3.1 用户需求书编制 ... 23
3.2 运营评估单位的确定 ... 24
3.3 开展评估审核 ... 25
3.4 初期运营前安全评估方案编制 ... 27
3.4.1 评估范围 ... 28
3.4.2 评估依据 ... 28
3.4.3 关键节点 ... 28
3.4.4 责任分工 ... 31

第4章 城市轨道交通初期运营前安全评估资料准备 ... 52
4.1 建设情况综合报告 ... 52
4.1.1 概述部分 ... 52
4.1.2 前提条件部分 ... 52
4.1.3 系统功能核验部分 ... 54
4.2 运营准备综合报告 ... 62
4.2.1 工程概况 ... 63

4.2.2 初期运营准备工作	67
4.2.3 总结	90
4.3 试运行准备情况报告	94
4.3.1 试运行前期准备	94
4.3.2 试运行情况	98
4.3.3 综合联调开展情况	100
4.3.4 运营演练开展情况	103
4.3.5 总结	104
4.4 综合联调情况报告	105
4.4.1 综合联调概况	111
4.4.2 联调实施过程	113
4.5 自评自证情况报告	121
4.5.1 第一章简述	122
4.5.2 第二章前提条件	122
4.5.3 第三章系统功能核验	123
4.5.4 第四章系统联动测试	125
4.5.5 第五章运营准备	125
4.6 公交接驳方案情况报告	127
4.6.1 概述	127
4.6.2 公交驳接原则	127
4.7 其他资料准备	140
4.7.1 测试报告类	140
4.7.2 运营管理类	142
4.7.3 评估资料清单	143

第5章 城市轨道交通初期运营前安全预评估 147

    5.1 预评估会务组织 147
    5.2 预评估专家检查 157
        5.2.1 专家检查原则 157
        5.2.2 预评估组织 158
        5.2.3 专家评估检查内容 159
        5.2.4 会议流程、具体行程 160
        5.2.5 预评估典型问题 162
    5.3 预评估报告 166
        5.3.1 预评估工作基本情况及线路概况 166
        5.3.2 前提条件核验 167
        5.3.3 系统功能核验情况 168
        5.3.4 系统联动测试情况 169
        5.3.5 其他意见建议 170

5.3.6　运营安全预评估意见 ··· 171

第6章　城市轨道交通初期运营前安全评估前置条件审核 ············ 172

6.1　前提条件概述 ··· 172
6.2　前置条件批复类文件 ·· 173
　　6.2.1　工程项目建设规划批复 ·· 173
　　6.2.2　工程可行性研究和初步设计批复 ····································· 176
　　6.2.3　重大设计变更批复 ··· 177
　　6.2.4　用地和建设许可文件 ··· 177
　　6.2.5　土建工程及其装饰装修、设备系统及其安装工程等质量验收监督意见 ··· 180
　　6.2.6　车站、区间、中间风井、车辆基地、控制中心、主变电所等消防验收文件 ··· 185
　　6.2.7　起重设备、电（扶）梯、压力容器等特种设备验收文件 ············ 186
　　6.2.8　人防验收文件 ··· 186
　　6.2.9　卫生评价文件 ··· 188
　　6.2.10　建设单位编制的环保验收报告 ······································ 189
　　6.2.11　档案验收文件 ·· 189
　　6.2.12　竣工验收报告 ·· 190
　　6.2.13　甩项工程批复 ·· 191
　　6.2.14　安全评价文件 ·· 193
6.3　试运行 ··· 193
　　6.3.1　试运行基本情况 ·· 193
　　6.3.2　运营指标分析 ··· 194
6.4　客流预测报告以及票价批复 ··· 195
　　6.4.1　客流预测报告 ··· 195
　　6.4.2　票价批复 ··· 196
6.5　运营应急演练及预案 ·· 197
　　6.5.1　应急演练总体要求 ··· 197
　　6.5.2　演练工作流程 ··· 198
　　6.5.3　演练总体方案 ··· 198
　　6.5.4　演练桌面推演会 ·· 198
　　6.5.5　演练保障 ··· 199
　　6.5.6　演练实施 ··· 199
　　6.5.7　评估总结 ··· 200
　　6.5.8　总体演练报告 ··· 201
　　6.5.9　应急预案 ··· 201
6.6　前置条件专家审核 ·· 203

第7章　城市轨道交通初期运营前安全评估正式评估 ··················· 207

7.1　正式评估会务组织 ·· 208

7.1.1　酒店选取 ·· 208
7.1.2　会务手册 ·· 208
7.1.3　会务协调 ·· 208
7.1.4　会议日程安排 ··· 209
7.1.5　评估专家分工 ··· 210
7.1.6　人员分工 ·· 210
7.1.7　会务安排 ·· 211
7.1.8　会议准备 ·· 212
7.1.9　首次会议议程 ··· 213
7.1.10　注意事项 ·· 213
7.2　正式评估专家的甄选 ··· 213
7.2.1　评估专家甄选的意义 ·· 213
7.2.2　第三方安全评估机构 ·· 213
7.2.3　评估专家确认 ··· 214
7.3　正式评估专家分组及会议安排 ··· 215
7.3.1　专家设置及分组 ··· 215
7.3.2　专家评估检查内容 ··· 217
7.3.3　具体行程及会议流程 ··· 218
7.3.4　会议资料 ·· 221
7.4　专家现场检查及测试简介 ··· 243
7.4.1　专家现场检查 ··· 243
7.4.2　测试简介 ·· 244
7.5　正式评估报告 ··· 245
7.5.1　评估工作基本情况 ··· 245
7.5.2　前提条件 ·· 247
7.5.3　系统功能核验情况 ··· 248
7.5.4　系统联动测试情况 ··· 249
7.5.5　运营准备工作情况 ··· 249
7.5.6　运营安全评估意见 ··· 249
7.5.7　地铁正式评估报告 ··· 250

第8章　城市轨道交通初期运营前正式评估测试项目 ·········· 280

8.1　正式评估测试项目分类 ·· 280
8.2　正式评估测试项目的具体要求 ··· 281
8.3　正式评估测试项目的操作步骤 ··· 294
8.4　正式评估测试项目现场评估测试 ··· 303
8.4.1　车辆系统测试 ··· 303
8.4.2　通信系统测试 ··· 304
8.4.3　信号系统测试 ··· 305

13

8.4.4　消防和给水排水系统测试 ························ 306
　　8.4.5　系统联动测试 ···································· 307
8.5　正式评估测试项目的总结 ······························ 308
　　8.5.1　系统测试的意义 ·································· 308
　　8.5.2　各阶段的系统测试 ································ 308
　　8.5.3　正式评估系统测试的整体流程 ···················· 309

第9章　城市轨道交通开通初期运营前正式评估问题库管理 ·········· 321

9.1　问题的介绍与分类 ······································ 321
　　9.1.1　现场进度检查问题介绍 ···························· 321
　　9.1.2　预评估及正式评估专家检查问题介绍 ·············· 327
9.2　问题库的分工及整改工作安排 ·························· 327
　　9.2.1　初期运营前安全评估的评估范围 ··················· 327
　　9.2.2　初期运营评估整改方案 ···························· 328
9.3　问题库整改工作的整理与自查自证报告的编写 ········· 329
9.4　配合专家核查问题整改与销项 ·························· 351
9.5　问题库的持续性跟踪与优化 ···························· 353

第10章　城市轨道交通开通初期运营正式评估常见问题及优化 ······ 358

10.1　正式评估会议常见问题梳理与分类 ··················· 358
　　10.1.1　正式评估常见问题 ······························· 358
　　10.1.2　常见问题汇总 ··································· 360
10.2　建议及措施 ·· 363
　　10.2.1　安全评估相关措施 ······························· 363
10.3　相关方案及规定模板 ·································· 364

第11章　城市轨道交通开通初期运营 ······················ 368

11.1　城市轨道交通新线初期运营批复 ······················ 368
11.2　初期运营前安全评估总结 ······························ 370
11.3　正式开通运营 ·· 371

参考文献 ·· 373

第1章 城市轨道交通初期运营前安全评估意义及目标

随着我国社会经济全面快速发展，城市现代化建设形势越来越好。在人们的交通出行方式中，城市轨道交通占据至关重要的位置，城市轨道交通线网的规划也成为城市规划的导向。纵观我国城市轨道交通发展历史，虽然比英国伦敦第一条城市轨道交通线路建成晚了100多年，但发展速度不容小觑。从我国第一条城市轨道交通线路投入运营至2022年1月，我国内地累计已有51座城市拥有城市轨道交通运营线路。城市轨道交通由于系统复杂且涉及范围广等特点，在前期设计、建设和后期运营阶段均存在各类安全风险。如何有效控制城市轨道交通工程建设和运营风险，逐渐成为我国政府主管部门和城市轨道交通各相关方关注的焦点。

为提升城市轨道交通安全管理水平，更好地满足人民对城市轨道交通安全运营的需要，国务院办公厅于2018年3月7日印发了《国务院办公厅关于保障城市轨道交通安全运行的意见》（国办发〔2018〕13号），要求各地政府以及相关机构围绕安全和服务两个方面，从体制机制、法规标准、管理制度、技术支撑、安全基础、服务品质以及安全防范治理能力等几个方面着手进行提升，以切实保障城市轨道交通的安全运行。

为响应国务院办公厅要求，交通运输部于2018年5月14日发布了《城市轨道交通运营管理规定》（交通运输部令2018年第8号），重点对运营基础要求、运营服务、安全支持保障、应急处置、法律责任几方面作出规定。其中，第十条～第十七条首次提出了城市轨道交通需开展初期运营前、正式运营前以及运营期间安全评估工作，但未制定具体管理办法。初期运营前安全评估作为新线投入运营的第一道安全关口，对于保证城市轨道交通安全运行具有重要作用，其管理办法的制定与出台也是目前各地城市轨道交通工程最迫切的需求。

交通运输部于2019年1月29日印发了《交通运输部关于印发〈城市轨道交通初期运营前安全评估管理暂行办法〉的通知》（交运规〔2019〕1号）（下文简称《暂行办法》），《暂行办法》详细规定了初期运营前安全评估管理与实施相关内容；并于2019年2月1日发布《交通运输部办公厅关于印发〈城市轨道交通初期运营前安全评估技术规范 第1部分：地铁和轻轨〉的通知》（交办运〔2019〕17号）（下文简称《技术规范》），针对初期运营前安全评估工作的技术内容进行了细化规定。

除规章制度上需要不断优化之外，初期运营前安全评估也具有重要的现实意义。

一是进一步落实党中央、国务院有关安全生产决策部署的需要。近年来国务院采取了一系列行之有效的安全生产工作措施，如2010年印发了《国务院关于进一步加强企业安全生产工作的通知》，2011年印发了《国务院关于坚持科学发展安全发展促进安全生产形势持续稳定好转的意见》，2020年修订了《中华人民共和国刑法》《中华人民共和国安全生产法》，其中很多内容都需要上升为法律规定，对安全生产提出了更高的要求。如2019

年1月8日（开通仅十余天）17时许，某轨道交通环线区间人防门侵入列车行驶区域，一列车发生擦碰，造成第一节车厢略微偏移、车头受损，但未脱轨，事故造成1死3伤（一名工作人员死亡，另有两名工作人员和一名乘客受伤）。为吸取事故的教训，《技术规范》中，增加了第二十八条："声屏障、防火门、人防门、防淹门等构筑物具有安装牢固、定位锁定和防护措施是否到位的检查记录"。

二是进一步遏制轨道交通安全事故的需要。全国安全形势总体保持稳定，轨道交通行业的重、特大事故较少，但亡人事故、脱轨事故、外部因素导致的事故时有发生，尤其是试运行期间及初期运营期间安全事故屡禁不止，安全生产形势依然严峻。如2013年1月8日上午9时9分，某地铁首期工程南段列车在空载试运行过程中，列车行至离某站约500m段时，第一节车厢脱轨，导致司机室暖风装置坠落，造成值班司机一死一轻伤。事故原因是施工单位未严格按照施工规范操作，致使高架与地下隧道过渡段处防火门坠落，侵入行车线路限界，从而导致列车脱轨。

三是外部环境增加了轨道交通运营安全的压力。《技术规范》中增加了第八条："按照规定划定城市轨道交通工程项目保护区，具有建设单位根据土建工程验收资料勘界后制定的保护区平面图，并在具备设置条件的保护区设置提示或警示标志。"对地铁外部环境的变化和预防有非常的强针对性。例如2021年1月22日，某勘察设计有限公司在施工现场开展勘察施工时，直径为9cm的钻头击穿了地铁1号线隧道，侵入隧道98cm，与当时正在运营的列车发生擦碰；2021年3月4日15时10分左右，某市某垃圾中转站提升改造项目现场，某公司工人在进行勘察作业时，打穿地铁1号线区间隧道顶部，造成地铁短暂停运，未造成人员伤亡，直接经济损失73.0186万元；2021年5月24日晚，由于某地方市政工程施工，地铁8号线隧道被贯通，导致隧道拱顶结构严重破坏，大面积渗水。事故的原因均为外部施工单位在未经审批情况下擅自施工造成。仅2021年上半年就连续发生了三起外部因素导致地铁停运事故，可见地铁运营外部环境十分严峻。

鉴于初期运营前安全评估是开通运营的最后一道关口，初期运营前安全评估质量直接关系初期运营后的运营安全，严把初期运营前安全评估质量关尤为重要，在正式运营前必须坚持"责任第一、质量第一、安全第一、生命第一"的"四不"原则：前提条件未达标不予开展正式评估；技术指标未达标不予通过评估；未通过初期运营前安全评估不得投入初期运营；评估问题未整改不予载客运营。从而可见城市轨道交通初期运营前安全评估目的明确意义非凡。

1.1 初期运营前安全评估意义

2018—2019年，国家层面连续发布实施的一系列评估体系文件，强化了安全运营的目标和要求，对线路开通运营的衔接风险、运营风险、项目风险及关键环节可能产生的风险等进行了有效的控制。

《暂行办法》详细规定了初期运营前安全评估管理与实施相关内容；并于2019年2月1日发布《技术规范》，针对初期运营前安全评估工作的技术内容进行了细化规定。《技术规范》发布实施前，国内城市轨道交通新线正式运营前的主要技术判定依据为交通运输部于2013年10月10日发布、2014年4月实施的《城市轨道交通试运营基本条件》GB/T

30013—2013，而《技术规范》颁布实施后，《城市轨道交通试营运基本条件》GB/T 30013—2013没有被宣布作废或取代，因此当前国内城市轨道交通新线都应通过土建施工、设备安装与调试、综合联调、试运行、工程验收和安全评估等工作流程后才能正式开通运营，如图1.1-1所示。

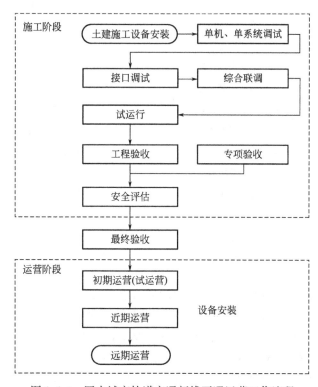

图1.1-1　国内城市轨道交通新线开通运营工作流程

《暂行办法》与《技术规范》均于2019年7月1日起正式实施。运营前安全评估作为新线投入运营的第一道安全关口，对于保证城市轨道交通安全运行具有重要作用，其管理办法的制定与出台也是目前各地城市轨道交通工程最迫切的需求。《暂行办法》详细规定了初期运营前安全评估管理与实施相关内容，《技术规范》针对初期运营前安全评估工作的技术内容进行了细化规定。

(1) 从对城市轨道交通项目的监管角度看，《城市轨道交通试运营基本条件》GB/T 30013—2013是项目参建方进行综合联调、试运行、应急演练等应遵循的技术依据，而《技术规范》是国家交通主管部门对城市轨道交通项目开通运营前进行安全评估的强制规定；从内容和技术角度分析，《技术规范》详细规定了城市轨道交通初期运营前安全评估的技术方法，在《城市轨道交通试运营基本条件》GB/T 30013—2013基础上细化、整合与增补了规范，其中主要新增轮轨关系与弓网关系的联动功能测试内容，由此可知《技术规范》比《城市轨道交通试运营基本条件》内容更细化、要求更精确、标准更严格，是对新建线开通运营准许标准的一次全面提升，所以目前国内地铁均是参考《技术规范》做正式运营前的安全评估，检验各项设备系统是否已全部达到设计能力，验证运营准备是否到位，从而科学判定是否具备开通运营条件（表1.1-1）。

《技术规范》与《基本条件》相关规定内容的对比　　　　　表1.1-1

《技术规范》		与《基本条件》相关规定内容的对比
章	节	
第一章　总则	—	—
第二章　前提条件	—	与第4章对应、细化并略有新增
第三章 系统功能核验	第一节　土建工程	与第6章对应、细化并略有新增
	第二节　设备系统	与第7.1节及第8章对应、细化并略有新增
	第三节　车辆基地	与第7.2节对应、细化并略有新增
	第四节　控制中心	第6章与第7章内容的整合与细化
第四章 系统联动测试	第一节　轮轨关系	完全新增
	第二节　弓网关系	完全新增
	第三节　信号防护	第8.3节内容的细化
	第四节　防灾联动	第8.6节、8.7节内容的细化
第五章 运营准备	第一节　组织架构	与第9.1.1条对应、细化并略有新增
	第二节　岗位与人员	与第9章对应、细化并略有新增
	第三节　运营管理	与第10章对应、细化并略有新增
	第四节　应急管理	与第11章对应、细化并略有新增

（2）从对城市轨道交通管理角度看，我国城市轨道交通的规划与工程建设主管部门为住房和城乡建设部，工程建设的质量把控与竣工验收主要依据住房和城乡建设部于2014年3月27日印发的《关于印发城市轨道交通建设工程验收管理暂行办法的通知》（建质〔2014〕42号）（下文简称《通知》）。城市轨道交通线路运营的主管部门为交通运输部，在《暂行办法》发布之前，城市轨道交通准许开通试运营的主要依据《城市轨道交通试运营基本条件》GB/T 30013—2013。

城市轨道交通工程由建设向运营移交，需要住房和城乡建设部与交通运输部两个部门的协调与配合。原则上，城市轨道交通试运营基本条件评审应作为新线开通前的最后一道关卡，以确保新线从建设到运营的顺利交接，保障新线的安全运营。住房和城乡建设部在《通知》第七条中规定"城市轨道交通建设工程所包含的单位工程验收合格且通过相关专项验收后，方可组织项目工程验收；项目工程验收合格后，建设单位应组织不载客试运行，试运行三个月、并通过全部专项验收后，方可组织竣工验收；竣工验收合格后，城市轨道交通建设工程可履行相关试运营手续"。交通运输部也在《基本条件》中规定了工程开展试运营基本条件评审的前提为："城市轨道交通建设工程完成后，工程初步验收合格，影响运营安全的遗留问题整改完成"。由此可知，在《暂行办法》发布前，住房和城乡建设部与交通运输部均已对于初步工程验收与试运营两个环节的接续关系给出了规定。

在《暂行办法》发布后，交通运输部将城市轨道交通工程项目试运营阶段改为初期运营阶段。在《暂行办法》实施后，城市轨道交通工程新建项目需依据《暂行办法》的相关要求完成初期运营前安全评估工作，然后才能开通初期运营。之前先依据《基本条件》进行试运营基本条件评审、再开通试运营的模式被初期运营前安全评估所取代。在《暂行办法》第四条中明确规定了"城市轨道交通工程项目未经竣工验收合格不得开展初期运营前安全评估，未通过初期运营前安全评估不得投入初期运营"。此文是对《国务院办公厅关于保障城市轨道交通安全运行的意见》（国办发〔2018〕13号）中提出的"有序统筹规划建设运营——做好相关环节衔接"意见的具体响应，更加明确了建设与运营之间的接续关系，促使建设及施工单位对未能达到开通运营标准要求的项目问题进行及时整改，充分保证工程移交质量。

（3）从技术角度看，交通运输部印发的《技术规范》中，对开展城市轨道交通初期运营前安全评估的技术方法进行了详细规定，内容包括前提条件确认、系统功能核验、系统联动测试以及运营准备四大部分。

1）前提条件部分规定了开展初期运营前安全评估的基本条件。

2）系统功能核验部分对单一系统功能核验的项目、内容和方法进行了规定。要求在城市轨道交通工程项目单位的工程、分项工程验收和测试报告基础上，由第三方机构以核查报告、测试等形式对单个系统的关键功能进行核验与再确认。

3）系统联动测试部分规定了系统联动功能测试的项目、内容和方法。对于跨系统的联动功能，从轮轨关系、弓网关系、信号防护、防灾联动等方面提出测试项目，并规定了测试内容、方法以及结果要求。

4）运营准备部分规定了在初期运营前应完成的运营准备工作。要求从组织架构、岗位与人员、运营管理、应急准备等方面对运营单位和相关部门的运营准备情况进行评估。

为了从技术角度分析《暂行办法》实施前后城市轨道交通新建线路开通运行准许标准的变化，将《技术规范》与《城市轨道交通试运营基本条件》GB/T 30013—2013中相关的规定内容进行对比分析，两者内容差异见表1.1-1。

由表1.1-1可知，《技术规范》中的第二章、第三章、第四章第三、四节及第五章内容均是在《城市轨道交通试运营基本条件》GB/T 30013—2013规定内容的基础上进行的细化、整合及一定程度的新增补充；仅第四章第一节与第二节在《城市轨道交通试运营基本条件》GB/T 30013—2013中无对应章节，属于完全新增内容。由此可知，《技术规范》中不仅要求对于单一系统的功能进行核验，还要求对直接与运营安全相关的系统，如轮轨系统、弓网系统、信号防护系统以及防灾系统的联动功能进行测试，其原因在于多系统间的联动测试能够对城市轨道交通新建线路进行更加全面的检验。《技术规范》在原有的由专家通过感官检查、资料检查等手段对城市轨道交通工程主要功能进行确认的方法基础上，增加了以动态测试为技术手段、以科学数据为最终依据的动态检测项目（轮轨关系与弓网关系检测），有利于全面评估工程功能和性能，及时发现与解决系统间的匹配问题，为新建线路安全开通运营提供更有力的保障。《技术规范》相较于《城市轨道交通试运营基本条件》GB/T 30013—2013，内容更细化，要求更精确，标准更严格，是新建线路开通运营准许标准的一次全面提升。

1.2 初期运营前安全评估目标

城市轨道交通系统复杂、设备众多且涉域极广，初期运营前安全评估作为新线投入运营的第一道安全关口，能够有效发现潜在安全问题、科学分析安全问题、客观评价安全问题、充分解决安全问题，对于保证城市轨道交通安全运行具有重要作用，已成为保障运营安全的重要手段。

交通运输部根据《国务院办公厅关于保障城市轨道交通安全运行的意见》(国办发〔2018〕13号)、《城市轨道交通运营管理规定》(交通运输部令2018年第8号)发布《暂行办法》《技术规范》相关政策法规，对城市轨道交通初期运营前安全评估管理、技术、实施等内容进行了细化规定。

1.2.1 城市轨道交通初期运营前安全评估方法

城市轨道交通新线开通前通过专家预检查、安全评估和资料审查对线路设备和运营准备情况进行全面、客观地评估，与设计的功能指标和有关标准进行比较，确定相关系统设备是否安全可靠运行，对运营单位设备移交和试运营起到一定的质量把控作用，最终检验是否满足开通初期运营的要求。涵盖以下三个方面：

（1）前提条件：《技术规范》第二章对前提条件进行了细致要求，强调本城市轨道交通工程项目是否满足初期运营前安全评估前提条件进行审核，包含关键指标、试运行情况、各批复和许可文件、竣工验收、问题整改及地铁保护区管理。

《暂行办法》第二章第五条、第六条分别是对建设单位和运营单位的符合性审查。初期运营前安全评估是建设转入运营环节时，对线路是否具备安全运营的基本条件进行把关，不是也不能代替城市轨道交通建设阶段的工程项目验收。《暂行办法》中强调试运行关键指标必须达到要求，并规定初期运营安全评估前，城市轨道交通工程项目应按规定通过专项验收并经竣工验收合格，且验收发现的影响运营安全和基本服务质量的问题必须完成整改；有甩项工程的，甩项工程不得影响初期运营安全和基本服务水平，并有明确范围和计划完成时间。结合住房和城乡建设部发布的《关于印发〈城市轨道交通建设工程验收管理暂行办法〉的通知》(建质〔2014〕42号)第四章第十九条等相关规定，只有项目工程验收的遗留问题全部整改完毕，试运行过程中发现的问题已整改完毕，有试运行总结报告后方可进行竣工验收。两个办法共同制衡，将新线建设质量和运营安全服务质量提升到新的高度。此外，针对一直困扰运营单位的保护区问题也做了明确规定，即开通前需制定保护区平面图并在保护区设定警示标识。符合这些条件的，方能开展初期运营前安全评估。

（2）系统功能核验及联动测试：《技术规范》对设施设备系统功能应具备要求进行了细致规定，使现场检查和测试有章可循、有据可依。测试核验内容以《地铁设计规范》GB 50157—2013为蓝本，在此基础上充分研究城市轨道交通运营现状，提出了切实可行的要求，具体如下：

1）系统功能核验：主要对土建工程、设备系统、车辆基地、控制中心等系统功能是否符合设计文件要求进行核验。规定了单一系统功能核验的项目、内容和方法，在轨道交通工程项目单位的工程、分项工程验收和测试报告基础上，由第三方机构以核查报告、测试等形式对单个系统的关键功能进行核验和再确认。例如《技术规范》第十三条规定，各专业过轨管线使用道床预留过轨孔洞，因特殊原因需直接过轨时应采取绝缘措施。

2）系统联动测试：规定了系统联动功能测试的项目、内容和方法，主要是对轮轨关系、弓网关系、信号防护、防灾联动等方面开展联动测试。例如《技术规范》表31规定，需选取影响远期运输能力的车站折返线作为测试对象，同时具有设计单位提供的供电能力核算报告和一定数量的电客车参与测试。

（3）初期运营准备工作：参照《技术规范》第五章，从运营单位组织架构、人员准备、人员培训、运营管理制度建设、初期运营客流预测报告、列车运行计划、通过能力测试报告、公交配套衔接方案、备品备件准备、综合联调、试运营情况、行车组织、客运组织、票务组织、维修组织、技术保障、应急预案及运营演练等方面对运营单位和相关部门的运营准备情况进行评估。

评估完毕后由评估单位出具初期运营前安全评估报告（图 1.2-1），并向城市人民政府报告评估情况，申请办理初期运营手续。初期运营前安全评估报告是完成安全评估工作后的总结性报告，作为安全评估顺利完成的重要依据。根据《技术规范》逐项推敲，涵盖 8 项重要内容，分别是评估工作基本情况、线路基本概况、前提条件、系统功能核验情况、系统联动测试情况、运营准备工作情况、运营安全评估意见及其他意见建议。

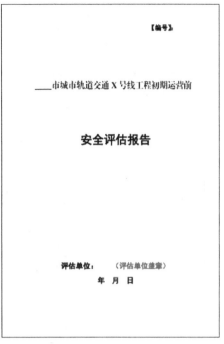

图 1.2-1 某市城市轨道交通某号线工程初期运营前安全评估报告

1.2.2 城市轨道交通初期运营前安全评估工作实施流程

《暂行办法》中对当地城市轨道交通运营主管部门、建设单位、运营单位、第三方安全评估机构及运营安全专家所负责的工作做出了明确要求。根据《暂行办法》相关规定对城市轨道交通初期运营前安全评估工作实施流程梳理为三个阶段：安全评估筹备阶段、安全评估实施阶段、完成安全评估阶段，如图 1.2-2 所示。

1. 安全评估筹备阶段

运营主管部门负责组织第三方安全评估机构实施本行政区域内的初期运营前安全评估工作；运营单位在开展初期运营前安全评估工作前，应具备安全运营、养护维修和应急处置能力及资质，并在本阶段，应会同建设单位向运营主管部门提交安全评估所需材料，包含建设情况综合报告、运营准备综合报告、试运行准备情况报告、综合联调情况报告、自评自证情况报告、公交接驳方案情况报告等。

2. 安全评估实施阶段

由第三方评估机构秉承独立、公平、客观的原则，按照《技术规范》开展评估工作，进行前提条件审核、系统功能核验、系统联动测试、运营准备评估工作并出具评估报告，建设及运营单位配合第三方评估机构做好安全评估工作，如前置条件概述、前置条件批复类文件、客流预测报告以及票价批复、测试项目、制定评估问题整改方案、会务组织工作等。

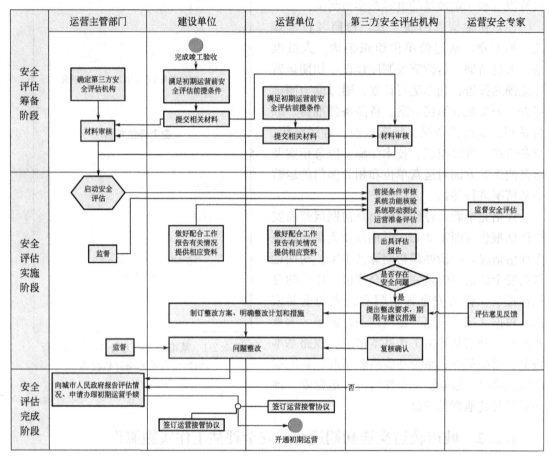

图 1.2-2 城市轨道交通初期运营前安全评估工作实施流程

3. 完成安全评估阶段

运营会同建设单位对评估中发现的问题完成整改后经第三方安全评估机构复核确认后上报运营主管部门，并申请办理初期运营手续。

第 2 章 城市轨道交通初期运营前安全评估政策

2.1 政策出台背景

近年来,我国城市轨道交通快速发展。截至 2022 年 1 月,我国内地累计已有 51 个城市开通运营轨道交通。城市轨道交通在引领和支撑城市发展、满足人民群众出行、缓解交通拥堵、减少空气污染等方面发挥着越来越重要的作用,已成为大城市人民群众日常出行首选的公共交通方式。与此同时,随着运营里程和客流的快速增长,城市轨道交通安全运行压力和挑战也日益加大,初期运营前安全评估作为新线投入运营的第一道安全关口,对于保证城市轨道交通安全运行具有重要作用。《国务院办公厅关于保障城市轨道交通安全运行的意见》(国办发〔2018〕13 号)明确提出,"城市轨道交通建设工程未通过运营前安全评估的,不得投入运营";《城市轨道交通运营管理规定》(交通运输部令 2018 第 8 号)明确要求,"城市轨道交通工程项目验收合格后,由城市轨道交通运营主管部门组织初期运营前安全评估。通过初期运营前安全评估的,方可依法办理初期运营手续"。因此,需出台初期运营前安全评估的管理制度和技术规范,贯彻落实《国务院办公厅关于保障城市轨道交通安全运行的意见》(国办发〔2018〕13 号)和《城市轨道交通运营管理规定》(交通运输部令 2018 第 8 号)要求。

为规范城市轨道交通运营管理,保障运营安全,提高服务质量,促进城市轨道交通行业健康发展,根据国家有关法律、行政法规和国务院有关文件要求,制定了相关规定。

城市轨道交通运营管理应当遵循以人民为中心、安全可靠、便捷高效、经济舒适的原则。

2.1.1 政策内容解析

1. 概述

城市轨道交通是城市公共交通系统的骨干,是城市综合交通体系的重要组成部分,是便民惠民的重大民生工程,其安全运行对保障人民群众生命财产安全、维护社会安全稳定具有重要意义。近年来,我国城市轨道交通快速发展,在支撑和引领城市发展、满足人民群众出行、缓解交通拥堵、减少环境污染等方面发挥着越来越重要的作用,已成为大城市人民群众日常出行重要的交通方式和城市正常运行的重要保障。但随着近年来运营里程迅速增加、线网规模不断扩大,城市轨道交通安全运行压力也日趋加大。2017 年《国务院关于印发"十三五"现代综合交通运输体系发展规划的通知》(国发〔2017〕11 号)中明确指出,交通运输是国民经济中基础性、先导性、战略性产业,是重要的服务性行业。构建现代综合交通运输体系,是适应把握引领经济发展新常态,推进供给侧结构性改革,推动国家重大战略实施,支撑全面建成小康社会的客观要求。随着我国开通运营城市不断增多、新增运营里程迅速增加以及线网规模持续扩大,城市轨道交通安全运行的压力和挑战也日益加大,在管理体制机制、法规标准体系、规划建设与运营衔接、应急处置能力等方面存在诸多问题。

同时,为全面贯彻党十九大精神,坚持以习近平新时代中国特色社会主义思想为指导,以切实保障城市轨道交通安全运行为目标,遵循"以人为本、安全第一,统筹协调、改革创新,预防为先、防处并举,属地管理、综合治理"的基本原则,完善体制机制,健全法规标准,创新管理制度,强化技术支撑,夯实安全基础,提升服务品质,增强城市轨道交通安全防范治理能力。2018—2019年间,4个轨道交通相关安全运营、评估管理文件应运而生,分别为:(1)《国务院办公厅关于保障城市轨道交通安全运行的意见》(国办发〔2018〕13号);(2)《城市轨道交通运营管理规定》(交通运输部令2018年第8号);(3)《交通运输部关于印发〈城市轨道交通初期运营前安全评估管理暂行办法〉的通知》(交运规〔2019〕1号,下文简称《暂行办法》);(4)《交通运输部办公厅关于印发〈城市轨道交通初期运营前安全评估技术规范 第1部分:地铁和轻轨〉的通知》(交办运〔2019〕17号,下文简称《技术规范》)。

2. 《国务院办公厅关于保障城市轨道交通安全运行的意见》(国办发〔2018〕13号)

(1)出台背景

"自北京1969年开通第一条城市轨道交通线路以来,短短50年左右,中国城市轨道交通走过了国外发达国家150年的发展历程。"——2018年原交通运输部党组成员、副部长兼直属机关党委书记,现广西壮族自治区党委委员、常委,副书记刘小明谈到。

自2010年开始,全国城市轨道交通开通运营呈井喷式发展,伴随着线网规模持续扩大,城市轨道交通安全运行面临严峻挑战,安全保障压力不断增加。2017年以前,我国城市轨道交通安全运行管理基础比较薄弱,安全管理水平与安全发展要求不适应、不协调的问题较为突出,从业人员和行业人才储备较少。具体体现在以下几个方面:

1)体制机制尚不完善。城市轨道交通全生命周期包括规划、建设、运营等环节,由发展改革、住房城市建设、交通运输等部门分别负责管理,还涉及公安等部门的职责。当前,由于部分监管衔接界面不够清晰,导致各部门的工作协调机制不够顺畅,运营难以提前介入前期规划和建设工作,增加了后期运营安全风险和运营服务难度,不利于保障城市轨道交通平稳发展、安全运行。此外,多数省、市行业主管部门未设置专门的管理机构,专业管理人员不足,专业监管力量普遍较为薄弱。

2)法规标准尚不健全。国家和省(区、市)层面城市轨道交通专项法律法规缺失,城市轨道交通法律法规体系不健全的问题较为突出,法律法规体系亟待建立。多数省份未出台城市轨道交通专项法规或者规章,一些城市虽然制定了地方性法规或者政府规章,但受制于法律层级,对城市轨道交通运营有效监管和有力执法难以提供坚实保障。

3)运营安全压力增加。随着人民群众出行需求持续增长和城市轨道交通网络化效应逐步显现,城市轨道交通运行的安全管控压力持续增加,部分城市的骨干线路超负荷运行,高峰期车辆、车站严重拥挤,运能趋于饱和,对设施设备、从业人员、运营环境等运营安全管理提出了更高要求。此外,建设和运营交接、运营关键设施设备准入、运输组织、维修维护等运营管理制度尚未建立健全,运营安全管理水平有待进一步提高。

4）公共安全压力加大。由于具有人员密集、空间封闭、救援难度大等特点，城市轨道交通公共安全防范现实威胁不断增大，城市轨道交通日益成为反恐防暴、治安维稳的薄弱环节。当前，公安部门、交通运输部门、运营单位等各方在公共安防方面的职责不够明晰；安检工作有待进一步规范，安检能力与大流量通行需求的矛盾突出，不利于公共安全管理和防范水平的提高。

5）应急处置能力有待提升。随着各地城市轨道交通线网结构的完善，网络化运营特性逐步显现，单一线路的突发事件可能影响整个线网，对突发事件应对提出了更高要求。此外，部分城市应急演练模式单一，演练缺乏实战性，社会公众参与程度不够、安全防范意识不强，对提高应急处置能力作用有限。

6）从业人员素质有待进一步提高。随着城市轨道交通快速发展，建设与运营规模持续扩大，从业人员特别是专业技术和管理人才存在缺口，从业人员素质与行业快速发展需求之间的矛盾日益凸显。同时，从业人员的低龄化趋势显著，工作经验普遍不足，增加了安全运行风险。

其中第6）条重点表现为以下三个方面。

① 供求矛盾突出。据统计，全国共有城市轨道交通从业人员近20万人，按照目前国家标准每公里配置人数的推荐值测算，我国城市轨道交通从业人员的缺口较大。

② 经验普遍不足。全国新开通城市和各地线网规模持续高速增长，导致有经验的从业人员迅速摊薄，从业人员低龄化趋势明显，从业经验普遍不足。据统计，国内新开通城市的城市轨道交通列车驾驶员平均年龄普遍在24岁，平均工作年限仅3～5年，与东京、新加坡平均工作年限12年、9年相比存在较大差距。

③ 素质有待提升。城市轨道交通具有系统复杂、专业性强等特点，关键岗位人员和管理人员培养周期长，行业管理及技术力量储备压力持续增加。目前，各地针对不同岗位的执业技能培训与考核不足，相关配套机制和体系尚不健全，从业人员知识更新与技能提升渠道不够顺畅。

为做好《国务院办公厅关于保障城市轨道交通安全运行的意见》（国办发〔2018〕13号）起草编制工作，2016年12月至2017年3月交通运输部专项成立"城市轨道交通运营安全调研组"，坚持"以人为本、安全第一、统筹协调、改革创新，预防为先、防处并举，属地管理、综合治理"的基本原则，从城市轨道交通规划、建设、运营全过程、各环节着手，重点围绕构建综合治理体系、有序统筹规划建设运营、加强运营安全管理、强化公共安全防范、提升应急处置能力、完善保障措施等方面，明确了城市轨道交通安全运行的顶层设计和重点举措，并组织有关科研机构、运营单位、行业协会等多方力量，对当时开通运营城市轨道交通的29个城市进行了全面调研，旨在深入了解城市轨道交通运营现状、认真剖析存在问题、听取各家单位的政策诉求。同时，组织广泛收集、整理相关行业以及伦敦、纽约、东京等国际大都市城市轨道交通发展的经验和教训。在此基础上，起草形成了《国务院办公厅关于保障城市轨道交通安全运行的意见》（国办发〔2018〕13号）初稿。期间，多次召开座谈会，听取各有关省份和城市交通运输主管部门、运营单位等各方意见建议，并就有关问题多次与国家发展改革委、公安部、住房城乡建设部、安监总局等部门协调沟通。

截至《国务院办公厅关于保障城市轨道交通安全运行的意见》（国办发〔2018〕13

号)发布前,国家层面尚未出台城市轨道交通关键设施设备的运营准入技术条件和产品定型规定,各个国家、各种品牌、各种型号的设施设备均可以进入行业。以城市轨道交通中车辆和信号系统为例,我国城市轨道交通车辆系统主要供应商有中车、西门子、庞巴迪等10余个品牌,某地铁的全网运行车辆品牌至少有8种;信号系统主要供应商有中国通号、北京交控、卡斯柯、阿尔斯通、西门子等8个品牌,某地铁的全网信号品牌至少有6种。不同城市、不同线路、同一线路的不同区段和不同时期的设施设备供应商不同,导致设备设施兼容性、系统性和稳定性不强,新线与老线之间互联互通和资源共享存在障碍,制约了网络化运营发展,不利于网络资源统一调度和突发事件联动处置,也增加了备品备件储备、人员技能培训、设施设备养护维修等成本,加大了安全运行风险。

(2)政策解析

为贯彻《国务院关于印发"十三五"现代综合交通运输体系发展规划的通知》,落实党的十九大精神,完成城市轨道交通相关工作部署,2018年后较长一段时期,全国城市轨道交通工程建设保持较快发展速度。对此,为坚持贯彻"百年大计、质量第一"思想方针,针对新一轮城市轨道交通建设存在的周边环境复杂、技术要求高、风险管控难度大的特点,防微杜渐,严格执行工程质量有关法律法规和强制性标准,城市轨道交通工程质量设计要达到安全可靠、功能合理、经济适用、节能环保、技术先进的要求。工程建设要加强各环节质量控制和竣工验收管理,预防和控制常见质量问题,确保工程质量水平。

(3)构建综合治理体系

城市轨道交通是技术密集、劳动密集的复杂系统工程,作为城市重要基础设施,城市轨道交通系统包含车辆、通信、信号、供电、轨道、通风空调、火灾自动报警、环境与设备监控、电扶梯等多个子系统,涵盖规划、建设、运营等各个环节,其安全运行涉及交通运输、发展改革、公安、住房城乡建设、安监等多个部门。为此,《国务院办公厅关于保障城市轨道交通安全运行的意见》(国办发〔2018〕13号)在国务院各有关部门"三定"职责和《中华人民共和国反恐怖主义法》等法律法规规定下,进一步明确城市轨道交通安全运行的管理体制机制,即交通运输部负责指导城市轨道交通运营,承担运营安全监管职责;指导地方交通运输部门监督指导城市轨道交通运营单位做好反恐防范、安检、治安防范和消防安全管理相关工作。公安部负责会同交通运输部等部门拟订城市轨道交通反恐、防暴、治安、内部保卫、消防安全等政策法规及标准规范并监督实施;监督指导城市轨道交通运营单位做好进站安检、治安防范、消防安全管理和突发事件处置工作。发展改革委、住房城乡建设部、安全监管总局等有关部门,按照职责分工履行有关安全工作职责。城市人民政府按照属地管理原则,对辖区内城市轨道交通安全运行负总责,建立高效衔接、运行顺畅的管理体制和运行机制。运营单位承担安全生产主体责任,落实反恐防暴、内部治安保卫、消防安全等有关法规规定的责任和措施。

《国务院办公厅关于保障城市轨道交通安全运行的意见》(国办发〔2018〕13号)要求,完善城市轨道交通运行的相关法规标准体系,加强城市轨道交通立法工作,强化技术标准规范对安全和服务的保障和引领作用,建立健全建设、运营和公共安全防范等相关标准体系。

(4)建立法规标准

1)督促各地按照《地铁设计规范》GB 50157—2013要求,地铁工程设计应符合政府主管部门批复的城市总体规划、城市轨道交通线网规划及近期建设规划,并与城市综合交通规划相协调。同时,要确保地铁的主体结构工程,以及因结构损坏或大修对地铁运营安全有严重影响的其他结构工程,设计使用年限不能低于100年。

2)督促各地落实《城市轨道交通建设工程验收管理暂行办法》(建质〔2014〕42号)有关规定,严把单位工程验收、项目工程验收和工程竣工验收质量关。轨道交通建设单位在所有单位工程验收合格且通过相关专项验收后,方可组织项目工程验收;在项目工程验收合格后,应组织不载客试运行,试运行3个月、并通过专项验收后,方可组织竣工验收;竣工验收合格后,城市轨道交通建设工程可履行相关运营手续。

3)督促各地按照《住房城乡建设部关于开展工程质量管理标准化工作的通知》(建质〔2017〕242号)要求,推进轨道交通工程质量标准化工作。建设、施工等单位要加强管理行为标准化,建立健全质量标准化管理制度,明确岗位职责;要按照质量标准样品化、操作过程规范化要求,不断构建现场质量标准化控制体系;要把科技创新、信息化手段、精细化管理与施工标准化紧密结合,不断提升质量水平。

4)系统构建城市轨道交通法律法规标准体系。推动出台《城市公共交通管理条例》,指导各地结合实际加快制修订城市轨道交通运营管理地方性法规和政府规章。推动组建城市轨道交通运营标准化技术委员会,研究制定运营管理标准体系表,加快制定一批行业亟需的标准规范。

5)加快完善运营安全管理制度体系。以运营与规划建设衔接、设施设备运营准入和维修维护、从业人员管理、应急处置、第三方安全评估、保护区安全管理等为重点,研究制定覆盖运营全过程、各环节、各专业的运营安全管理办法和规定,到2020年基本建成城市轨道交通运营安全管理制度体系。

6)全面提升行业运营服务水平。从提高乘客获得感、幸福感、安全感入手,聚焦乘客进出站、购票、候车、乘车、换乘、公交接驳等领域和环节,制定相关服务标准,开展运营服务质量考评,组织主题性服务竞赛活动,全面提升行业服务水平。

(5)保障运营安全

1)以运营安全为导向,制定城市轨道交通关键设施设备运营准入技术条件,加快推动车辆、信号、通信、自动售检票等关键设施设备产品定型,降低安全运行风险。

2)建立健全设施设备维修技术规范和检测评估、维修保养制度,提高设施设备运行可靠性和安全性。

3)建立关键设施设备全生命周期数据行业共享机制和设施设备质量信用公开及追溯机制,针对设施设备常见故障、多发问题,依靠大数据加强隐患预警与趋势研判,加强全面质量监管。

(6)安全管理

在安全管理方面,突出构建覆盖全领域、贯穿全过程的安全管理长效机制,聚焦保障城市轨道交通安全运行的突出问题和主要矛盾,注重措施的实用性、协调性、前瞻性。

1)解决突出问题。城市轨道交通投融资、规划建设及运营涉及多部门分开管理,管理接口多、衔接要求高,《国务院办公厅关于保障城市轨道交通安全运行的意见》(国办发〔2018〕13号)针对当前各部门职责划分不清晰、协调配合不到位的情况,明确发展改革、公安、交通运输、住房城乡建设、安监及城市人民政府的具体职责分工,为各有关部门按照职责分工密切协调配合、加强衔接联动提供了保障。

2）补齐发展短板。《国务院办公厅关于保障城市轨道交通安全运行的意见》（国办发〔2018〕13号）要求加强城市轨道交通法规标准体系建设，强化技术标准规范对安全和服务的保障与引领作用，制修订完善城市轨道交通工程建设、运营、反恐治安及消防等标准体系。同时，进一步完善应急预案体系，加强应急救援力量建设，强化城市轨道交通突发事件现场处置应对工作。

3）创新制度设计。《国务院办公厅关于保障城市轨道交通安全运行的意见》（国办发〔2018〕13号）明确树立"规划建设为运营、运营服务为乘客"的理念，在工程可行性研究和初步设计文件中设置运营服务专篇和安全专篇，加强城市轨道交通建设与运营的交接管理，将安全和服务要求贯穿于规划、建设、运营全过程、各环节。

4）强化管理创新。《国务院办公厅关于保障城市轨道交通安全运行的意见》（国办发〔2018〕13号）提出构建公安、交通运输、综治等部门，以及运营单位、社会力量多方参与的城市轨道交通公共安全协同防范体系和应急响应机制，积极推广专群结合的综治模式。

（7）应急处置管理

1）完善应急预案体系，建立突发事件应急处置机制，强化运营单位对突发事件的第一时间处置应对，以尽可能控制事态发展，减少伤害，保障社会公众安全。

2）加强应急救援力量建设，按需要配备应急设施设备、储备应急物资，建立健全专业应急救援队伍，建设国家级城市轨道交通应急演练中心，强化应急能力培训规范化。

3）多部门协调联动，建立属地街道、社区、公安、武警、交通运输部门和运营单位协调联动、快速反应、科学应对的工作机制，充分发挥志愿者积极性，提高乘客自救互救能力。

（8）从业人员管理

1）深入开展行业运营人力资源跟踪研究，及时评估行业人才发展水平，提高人力资源储备和人才培养的计划性。

2）鼓励各类院校设置城市轨道交通相关专业或者专业方向，扩大人才培养规模，提高专业人才供给能力。

3）完善从业人员培训考核管理制度，建立健全城市轨道交通职业分类和职业标准体系、职业技能鉴定机制，规范行业内人才流动。

3.《城市轨道交通运营管理规定》（交通运输部令2018年第8号）

城市轨道交通是大城市公共交通系统的骨干，是建设现代城市的重要基础设施，是便民惠民的重大民生工程，在引领和支撑城市发展、满足人民群众出行、缓解交通拥堵、减少环境污染等方面发挥着越来越重要的作用，已成为大城市人民群众日常出行重要的交通方式和城市正常运行的重要保障，其运营安全与服务水平对保障人民群众生命财产安全、维护社会稳定以及提升人民群众获得感具有重要意义。近年来，随着新开通运营的城市增多、运营规模快速增长、客运量不断攀升，城市轨道交通的安全保障难度越来越大，乘客的服务需求和期望也越来越高，对提升行业管理水平提出了新的更高要求。

（1）出台背景

国务院办公厅印发了《国务院办公厅关于保障城市轨道交通安全运行的意见》（国办

发〔2018〕13 号），明确提出要根据实际需要及时制修订城市轨道交通法规规章。为贯彻落实意见要求，适应新的发展形势和需要，更好履行指导城市轨道交通运营职责，交通运输部在前期工作基础上起草了《城市轨道交通运营管理规定》。《城市轨道交通运营管理规定》（交通运输部令 2018 年第 8 号）坚持"以人民为中心、安全可靠、便捷高效、经济舒适"的基本原则，明确了城市轨道交通运营管理的各项政策措施，为进一步规范城市轨道交通运营管理，切实保障运营安全，统筹协调各方关系具有重要意义。

（2）政策解析

《城市轨道交通运营管理规定》（交通运输部令 2018 年第 8 号）共 7 章、56 条，包括总则、运营基础要求、运营服务、安全支持保障、应急处置、法律责任和附则。主要内容包括：

1）夯实行业管理基础。树立"规划建设为运营、运营服务为乘客"理念，落实《国务院办公厅关于保障城市轨道交通安全运行的意见》（国办发〔2018〕13 号）关于"在可行性研究报告和初步设计文件设置运营服务专篇"的要求，从车站设施、设备兼容性、线网衔接等方面，细化了运营服务专篇的内容，理顺运营与前期规划的衔接。建立城市轨道交通初期运营前、正式运营前、运营期间安全评估制度，明确了城市轨道交通试运行、初期运营、正式运营等建设与运营交接界面的工作内容和办理程序，清晰界定相关部门和单位的工作职责和义务。明确从业人员管理、设施设备准入与运行维护管理、风险隐患管控治理等相关要求。建立城市轨道交通运营信息统计分析制度，确保及时逐级报送相关信息。

2）提升运营服务能力。立足于更好满足广大人民群众高质量出行需求，建立运营服务质量承诺制度，运营单位要向社会公布运营服务质量承诺，行业管理部门定期对运营单位服务质量进行监督考评，并向社会公布结果。建立城市轨道交通运营主管部门和运营单位的投诉受理制度，督促运营单位不断改进提升服务水平。对造成严重影响的乘客违法违规行为，明确应当依法追究责任，有效保障社会公众利益。

3）加强安全支持保障。明确了保护区范围内作业时的有关程序要求，要求作业单位制定安全防护方案，并对作业影响区域进行动态监测。明确保护区作业巡查有关要求，对地面、高架线路沿线建（构）筑物等妨碍瞭望和侵界情况的处置进行规定，加强城市轨道交通线路保护。对危害城市轨道交通设施设备运行、影响运营安全的禁止性行为进行规定。明确乘客进站禁止、限制携带物品的具体要求，并要求运营单位要按规定在车站醒目位置公示禁止、限制携带物品目录。清晰界定有关部门在城市轨道交通公共安全防范的职责分工。

4）强化应急处置能力。要求运营单位健全综合应急预案、专项应急预案和现场处置方案的应急预案体系。对运营单位的应急物资、应急救援装备和队伍、应急值守和报告等提出要求。明确运营突发事件应急演练要求，建立运营安全重大故障和事故报送制度，不断提高安全防范和应急处置水平。

4.《交通运输部关于印发〈城市轨道交通初期运营前安全评估管理暂行办法〉的通知》（交运规〔2019〕1 号，下文简称《暂行办法》）

为贯彻落实《国务院办公厅关于保障城市轨道交通安全运行的意见》（国办发〔2018〕13 号）和《城市轨道交通运营管理规定》（交通运输部令 2018 年第 8 号）有关要求，指导各地做好城市轨道交通运营安全评估工作，日前，交通运输部印发《交通运输部关于印发〈城市轨道交通初期运营前安全评估管理暂行办法〉的通知》（交运规〔2019〕1号，以下简称《暂行办法》），将于2019年7月1日起施行。同时，为明确安全评估的有关技术要求，交通运输部办公厅同步印发了《交通运输部办公厅关于印发〈城市轨道交通初期运营前安全评估技术规范 第1部分：地铁和轻轨〉的通知》（交办运〔2019〕17号，以下简称《技术规范》）。

（1）出台背景

近年来，我国城市轨道交通快速发展。截至2018年底，我国内地共有24个省份的35个城市开通运营轨道交通，运营线路178条，总里程5390km。城市轨道交通在引领和支撑城市发展、满足人民群众出行、缓解交通拥堵、减少空气污染等方面发挥着越来越重要的作用，已成为大城市人民群众日常出行首选的公共交通方式。与此同时，随着运营里程和客流的快速增长，城市轨道交通安全运行压力和挑战也日益加大。初期运营前安全评估作为新线投入运营的第一道安全关口，对于保证城市轨道交通安全运行具有重要作用。《国务院办公厅关于保障城市轨道交通安全运行的意见》（国办发〔2018〕13号）明确提出，"城市轨道交通建设工程未通过运营前安全评估的，不得投入运营"；《城市轨道交通运营管理规定》（交通运输部令2018年第8号）明确要求，"城市轨道交通工程项目验收合格后，由城市轨道交通运营主管部门组织初期运营前安全评估。通过初期运营前安全评估的，方可依法办理初期运营手续"。因此，亟需出台初期运营前安全评估的管理制度和技术规范，贯彻落实《国务院办公厅关于保障城市轨道交通安全运行的意见》（国办发〔2018〕13号）和《城市轨道交通运营管理规定》（交通运输部令2018年第8号）要求。

（2）政策解析

《暂行办法》共6章28条，包括总则、前提条件、实施要求、第三方安全评估机构、运营安全专家、附则等章节以及附件（初期运营前安全评估报告的要求）。

1）总则和附则。《暂行办法》总则部分规定了适用范围、职责分工等内容。适用范围上，新建城市轨道交通工程项目初期运营前安全评估工作按照《暂行办法》执行，对于改扩建工程项目和甩项工程如需进行初期运营前安全评估，应按照《暂行办法》规定的程序和技术规范中的相关条款开展。附则部分规定了实施时间和有效期，并明确开通试运营的线路视同已初期运营。

2）开展初期运营前安全评估的前提条件。初期运营前安全评估是建设转入运营环节时，对线路是否具备安全运营的基本条件进行把关，不是也不能代替城市轨道交通建设阶段的工程项目验收。《暂行办法》规定，初期运营安全评估前，城市轨道交通工程项目应按规定通过专项验收并经竣工验收合格，且验收发现的影响运营安全和基本服务质量的问题已完成整改；有甩项工程的，甩项工程不得影响初期运营安全和基本服务水平，并有明确范围和计划完成时间。同时，要做到试运行关键指标达标，并完成保护区划定等工作。符合这些条件的，方能开展初期运营前安全评估。

3）具体实施要求。《暂行办法》规定了初期运营前安全评估需要提交的材料，第三方安全评估机构遴选专家的回避情形，以及在实施安全评估过程中的相关权利义务；对城市轨道交通运营主管部门和建设单位、运营单位的责任要求进行了明确。《暂行办法》要求第三方评估机构在实施评估过程中应对工程项目是否满足初期运营前安全评估前提条件进行审核，对系统功能是否符合设计文件要求予以核验，并按系统联动功能测试和运营准备要求进行评估。对于其中的测试项目，明确第三方机构也可采信建设等单位的测试结果或委托有关单位开展，但必须符合《技术规范》中规定的测试要求。

4) 对第三方安全评估机构的要求。《暂行办法》规定了第三方机构须满足的条件和应承担的责任，明确交通运输部组织对第三方安全评估机构开展运营前安全评估的实际情况和效果进行评价，并向社会公告，促进第三方安全评估机构提高业务水平，提升安全评估质量。

5) 对运营安全专家的要求。为使各城市更好开展初期运营前安全评估工作，《暂行办法》明确，交通运输部建立城市轨道交通运营安全专家库，各城市可从中聘请专家对初期运营前安全评估协助开展监督工作，并从从业年限、技术职称、专业能力、职业道德等方面规定了专家库专家有关条件和权利义务。

6) 对初期运营前安全评估报告的要求。初期运营前安全评估报告从评估工作基本情况、线路概况、系统功能核验情况、系统联动功能测试情况、运营准备工作情况、运营安全评估情况、其他意见建议等方面，明确了初期运营前安全评估报告的要求，也与《技术规范》相关章节对应衔接。

5.《交通运输部办公厅关于印发〈城市轨道交通初期运营前安全评估技术规范 第1部分：地铁和轻轨〉的通知》（交办运〔2019〕17号，下文简称《技术规范》）

为提升城市轨道交通安全管理水平，更好满足人民对城市轨道交通安全运营的需要，国务院办公厅于2018年3月7日印发了《国务院办公厅关于保障城市轨道交通安全运行的意见》（国办发〔2018〕13号），要求各地政府以及相关机构围绕安全和服务两个方面，从体制机制、法规标准、管理制度、技术支撑、安全基础、服务品质以及安全防范治理能力等几个方面着手进行提升，以切实保障城市轨道交通的安全运行。为响应国务院办公厅要求，交通运输部于2018年5月14日发布了《城市轨道交通运营管理规定》（交通运输部令2018年第8号），重点对运营基础要求、运营服务、安全支持保障、应急处置、法律责任几方面做出规定。其中，第十条～第十七条首次提出了城市轨道交通需开展初期运营前、正式运营前以及运营期间安全评估工作，但未制定具体管理办法。初期运营前安全评估作为新线投入运营的第一道安全关口，对于保证城市轨道交通安全运行具有重要作用，其管理办法的制定与出台也是目前各地城市轨道交通工程最迫切的需求。因而，交通运输部于2019年1月29日印发了《暂行办法》，《暂行办法》详细规定了初期运营前安全评估管理与实施相关内容；并于2019年2月1日发布《技术规范》，针对初期运营前安全评估工作的技术内容进行了细化规定。《暂行办法》与《技术规范》均于2019年7月1日起正式实施。

2.1.2 指导思想

全面贯彻党的十九大精神，坚持以习近平新时代中国特色社会主义思想为指导，认真落实党中央、国务院决策部署，牢固树立和贯彻落实新发展理念，以切实保障城市轨道交通安全运行为目标，完善体制机制，健全法规标准，创新管理制度，强化技术支撑，夯实安全基础，提升服务品质，增强安全防范治理能力，为广大人民群众提供安全、可靠、便捷、舒适、经济的出行服务。城市轨道交通运营管理应当遵循以人民为中心、安全可靠、便捷高效、经济舒适的原则。

2.1.3 基本原则

以人为本，安全第一。坚持以人民为中心的发展思想，把人民生命财产安全放在首位，不断提高城市轨道交通安全水平和服务品质。

统筹协调，改革创新。加强城市轨道交通规划、建设、运营协调衔接，加快技术创新应用，构建运营管理和公共安全防范技术体系，提升风险管控能力。

预防为先，防处并举。构建风险分级管控和隐患排查治理双重预防制度，加强应急演练和救援力量建设，完善应急预案体系，提升应急处置能力。

属地管理，综合治理。城市人民政府对辖区内城市轨道交通安全运行负总责，充分发挥自主权和创造性，结合本地实际构建多方参与的综合治理体系。

2.1.4 基本要求

以下是《暂行办法》第三章实施要求的原文。

第七条 城市轨道交通运营主管部门应当按照法律法规规定，采用公开招标、邀请招标、竞争性谈判、单一来源等方式，确定符合本办法要求的第三方安全评估机构。

第八条 城市轨道交通工程项目符合上述前提条件，开展初期运营前安全评估的，由城市轨道交通建设单位（以下简称建设单位）会同运营单位提交下列材料：

（一）试运行情况报告及其主要测试报告；

（二）建设规划、工程可行性研究及初步设计、重大设计变更等批复文件，以及用地和建设许可文件；

（三）特种设备验收、消防验收、人防验收、卫生评价、档案验收等专项验收文件，工程质量验收监督意见，以及建设单位编制的环保验收报告；工程项目防洪涝专项论证报告等材料；

（四）验收报告和验收发现问题整改情况报告，有甩项工程的，应附甩项工程清单；

（五）保护区平面图以及设置的提示或者警示标志位置清单；

（六）运营单位符合规定条件的情况说明和证明文件；

（七）对运营服务专篇意见的对照检查落实材料；

（八）城市轨道交通运营主管部门要求的其他材料。

城市轨道交通运营主管部门收到建设单位会同运营单位提交的材料后，应当及时回复。符合要求的，应当启动安全评估；不符合要求的，应当在回复中写明具体原因。

第九条 第三方安全评估机构不得与被评估单位存在控股关系、管理关系等情形的关联关系。第三方安全评估机构不得遴选有以下情形之一的专家参与安全评估工作：

（一）所在单位是评估项目的建设、勘察、设计、施工、监理、监测、检测单位或者设备供应商；

（二）近3年内与被评估单位有聘用关系；

（三）所在单位与被评估单位有隶属关系；

（四）与被评估单位有利害关系；

（五）可能妨碍安全评估工作客观公正的其他情形。

第十条　第三方安全评估机构应当对城市轨道交通工程项目是否满足初期运营前安全评估前提条件进行审核。

第三方安全评估机构可根据所评估城市轨道交通工程项目前期工作情况，对系统功能是否符合设计文件要求进行核验，经核验发现影响后续评估工作开展或对初期运营可能产生重大安全影响的系统功能缺陷，应当及时报告城市轨道交通运营主管部门，连同发现的其他较大安全问题作为遗留问题，在安全评估报告中如实记录。城市轨道交通运营主管部门可根据需要，要求建设单位会同运营单位对系统功能缺陷重新测试确认。

第三方安全评估机构应按系统联动测试和运营准备的要求，对城市轨道交通工程项目是否能够投入初期运营进行评估。其中的测试项目，第三方安全评估机构可采信建设单位等的测试结果或委托有关单位开展，但应当符合初期运营前安全评估技术规范规定的测试要求。

第十一条　第三方安全评估机构应当综合考虑各专业领域专家意见，出具初期运营前安全评估报告，报告中应有明确的评估结论，并对评估发现的安全问题提出整改要求、期限与建议措施。初期运营前安全评估报告基本格式见附件。

第十二条　城市轨道交通运营主管部门应当对第三方安全评估机构的安全评估工作进行监督，根据实际需要可从交通运输部城市轨道交通运营安全专家库中聘请专家协助开展监督工作，聘请的专家不得与第三方安全评估机构、评估项目存在利害关系。

第十三条　建设单位、运营单位应当配合做好安全评估工作，及时报告有关情况，提供相应文档资料，并对报告情况和提供资料的真实性负责。

第十四条　对初期运营前安全评估发现的问题，城市轨道交通运营主管部门应当会同建设主管部门督促建设单位和运营单位限期整改到位，对于涉及多部门管理职责、影响运营安全的重大问题，应当及时向城市人民政府报告。

对初期运营前安全评估发现的问题，建设单位要会同运营单位制定整改方案，明确整改计划和措施。整改完成后，经第三方安全评估机构复核确认后报城市轨道交通运营主管部门。

第十五条　通过初期运营前安全评估并且发现的问题整改到位后，城市轨道交通运营主管部门依法向城市人民政府报告评估情况并申请办理初期运营手续，运营单位与建设单位签订运营接管协议，正式接管线路调度指挥权、设备使用权、属地管理权，并向社会公告开通时间和运营安排。

第十六条　城市轨道交通运营主管部门应当在线路开通初期运营后1个月内，将初期运营前安全评估报告、评估发现问题整改情况，以及线路初期运营时间、线路制式、里程、车站数、换乘车站数、配属车辆数、车辆类型、列车编组等运营基本情况报省级交通运输主管部门和交通运输部。

2.1.5　典型案例

车站土建结构塌方。

某地铁某期工程土建05标某路车站位于某路与某路交会处，沿某路南北走向。车站起讫里程为：K8+358.491～K8+605.491，车站全长247m，拱顶埋深9.3～10.5m，拱部为双侧壁复合衬砌结构，宽20.6m，高14.5m。

事故经过：2012年3月10日开挖过程中右线导洞按0.5m进尺。上午08：00经检查装药无误后爆破，爆破后无异常现象，爆破震速最大值为1.57cm/s。10：20，掌子面发生塌方，塌方高度约3～3.5m、宽度4～4.5m、长度4～4.5m，塌方体约50m³。

塌方体主要为黄～黄褐色粉质黏性土及强风化岩石，强度较低，基本无地下水渗出。地质情况：局部构造节理及风化裂隙较发育，含地下水，随裂隙发育程度不同，富水性及透水性差异较大。钻孔柱状图K8+454.10描述为：中风化花岗石，肉红色，粗粒结构，块状构造，节理裂隙较发育，沿裂隙面见铁色浸染，岩芯呈块状，锤击声不清脆，锤击易碎。

2.2 政策落实要求

《暂行办法》共6章28条，包括总则、前提条件、实施要求、第三方安全评估机构、运营安全专家、附则等章节以及附件（初期运营前安全评估报告的要求）。

（1）总则和附则。《暂行办法》总则部分规定了适用范围、职责分工等内容。适用范围上，新建城市轨道交通工程项目初期运营前安全评估工作按照《暂行办法》执行，对于改扩建工程项目和甩项工程如需进行初期运营前安全评估，应按照《暂行办法》规定的程序和技术规范中的相关条款开展。附则部分规定了实施时间和有效期，并明确开通试运营的线路视同已初期运营。

（2）开展初期运营前安全评估的前提条件。初期运营前安全评估是建设转入运营环节时，对线路是否具备安全运营的基本条件进行把关，不是也不能代替城市轨道交通建设阶段的工程项目验收。《暂行办法》规定，初期运营安全评估前，城市轨道交通工程项目应按规定通过专项验收并经竣工验收合格，且验收发现的影响运营安全和基本服务质量的问题已完成整改；有甩项工程的，甩项工程不得影响初期运营安全和基本服务水平，并有明确范围和计划完成时间。同时，要做到试运行关键指标达标，并完成保护区划定等工作。符合这些条件的，方能开展初期运营前安全评估。

（3）具体实施要求。《暂行办法》规定了初期运营前安全评估需要提交的材料，第三方安全评估机构遴选专家的回避情形，以及在实施安全评估过程中的相关权利义务；对城市轨道交通运营主管部门和建设单位、运营单位的责任要求进行了明确。《暂行办法》要求第三方评估机构在实施评估过程中应对工程项目是否满足初期运营前安全评估前提条件进行审核，对系统功能是否符合设计文件要求予以核验，并按系统联动功能测试和运营准备要求进行评估。对于其中的测试项目，明确第三方机构也可采信建设等单位的测试结果或委托有关单位开展，但必须符合《技术规范》中规定的测试要求。

（4）对第三方安全评估机构的要求。《暂行办法》规定了第三方机构须满足的条件和应承担的责任，明确交通运输部组织对第三方安全评估机构开展运营前安全评估的实际情况和效果进行评价，并向社会公告，促进第三方安全评估机构提高业务水平，提升安全评估质量。

（5）对运营安全专家的要求。为使各城市更好开展初期运营前安全评估工作，《暂行办法》明确，交通运输部建立城市轨道交通运营安全专家库，各城市可从中聘请专家对初期运营前安全评估协助开展监督工作，并从从业年限、技术职称、专业能力、职业道德等方面规定了专家库专家有关条件和权利义务。

（6）对初期运营前安全评估报告的要求。初期运营前安全评估报告从评估工作基本情况、线路概况、系统功能核验情况、系统联动功能测试情况、运营准备工作情况、运营安全评估情况、其他意见建议等方面，明确了初期运营前安全评估报告的要求。

开展初期运营前安全评估的基本条件：试运行前完成系统联调，试运行时间和关键指标达到要求，以及初期运营前须取得相关批复、许可和验收等文件。

系统功能核验的项目、内容和方法：在城市轨道交通工程项目单位工程、分部分项工程验收和测试报告基础上，由第三方机构以核查报告、测试等形式对单个系统的关键功能进行核验和再确认。

系统联动功能测试的项目、内容和方法：对跨系统的联动功能，从轮轨关系、弓网关系、信号防护、防灾联动等方面提出测试项目，规定了测试内容和方法，以及测试结果要求。

初期运营前应完成的运营准备工作：要求从组织架构、岗位与人员、运营管理、应急准备等方面对运营单位和相关部门的运营准备情况作出评估。

第 3 章 城市轨道交通初期运营前安全评估前期准备

根据《暂行办法》等相关规定，城市轨道交通工程项目验收合格后，城市轨道交通建设单位会同运营单位向城市轨道交通运营主管部门提交试运行情况报告、主要测试报告；建设规划、工程可行性研究及初步设计、重大设计变更等批复文件、用地和建设许可文件；特种设备验收、消防验收、人防验收、卫生评价、档案验收等专项验收文件，工程质量验收监督意见，以及建设单位编制的环境保护验收报告；工程验收报告和验收发现问题整改情况报告，有甩项工程的，应附甩项工程清单；保护区平面图以及设置的提示或者警示标志位置清单；运营单位符合规定条件的情况说明和证明文件；对运营服务专篇意见的对照检查落实材料。城市轨道交通运营主管部门收到建设单位会同运营单位提交的材料后，应及时回复。符合要求的，应启动安全评估。

为保证城市轨道交通初期运营前安全评估工作顺利开展，以上材料审核符合要求后，城市轨道交通运营主管部门可采用与城市轨道交通单位开展城市轨道交通初期运营前安全评估联合招标的形式启动初期运营前安全评估工作。城市轨道交通单位向城市轨道交通运营主管部门提交城市轨道交通初期运营前安全评估联合招标的请示文件（模板详见图 3-1），城市轨道交通运营主管部门同意后，向城市轨道交通单位回复批复的函（模板详见图 3-2）。

图 3-1 申请联合招标的请示文件模板

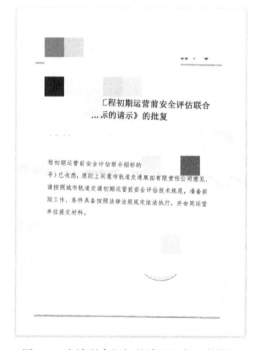

图 3-2 申请联合招标的请示批复文件模板

确定联合招标后,城市轨道交通单位开展城市轨道交通初期运营前安全评估前期准备工作(具体流程详见图 3-3),制定城市轨道交通初期运营前安全评估项目用户需求书,明确评估范围及各阶段评估工作内容等,按照法律法规规定,采用公开招标、邀请招标、竞争性谈判、单一来源等方式,确定第三方评估机构,与城市轨道交通运营主管部门及城市轨道交通单位签订项目合同文件,开展评估审核准备,并制定城市轨道交通初期运营前安全评估方案。

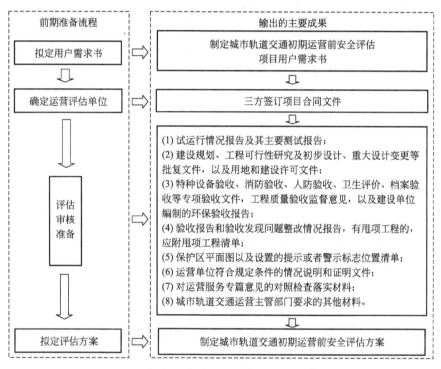

图 3-3 初期运营前安全评估前期准备流程图

3.1 用户需求书编制

城市轨道交通工程项目符合以下条件,方可开展初期运营前安全评估:
(1)试运行关键指标达到要求,且试运行期间发现的安全隐患和较大质量问题已完成整改;
(2)按规定通过专项验收并经竣工验收合格,且验收发现的影响运营安全和基本服务质量的问题已完成整改;
(3)有甩项工程的,甩项工程不得影响初期运营安全和基本服务水平,并有明确范围和计划完成时间;
(4)按照规定划定城市轨道交通工程项目保护区,根据土建工程验收资料勘界后制定保护区平面图,在具备条件的保护区设置提示或者警示标志。

城市轨道交通工程项目未经竣工验收合格不得开展初期运营前安全评估,未通过初期运营前安全评估不得投入初期运营。一般在项目初期运营半年前完成第三方安全评估机构的招标工作，所以在项目初期运营半年至一年内完成安全评估用户需求书的编制审核工作。

初期运营安全评估前，运营单位须从组织架构、岗位与人员、运营管理、应急准备等方面完成准备。工程项目应按相关规定通过专项验收并经竣工验收合格，且验收中发现影响运营安全和基本服务质量的问题已完成整改；存在甩项工程时，其不得影响初期运营安全和基本服务水平，并有明确范围和计划完成时间。同时，于试运行前完成系统联调，试运行时间和关键指标达到要求，以及初期运营前须取得相关批复、许可和验收等文件，并完成保护区划定等工作。符合条件后，方可开展初期运营前安全评估。

安全评估用户需求书内容应包含项目概述、评估对象、形式和要求、评估依据和评估主要内容，服务时间及服务阶段，归档资料目录清单等项目，安全评估用户需求书模板如下：

1 项目概述
2 评估内容、形式和要求
2.1 评估对象与范围
2.2 评估工作目标
2.3 评估依据
2.3.1 国家标准
2.3.2 省、市轨道交通其他相关管理法规
2.3.3 行政规章
2.4 评估主要内容
2.5 评估成果
2.6 服务时间、节点、阶段划分及要求
2.6.1 服务时间
2.6.2 项目的阶段划分的主要内容及要求
2.6.2.1 第一阶段：定期评估工作
2.6.2.2 第二阶段：合同签订后评估准备工作（含培训及现场进度检查）
2.6.2.3 第三阶段：组织预检查（招标后一次预检查，正式评估前一个月进行）
2.6.2.4 第四阶段：组织正式评估（具体时间根据筹备进度待双方确认）
2.6.2.5 第五阶段：落实整改及组织复核（评估后）
2.6.2.6 第六阶段：出具意见（评估整改后）
2.6.2.7 第七阶段：甩项工程评估（具备评估条件时）
3 在项目执行过程中，投标人需做以下工作
4 归档资料目录清单
5 拟投入本项目主要人员配置情况

3.2 运营评估单位的确定

（1）城市轨道交通所在地城市交通运输主管部门或者城市人民政府指定的城市轨道交通运营主管部门（以下统称城市轨道交通运营主管部门）负责组织第三方安全评估机构实

施本行政区域内的初期运营前安全评估工作。第三方安全评估机构应当按照城市轨道交通初期运营前安全评估技术规范开展评估工作。

（2）城市轨道交通运营主管部门应当按照法律法规规定，采用公开招标、邀请招标、竞争性谈判、单一来源等方式，确定符合要求的第三方安全评估机构。

（3）第三方安全评估机构不得与被评估单位存在控股关系、管理关系等情形的关联关系。第三方安全评估机构不得遴选有以下情形之一的专家参与安全评估工作：

1）所在单位是评估项目的建设、勘察、设计、施工、监理、监测、检测单位或者设备供应商；

2）近3年内与被评估单位有聘用关系；

3）所在单位与被评估单位有隶属关系；

4）与被评估单位有利害关系；

5）可能妨碍安全评估工作客观公正的其他情形。

（4）第三方安全评估机构应当满足以下条件：

1）具有法人资格；

2）有具备统筹协调各专业领域、总体把控安全评估质量能力且从业经历20年以上的高级专业技术人员；

3）有运营管理、土建工程、车辆、供电、通信、信号、机电等专业领域且从业经历10年以上的技术人员；

4）具有健全的内部治理结构、财务会计和资产管理制度，具有依法缴纳税款和社会保险的良好记录；

5）相关法律、法规规定的其他要求。

（5）交通运输部组织对第三方安全评估机构开展运营前安全评估的实际情况和效果进行评价，并向社会公告评价结果，为城市轨道交通运营主管部门选择第三方安全评估机构提供参考。

（6）第三方安全评估机构开展评估过程中，不得有以下行为：

1）干预专家安全评估工作，或者无正当理由更换评估专家；

2）未认真审核测试报告，未核查评估过程中有关方反映的安全问题，或者对涉及安全的关键设施设备检查不到位；

3）未充分采纳专家合理意见；

4）故意忽略不符合安全条件的关键问题，出具虚假检查报告。

（7）第三方安全评估机构应当独立、公正、客观地开展安全评估，对出具的安全评估报告负责。主持该安全评估业务的人员应当具备统筹协调各专业领域、总体把控安全评估质量的能力，对安全评估报告负主要责任；参与人员应当具备相应专业技术能力，对其参与部分负直接责任。任何部门、单位和个人不得干预第三方安全评估机构的评估活动。

3.3 开展评估审核

地铁单位联系第三方评估机构对初期运营前安全评估的前提条件进行审核，核查是否按照要求完成所有前提条件。前提条件审核完毕之后，根据《暂行办法》和《技术规范》的相关要求，经审核相关材料，符合初期运营前安全评估的前提条件。建议按相关要求启动初期运营前安全评估工作。

（1）城市轨道交通工程项目符合前提条件，开展初期运营前安全评估的，由城市轨道交通建设单位（以下简称建设单位）会同运营单位提交下列材料：

1）试运行情况报告及其主要测试报告；

2）建设规划、工程可行性研究及初步设计、重大设计变更等批复文件，以及用地和建设许可文件；

3）特种设备验收、消防验收、人防验收、卫生评价、档案验收等专项验收文件，工程质量验收监督意见，以及建设单位编制的环保验收报告；

4）验收报告和验收发现问题整改情况报告，有甩项工程的，应附甩项工程清单；

5）保护区平面图以及设置的提示或者警示标志位置清单；

6）运营单位符合规定条件的情况说明和证明文件；

7）对运营服务专篇意见的对照检查落实材料；

8）城市轨道交通运营主管部门要求的其他材料。

（2）城市轨道交通运营主管部门收到建设单位会同运营单位提交的材料后，应当及时回复。符合要求的，应当启动安全评估；不符合要求的，应当在回复中写明具体原因。

（3）评估前置条件审核的说明及承诺模板（图 3.3-1）。

（4）初期运营前安全评估请示模板如下。

____公司

关于组织____市城市轨道交通____号线工程初期运营前安全评估的请示

市交通运输局：

____年____月____市城市轨道交通____号线工程开工建设以来，历时____月的建设和运营准备，目前已具备初期运营前提条件。根据交通运输部《城市轨道交通初期运营前安全评估管理暂行办法》（交运规〔2019〕1 号）第八条规定，城市轨道交通工程项目具备开展初期运营前安全评估条件的，由城市轨道交通建设单位会同运营单位向城市轨道交通主管部门提出申请。据此，我公司特此申请于 20____年____月____日启动____市城市轨道交通____号线工程项目初期运营前安全评估。

妥否，请批示。

附件：____市城市轨道交通____号线工程初期运营前安全评估前提条件专家审核意见

20____年____月____日

关于前置条件审核的说明及承诺

_____（第三评估单位名称）

因审报流程及工程施工原因，_____市轨道交通__号线工程依据贵院审核条件的要求，现还有以下条件尚在进行中，现将情况说明：

第六条 具有符合规定的以下文件：

（1）土建工程及其装饰装修、设备系统及其安装工程等质量验收监督意见；

【落实情况】：验收已完成，预计___年_月_日前取得质量验收监督意见。

（2）车站、区间、中间风井、车辆基地、控制中心、主变电所等消防验收文件；

【落实情况】：预计_月_日取得市住建局出具的消防验收文件。

（3）起重设备、电（扶）梯、压力容器等特种设备验收文件；

【落实情况】：无压力容器；起重设备__台，取证__台；扶梯__台，取证__台；垂直电梯_台，已取证__台；预计_月_日完成所有取证。

（5）卫生评价文件；

【落实情况】：已取得卫生学评价报告，预计_月_日前取得卫生许可证。

（6）建设单位编制的环保验收报告。

图 3.3-1 前置条件审核说明及承诺模板

3.4 初期运营前安全评估方案编制

现阶段，应急管理部、交通运输部、住房和城乡建设部等国家部委按照国务院三定方案的职责划分，针对城市轨道交通行业全生命周期建立了一套较完善的安全评估体系，推动了我国城市轨道交通行业的安全发展。其中，城市轨道交通新线初期运营前安全评估是开通运营的最后一道关口，初期运营前安全评估质量直接关系初期运营后的运营安全，因此，在城市轨道交通新线初期运营前安全评估工作启动前，地铁单位可通过制定初期运营前安全评估工作实施方案，细化建设单位、运营单位责任分工，明确各项工作时间节点，严格把控新线工程初期运营前安全评估质量。初期运营前安全评估工作实施方案可包括以下内容。

3.4.1 评估范围

城市轨道交通新线工程初期运营前安全评估范围一般主要包括计划投入运营的整条线路、全部车站、车辆基地、停车场、控制中心、主变电所的土建工程及机电设备安装工程，以及轨道、车辆、通信系统、信号系统、供电系统、综合监控系统、环境与设备监控、火灾自动报警系统、通风及空调系统、给水排水及消防系统、自动售检票系统、乘客信息显示系统、电（扶）梯、车站装修工程等，"三权"移交、运营接管和全线初期运营各项筹备工作。

3.4.2 评估依据

（1）国家标准。
1）《城市轨道交通试运营基本条件》GB/T 30013—2013；
2）《城市轨道交通运营管理规范》GB/T 30012—2013；
3）《地铁设计规范》GB 50157—2013；
4）《城市轨道交通工程项目建设标准》（建标 104—2008）；
5）《城市轨道交通工程项目规范》GB 55033—2022；
6）《地下铁道工程施工质量验收标准》GB/T 50299—2018；
7）国家有关法律、法规和技术标准。
（2）线路所在省、市轨道交通其他相关管理法规。
（3）行政规章。
1）《国务院办公厅关于保障城市轨道交通安全运行的意见》（国办发〔2018〕13号）；
2）《城市轨道交通运营管理规定》（交通运输部令2018年第8号）；
3）《交通运输部关于〈印发城市轨道交通初期运营前安全评估管理暂行办法〉的通知》（交运规〔2019〕1号）；
4）《交通运输部办公厅关于印发〈城市轨道交通初期运营前安全评估技术规范 第1部分：地铁和轻轨〉的通知》（交办运〔2019〕17号）。

3.4.3 关键节点

根据工程实际情况和国家相关规范，将安全评估工作可进行阶段化工作分解，城市轨道交通新线工程初期运营前安全评估项目主要分为组织评估培训、工作方案、现场进度检查、预评估、审核评估前提条件、安全正式评估、整改复核情况、出具最终意见8方面内容。城市轨道交通新线工程初期运营前安全评估工作主要时间节点如下：

（1）初期运营前4～5个月：组织专家开展初期运营前安全评估培训。

为切实做好轨道交通新线工程初期运营前安全评估工作，建议地铁单位会同第三方评估机构邀请从事城市轨道交通相关专业领域工作多年的专家代表，在安全评估准备工作全面开展前，一般为初期运营前4～5个月期间，组织建设单位、运营单位、参建单位等相关人员进行至少一次的轨道交通新线工程初期运营前安全评估培训会议，主要对国务院办公厅、交通运输部下发的初期运营前安全评估相关政策文件进行解读，对初期运营前安全评估工作前提条件、系统功能核验、系统联动测试、运营准备等各项工作的要求进行详细说明,并结合实际评估案例对初期运营前安全评估工作过程中需要注意的问题进行剖析。

通过一次全面、系统的培训,使建设单位、运营单位、参建单位等相关部门、单位对轨道交通新线工程初期运营前安全评估的重要性及必要性有更深层次的认识,同时进一步明确安全评估工作中各相关部门的工作标准和内容,对后续正式安全评估的准备明确工作方向,为及时整改问题、顺利通过初期运营前安全评估创造条件。

(2) 初期运营前4个月:制定安全评估工作实施方案。

为顺利推进城市轨道交通新线工程初期运营前安全评估各项工作,确保如期开通初期运营,根据国家相关法律、法规、文件等规定,一般地铁单位会同第三方评估机构在初期运营前4个月,制定详细的城市轨道交通新线工程初期运营前安全评估工作实施方案,内容主要包括有评估范围、评估依据、关键节点、各部门及单位详细的责任分工等,对城市轨道交通新线工程初期运营前安全评估各项工作做全面的指导。

(3) 初期运营前3～5个月,组织专家开展现场进度检查及沟通对接会。

一般在初期运营前3～5个月,第三方评估机构一般选派2～4名专家代表,根据工程需要,定期组织1～3次的初期运营前安全评估现场进度检查及沟通对接会。主要目的是查看工程进度及工筹、明确评估依据、提出现场发现影响评估的问题、提前对接预检查准备情况。根据现场进度检查情况,第三方评估机构与地铁单位组织召开沟通对接会,重点发现影响评估的建设、运营准备问题,为初期运营前安全评估做好前提准备。

(4) 初期运营前2个月,组织专家召开预评估会议

一般在初期运营前2个月,第三方评估机构甄选涵盖城市轨道交通运营管理、土建工程、车辆、供电、通信、信号、机电等专业领域的评估专家,组织召开城市轨道交通新线工程初期运营前安全预评估会议。评估专家应熟悉城市轨道交通有关法律、法规、规章和政策标准,从事城市轨道交通相关专业领域工作10年以上,具有正高级专业技术职称或同等专业水平,身体健康,公正廉洁。专家的专业应涵盖城市轨道交通所有专业,专家不能与被评估单位有隶属关系,不能有妨碍安全评估工作客观公正的其他情形。

评估专家一般分为总体组、土建组、设备组、运营准备组,且预评估中80%的专家应参加初期运营前正式安全评估会议。专家将依据《技术规范》分组对所有条款内容进行检查。预评估工作流程如图3.4-1所示。

1. 初期运营前1个月,组织专家开展前提条件审核

综合《城市轨道交通运营管理规定》(交通运输部令2018年第8号)、《暂行办法》《技术规范》等文件对于前提条件的要求,一般于初期运营前1个月,正式评估前,组织专家开展前提条件审核。

地铁单位联系第三方评估机构对初期运营前安全评估的前提条件进行审核,核查是否按照要求完成所有前提条件。前提条件审核完毕之后,按《暂行办法》第八条要求,地铁单位将相关材料以及开展初期运营前安全评估的函报送当地城市轨道交通运营主管部门,申请开展初期运营前安全评估工作。当地城市轨道交通运营主管部门收到地铁单位提交的材料后,对材料进行审核,符合条件的,同意开展初期运营前安全评估工作,并出具相关意见。

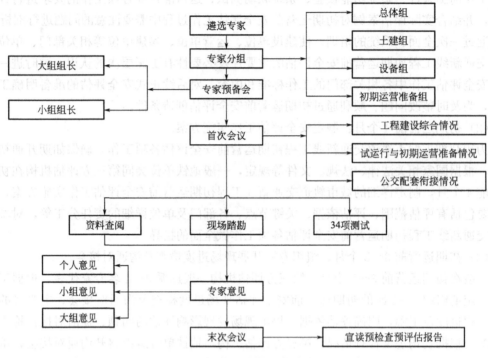

图 3.4-1 预评估工作流程

2. 初期运营前 1 个月到半个月，组织专家召开正式评估会议

地铁单位在收到当地城市轨道交通运营主管部门的同意开展初期运营前安全评估工作相关意见后，一般在初期运营前 1 个月到半个月，第三方评估机构甄选涵盖城市轨道交通运营管理、土建工程、车辆、供电、通信、信号、机电等专业领域的评估专家，组织召开城市轨道交通新线工程初期运营前安全正式评估会议。正式评估与预评估流程基本一致，正式评估工作流程如图 3.4-2 所示。

3. 初期运营前 5～10 天：开展整改落实核查，提交核查报告

对评估报告中指出的初期运营前应解决问题的整改意见，地铁单位需尽快组织问题分工，明确问题整改节点，逐条要求整改到位，并作出文字说明和图像对比，及时完成问题整改报告，并将《整改完成情况的报告》及时提交至第三方评估机构，第三方评估机构根据整改情况，选取参加过本次初期运营前安全评估服务项目的专家，通过采取现场检查、资料审阅、测试检验及统计分析等方法，综合评价整改落实情况效果，评判是否满足初期运营条件要求，做出审核结论，并将结果书面报告报当地城市轨道交通运营主管部门，并抄送地铁单位。

4. 初期运营前 3～5 天：提交初期运营前安全评估最终意见

一般于整改落实核查后，初期运营前 3～5 天，第三方评估机构向当地城市轨道交通运营主管部门报送初期运营前安全评估最终意见，意见中明确评估项目是否具备初期运营条件，同时将《评估报告》《监督意见》（如有）、《整改情况报告》《复核意见》等安全评估成果性文件一并报送至地城市轨道交通运营主管部门受理。

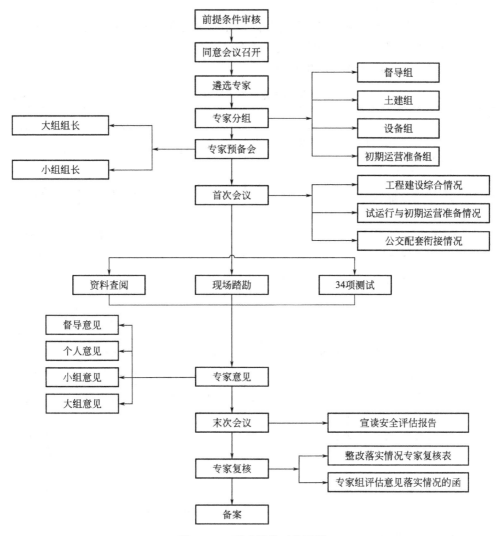

图 3.4-2 正式评估工作流程

3.4.4 责任分工

初期运营前安全评估方案的重点内容是根据《技术规范》条款内容进行逐项分解,细化责任单位,明确时间节点,现将某地铁责任分工内容列举如下。

1. 前期设计规划管理部门责任条目

(1) 建设规划、工可及初设等批复文件(表3.4-1)。

建设规划、工可及初设等批复文件　　表 3.4-1

序号	文件名称	依据	完成时间
1	工程建设规划批复文件	(交办运〔2019〕17号)第五条(一)	预评估前
2	工程可行性研究批复文件	(交办运〔2019〕17号)第五条(二)	预评估前
3	工程初步设计的批复文件	(交办运〔2019〕17号)第五条(二)	预评估前

(2) 重大设计变更文件

根据《技术规范》第五条（三）预评估前需完成重大变更设计梳理工作，建立与初步设计对照变更情况说明；正式评估前，完成重大设计变更文件批复。

(3) 用地和建设许可文件（表3.4-2）。

用地和建设许可文件 表3.4-2

序号	文件名称	依据	完成时间
1	场段、正线、附属结构、主变电所等建设用地规划许可文件	（交办运〔2019〕17号）第五条（四）	前提条件审核前
2	场段、正线、附属出入口及风亭、主变电所等建设工程规划许可文件	（交办运〔2019〕17号）第五条（四）	前提条件审核前
3	规划核实	（建质〔2014〕42号）第十九条第四款	正式评估前

(4) 系统功能核验：线路和轨道（表3.4-3）

系统功能核验 表3.4-3

序号	类别	文件名称	依据	完成时间
1	线路工程	线路平面图和纵断面图	（交办运〔2019〕17号）第九条	预评估前
		正线配线图	（交办运〔2019〕17号）第九条	预评估前
2	运营配线	投入使用的正线、配线和车场线应满足列车运行和应急救援需要	（交办运〔2019〕17号）第九条、GB 50157—2013 第3.4条	预评估前
3	车站建筑	车站一览表（含站名变更证明文件）		预评估前
		停车场及车站站厅、站台总平面图	GB 50157—2013	预评估前
		出入口及通道宽度等	GB 50157—2013	预评估前
		车站站台站厅面积等	GB/T 30013—2013 第5章	预评估前

2. 安全质量管理部门责任条目

(1) 施工许可证（表3.4-4）。

施工许可证 表3.4-4

序号	类别	文件名称	依据	完成时间
1	施工许可证	正线、场段、控制中心、主变电所等建筑工程施工许可证	（交办运〔2019〕17号）第五条（四）	预评估前

(2) 相关专项验收文件（表3.4-5）。

相关专项验收文件 表3.4-5

序号	类别	文件名称	依据	完成时间
1	相关专项验收文件	工程质量竣工验收监督意见	（交办运〔2019〕17号）第七条	前提条件审核前
2		安全评价报告、安全检测资料	AQ8007—2013	前提条件审核前

(3) 系统功能核验：线路和轨道（表 3.4-6）。

系统功能核验　　　　　　　　　　　　　　　　　　　　表 3.4-6

序号	类别	文件名称	依据	完成时间
1	车站建筑	保护区平面图以及设置的提示或者警示标志位置清单	（交办运〔2019〕17号）第八条	前提条件审核前
2	客运组织	大客流通过能力模拟测试报告	（交办运〔2019〕17号）第一百一十条	正式评估前

3. 工程建设管理部门责任条目

(1) 专项验收文件（表 3.4-7）。

专项验收文件　　　　　　　　　　　　　　　　　　　　表 3.4-7

序号	类别	文件名称	依据	完成时间
1	土建质量验收文件	场段、控制中心、车站、区间、轨道、外电源路由土建工程质量验收监督意见（含防雷验收意见）	（交办运〔2019〕17号）第六条（一）	已完成部分预评估前归档，其余部分前提条件审核前完成
2	人防工程	场段、车站、区间、人防专项验收意见（含人防第三方检测资料）	（交办运〔2019〕17号）第6.4条	

(2) 系统功能核验：线路和轨道（表 3.4-8）。

系统功能核验　　　　　　　　　　　　　　　　　　　　表 3.4-8

序号	类别	文件名称	依据	完成时间
1	安全设施	城市轨道交通线路与其他设施共建于同一平面且相邻可能影响运营时，应在线路两侧设置封闭隔离、安全警示标志等安全防护设施	（交办运〔2019〕17号）第十条	预评估前完成现场核查并写入建设情况报告
2		正线、配线和车场线尚未使用的道岔、预留延伸线终端等预留工程应分别采取道岔定向锁闭、设置车挡等安全防护措施	（交办运〔2019〕17号）第十一条	
3	轨道工程	轨道结构设置使用情况一览表		预评估前
4		无缝线路锁定轨温、单元轨节长度和观测桩位置等技术资料	（交办运〔2019〕17号）第十二条	
5		道岔、钢轨的焊点或栓接部位的探伤检测报告、对地绝缘检测报告	（交办运〔2019〕17号）第十二条	
6		轨道部件报检材料	GB/T 50299—2018 第14章	
7		轨道静态检查记录	GB/T 50299—2018 第14章	
8		轨道单位、子单位工程验收记录	GB/T 50299—2018 第14章	

续表

序号	类别	文件名称	依据	完成时间
9	轨道工程	道岔转辙机及其杆件基坑处无积水；寒冷地区的道岔转辙区域采取防雪防冻措施	(交办运〔2019〕17号)第十三条	预评估前完成现场核查并写入建设情况报告
10		线路基标、百米标、坡度标、曲线要素标等线路标志，限速标、停车标、警冲标等信号标志应配置齐全、安装牢固	(交办运〔2019〕17号)第十四条	
11		限界检测资料	GB/T 30013—2013 第5章	预评估前
12		工后监测数据汇总报告	(交办运〔2019〕17号)第二十七条	
13		土建单项工程验收汇总表及整改情况汇总表		正式评估前
14	车站建筑	车站投入使用的出入口应与市政道路连通，当出入口朝向城市主干道时，应具有客流集散场地；当出入口台阶或坡道末端与邻近的道路车行道距离小于3m时，应采取护栏或其他安全防护措施；影响车站客流集散的站外广场应与车站同步具备使用条件	(交办运〔2019〕17号)第十六条	预评估前完成现场核查并写入建设情况报告；正式评估前完成规定要求
15		雨水多地区的车站出入口建筑不应在低洼地势区域	(交办运〔2019〕17号)第二十一条	
16		地下车站、地面和高架车站站台顶板、设备用房、行人通道等结构不应渗水、结构表面应无湿渍，区间隧道、连接通道结构不应漏水，轨道道床面应无渗水	(交办运〔2019〕17号)第二十五条	
17	结构工程	高架桥梁侧边翼缘下沿应具有滴水槽、滴水沿或其他防止雨水流向混凝土侧面和地面的构造措施，桥面桥梁端部应有防止污水回流污染支座和梁端表面的防水措施	(交办运〔2019〕17号)第二十六条	
18		声屏障、人防门、防淹门等构筑物具有安装牢固、定位锁定和防护措施是否到位的检查记录	(交办运〔2019〕17号)第二十八条	
19		地下工程(含车站、区间、出入场段等)临近轨行区旁的分隔墙，应经风荷载和振动荷载作用下结构的抗疲劳性、安全度和耐久性计算和分析，不宜采用砖砌墙	(交办运〔2019〕17号)第二十九条	
20		当高架区间上跨道路净空高度不大于4.5m时，应有限高标志和限界防护架；位于道路一侧或交叉口的墩柱有可能受外界撞击时，墩柱应具有防撞击的保护设施	(交办运〔2019〕17号)第三十一条	

续表

序号	类别	文件名称	依据	完成时间
21	结构工程	设备安装未使用的结构预留孔洞应完成封堵;区间结构施工遗留的混凝土浮浆、碎块等异物和设备安装遗留在结构本体上的铁丝、铁片、胶条等异物均应完成清除	(交办运〔2019〕17号)第三十二条	预评估前完成现场核查并写入建设情况报告;正式评估前完成规定要求
22		作为疏散通道的道床面应平整、连续、无障碍;轨行区至站台的疏散楼梯、疏散平台在联络通道处的坡道连接、区间联络通道防火门开启等不应影响乘客紧急疏散	(交办运〔2019〕17号)第三十三条	

(3) 系统功能测试(表3.4-9)。

系统功能测试　　　　表3.4-9

类别	文件名称	依据	完成时间
轮轨关系	轨道动态几何状态测试	(交办运〔2019〕17号)第七十七条表20	预评估前归档

4. 机电设备管理部门责任条目

(1) 专项验收文件(表3.4-10)。

专项验收文件　　　　表3.4-10

序号	类别	发文单位	文件名称	依据	完成时间
1	质量验收文件	____市住建局	场段、车站、控制中心、主变电所等装修、设备系统及其安装工程质量验收监督意见(含防雷验收意见)	(交办运〔2019〕17号)第六条(一)	已完成部分预评估前归档,其余部分前提条件审核前完成
2		____市质量技术监督局	起重设备、电梯使用标识和电梯监督检验报告、压力容器等特种设备验收文件	(交办运〔2019〕17号)第六条(三)	
3	其他专项验收文件	____市住建局	车站、区间、中间风井、车辆基地、控制中心、主变电所等消防验收文件	(交办运〔2019〕17号)第六条(二)	前提条件审核前
4		____市卫计委	卫生评价文件	(交办运〔2019〕17号)第六条(五)	前提条件审核前
5		____市人防办	控制中心人防质量验收文件	(交办运〔2019〕17号)第六条(四)	前提条件审核前

（2）综合联调相关报告（表3.4-11）。

综合联调相关报告 表3.4-11

序号	类别	文件名称	备注	完成时间
1	系统联调	系统联调报告	（交办运〔2019〕17号）第三条	已完成部分预评估前归档，其余部分前提条件审核前完成
2		联调发布文件（大纲、细则）	GB/T 50299—2018 第29章	
3		系统联调问题台账	GB/T 50299—2018 第29章	
4		联调现场测试记录	GB/T 50299—2018 第29章	

（3）系统功能核验：线路和轨道（表3.4-12）。

系统功能核验 表3.4-12

序号	类别	文件名称	依据	完成时间
1		机电设备等单项工程验收汇总表及整改情况汇总表	（交办运〔2019〕17号）第七条	前提条件审核前
2		车站每个站厅公共区至少有2个独立、直通地面的出入口具备使用条件	（交办运〔2019〕17号）第十五条	预评估前梳理完成出入口投入使用清单
3		车站楼梯、公共厕所和无障碍设施应具备使用条件；车站出入口至站厅、站厅至站台应至少各有一台电梯和一组上、下行自动扶梯具备使用条件	（交办运〔2019〕17号）第十七条	预评估前列出投用清单，并核查是否符合规定
4		车站公共区和出入口通道不应有妨碍乘客安全疏散的非运营设施设备，安检设施不应占用乘客紧急疏散通道	（交办运〔2019〕17号）第十八条	
5	车站建筑	车站公共区有关设施设备结构、过道处、楼梯口、楼梯装饰玻璃边角、扶手转角及其连接部位、防护栏杆、不锈钢管焊缝处不应有可能造成乘客伤害的尖角或突出物；车站地面嵌入式疏散指示应与地面平齐，车站公共区地板应防滑；列车站台停靠时的列车驾驶员上下车立岗处应经地面防滑和防静电处理	（交办运〔2019〕17号）第十九条	正式评估前检查完成
6		钢结构屋顶（含出入口雨棚）上方检修爬梯应安装牢靠并加设安全护笼；车站公共区卷帘门应有防坠落措施；车站公共区防护栏杆应埋设牢固；出入口通道内扶梯控制箱门、消火栓箱门等暗门应安装门锁和把手	（交办运〔2019〕17号）第二十条	正式评估前查完成
7		车站出入口排水沟畅通，排水系统应与城市排水系统连通，出入口建筑、无障碍垂直电梯接缝应完成密封处理	（交办运〔2019〕17号）第二十一条	正式评估前查完成
8		地下、地上车站出入口不应设置在道路中央的绿化隔离带上，因特殊原因无法避免时应有连接人行的过街措施；当车站采用顶面开设风口的风亭时，风亭开口处应具有防护栏和防护网或其他安全防范措施	（交办运〔2019〕17号）第二十二条	预评估前核查设计是否符合规定

续表

序号	类别	文件名称	依据	完成时间
9	结构工程	对轨行区电缆、管线、射流风机等吊挂构件,防火门等构筑物具有安装牢固、定位锁定和防护措施是否到位的检查记录	(交办运〔2019〕17号)第二十八条	预评估前核查完成
10		地下工程(含车站、区间、出入场段等)临近轨行区旁的分隔墙,应经风荷载和振动荷载作用下结构的抗疲劳性、安全度和耐久性计算和分析,不宜采用砖砌墙	(交办运〔2019〕17号)第二十九条	
11		轨行区人防门、防淹门、联络通道防火门宜具有环境与设备监控系统(BAS)对其运行状态和故障状态的监视报警功能、视频监视系统对其开闭状态的监视功能	(交办运〔2019〕17号)第三十条	
12		作为疏散通道的道床面应平整、连续、无障碍;轨行区至站台的疏散楼梯、疏散平台在联络通道处的坡道连接、区间联络通道防火门开启等不应影响乘客紧急疏散	(交办运〔2019〕17号)第三十三条	

(4)系统功能核验:车辆测试(表3.4-13)

系统功能核验   表 3.4-13

序号	类别	文件名称	备注	完成时间
1	车辆测试	车辆超速测试报告	(交办运〔2019〕17号)第三十四条表1	已完成部分预评估前归档,其余部分正式评估前完成
2		车门安全联锁测试报告	(交办运〔2019〕17号)第三十四条表3	

(5)系统功能核验:供电、通信、综合监控、信号(表3.4-14)。

系统功能核验   表 3.4-14

序号	类别	文件名称	依据	完成时间
1	供电系统	电缆、电线各参数汇总表		已完成部分预评估前归档,其余部分正式评估前完成
2		电力监控点表		
3		各类电所元件、开关的保护整定值合格报告	(交办运〔2019〕17号)第四十二条	
4		短路试验方案		
5		变电所设备试验报告		
6		地网试验报告		
7		接触网设备各项试验报告		
8		接触网冷、热滑报告		

续表

序号	类别	文件名称	依据	完成时间
9	供电系统	杂散电流监测、排流系统调试报告		已完成部分预评估前归档,其余部分正式评估前完成
10		144h 连续运行报告、电力电缆检测报告		
11		限界检测报告		
12		相邻主变电所支援供电测试	(交办运〔2019〕17号)第四十条表7	正式评估前
13		牵引接触网(轨)越区供电测试	(交办运〔2019〕17号)第四十条表8	正式评估前
14		变电所0.4kV低压备自投功能测试	(交办运〔2019〕17号)第四十条表9	正式评估前
15		供电系统验收记录(会议纪要)		已完成部分预评估前归档,其余部分正式评估前完成
16		供电系统主接线图		
17		低压动照技术资料		
18		照度测试记录、轨道对地电阻测试报告	(交办运〔2019〕17号)第四十二条	
19		低压动照设备调试记录	GB/T 7928 和 GB/T 14894	
20		照明系统建筑照明通电、全负荷试运行记录	GB/T 7928 和 GB/T 14894	
21		低压动照分部、子分部、分项工程验收记录	GB/T 7928 和 GB/T 14894	
22		电力监控系统具备遥控、遥信和遥测使用功能	(交办运〔2019〕17号)第四十一条	预评估前完成情况核查
23		变电所接地标志和安全标志齐全清晰,安全工具试验合格、配置齐全、放置到位;变电所内、外设备间应整洁,电缆沟和隐蔽工程内无杂物和积水。电缆孔洞应封堵,设备房应安装防鼠板	(交办运〔2019〕17号)第四十三条	正式评估前完成情况核查
24	通信及综合监控系统	警用通信技术资料(设备开箱记录、出厂合格证、出厂检验报告、144h试验调试记录、技术规格书、设备维护操作手册、设备调试记录)		已完成部分预评估前归档,其余部分正式评估前完成
25		专用通信技术资料(设备开箱记录、出厂合格证、出厂检验报告、调试记录、144h试验记录、技术规格书、设备维护操作手册、各专业设备与通信时钟系统校时机制验证报告、通信设备电磁抗干扰测试报告)		
26		综合监控技术资料(设备开箱记录、产品检验证书、调试记录、设计联络及厂验纪要、机柜及设备布置图、与各专业接口确认文件、测试报告、技术规格书、操作手册、144h试验)		

续表

序号	类别	文件名称	依据	完成时间
27	通信及综合监控系统	竣工验收文件(竣工图纸、与各专业接口确认文件、合同谈判和设计联络纪要、各系统运行与性能测试报告)		已完成部分预评估前归档,其余部分正式评估前完成
28		单位、子单位工程验收记录		
29		车地无线通话测试	(交办运〔2019〕17号)第四十四条表10	正式评估前
30		列车到站自动广播和到发时间显示	(交办运〔2019〕17号)第四十四条表11	正式评估前
31		与主时钟系统接口通信	(交办运〔2019〕17号)第四十四条表12	正式评估前
32		换乘站基本通信	(交办运〔2019〕17号)第四十四条表13	正式评估前
33		设备机房的温度、湿度满足安全运行要求,具有防电磁干扰测试合格报告	(交办运〔2019〕17号)第四十五条	正式评估前
34	信号系统	信号系统技术资料(技术规格书、维修操作手册)		预评估前归档
35		列车与站台门联动测试报告		
36		ATC子系统静态调试报告		
37		车载(LEU)静态调试报告		
38		车载动态调试报告		
39		ATC系统功能验收测试报告、ATO停车精度测试表格报告		
40		ATS系统智能列车监控信号操作控制报告		
41		ATS系统LATS静态、非集中站现地工作站静态测试报告		
42		CI调试报告		
43		ATS与外部接口测试报告		
44		MSS一致性测试报告		
45		电源屏调试报告		
46		计轴调试报告		
47		DCS子系统功能验收测试报告		
48		系统运行与性能测试报告		正式评估前
49		列车超速安全防护测试	(交办运〔2019〕17号)第四十六条表14	正式评估前
50		列车追踪安全防护测试	(交办运〔2019〕17号)第四十六条表15	正式评估前

续表

序号	类别	文件名称	依据	完成时间
51	信号系统	列车退行安全防护测试	(交办运〔2019〕17号)第四十六条表16	正式评估前
52		车站扣车和跳停测试	(交办运〔2019〕17号)第四十六条表17	正式评估前
53		第三方安全证书、多车、单车运行证书、系统发布单、安全须知、安全论据		预评估前归档
54		出厂检验报告(iTS、CI、DCS、MSS、信号电源系统、计轴机柜、防雷分线柜等)		
55		设备合格证(信标、ODF柜、UPS、防雷分线柜防雷模块等)防雷分线柜		
56		平面布置简易图(系统结构总图、正线信号平面图、试车信号平面图)		
57		信号系统单位、子单位工程验收记录(正线信号、车辆基地信号工程)		
58		信号系统设备144h测试记录、设备电磁抗干扰测试报告、信号系统竣工图		
59		信号载客安全认证书		
60		设备机房温度、湿度满足安全运行要求,具有防电磁干扰测试合格报告	(交办运〔2019〕17号)第四十七条	

(6)系统功能核验：通风空调、给水排水及消防、FAS及火灾自动报警、电扶梯、售检票、站台门(表3.4-15)。

系统功能核验　　　　　表3.4-15

序号	类别	文件名称	依据	完成时间
1	通风空调系统	通风、空调与供暖系统技术资料(技术规格书、维修操作手册等)		正式评估前归档
2		设备单机试运转记录		
3		具有通风换气和空气环境控制功能、排烟系统排烟量、隧道纵向排烟风速、楼梯间加压送风系统余压等测试合格报告	(交办运〔2019〕17号)第四十八条	
4		风管系统漏风量测试记录		
5		现场组装空调机组漏风量检验记录		
6		区间隧道通风系统风机运转、风速实测记录		
7		空调水系统管道强度(严密性)检验记录		
8		风机盘管水压试验检验记录		
9		系统调试检验批质量验收记录表		
10		通风空调系统试运转及调试记录		
11		通风空调分部\子分部工程质量验收记录		

续表

序号	类别	文件名称	依据	完成时间
12	通风空调系统	车站控制室和控制中心具备通风设备状态信息显示和故障报警功能	(交办运〔2019〕17号)第四十九条	
13		应完成冷却塔、多联空调的室外机地面硬化,相关排水管路应接入市政排水系统,冷却塔或室外机周边具有安全防护栏;空调送风口、空调冷凝水管不应设置在电气设备上方,无法避免时应具有防护措施;空调柜检修门不应有影响检修的水管、支架、结构柱等遮挡	(交办运〔2019〕17号)第五十条	预评估前设计核查
14		风管支、吊架应完成防锈防腐处理;风道内影响设备正常运行的裸露进风口、排风口以及大型风机的进出风端应设置防鼠网或防护网;应完成通风管路及风道内的杂物清理及卫生清扫	(交办运〔2019〕17号)第五十一条	正式评估前完成核查
15	给水排水及消防系统	建筑消防设施检测报告		
16		设备安装记录(循环泵、消防泵、潜污泵)		
17		设备单机试运转记录(循环泵、消防泵、潜污泵)		
18		消火栓系统试射试验记录		
19		消防系统试运行和调试记录		正式评估前归档
20		给水排水及消防分部/子分部工程质量验收记录		
21		区间水泵安全运行测试	(交办运〔2019〕17号)第五十二条表18	
22		排水系统应提供满足设计要求的可靠排水设施,并满足排放条件	(交办运〔2019〕17号)第五十三条	预评估前完成设计核查
23		车站自动扶梯集水井盖板、出入口与站厅连接处的拦水横截沟盖板等安装牢靠并具有检查记录	(交办运〔2019〕17号)第五十四条	正式评估前完成现场核查
24		完成车站、车辆基地、控制中心、区间泵房、风亭和各类集水池杂物清理	(交办运〔2019〕17号)第五十五条	
25	火灾及自动报警系统	气体灭火技术资料(维护操作手册)		
26		气体灭火系统管道安装记录		
27		气体灭火系统管道吹扫记录		
28		灭火剂输送管道试验记录		
29		火灾自动报警系统设备调试记录		正式评估前归档
30		消防联动系统调试记录		
31		绝缘电阻测试		
32		系统调试、试运转记录		
33		单位(子单位)工程质量竣工验收记录		

续表

序号	类别	文件名称	依据	完成时间
34	自动售检票系统	自动售检票系统技术资料（设备开箱移交记录、合格证、技术规格书、操作安装维护手册、电气原理图等）		正式评估前归档
35		系统功能测试BOM、TVM、AGM		
36		车站终端设备单体调试记录		
37		紧急放行测试记录		
38		144h运行测试报告		
39		压力测试报告		
40		SC-ANCC系统接口测试报告和线网跑票测试方案		
41		跑票分析报告		
42		设计联络会会议纪要、设计交底文件、公司资质、操作培训记录、软件授权书		
43		具有自动售检票系统压力、跨站（线）走票功能、终端设备金属外壳漏电保护和可靠接地，检票系统与火灾自动报警系统联动等测试合格报告	（交办运〔2019〕17号）第五十六条	正式评估前完成测试及现场核查
44		车站公共区自动售检票机的布置应符合乘客进、出站流线，客流不宜交叉；当检修采用后开门形式时，自动售票机离墙装饰面的空间应满足维修需要	（交运交办运〔2019〕17号）第五十七条	
45		每组进、出站检票机群均应有不少于2个通道具备使用条件。每个车站至少有1个宽通道具备使用条件	（交办运〔2019〕17号）第五十八条	预评估前完成测试及现场核查
46	电扶梯与自动人行道	电梯、自动扶梯与自动人行道具有语音安全提示功能，电梯具有视频监视和门防夹保护功能，以及电梯的车站控制室、轿厢、控制柜或机房之间具备三方通话功能	（交办运〔2019〕17号）第五十九条	预评估前完成设计核查
47		自动扶梯与楼梯板交叉时或自动扶梯交叉设置时，扶手带上方应设置防护挡板；当自动扶梯扶手带转向端入口处与地板形成的空间内加装语音提示或其他装置时，不应形成可能夹卡乘客的三角空间；自动扶梯紧急停止按钮应具有防误操作的保护措施	（交办运〔2019〕17号）第六十条	
48		自动扶梯下部机坑内不应有影响自动扶梯安全运行的积水；电梯底坑内排水设施应具备使用条件，不应有影响电梯安全运行的漏水和渗水；应完成井道、巷道内杂物和易燃物的清理	（交办运〔2019〕17号）第六十一条	正式评估前完成现场核查
49		电梯、自动扶梯与自动人行道使用标志、安全标志和安全须知应齐全醒目	（交办运〔2019〕17号）第六十二条	

续表

序号	类别	文件名称	依据	完成时间
50	站台门	站台门系统技术资料(设备开箱检查记录、安装、操作、维护手册)		正式评估前资料归档
51		设备配置型号清单、培训记录		
52		站台门分部/子分部工程质量验收记录、隐蔽验收、检查记录、电气原理图		
53		单位竣工验收记录		
54		站台门乘客保护测试	(交办运〔2019〕17号)第六十三条表19	正式评估前
55		车站控制室和控制中心具有站台门运行状态、故障信息显示和报警功能	(交办运〔2019〕17号)第六十四条	
56		应急门、端门应能向站台侧旋转90°平开,打开过程应顺畅,不受地面及其他障碍物(含盲道)的影响	(交办运〔2019〕17号)第六十五条	预评估前完成核查
57		站台门安全标志、使用标志和应急操作指示应齐全醒目	(交办运〔2019〕17号)第六十六条	正式评估前

(7) 系统功能核验：系统联动测试（表3.4-16）。

系统功能核验　　　　　　　　　　　表3.4-16

序号	类别	文件名称	依据	完成时间
1	轮轨关系	车辆动力学响应-运行稳定性测试	(交办运〔2019〕17号)第七十八条表21	正式评估前
2		车辆动力学响应-运行平稳性测试	(交办运〔2019〕17号)第七十八条表22	正式评估前
3	弓网关系	接触网动态几何参数测试	(交办运〔2019〕17号)第八十条表23	正式评估前
4		弓网燃弧指标测试	(交办运〔2019〕17号)第八十一条表24	正式评估前
5		弓网动态接触力测试	(交办运〔2019〕17号)第八十二条表25	正式评估前
6		受电弓垂向加速度(硬点)测试	(交办运〔2019〕17号)第八十三条表26	正式评估前
7	信号防护	列车车门安全防护测试	(交办运〔2019〕17号)第八十五条表27	正式评估前
8		站台紧急关闭按钮安全防护测试	(交办运〔2019〕17号)第八十六条表28	正式评估前

续表

序号	类别	文件名称	依据	完成时间
9	信号防护	站台门安全防护测试	(交办运〔2019〕17号)第八十七条表29	正式评估前
10		车门与站台门联动测试	(交办运〔2019〕17号)第八十八条表30	正式评估前
11		列车折返能力测试	(交办运〔2019〕17号)第八十九条表31	正式评估前
12	防灾联动	车站综合后备控制盘功能测试	(交办运〔2019〕17号)第九十一条表32	正式评估前
13		车站公共区火灾工况联动测试	(交办运〔2019〕17号)第九十一条表33	正式评估前
14		列车区间事故工况联动测试	(交办运〔2019〕17号)第九十一条表34	正式评估前

5. 运营管理部门责任条目

（1）专项验收文件

关于地铁新线票价的批复应于前提条件审核前取得。

（2）试运行相关报告（表3.4-17）。

试运行相关报告　　　　　　　　　　　表3.4-17

序号	类别	文件名称	备注	完成时间
1	试运行	试运行情况报告	(交办运〔2019〕17号)第四条	前提条件审核前
2		试运行组织方案	(交办运〔2019〕17号)第四条	
3		试运行问题整改情况	(交办运〔2019〕17号)第四条	

（3）系统功能核验：线路和轨道（表3.4-18）。

系统功能核验　　　　　　　　　　　表3.4-18

序号	类别	文件名称	备注	完成时间
1	车站建筑	车站醒目位置应公布安全乘车注意事项、监督投诉电话、本站首末车时间和周边公交换乘信息，并按规定张贴城市轨道交通禁止、限制携带物品目录	(交办运〔2019〕17号)第23条	正式评估前
2		车站紧急情况下使用的消防设施、安全应急设施、疏散通道和紧急出口，应具有齐全醒目的警示标志和使用说明	(交办运〔2019〕17号)第24条	正式评估前

（4）系统功能核验：车辆（表 3.4-19）

系统功能核验　　　　　　　　　　　　　　　　表 3.4-19

序号	类别	文件名称	依据	完成时间
1	清单	车辆技术资料（技术规格书、操作维护手册等）	GB/T 7928 和 GB/T 14894	已完成部分预评估前归档，其余部分正式评估前完成
2		车辆备品备件清单、牵引系统备品备件清单		
3		车辆合同文本		
4		列车动力学试验报告		
5		列车动应力试验报告		
6		安全设备检查试验报告		
7		工程车连挂电客车试验报告		
8		各种保护动作试验报告		
9		闸瓦热容量测试报告		
10		静态试验报告		
11		运行试验报告		
12		列车控制及监控系统试验报告		
13		牵引/制动性能试验报告		
14		电制动能力试验报告		
15		故障运行能力试验报告		
16		救援坡道起动试验报告		
17		空气制动系统试验报告		
18		空气制动滑行保护试验报告		
19		空转、滑行保护试验报告		
20		空—电制动配合试验报告		
21		空压机组噪声试验报告		
22	验收记录	通过最小曲线半径试验报告		
23		车辆噪声试验报告		
24		空压机组泵风时间测试报告		
25		客室照明照度试验报告		
26		前照灯照度试验报告		
27		车辆称重试验报告		
28		车辆通过限界试验报告		
29		漏雨试验报告		
30		空调试验报告		
31		车门试验报告		
32		技术速度/旅行速度试验报告		
33		架车试验报告		
34		电力中断试验报告		
35		受流性能试验报告		

续表

序号	类别	文件名称	依据	完成时间
36	验收记录	车体挠度试验报告	GB/T 7928 和 GB/T 14894	已完成部分预评估前归档,其余部分正式评估前完成
37		客室内磁场强度测试报告		
38		电磁干扰试验报告		
39		轮重减载试验报告		
40		列车广播及信息显示系统测试报告		
41		逆变器温升试验报告		
42		平稳性指标测试报告		
43		列车总风泄漏量测试报告		
44		车辆主要图纸、车辆电气图纸		
45		车辆预验收证书		
46		车辆出厂验收报告		
47		车辆开箱报告		
48		车辆现场调试报告		
49		检修规程、故障分析报告		
50		车辆履历本		
51		蓄电池测试报告	(交办运〔2019〕17号)第三十六条	
52	车辆测试	列车紧急制动距离测试报告	(交办运〔2019〕17号)第三十四条表2	正式评估前
53		车门故障隔离测试报告	(交办运〔2019〕17号)第三十四条表4	正式评估前
54		车门障碍物探测测试报告	(交办运〔2019〕17号)第34条表5	正式评估前
55		列车联挂救援测试报告	(交办运〔2019〕17号)第三十四条表6	正式评估前

(5) 系统功能核验:车辆基地及控制中心(表3.4-20)

系统功能核验　　　　　　　　　　　　　　　表3.4-20

序号	类别	文件名称	依据	完成时间
1	车辆基地	具备车辆基地运用、检修等生产设施设备验收合格报告,设施设备配备和功能满足运营需要	(交办运〔2019〕17号)第六十七条	预评估前完成核查
2		内燃机车和工程车等特种车辆,架车机、不落轮镟床和洗车机等车辆配属设备的配置数量与功能状况满足运营需要	(交办运〔2019〕17号)第六十七条	
3		停车列检库线供电隔离启闭设备、有无电显示设施、出入库列位外声光警示设施、检修作业平台安全保护分区和安全防护设施具备使用条件	(交办运〔2019〕17号)第六十八条	

续表

序号	类别	文件名称	依据	完成时间
4	车辆基地	试车线与周围建(构)筑物之间、车辆基地有电区和无电区之间应具有隔离设施	(交办运〔2019〕17号)第六十八条	预评估前完成核查
5		车辆基地周界应有围蔽设施并满足封闭管理要求;车辆基地应有不少于两个具备使用条件并与外界道路相通的出入口	(交办运〔2019〕17号)第六十九条	
6		预留上盖开发条件的车辆基地,轨行区柱网布置应满足轨旁设备检修维护空间要求,上盖开孔四周应具有防抛措施;生产性库房检修爬梯应与墙体预埋角钢焊接牢固,钢爬梯应做防锈处理;库内水管应根据运营需要完成防寒处理	(交办运〔2019〕17号)第七十条	
7		备品备件、设备、材料、抢修、救援器材和劳保用品应到位并满足初期运营需要;物资仓库、易燃物品库等建筑建成并具备使用条件,易燃物品库应独立设置,并按存放物品的不同性质分库设置	(交办运〔2019〕17号)第七十一条	正式评估前完成核查
8		车辆基地安全标志应齐全醒目,道路、平交路口、站场线路、试车线等应设有安全隔离、限高等设施和安全警示标志	(交办运〔2019〕17号)第七十二条	正式评估前
9	控制中心	控制中心行车调度、电力调度、环控调度、防灾指挥、客运管理、维修施工和信息管理等设施布局、功能运行、人机界面等应满足运营需要	(交办运〔2019〕17号)第七十三条	预评估前日完成核查
10		控制中心与其他建筑合建时,控制中心应具有独立的进出口通道,控制中心用房具备独立性和安全性	(交办运〔2019〕17号)第七十四条	
11		室内装修与照明综合效果不应在控制中心显示屏上产生眩光	(交办运〔2019〕17号)第七十五条	

(6)运营及应急管理(表3.4-21)

运营及应急管理　　　　　　　　　　表3.4-21

序号	类别	文件名称	备注	完成时间
1	资质	运营资质	(交运规〔2019〕1号)第八条	
2	组织架构	运营单位成立文件相关组织架构(明确受理和处理投诉部门)	(交办运〔2019〕17号)第九十四、九十六条	预评估前归档
3		运营单位定岗定编方案	(交办运〔2019〕17号)第九十七条	

续表

序号	类别	文件名称	备注	完成时间
4	运营管理制度	运营管理制度(安全管理类、行车管理类、服务管理类、维护维修类、操作办法类)	(交办运〔2019〕17号)第一百〇五条	预评估前归档
5	客流预测	初期运营客流预测报告	(交办运〔2019〕17号)第一百〇六条	
6	行车组织	列车运行计划	(交办运〔2019〕17号)第一百〇七、一百〇八条	
7		行车组织方案	(交办运〔2019〕17号)第一百〇九条	
8	客运	客运组织方案	(交办运〔2019〕17号)第一百一十一条	
9	检修	检修施工管理制度	(交办运〔2019〕17号)第一百一十二条	
10	交接	临时交接备忘记录/协议	(交办运〔2019〕17号)第一百一十三条	已完成部分预评估前归档,其余部分正式评估前完成
11		设施设备移交接管签字表		
12		资料移交清单位:土建工程竣工资料、设备系统技术说明书、操作手册、维修手册、各类软件和调试报告		
13	应急管理	应急管理制度汇编(包含应急信息报送、应急值守和报告、乘客应急信息发布、乘客伤亡事故处置和运营突发事件等)	(交办运〔2019〕17号)第一百一十五条	预评估前归档
14		应急联动机制	(交办运〔2019〕17号)第一百一十六条	
15		应急预案(综合、专项、现场处置)	(交办运〔2019〕17号)第一百一十七条	
16		市级综合演练相关资料	(交办运〔2019〕17号)第一百一十九条	正式评估前
17		其他演练工作大纲及演练资料	(交办运〔2019〕17号)第一百二十条	
18		委外维修协议	(交办运〔2019〕17号)第一百二十一条	已完成部分预评估前归档,其余部分正式评估前完成
19		应急物资清单及维护、保养和调用制度	(交办运〔2019〕17号)第一百二十二条	
20		应急专业队伍	(交办运〔2019〕17号)第一百二十三条	

（7）岗位人员资格及资质（表 3.4-22）

岗位人员资格及资质　　　　　　表 3.4-22

序号	类别	文件名称	备注	完成时间
1	培训记录	三级安全教育完成情况统计	（交办运〔2019〕17 号）第九十八条	已完成部分预评估前归档，其余部分正式评估前完成
2		工程一线岗位国家强制性资格证取证情况表、取证台账	（交办运〔2019〕17 号）第一〇四条	
3		上岗证取证台账	（交办运〔2019〕17 号）第九十八条	
4	乘务人员	电客车司机到岗人员明细表	（交办运〔2019〕17 号）第九十九条	已完成部分预评估前归档，其余部分正式评估前完成
5		电客车司机公里数汇总	（交办运〔2019〕17 号）第九十九条	
6		三级安全教育成绩表、安全教育试卷	（交办运〔2019〕17 号）第九十九条	
7		电客车司机操作规则	（交办运〔2019〕17 号）第九十九条	
8		岗前培训资料（接受不少于 300 学时的理论知识培训和不少于 2 个月的岗位技能培训；通过理论知识考试和岗位技能考试）	（交办运〔2019〕17 号）第九十九条	
9	调度票务人员	行车、电力、环控、维修调度（上岗证、上岗证考核台账、上岗证考试理论和实操成绩）	（交办运〔2019〕17 号）第一百条	已完成部分预评估前归档，其余部分正式评估前完成
10		行调、电力、环控调度岗前培训资料（接受不少于 300 学时的理论知识培训和不少于 3 个月的岗位技能培训；通过理论知识考试和岗位技能考试）	（交办运〔2019〕17 号）第一百条	
11		行调、电力、环控调度等岗位在经验丰富的调度员指导和监督下进行操作，时间不少于 1 个月	（交办运〔2019〕17 号）第一百条	
12		收益分析员、ACC 轮值、票卡生产员（上岗证、上岗证考核台账、上岗证考试理论和实操成绩）	（交办运〔2019〕17 号）第一百条	
13	行车值班员	站务员（上岗证、上岗证考核台账、上岗证考试理论和实操成绩）	（交办运〔2019〕17 号）第一百〇一条	已完成部分预评估前归档，其余部分正式评估前完成
14		值班员（上岗证、上岗证考核台账、上岗证考试理论和实操成绩）	（交办运〔2019〕17 号）第一百〇一条	
15		值班站长（上岗证、上岗证考核台账、上岗证考试理论和实操成绩）	（交办运〔2019〕17 号）第一百〇一条	
16		行车值班员岗前培训资料（接受不少于 150 学时的理论知识培训和不少于 1 个月的岗位技能培训；通过理论知识考试和岗位技能考试）	（交办运〔2019〕17 号）第一百〇一条	
17		行车值班员等岗位在经验丰富的行车值班员指导和监督下进行操作，时间不少于 1 个月	（交办运〔2019〕17 号）第一百〇一条	

续表

序号	类别	文件名称	备注	完成时间
18	列车驾驶员	列车驾驶员心理测试	(交办运〔2019〕17号)第九十八条	预评估前归档
19	重点岗位人员	安全背景审查	(交办运〔2019〕17号)第九十八条	
20	主要负责人和安全管理人员	不少于32学时的安全培训,及结业证	(交办运〔2019〕17号)第九十八条	

6. 综合管理部门责任条目

前提条件审核前取得城建档案馆对轨道交通新线的档案验收意见。

7. 安全评估相关工作

安全评估相关工作见表3.4-23。

安全评估相关工作　　　　　　　　　　　　表3.4-23

序号	类别	工作内容	责任部门	完成时间
一	初期运营预评估			
1	会务组织	会务方案、接待、检查分工、组织等	安全质量管理部门	预评估前5天
2	各类报告	建设情况报告	机电设备管理部门	预评估前3天
3		运营准备情况报告	运营管理部门	预评估前3天
4		试运行情况报告	运营管理部门	预评估前3天
5		综合联调报告	机电设备管理部门	预评估前3天
6		项目验收整改情况报告	安全质量管理部门	预评估前3天
7		工程大事记	综合管理部门	预评估前3天
8		对照17号文的情况说明	安全质量管理部门	预评估前3天
9		公交配套衔接方案	前期设计规划管理部门	预评估前3天
10	资料	内业资料	综合管理部门	预评估前3天
11	现场	现场核查	工程建设管理部门、机电设备管理部门	预评估前3天
二	初期运营正式评估			
1	提交申请	总体申请报告	安全质量管理部门	前提条件审核通过后2天内
2		试运行情况报告及其主要测试报告	运营管理部门	前提条件审核前
3		各专项验收文件	各相关部门	前提条件审核前
4		验收报告和验收发现问题整改情况报告,有甩项工程的,应附甩项工程清单	安全质量管理部门	前提条件审核前
5		保护区平面图以及设置的提示或者警示标志位置清单	安全质量管理部门	前提条件审核前
6		运营单位符合规定条件的情况说明和证明文件	运营管理部门	前提条件审核前
7		对运营服务专篇意见的对照检查落实材料	运营管理部门	前提条件审核前

续表

序号	类别	工作内容	责任部门	完成时间
8	会务组织	会务方案、接待、检查分工、组织等	安全质量管理部门	正式评估前5天
9	各类报告	建设情况报告	机电设备管理部门	正式评估前3天
10		运营准备情况报告	运营管理部门	正式评估前3天
11		试运行情况报告	运营管理部门	正式评估前3天
12		综合联调报告	机电设备管理部门	正式评估前3天
13		预评估及竣工验收整改情况报告	安全质量管理部门	正式评估前3天
14		工程大事记	综合管理部门	正式评估前3天
15		对照17号文的情况说明（图文并茂）	安全质量管理部门	正式评估前3天
16		宣传片	综合管理部门	正式评估前3天
17		公交配套衔接方案	前期设计规划管理部门	正式评估前3天
18	资料	内业资料	综合管理部门	正式评估前3天
19	现场	现场核查	工程建设管理部门、机电设备管理部门	正式评估前3天
三	初期运营			
1	问题整改	评估提出的问题	安全质量管理部门	初期运营前8天
2		获得第三方评估单位复核确认	安全质量管理部门	初期运营前5天
3	上报	上报交通运输主管部门	安全质量管理部门	初期运营前4天
4	办理相关手续	办理"三权"移交	运营管理部门	初期运营前2天
5		签订接管协议	运营管理部门	初期运营前3天
6		社会公布	运营管理部门	初期运营前3天
7	开通运营	开通方案	综合管理部门	初期运营前5天
8		开通初期运营	综合管理部门	初期运营

第4章 城市轨道交通初期运营前安全评估资料准备

4.1 建设情况综合报告

建设情况综合报告是对新线工程建设项目审批、项目验收、系统功能核验、工程特色等进行全面性的总结，旨在让评审专家通过查阅报告快速了解新线工程的整体建设情况，报告内容包括但不限于项目基本情况、初期运营范围、建设工期节点、工程审批情况、土建工程信息、设备系统情况、工程验收情况及工程特色说明等，内容应尽可能翔实，图文并茂，有理有据。其中，工程特色方面应系统介绍工程建设过程中采用的新技术、新材料、新工艺等。本节通过借鉴多家地铁初期运营前安全评估时采用的报告内容及形式进行讲解叙述。

4.1.1 概述部分

本部分对工程概况、初期运营范围、主要参建单位、工程建设主要节点等方面进行阐述，其中，工程概况主要介绍评估线路性质、作用及意义、线路长度、线路敷设、线路起止、车站设立、场段及主变电所等情况。

初期运营范围：明确计划开通线路有多少座车站、多少个区间及多少座车辆段、多少座停车场、多少座控制中心、多少座主变电所。前提条件初期运营范围内的控制中心、车辆段、主变电所、车站、区间、机电设备系统均已完成调试且验收合格，满足初期运营要求。

主要参建单位包括勘察单位、设计单位、监理单位、施工单位（土建及机电单位）、综合联调单位、设备供应商、第三方测量单位、第三方监测单位、第三方检测单位、工程咨询、招标单位等。

工程建设主要节点：重点介绍全线"开工建设"，全线"洞通"、全线"轨通"、首列车"下线"、全线"电通"、全线"冷滑"、全线"热滑"、完成"综合联调"、完成"项目验收"、取得"试运行"信号认证、完成"试运行"、完成"竣工验收"、取得"全线初期运营"等时间节点。

4.1.2 前提条件部分

1. 建设项目审批

（1）工程项目建设规划

____年____月____日，国家发展改革委批复城市轨道交通建设规划。

（2）工程可行性研究

____年____月____日，____省发展和改革委批复关于轨道交通工程可行性研究报告。

（3）工程初步设计

____年____月____日，____省发展和改革委批复关于轨道交通工程初步设计。

（4）用地和建设许可

____市自然资源和规划局于____年____月____日出具建设工程规划许可证。

2. 验收

（1）工程质量验收

根据国家及行业规范、标准和省、市相关要求、规定，及时组织各标段的单位工程验收。在____市住房和城乡建设局质量安全监督站的监督下，新线工程已于____年____月____日完成"项目验收"，____年____月____日完成"竣工验收"。

（2）消防验收

根据消防验收流程，从____年____月份开展消防检测工作，消防检测服务单位已对各车站消防实体进行全面的消防检测。____年____月____日，____市住房和城乡建设局委托的消防验收单位已对新线工程进行消防验收初验。于____年____月____日完成消防专项验收。

（3）人防验收

在人防办质量监督站的监督下，已于____年____月____日完成新线工程人防专项验收。

（4）特种设备验收

____市特检院已对新线工程全线特种设备开展各项检查工作，针对全线特种设备实际情况制定检查验收方案，分期分组分类实施监督检查。目前已于____月____日前全部取得特种设备使用资格证。

（5）卫生评价

目前第三方检测单位已开展现场检测工作，已于____年____月____日取得新线全部车站的《卫生许可证》。

（6）环保验收

根据《中华人民共和国环境保护法》《建设项目竣工环境保护验收暂行办法》（国环规环评〔2017〕4号）和____省环境保护的相关规定，____组织相关单位开展环境保护措施验收工作，并完成新线工程竣工环保验收。

（7）档案验收

各单位（子单位）工程档案与工程同步完成验收，目前已组织市城建档案馆对各标段项目工程档案进行验收工作，目前已完成档案验收，并按标准组卷移交入库。

3. 地铁保护区管理

目前新线保护区界桩已完成现场埋设，并通过正式验收。

4. 试运行

____年____月____日新线工程已取得试运行认证证书，为检验运营组织管理水平及相关设施设备系统的可靠性、安全性，自____年____月____日起组织开展新线试运行工作。试运行期间按规章制度组织尚未完工的设备安装、调试、装修及土建施工、整改工作，及时发现并处理各类设备问题和故障，确保试运行期间线路、供电、机电、车辆、信号、通信等设备系统的稳定运行。自试运行正式开始以来，总体状况良好，____月____日至

____月____日 20 天连续跑图期间，各项指标均满足《技术规范》中第三条的要求。

4.1.3 系统功能核验部分

1. 土建工程

（1）线路

新线设有配线的车站共____座，配线设置情况如下：

1）折返线____处：____。

2）停车线____处：____。

3）单渡线____处：____。

4）车辆段出、入段线：____。

5）联络线____处：____。

新线曲线及坡度设置情况：

最小曲线半径：正线：____m，出入段、场线：____m，联络线：____m。

最大线路纵坡：正线：____‰，出入段、场线：____‰，联络线：____‰。

经检查验收，线路建设满足设计和规范要求，曲线半径和超高满足设计和规范要求，基标、线路及信号标识等附属设施配置齐全、标志清晰、埋设牢固，能够满足运营需要；车辆段、出入段线 U 形槽、段内轨行区均采用安全防护网隔离，满足安全防护要求。

（2）轨道

新线工程包括正线、配线、车辆段及出入线，正线铺设无缝线路，车辆段上盖范围的车场线设无缝线路，其余铺设有缝线路。

正线、配线及试车线采用____热轧钢轨，车场线采用____热轧钢轨。

全线一般整体道床采用普通预应力长轨枕配套弹条Ⅲ型分开式扣件；中等减振整体道床采用普通预应力长轨枕配套双层非线性减振扣件；高等减振整体道床采用弹性道床垫减振道床和组合减振道床两种方案，其中弹性道床垫减振道床采用短轨枕配套弹条Ⅲ型分开式扣件，组合减振道床采用预制道床板配套浮轨式扣件；特殊减振为钢弹簧浮置板减振道床，采用短轨枕配套弹条Ⅲ型分开式扣件。

库外线碎石道床地段采用新Ⅱ型轨枕配套国铁Ⅰ型扣件；道岔间不足 50m 地段采用 2.5m 长标准孔距长岔枕及配套扣件；库内整体道床采用弹条Ⅰ型分开式扣件。

正线、配线、试车线道岔采用____钢轨____道岔，车场线采用____钢轨____单开道岔；正线、配线、试车线、牵出线采用液压缓冲滑动式车挡，车场库内线采用摩擦式车轮挡，车场库外线采用固定框架式车挡。

新线工程施工已完成，钢轨、扣件、道岔等产品合格证书齐全，施工满足设计和规范要求，车挡设置完备，排流接线可靠，道床排水沟畅通，道岔区转辙机及杆件基坑基本无积水，钢轨与周边设施设备间距符合线路绝缘和设备维护要求，观测桩设置完备，探伤检测合格。出入段线和地面线路基工程质量检测合格，减振设计与环评要求相符。

（3）车站建筑

1）车站站型

① 按车站站台形式划分

新线工程共____座车站，____为地下车站、____为高架站；其中____座车站为岛式站台车站，＿＿＿座车站为侧式站。

② 按车站结构类型划分

根据车站结构层数，新线工程共＿＿＿座车站，其中地下二层侧式站＿＿＿座，共有地下二层岛式车站＿＿＿座，地下三层岛式车站＿＿＿座。

③ 按换乘车站划分

换乘车站＿＿＿座：在＿＿＿站与＿＿＿号线换乘、在＿＿＿站与＿＿＿号线换乘、在＿＿＿站与＿＿＿号线换乘。

2）车站站厅层、站台层

① 站厅层

A. 站厅层按功能划分，一般中部布置站厅公共区，两端布置设备管理用房区，并按规范要求合理划分防火分区，主要管理用房集中设在一端，便于使用和集中管理。

站厅根据客流流线和管理的需要，划分为非付费区和付费区，并用栅栏分隔，根据进、出站客流流线来布置通道口、售票机、检票机、客服中心等设施，尽量减少站内客流流线的交叉和干扰，确保客流通过方便、快捷、有序。

B. 非付费区内设自动售票机、检票机、充值机等设备，付费区设通往站台的楼梯、自动扶梯及垂直电梯。

② 站台层

A. 各车站采用站台门系统并设置完备的安全警示标志。

有效站台长度为＿＿＿m，站台门长度约为＿＿＿m。站台门两端外侧留出不小于＿＿＿m×＿＿＿m的空间，供列车驾驶员工作使用。

B. 站台公共区楼梯、扶梯均匀布置，最远点距乘客最近的楼梯、扶梯距离满足规范要求。

C. 站台有效长度之外走道设栅栏和下轨道楼梯。

D. 车站站台宽度分别如下：＿＿＿站为地下二层侧式站，＿＿＿站为地下三层岛式站台，＿＿＿站为地下二层岛式站台车站，站台宽度为＿＿＿～＿＿＿m不等。

3）防火分区

车站公共区划为一个防火分区，设备管理用房防火分区的最大建筑面积不超过＿＿＿m²，每个防火分区设置两个安全出口，设备和管理用房集中端设一个直通地面的安全出口，相邻防火分区间连通的防火门作为第二个安全出口。结合物业开发的车站，物业开发区为独立的防火分区，与车站的连通口不作为消防疏散口。

每个防火分区之间（包括楼梯、电梯结构墙体）均设置防火墙，防火墙上的门采用甲级防火门。

4）车站出入口、风亭

本次初期运营范围＿＿＿座车站，所有初期运营必须使用的出入口、风亭均可全部投入使用，车站土建、装饰均已通过质量验收，车站外绿化、连接道路、市政配套工程陆续施工，具备初期运营条件。本次开通投入使用的出入口共＿＿＿个，每个出入口疏散平台均与周边市政道路连通。出入口和风亭标高满足防洪防涝水位要求，出入口防淹平台卷帘门附近增设防淹挡板卡槽，防淹挡板常备车站（表4.1-1）。

车站出入口及风亭计划开通情况统计表　　　　　　　表 4.1-1

序号	车站名称	出入口开放数目(个)	风亭投入数目(座)
1	___站	___	___
2	___站	___	___
3	___站	___	___
	……		
	合计	___	___

5）附属设施

车站站厅、站台公共区、扶梯口和出入口设不锈钢栏杆；车站公共区与设备管理用房区间通道设置门禁系统；站内公共区、楼梯、扶梯口、站台门、垂直电梯、坡道区域、扶梯扶手带运行区等可能存在危险的区域设置醒目的安全警示标志，特殊区域设置必要的防夹措施和防撞措施；站厅、站台设置垃圾桶、座椅等便民设施。

（4）车站公共区装修

1）车站装修设计理念。

2）车站装修设计分类。

（5）标志、标识

1）车站导向系统设计原则一般从车站的整体性、功能性、科学性、规范性、合理性、安全性、适用性等要求进行设计。全面规划整体设计考虑，从导向的规划设置、系统功能的完善，图形符号等元素的规范化应用，产品的外观及结构造型等，均以满足不同乘客的行为需求为前提，达到导向系统在车空间中合理化。

车站导向系统设计范围包括为车站周边及车站站厅层与站台层公共区。总体思路布局与版面设计：黄色信息代表出站信息、白色代表进站信息与设备功能信息，吊挂标识外观造型简约设计配合整体车站装修设计、符合城市古朴典雅气质。

2）车站站台、站厅、出入口、站外等区域均设置醒目易识别的标志。

车站标志标识主要有以下 6 种类型：①导向标志；②确认标志；③资信标志；④安全禁止标志；⑤公共宣传标志；⑥紧急疏散标志。根据车站区域功能需要设置相应的标志。

3）标识进出站引导简单明了，达到了即时反馈效果。站内出站的路径上柱贴、墙贴均传达了每个出入口站外重要道路、主干道、重要建筑等信息，供不同需求乘客查阅，同时"出入口主干道"信息区分了东、西、南、北侧，此为细节处彰显人性化的设计。

4）标识外观造型方面：……

5）站台处乘车；考虑有不同需求的乘客；站台乘车方向标识不仅告诉了乘客乘车的方向，同时也加入了中间重要节点车站信息。

6）站外路引方面，从城市建设角度出发，减少了城市道路上立杆的数量，建设先进文明城市，轨道交通路引标识均采用与市政路牌、灯杆、电线杆、交通信号杆结合方式。

（6）无障碍设施

车站充分考虑特殊群体的乘车需要，按照国家规范和相关设计原则进行无障碍设计、施工。无障碍设施主要包括：

地面至站厅垂直电梯、站厅至站台垂直电梯、每座车站站台至少设无障碍厕所一座。车站设置母婴室或护理台。出入口、楼梯、站厅及站台按规范要求设盲人导向带。

(7) 结构工程

1) 车站工程

新线工程共____座车站，____座为地下站，____座为高架站。共设置____座换乘站，其中____站与____号线换乘，____站与____号线换乘，____站与____号线换乘。____站采用半盖挖法＋明挖法，____站采用半盖挖法＋全盖挖法＋明挖法，____站采用局部盖挖法＋明挖法，____车站采用明挖法施工。根据本工程沿线地质情况和站址环境，____站为地下三层站，____站为地下两层站，车站结构形式均采用现浇混凝土矩形框架结构。按客流和使用功能要求布置成双柱三跨矩形钢筋混凝土框架结构，中柱纵向轴距一般为____～____m左右，中柱均为矩形钢筋混凝土柱（表4.1-2）。

车站结构施工方法统计表　　表4.1-2

序号	车站名称	施工方法	车站结构形式	标准段基坑深度	围护结构形式	附注
1	___站	___法	___框架	___～___m	___支撑	
2	___站	___法	___框架	___～___m	___支撑	
3	……					

2) 区间工程

____个区间采用盾构法，____采用盾构法＋明挖法。区间工法统计见表4.1-3。

区间工法汇总表　　表4.1-3

序号	工点名称	区间长度(m)	线路敷设	工法
1	___站～___站区间	左___m 右___m	地下	___法
2	___站～___站区间	左___m 右___m	地下	___法
3	……			

3) 结构设计主要技术标准

① 结构的安全等级为____级，结构重要性系数取____。

② 结构按____度抗震设防，主体结构抗震设防类别为____类，抗震等级为____级；重点设防类，应按高于本地区抗震设防烈度一度的要求加强其抗震措施，即抗震构造措施采用____级，与地面建、构筑物合建的明挖地下结构抗震等级与上部结构相同。

③ 地下结构中承重构件的耐火等级为一级，其他构件应满足相应的室内建筑防火规范要求。

④ 在两条单圆隧道连贯长度大于____m时设置联络通道，同时结合排水要求设置废水泵站；联络通道防火门采用双扇双向开启甲级防火门，门体、铰链等满足防火和结构受力要求。

⑤ 车站、明挖区间主体结构、轨道工程、暗挖隧道主体结构等采取防杂散电流腐蚀

措施，满足规范要求。
　　4）结构防水
　　① 地下车站结构防水等级为＿＿级。
　　② 区间隧道及连接通道等附属的地下结构防水等级为＿＿级，顶部不允许滴漏，其他不允许漏水，结构表面可有少量湿渍，总湿渍面积不应大于总防水面积的＿＿；任意＿＿m² 防水面积上的湿渍不超过＿＿处，单个湿渍的最大面积不大于＿＿m²。
　　③ 隧道工程中漏水的平均渗透量不大于＿＿，任意＿＿m²/防水面积平均渗透量不大于＿＿。
　　④ 地下结构的防水采用防水混凝土，防水混凝土的抗渗等级不小于＿＿。除盾构区间外，其余明挖及矿山法结构附加外包防水层。
　　⑤ 结构施工缝、变形缝等特殊部位采取可靠的防水措施。
　　5）工程测量、监测
　　① 在工程建设前期委托第三方单位完成施工影响范围内建（构）筑物基础、结构形式、竣工图纸资料等调查，施工前对可能因施工造成影响的老旧和重要建（构）筑物进行评估和鉴定。
　　② 施工过程中委托第三方监测和测量单位，建立施工监测风险管控体系，对施工全过程进行监测及监控。
　　③ 完成运营期监测的招标和合同签订工作，完成运营期监测网布设及初始值采集工作，已按照合同要求开展运营期监测。
　　（8）人防工程
　　新线工程为地下轨道交通兼顾人民防空需要、平战结合的综合利用工程。
　　1）人防战时功能定位：在拟定的核武器、生化武器、常规武器袭击和袭击后的城市次生灾害作用下，保障工程内人员及设备安全。车站战时用于紧急人员掩蔽部、物资储备库，线路战时作为人员临时掩蔽场所和疏散通道。
　　2）设防标准：按照国家和＿＿省人防办的相关规定，地铁纳入人民防空疏散体系及城市待疏散人员的紧急掩蔽（临时待蔽）场所为原则；工程属＿＿类人防工程，工程防核武器抗力级别＿＿级，防常规武器抗力级别＿＿级，战时作为紧急人员掩蔽部，防化等级为＿＿级。
　　3）设防情况：按"一站加一相连区间或一站加二相连区间为一防护单元"的原则，将全线划分为＿＿个防护单元，防护单元间以人防区间隔断门为界。
　　① 车站设防情况
　　根据工程功能定位，全线共＿＿个地下车站，其中设防车站＿＿个。
　　② 孔口设防情况
　　每座车站至少有＿＿个出入口为人防战时人员出入口，安装一道防护密闭门和一道密闭门，其余战时不用的出入口优先采用一道防护密闭门作临战封堵。
　　消防疏散通道口部的设防是以安装一道防护密闭门临战封堵。
　　4）根据城市人防工程经济目标防护理论，＿＿座地下车站、地下区间隧道、地下区间风井等相关地下设施统一设防。具体设防情况见表 4.1-4。

地下车站设防情况表　　　　　　　　　表 4.1-4

序号	站名	设防类型	本线紧急掩蔽人数
1	___站	___类设防站	___人
2	___站	___类设防站	___人
3	……		

人防工程设施已安装、调试完毕，门扇固定、密闭性能良好，门扇启闭信号准确，防爆地漏等防护密闭效果良好，满足规范及设计要求。

2. 设备系统

（1）车辆

重点介绍配置列车数量、编组形式、列车型号、受流方式、车体型材、运行速度、供应商等内容，并对列车上的核心系统进行说明，同时，从防火性能、结构碰撞设计、外观设计、节能环保、乘客服务等方面展开叙述，最后，明确车辆段工艺设备主要配置以及验收投入情况。

（2）供电系统

1）主变电站

本部分对新线主变电站采用的供电方式、进线电压数值、站点设置及供电情况等方面进行说明，明确主变电站各类设施、设备、系统、器材、工具等是否完成验收并满足规范要求。

2）供电系统

供电系统可以对供电网络形式、牵引降压混合变电所及降压变电所的设置情况、接触网情况、各变电所设施设备配备情况、安全标志设置情况等方面进行说明。另外，可对PSCADA采用的模式、系统结构、系统组成、具备的功能等内容简要概述。

3）动力照明系统

动力照明系统实现的是地铁配电网络中全方位的服务功能，承担了为除地铁列车牵引负荷外所有低压负荷提供电能的重要任务，本部分可对动力照明系统的用电设备的负荷分级原则及配电方式进行介绍。

（3）通信系统

城市轨道交通通信系统一般包括专用通信、公安通信和民用通信三个部分。针对这三部分可展开介绍，各部分包含的哪些系统、应用的哪些技术、到达了哪些功能可进行简要叙述。

（4）信号系统

信号系统采用基于无线通信的移动闭塞系统（CBTC）。它采用移动闭塞原则，由ATP/ATO子系统、联锁子系统、ATS子系统、DCS子系统和信号维护监测子系统等构成，并以计轴设备作为列车次级检测设备实现系统的降级及后备功能。本部分可重点介绍系统设计理念、系统设备的配置及设置情况、应用的技术手段以及系统的测试、验收情况等。

（5）通风空调系统

地下车站通风空调系统包括：

1) 正线区间隧道（含辅助线）活塞/机械通风兼排烟系统；

2) 车站轨行区排热风兼排烟系统；

3) 车站公共区通风空调及排烟系统；

4) 设备管理用房通风空调及排烟系统；

5) 空调冷源及冷水系统。

本部分可主要介绍车站活塞风井设置情况、不同环境地点采用的通风形式（包括地铁车站公共区、车站管理用房、便民服务区、强弱电设备房、车站设备区等）、系统采用的控制形式等内容。

（6）消防和给水排水系统

车站生产、生活给水系统及消防水系统以市政自来水为给水水源。生产、生活给水系统主要供给站内工作人员的生活用水、冷却循环系统补充水、车站清扫用水等。

排水系统及时收集和排放全线的雨水、消防废水、冲洗废水、生活污水以及少量结构渗漏水以确保正常运营。

消防设施包括水消防系统、自动气体灭火系统及灭火器器材等。

气体灭火系统的保护范围包括：……

（7）自动售检票系统

自动售检票系统按清分中心、车站计算机、车站终端设备、票卡四层架构进行设计，其中清分中心系统采用云平台架构，可虚拟线路中央计算机系统实现分线管理。对各车站自动售检票设备组成、数量、配置等情况进行说明。

（8）电梯、自动扶梯

15座车站开通时共投用177台自动扶梯、40台直梯（表4.1-5）。

自动扶梯均选用公共交通型重载自动扶梯，上部驱动，变频控制。梯级宽度为____mm；运行速度____；维修、节能速度____；运转形式为上下可逆转。全线车站____％的出入口均设置了上下行自动扶梯。

垂直电梯……

无障碍电梯……

开通车站自动扶梯及垂直电梯拟投入数量　　　　　表4.1-5

序号	车站名称	自动扶梯（台）	垂直电梯（台）
1	___站		
2	___站		
3	___站		
4	……		
	合计		

（9）站台门

站台门设置三种防夹人措施：

1) 滑动门内侧安装防夹人挡板；

2) 列车运行方向的尾端装设瞭望灯带，辅助司机瞭望；

3) 每侧站台门均设置安全探测装置。

（10）综合监控系统

综合监控系统采用环调、电调为核心的适度集成方案。集成环境与设备监控系统（BAS）、电力监控系统（PSCADA）、门禁系统（ACS），互联 PA、CCTV、PIS、AFC、ATS、PSD、FAS 等系统。

监控对象涉及行车指挥、防灾控制、乘客服务、运营管理等相关系统和设备，面向人员为各级调度人员、值班站长、维修人员等。

（11）火灾自动报警系统

火灾自动报警系统（FAS）按控制中心、车站两级调度管理，能够实现控制中心、车站、现场三级监控；第一级为中央级，设置于控制中心；第二级为车站级，设置于各车站的车站控制室及车辆段等建筑的消防控制室；第三级为现场级，实现对其所管辖的范围内系统的监控管理。

（12）环境与设备监控系统

环境与设备监控系统（BAS）由中央级、车站级、现场级构成，具备三级管理，两级控制，BAS 中央级功能和车站级功能由综合监控系统集成实现，利用综合监控的骨干传输网作为其全线信息通道。BAS 具备对通风空调系统、给水排水系统、智能低压系统、电梯、自动扶梯、EPS、智能照明、智能防淹挡板、智能消防安全疏散等系统设备的监控功能。

（13）门禁系统

门禁系统（以下简称 ACS）是实现员工进出管理的自动化系统。通过 ACS 可实现自动识别员工身份；自动根据系统设定开启门锁；自动记录交易；自动采集数据，自动统计、产生报表；并可通过系统设定实现人员权限、区域管理、时间控制及考勤等功能。

门禁系统由中央级系统、车站级系统、主控制器、就地级设备（就地控制器、读卡器、电子锁、紧急开门按钮、出门按钮）、门禁卡、传输网络及维修测试系统组成。

3. 车辆基地

车辆段设置运用库、检修库、调机及工程车库、洗车库、物资总库、杂品库、牵引降压混合变电所、轮对踏面与受电弓在线检测棚、配套用房、职工配套用房、门卫等单体。

车辆段周界设封闭式围墙和周界报警系统，共设两个出入口。车辆段轨行区设围蔽隔离；给水排水系统完备并与市政给水排水系统相衔接。运用库、检修库、调机及工程车库、物资总库起重机、洗车库洗车机、检修库架车机、镟轮库不落轮镟床等大型工艺设备已配置到位并能正常使用；必要的设备、材料、抢修及救援器材、工器具、仪器仪表已配置到位。

车辆段能够满足初期运营期间车辆的编组停放、运用整备、清洗消毒、周检月检、定修临修等工作，以及车辆段及综合维修行政、技术管理、列车乘务、后勤保障等任务。洗车机、架车机等已调试、验收完毕，具备使用条件并移交运营；备品、备件、工器具充足，满足运营管理和维护需要。

4. 控制中心

控制中心位于____，集线网清分中心、线网制票中心、档案中心为一体。控制中心是线网的运营管理和综合管理枢纽。

已实现对全线的列车、客运、电力、机电设备、防灾、票务等集中监控、管理调度和指挥功能。控制中心满足消防、环保、抗震、防雷和防淹要求。

5. 综合联调

为验证运营相关设备设施的设计方案、系统性能、施工质量满足初期运营要求，自20____年____月____日起，联调单位根据《城市轨道交通试运营系统测试检验规范》《技术规范》等要求，开展各车站、区间、车辆段、控制中心机电设备联调，以及全线行车设备系统联调，截至20____年____月____日，已顺利完成信号、车辆、供电、通信、综合监控、FAS及环控等系统的联调工作，顺利完成联调计划，联调中发现的主要问题已及时完成整改。

设备系统经过综合联调，对各设备系统间的接口功能进行了验证，其设备功能及联动响应功能满足《城市轨道交通试运营基本条件》GB/T 30013—2013《城市轨道交通试运营系统测试检验规范》《城市轨道交通试运营前安全评价规范》AQ 8007—2013及相关的技术合同要求。

（1）各项测试结果验证了与运行有关的线路、轨道、供电、信号、通信、综合监控等系统功能均可以满足设计要求，达到安全不载客试运行的目标，实现应有的安全性、可靠性、可维修性的要求；

（2）通过综合联调验证了信号、通信、综合监控等系统与供电、电扶梯、屏蔽门等各设备系统间的接口和通信协议的一致性均符合相关规范和设计要求；

（3）通过综合联调验证了信号、通信、综合监控等系统与供电、电扶梯、屏蔽门、自动售检票、门禁、火灾报警系统、气体灭火、水消防、环控智能低压和其他风水电等各设备系统间的联动关系基本同步，均能达到设计要求；

（4）通过综合联调验证了信号、通信、综合监控等系统与供电、电扶梯、PSD、AFC、ACS、AFC、气体灭火、水消防、环控智能和其他风水电等各设备系统联动功能和使用功能均可以满足设计要求；

（5）通过综合联调验证了信号、通信、综合监控、供电、电扶梯、PSD、AFC、ACS、FAS、气体灭火、水消防、环控智能和其他风水电等各设备系统结构、功能、操作方法等均可以满足设计规定的运营管理模式要求；

（6）通过综合联调验证了各设备系统的可靠性、实时性、可维护性等性能指标均可以满足设计要求；

（7）通过综合联调验证了各设备系统的完整性。

综上，设备系统综合联调验证了工程运营及服务设施、设备功能的完善性、联动协调性、模式联动可执行性，检验工程设备状态，证实各系统设备基本具备了设备的单机功能、设备联动功能和各种工作模式的相应功能，符合设计要求。满足项目验收标准要求，符合《技术规范》要求，满足初期运营需求。

4.2 运营准备综合报告

运营准备综合报告是安全评估前运营单位应准备重要评估材料（建设情况综合报告、运营准备综合报告、试运行情况报告、自评自证报告、公交接驳方案、其他材料）之一，报告系统概述了运营单位试运营准备工作的完成情况，报告内容包括但不限于项目基本情况、运营筹备基本情况、运营设备设施情况、运营组织架构及人员到位情况、运营管理、应急管理、存在问题与应对措施及附件附图等。报告应能全面反映运营筹备内容，应详尽说明行车组织、客运组织、票务组织、维修组织、技术保障、应急预案与运营演练情况等方面的内容。

运营准备综合报告大致可分为两个板块：工程概况和初期运营准备工作。

4.2.1 工程概况

工程概况主要由设施概况和设备概况两部分组成。

1. 设施概况

主要是通过图文简要叙述正线、车辆段、控制中心、主变电站等配套设施的工程概况。

（1）正线

____市城市轨道交通____号线工程贯穿____市____发展轴，覆盖城市____部、____部主要客流走廊，衔接____、____等客流集散点，联系____区和____区，加强了____老城区与____新城区的联系。线路起于____附近的____路站，止于____路与____路交叉路口的____站，全长约____km，全为地下线，共设站____座（其中换乘站____座，分别为____站），平均站间距____km。全线网设____处控制中心，位于____站附近。在线路终点设置____车辆段1座，定位为定修段；采用110/35kV的集中供电方式，设主变电站____座；车辆采用____型车____辆编组，初期配属车辆____列/____辆。

____座车站从北往南依次为……。

（2）车辆段

____车辆段承担____号线一期工程地铁车辆的停放日检、月检、半年检、年检、洗车任务及2号线全线车辆的定临修、镟轮任务。车辆基地是本线配属车辆停放、运用、检查、整备以及全线配属车辆定修和管理的基地，由车辆段、配套用房（综合维修中心及配套办公用房）、物资分库、职工配套用房、培训中心等组成。设停车列检____列位，预留____列位，双周三月检____列位，吹扫____列位，静调____列位，定修____列位，临修____列位。

（3）控制中心

____轨道交通控制中心（Operations Control Centre，简称OCC）位于____路与____交汇处西南角，是____号线、____号线指挥和调度的场所，也是主要机电系统中央级设备的布置场所。OCC是地铁运营的大脑，对全线列车运行、电力供应、环控设备、信息发布等地铁运营进行调度、指挥和监控，实行24h轮班制，秉承"安全高效、优质精益、指挥有序、执行有力"的运营理念，竭力为乘客提供安全、准点、便捷、舒适的轨道交通服务，强力助推____轨道交通事业的发展。

（4）主变电站

____号线由____主变电站和____主变电站供电，其中____主变电站兼为____号线供电。主变电所的两路电源进线和两台主变压器同时分列运行，分别向各自供电范围内的牵引及动力照明负荷。____号线供电系统采用集中供电方式，35kV环网联络开关设在____站。主变电站设有主变变压器、110kVGIS、35kV高压开关柜、无功补偿装置及一体化电源等设备，牵引降压混合变电所设有 35kV 高压开关柜、整流机组、DC1500V 直流开关柜、动力变压器、400V 抽屉开关柜及交直流屏等设备，为列车和车站提供供电。

2. 设备概况

主要通过介绍车辆、工建专业、供电系统、信号系统、通信系统、车站机电系统、自动售票系统、综合监控系统、火灾自动报警系统、ACC 系统等专业设备配置、验收、整改、测试等情况，总结是否满足初期运营需要。

（1）车辆

____市轨道交通____号线电客车采用接触网供电制式____型车，____节编组，由____辆动车、____辆拖车组成，共配属____列车。

工程车辆共计____台，完成预验收工作，签订预验收报告。固定式架车机、洗车机、不落轮镟床完成预验收工作，签订预验收报告，满足生产需求。

（2）工建专业

____号线一期工程正线线路单线全长____km，出入段线长____km，其中地面段长____km，地下段长____km。轨道工程正线区间曲线最小半径____m，路最大坡度____‰，区间最小竖曲线半径为____m，车站端部一般为____m。出入段线最小曲线半径为____m，最大坡度为____‰，最小竖曲线半径为____m。正线道岔共计____组，其中 P60-9 号菱形道岔____组、P60-9 号单开道岔____组。

____车辆段位于____市轨道交通____号线最南端，包括库内线及库外线。____车辆段线路共计____km，其中库外线长____km（含试车线____km）、库内线长____km。车场线线路为平坡，最小曲线半径为____m；车辆段道岔共计____组，其中 P50-7 号菱形道岔____组、P50-7 号单开道岔为____组、P60-9 号单开道岔____组。

____号线一期工程正线隧道结构工程约____km，设车站____座，全部为地下站，其中换乘站____座，解放路站与既有____号线换乘、____站与规划____号线换乘，设____车辆段一座，____主变电站一座；出入段线约____km，车站多采用明挖法施工，区间多采用盾构法施工。目前已完成对所接管结构的全线排查工作，督促施工单位对接管存在的问题及新发现的问题进行整改，满足初期运营需要。

（3）供电系统

____号线一期工程采用集中供电方式，共设____座主变电所（____主变电所、____主变电所），____座牵引降压混合变电所、____座降压变电所，主要包括主变压器、110kVGIS 开关柜、35kV 开关柜、1500V 开关柜、400V 开关柜、牵引整流机组、配电变压器等设备。正线环网共设置四个供电分区（____站~____车辆段共计____个变电所），采用串联型环网分配电能，综合联调联试项目均已完成，涵盖电力监控系统功能验证（正线及主所）、直流馈线开关联跳测试、牵引供电能力测试、正线/场段支援供电测试、主所支援供电能力测试等。

____号线一期工程接触网共____条公里，其中架空式柔性接触网____条公里，应用于____车辆段，主要由支柱及基础、支持装置、定位装置、接触悬挂等部分组成；架空式刚性接触网____条公里，应用于正线隧道区域，主要由支持悬挂装置、定位装置、汇流排等部分组成。正线接触网共设置____个供电分区，____车辆段接触网共设置____个供电分区。

变配电系统先后完成了设备交接试验、单体调试、分部工程验收、单位工程验收及送电试运行工作。____号线接触网通过冷滑、绝缘遥测、热滑、直流短路试验，已全部投入运行，受电弓取流良好，满足试运营条件。

（4）信号系统

____号线一期工程信号系统采用卡斯柯信号有限公司提供基于LTE无线通信的列车控制系统（CBTC），由列车自动防护（ATP）、列车自动运行ATO、列车自动监控（ATS）、计算机联锁（CI）、维护支持系统（IOM）、数据通信系统（DCS）等子系统组成，系统的安全功能设计符合"故障-安全"原则。

系统提供智能驾驶模式：ATO+模式、列车自动驾驶模式：AM模式和IAM模式、列车自动防护下的人工驾驶模式：CM模式和ICM模式、限制人工驾驶模式：RM模式、非限制人工驾驶模式：EUM模式。

系统提供了三种控制模式以满足不同的需求：遥控、站控、紧急站控。控制中心ATS与车站调控权转换以设备集中站为单位，中心可实现对车辆段整个站场情况的监控，车辆段全自动控制区域可由中心或车辆段自动或人工控制，非全自动控制区域仅可由车辆段人工控制。

信号专业各工班已按照初期运营正常生产方式进行运作，执行四班两运转值班，开展各站设备的巡检工作。目前已完成对全线设备进行除尘，各类基础设备电特性测试等工作，现集中技术力量进行设备故障诊断、故障处理流程演练，满足试运营信号系统故障应急处理；信号专业已制定年度检修计划，满足初期运营条件。

（5）通信系统

通信系统与信号（ATS）系统共同完成行车调度指挥，并为城市轨道交通的其他各子系统提供传输通道和时标（标准时间）信号。同时作为轨道交通运营调度、服务乘客、应急指挥的网络平台，是城市轨道交通正常运转的神经系统。此外，通信系统是城市轨道交通内部公务联络的主要通道，使构成城市轨道交通内部的各个系统之间紧密联系，以此提高整个系统的运行效率。专用通信系统由传输系统、公务电话系统、专用电话系统、视频监视系统（CCTV）、乘客信息系统（PIS）、广播系统（PA）、时钟系统、集中告警系统、专用无线系统、办公自动化系统（OA）、数字集中录音系统、电源系统12个子系统构成。

对于行车组织，通信系统能保证将各站的客流情况、工作状况、线路上各列车运行状况等信息准确、迅速地传输到控制中心，同时将控制中心发布的调度指挥命令与控制信号及时、可靠地传送至各个车站以及行进中的列车上；对于城市轨道交通运行的组织管理，通信系统能保证各部门之间、上下级之间保持畅通、有效、可靠的信息交流与联系；能保证本系统与外部系统之间便捷、畅通的联系；通信系统主要设备和模块均具有自检功能，并采取适当冗余配置，故障时能自动切换和告警，控制中心可监测和采集各车站设备运用和检测的结果。

通信专业在建设移交准备期，各工班已按照正常运营生产方式进行运作，安排人员24h值班，进行例行的设备巡检及故障处理工作，目前已完成对全线设备进行除尘，各类基础设备功能验证等工作，现集中技术力量进行设备故障诊断、故障处理流程演练，满足试运营通信系统故障应急处理；通信专业各工班已按照故障处理流程开展故障接报及处理，满足初期运营条件。

(6) 车站机电系统

1) 站台门

____号线一期工程全线站台门共计____套控制及电源系统设备（均为全高系统），____侧站台门。全高系统每侧包括____道滑动门、____道应急门、____道固定门及____套端门。

目前____个车站完成站台门与信号系统联调测试，完成站台门与综合监控联调测试，完成站台门____次连续运行试验；____个车站安全防护装置已安装完成；目前已完成全线____个车站设备清点、设备缺陷排查，正在进行设备精调、消缺整改等工作，满足初期运营需要。

2) 电扶梯

____号线一期工程正线及____车辆段电扶梯系统由垂直电梯、自动扶梯组成，全线开通前启用电扶梯____台，其中自动扶梯____台、垂直电梯____台，目前已安装____台，安装率100%；完成调试共____台，完成使用登记证取证共计____台。目前电扶梯全线符合相关特种设备安全技术规范要求，均检验合格，并取得特种设备监督检验报告，满足初期运营需要。

3) 通风空调

____号线一期工程全线____个车站、____个区间风井环控系统设备主要由组合式空调机组、冷水机组（其站采用模块式冷水机组，其余____个站采用水冷直接制冷式空调机组，其区间风井采用多联机空调）、各类风机、冷却塔、水泵、消声器、多联机、风机盘管、风阀风口（电动、手动）等组成；按照功能划分为大系统、小系统、隧道通风系统、空调水系统、多联机系统，主要为车站公共区、设备区提供通风、制冷环境，同时兼顾公共区、设备区、隧道区间的火灾排烟、并能在发生异常时（火灾、阻塞），根据不同工况开启相应的送、排风（烟）功能。

目前____台模块式冷水机组、____台水冷式直接制冷式空调机组、____台隧道风机、____台排热风机及其他小风机已基本安装完成。空调系统设备、风机风阀、通风模式、火灾模式均已开展调试，各项调试工作正在有序推进。

4) 给水排水

____号线全线____个车站、____个区间风井给水排水系统设备主要由消防泵、稳压泵、潜水泵、污水密闭提升装置等及各类水阀门组成，分为雨水排水系统、废水排水系统、污水排水系统、生产生活给水系统和消防给水系统，主要为车站提供生产生活用水和消防用水，以及满足车站雨水、废水、污水排水要求。

____号线全线____个车站消防泵房、污水泵房、车站主废水泵房基本安装完成，其余车站区间泵房已基本施工完成。

5) 低压配电

____号线一期工程全线____个车站、____个区间风井的低压配电系统由环控电控柜、动力配电箱、正常照明、应急照明（EPS）等设备组成，主要作用是为车站低压设备、正常照明及相应区域的应急照明等提供电源，为车站及区间设备提供动力。

车站公共区、出入口动力、照明设备尚未安装完成，____台EPS柜、____套环控电控柜均已安装完成，已陆续开展调试工作，后续主要针对剩余未完成安装、调试设备进行跟踪。

(7) 自动售检票系统

____号线一期工程车站自动售检票系统设备主要包含：服务器机柜（服务器、三层交换机、紧急控制盒、入侵检测设备、防火墙、光缆终端盒）、工作站（票务工作站、监控工作站、维修工作站）、终端设备［自动售票机、自动检票机（二层交换机放置于 AGM 内）、半自动售票机、手持验票机、自助票务处理机］、二次配电箱。

____号线____个车站服务器机柜（服务器、三层交换机、入侵检测设备、防火墙）、终端设备（自动售票机、自动检票机、自助票务处理机）已到货并完成安装调试，____个车站二次配电箱已到货并完成安装。

(8) 综合监控系统

综合监控系统与 PSD、PSCADA、BAS、FAS、SIG、CCTV、PIS、PA 等各专业进行集成和互联，正线____个车站及车辆段自成局域网后通过传输主干网与控制中心互联互通，形成中央级、车站级、就地级三级控制网络。

综合监控系统各站硬件设备已安装到位，软件界面及各子系统点位配置已基本完成。目前已完成 PSD、PSCADA 等子系统综合联调，综合监控系统已具备监控功能。

(9) 火灾自动报警系统（维修工程部）

正线____个车站、车辆段、主变电所、控制中心均设有火灾报警主机，与现场各类探测器、手报等设备组成车站火灾自动报警系统；各站均设有气体灭火系统主机，与气体灭火设备房内各类探测器、声光警报器、气体灭火控制盘等组成重要设备用房气体灭火系统。

FAS 及气体灭火系统主机、感温光纤主机、FAS 工作站、火灾探测器已安装。

(10) ACC 系统

清分中心系统软硬件能力满足轨道交通____条线路，____座车站的接入以及清分要求，并适当预留____条线、满足____万客流的清分要求。

其主要功能是制定 AFC 系统运营的各项规则，包括：车票、票价、清算、对账业务规则、车票使用管理及调配流程、运营模式控制管理流程、运营公共参数（含交易模式、交易类型、交易状态等交易参数、运行时间、设备编码和 IP 地址等参数）安全管理的流程与授权、终端设备统一乘客服务界面、系统接口和编码规则等。

目前云 ACC 管理平台一级模块清分规则所包含的二级模块参数因子配置、OD 路径信息、OD 收益占比、OD 客流量、路网票价信息；一级模块设备管理所包含的二级模块设备信息、设备监控、票箱状态查询；一级模块模式管理所包含的二级模块模式下发、模式查询、模式日志查询，已经完成了厂家内部测试。新线测试参数已经下发，云 ACC 管理平台满足初期运营需要。

4.2.2 初期运营准备工作

初期运营准备工作主要通过介绍运营单位组织机构、人员准备、人员培训、初期运营规章制度、备品备件准备、综合联调、试运行情况、行车组织、客运组织、票务组织、维修组织、技术保障、应急预案、运营演练等方面初期运营准备工作的完成情况，总结是否满足完成运营需求。

1. 组织架构

通过介绍运营单位组织架构，建议附组织架构图。

(1) 运营单位组织架构

____市轨道交通集团运营分单位由领导班子及____个部门，包括____个职能部门（党群工作部、综合管理部、财务部、人力资源部）和____个业务部门（安全技术部、物资部、调度票务部、客运部、车辆部、维修工程部）。各部门职责分工明确。

(2) 运营单位安全生产管理组织架构

为更好地实现安全生产方针目标，适应安全生产管理工作的需要，提高运营单位的安全生产管理能力，运营单位成立安全生产委员会，总体负责运营单位的安全生产监督、检查工作，全面落实安全生产管理责任制，加强安全生产管理工作，预防和减少安全事故的发生，保障员工及乘客的生命财产安全，运营单位安全生产委员会下设安全生产委员会办公室，根据安全生产管理组织架构，安全生产责任制分解到岗位和人员，并配备专职安全生产管理人员（图 4.2-1、图 4.2-2）。

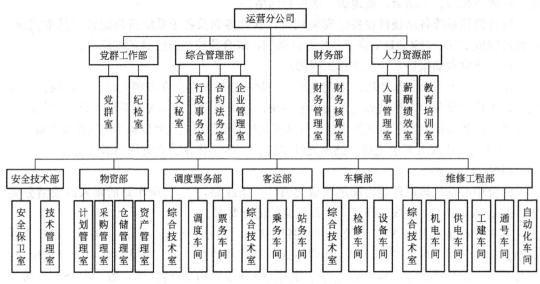

图 4.2-1　运营单位组织架构

2. 试运行人员配置及培训情况

(1) 人员准备

截至目前，____公司共有员工____人，其中____号线在岗____人，____号线____期工程在岗____人，满足初期运营需求。其中____号线____期工程人员到岗情况如下：

职能部门____人，其中：综合管理部____人、人力资源部____人。

业务部门____人，其中：安全技术部____人、物资部____人、调度票务部____人（调度岗____人）、客运部____人（站务岗____人，列车驾驶员____人）、车辆部____人（检修岗____人）、维修工程部____人（维修岗____人）。目前____公司____号线____期工程共____人进行了背景调查，____人开具了无犯罪记录证明。____年以来，结合各岗位实际情况，要求副主任及以上岗位人员进行背景调查，其他岗位人员（除订单生、校招人员、退伍军人和军属安置）在入职时提供无犯罪记录证明。

(2) 人员培训计划情况

人员培训主要包括主要负责人、安全生产管理人员、列车驾驶员、调度员、行车值班

第 4 章 | 城市轨道交通初期运营前安全评估资料准备

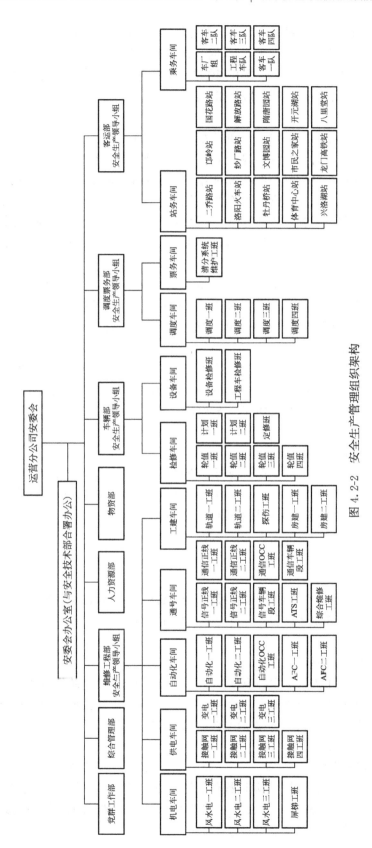

图 4.2-2 安全生产管理组织架构

员、客运服务人员、维修人员等。其中，主要负责人及安全生产管理人员已按规定进行安全培训，初次安全培训时间不少于 32 学时。通过形式多样的培训，有效地提高了员工队伍的业务知识、技能水平、综合素质和岗位责任心，为____号线____期工程初期运营提供了必要的人力保障。各类培训开展情况如下：

1) 列车驾驶员

目前为满足____市____号线____期工程____部列车____：____要求，需配置列车驾驶员共计____人，____公司制定《客运部____年培训组织工作方案》，分批进行岗前培训取证，培训学时不低于 316 学时和 90 天的岗位技能培训，培训学时均大于规定学时。____人全部通过理论知识考试和岗位技能考试，目前已全部取得上岗证，满足在经验丰富的列车驾驶员指导和监督下驾驶，驾驶里程平均值为 ____km，不少于 ____km，其中在本线上的里程平均数为 ____km，不少于 ____km。满足____号线____期工程初期运营的需求。

2) 调度员

____号线____期工程行车调度员____人，电力调度员____人，环控调度员____人，已接受最低 360 学时的理论知识培训和 105 天的岗位技能培训，培训学时均大于规定学时。____名调度员已全部通过理论知识考试和岗位技能考试，在经验丰富的调度员指导和监督下进行了 1 个月的调度指挥工作及设备操作。行车调度员培训内容包括调度工作规则、行车组织规程、客运组织规程、施工管理规程；电力调度员培训包括电力作业安全规则、电力操作规程、电力故障和事故应急处置等；环控调度员培训包括环控、站台门、防灾报警等机电设备的规程、有关环控设备故障和事故应急处置等。满足____号线____期工程初期运营的需求。

3) 行车值班员

____公司____号线____期工程目前行车值班员共计____人，根据要求，____公司客运部制定《客运部____年培训组织工作方案》，分批进行岗前培训取证，均已达到 176 学时的理论知识培训及 31 天的岗位技能培训，培训学时均大于规定学时。____人已全部取得上岗证，满足在经验丰富的值班员指导和监督下跟岗，满足____号线____期工程初期运营需求。

4) 设备维修人员

____公司____号线____期工程设备维修人员共计____人，已全部完成上岗理论、实操培训，并已通过理论知识考试和岗位技能考试取得上岗证，满足____号线____期工程初期运营的需求。

5) 控制中心值班主任

____号线____期工程控制中心值班主任____人，均已完成系统岗位培训，培训内容包括行车组织、施工管理、应急处置、设备操作及电力调度、环控调度的工作内容和安全作业要求等，并通过理论知识考试和岗位技能考试取得上岗证。

（3）人员持证情况

1) 消防设施操作员证。目前，____公司____号线____期工程有____人取得初级消防操作员结业证，____人取得中级消防操作员结业证，满足____号线初期运营需求。

2) 健康证。____公司____号线____期工程____名客运服务人员取得健康证，已全部取证，满足____号线____期工程初期运营需求。

3）特种设备证。____公司____号线____期工程____人取得特种设备证，其中取得特种设备安全管理证____人，起重机司机____人，快开门式压力容器证____人，叉车司机证____人，起重机指挥证____人，满足____号线____期工程初期运营需求。

4）特种作业证。____公司____号线____期工程共有____人取得特种作业证，其中高压作业证____人，低压作业证____人，高处安装、维护、拆除____人，熔化焊接与热切割证____人，制冷与空调作业证____人，满足____号线____期工程初期运营需求。

5）司机心理测评。____公司____号线____期工程____名电客车司机参加了心理测评，测评报告____月底完成，满足____号线____期工程初期运营需求。

3. 试运行规章体系建设情况

____公司现有规章文本共____本，其中____号线通用规章____本、____号线规章____本、____号线规章____本，按照文本性质共分为安全管理类、行车规章类、服务管理类、维护维修类、操作办法类、应急处理类6大类，其中安全管理类、服务管理类、应急处理类均为____号线通用规章，具体如下：

（1）安全管理类____本，以安全生产为核心涵盖了安全管理、客运伤亡、反恐、消防安全、安全档案等安全管理类规章；

（2）服务管理类____本，涵括了服务质量考评管理、服务热线管理及客运服务规范；

（3）行车规章类____本（其中____号线通用规章____本、____号线规章____本、____号线规章____本），涵盖了行车组织、行车管理及行车调度等行车规章类文本；

（4）维护维修类____本（其中____号线通用规章____本、____号线规章____本、____号线规章____本），涵盖了通信、信号、电客车、车站设备等各专业检修规程规章文本；

（5）操作办法类____本（其中____号线通用规章____本、____号线规章____本、____号线规章____本），涵盖了操作设备的故障处理指南、操作手册、故障处理流程等规章文本；

（6）应急处理类____本，涵盖了综合应急预案、各专项应急预案等规章文本。

4. 物资准备

通过概述____号线备品备件准备情况，是否满足初期运营需要。

运营单位制定了《物资管理制度》，对采购计划、仓储、发放各环节进行规范化管理。创新使用"电商平台采购"，极大简化程序，提高采购效率。

____号线运营所需仪器仪表、通用工器具、专用工器具、医物资、消防物资、劳保用品等物资含税总金额为____万元，计____项，已到货____项，到达率____％，目前____号线到货物资足初期运营要求。

5. 综合联调

通过介绍综合联调整体工作及完成情况。

____市轨道交通____号线综合联调于____年____月正式开始，依据《____市城市轨道交通____号线综合联调大纲》，综合联调工作在运营单位统筹协调、各参建单位全程参与的模式下有序开展。____号线工程综合联调项目共计____项，涉及车辆、信号、通信、供电、综合监控、自动售检票、通风空调、照明、给水排水、电扶梯等多个专业。

综合联调涵盖了设备单系统安装、调试验收后，按设备功能和性能及初期运营安全评估检验规范要求进行设备系统功能验证、关联接口功能验证、关联设备综合联调及不载客试运行整个过程。验证设备与设备、人与设备之间的协同运作功能，检验各系统设备和相关运营人员在地铁正常运营和非正常运营情况下应急能力、协同能力、指挥能力、故障处理能力等，有序地开展运营工作。

6. 试运行情况

通过介绍试运行整体情况、各阶段试运行情况以及取得的成果。

运营单位根据《____市轨道交通集团有限责任公司运营单位____号线试运行实施工作方案》的安排，自____年____月____日分阶段组织开展试运行，具体情况如下：

（1）第一阶段

本阶段试运行时间为____年____月____日至____月____日（共____天）。每日上线1~6列车，试运行时长为13~18h不等。____月____日至____月____日主要进行C2001、C2002、C2003运行图测试，试运行时间为6：30~22：30，上线____列车，本阶段共计开行____日列次，试运行里程合计____万列km，具体执行情况如表4.2-1所示。

第一阶段试运行行车情况　　　　　　　　　　　　表 4.2-1

日期	上线列数	试运行交路	行车时间	主要完成内容
____月____日~____日	2~3列	____站~____站	11:30~次日05:00	系统功能核验、司机驾驶练习
____月____日~____日	1~6列	____站-____站	17:00~次日09:00	运营期间人员非法进入轨行区应急演练、乘客意外伤害演练、列车在站台火灾应急演练、司机驾驶模式练习、信号系统功能调试与验证、车辆型式试验
____月____日~____日	10列	____站-____站	6:30~22:30	主要进行运行图测试

（2）第二阶段

本阶段试运行时间为____年____月____日~____月____日（共____天），主要按照初期运营标准开展不载客试运行。工作日采用C2002运行图，双休日C2003采用运行图，高峰期行车间隔为8min，平峰期行车间隔10min，每日上线10列车，每日试运行时间为6：30~22：30，本阶段共计开行列车____列次，试运行里程合计____万列km。

（3）第三阶段

本阶段试运行时间为____年____月____日至开通初期运营前。受文牡区间施工影响，____年____月____日~____月____日组织____站~____站小交路试运行，同时开展应急演练，继续实施未完成的系统功能核验、系统联动测试项目。____月____日至____月____日期间工作日执行C2004-1运行图，双休日执行C2005-1运行图，高峰期行车间隔为____min，上线____列车；平峰期行车间隔____min，上线____列车，每日试运行时间为6：30~22：30。____月____日起____号线全线继续进行连续跑图工作。截至____月____日，共计开行列车____列次，试运行里程____万列km。

（4）试运行质量评估结论

自____年____月____日起试运行正式开始以来，试运行总体状况良好，____月____日至____月____日____天连续跑图期间，各项指标均满足《技术规范》第三条的要求。运行图兑现率为____%，正点率为99.78%。计划开行列次为4574列，实际开行列次为4572列，2~5min晚点____列次，5~10min晚点____列次，抽线____列，5min以上延误

____列次。

具体统计如表 4.2-2。

____天连续跑图指标表现　　　　　　　　　　　　表 4.2-2

指标名称	指标单位	指标完成情况	国标标定值	是否满足指标要求
列车运行图兑现率	%		不低于 98.5	是
列车正点率	%		不低于 98	是
列车服务可靠度	万列 km/次		不低于 2.5	是
列车退出正线运营故障率	次/万列 km		不高于 0.5	是
车辆系统故障率	次/万列 km		不高于 5	是
信号系统故障率	次/万列 km		不高于 1	是
供电系统故障率	次/万列 km		不高于 0.2	是
站台门故障率	次/万次		不高于 1	是

试运行期间，主要设备虽有偶发故障，但总体而言运行平稳，满足初期运营标准。通过各阶段试运行，各岗位人员操作技能趋于娴熟、作业流程趋于规范、行车设备设施运行状态趋于稳定，各类指标达到或超过了国标要求，____号线已做好初期运营的准备，满足初期运营要求。

7. 行车组织

通过介绍客流预测、列车配属数量、行车组织安排、乘务运作等方面内容，是否满足运营需求。

（1）客流预测

根据《____市城市轨道交通____号线初期运营客流预测报告》的客流预测结果，预计 2022 年 2 号线客流情况如下：

1）工作日日均客运量为____万人次，早高峰（7：00~8：00）、晚高峰（19：00~20：00）最高单向断面客流分别为____人次、____人次。

2）双休日日均客运量为____万人次，早高峰（9：00~10：00）、晚高峰（19：00~20：00）最高单向断面客流分别为____人次、____人次。

3）节假日日均客运量为____万人次，早高峰（9：00~10：00）、晚高峰（19：00~20：00）最高单向断面客流分别为____人次、____人次。

日均客流量及断面客流情况见表 4.2-3。

日均客流量及断面客流情况　　　　　　　　　　　表 4.2-3

日期	日均客运量（万人次）	早高峰断面客流情况			晚高峰断面客流情况		
		时段	最大断面客流区间	断面客流（人次）	时段	最大断面客流区间	断面客流（人次）
工作日	8.16	7：00~8：00	___站~___站	2531	19：00~20：00	___站~___站	3015
双休日	10.61	9：00~10：00	___站~___站	3290	19：00~20：00	___站~___站	3920
节假日	24.48	9：00~10：00	___站~___站	7593	19：00~20：00	___站~___站	9045
牡丹节	9.39~9.7	9：00~10：00	___站~___站	2936	19：00~20：00	___站~___站	3497

（2）列车配属数量

____号线配有____节编组 B2 型列车共____列，开通初期，配属列车数量能够满足工作日、双休日初期运营列车运行图行车和应急情况下运输组织调整需要。

（3）行车组织安排

1）首末班车安排

根据《____市轨道交通____号线初期运营关键参数分析报告》，开通初期首末班车安排见表 4.2-4，首末列车时刻表详见表 4.2-5。

2 号线____站~____站首末班车时间安排表　　　　表 4.2-4

时刻表	车站	首班车	末班车
G2001/Z2001	____站	6:30	22:30
	____站	6:30	22:30
	____站	6:30	—

2 号线____站~____站首末列车时刻表　　　　表 4.2-5

序号	车站名称	下行首班车	下行末班车	上行首班车	上行末班车
1	____站	06:30:00	22:30:00	06:40:00	23:01:34
2	____站	06:31:42	22:31:42	06:38:50	23:00:24
3	____站	06:34:19	22:34:19	06:36:15	22:57:49
4	____站	06:36:53	22:36:53	06:33:55	22:55:29
5	____站	06:38:46	22:38:46	06:31:57	22:53:31
6	____站	06:30:00	22:40:54	06:30:00	22:51:34
7	____站	06:32:07	22:43:01	06:49:18	22:49:18
8	____站	06:35:19	22:46:13	06:46:01	22:46:01
9	____站	06:37:09	22:48:03	06:44:12	22:44:12
10	____站	06:39:32	22:50:26	06:41:48	22:41:48
11	____站	06:41:38	22:52:32	06:39:43	22:39:43
12	____站	06:43:51	22:54:45	06:37:31	22:37:31
13	____站	06:45:33	22:56:27	06:35:49	22:35:49
14	____站	06:48:20	22:59:14	06:32:55	22:32:55
15	____站	06:50:32	23:01:26	06:30:00	22:30:00

2）正线运行

____号线全线采用____站至____站单一交路运行，运营列车。

按正方向双线单向运行，列车沿上行线运行到____站，采用站后折返线折返到下行，运行到____站，采用站后折返线折返至上行线发车，依次往返运行。

3）车次规定

列车车次号由 5 位数字组成（服务号+序列号）。前 3 位为服务号，服务号在一天的服务中保持不变，回段后再出段，服务号。

将重新分配；后 2 位为序列号。序列号表示列车运行顺序及方向顺序，上行为偶数，下行为奇数。列车属性由服务号区别。电客车、调试列车、工程列车、救援列车服务号见表 4.2-6。

电客车、调试列车、工程列车、救援列车服务号含义　　　　表 4.2-6

服务号	使用号段	代表含义
201~299（图定列车）	201~299	服务号第一位数字表示线别
901~970（图外列车）	901~950	一般列车
	951~960	调试电客车
	961~970	专列
	971~980	工程车（含网轨检测车、打磨车）
	981~999	救援列车（含电客车、工程车）

4）电客车出、入车辆段

出段：正常情况下，列车从____车辆段开出经____出段线运行至____站上行，沿上行正线至____站方向。

入段：正常情况下，列车运行至____站下行正线结束运营服务清客后，经____入段线回车辆段；列车运行至____站上行正线结束运营服务清客后，经站后折返线折返后运行至____站下行，沿下行正线运行至八里堂站后，经____入段线回车辆段。

（4）运行图主要参数

结合____线开通后的客流特点，开通时原则上采用____站至____站单一交路。列车运行周期 73min，单程运行时间约 31min，技术速度 45.35km/h，旅行速度 33.38km/h。

1）工作日列车运行图参数

工作日列车运行图具体参数如表 4.2-7 所示。

工作日列车运行图参数　　　　表 4.2-7

运营时刻表	G2001	
信号级别	CBTC	
运营时间	6:30~22:30,共计 16h	
运营交路	____站~____站	
运营周期	73min	
峰期	高峰	平峰
时段	7:00~9:30 17:00~20:00	6:30~7:00 9:30~17:00 20:00~22:30
上线列数	10 列	8 列
备车列数	1 列	2 列
行车间隔	8min	10min
最小折返时间（含停站）	____站 5min，____站 5min	

2）双休日（节假日）列车运行图参数

双休日（节假日）列车运行图具体参数如表 4.2-8 所示。

双休日列车运行图参数　　　　　　　　　表 4.2-8

运营时刻表	Z2001	
信号级别	CBTC	
运营时间	6:30～22:30,共计 16h	
运营交路	___站～___站	
运营周期	73min	
峰期	高峰	平峰
时段	9:00～21:30	6:30～9:00 21:30～22:30
上线列数	10 列	8 列
备车列数	2 列	2 列
行车间隔	8min	10min
最小折返时间（含停站）	二乔路站 5min,八里堂站 5min	

(5) 乘务运作

乘务车间按照工作职能划分为客车队、工程车队与车场组。客车队设队长____人、督导____人、派班员____人、电客车司机____人，按照中晚早休的方式倒班。正线设____个派班室用于正线司机派班，设____个换乘室（____站、____站）用于电客车司机轮乘，____车辆段设____个车场派班室。

工程车队设队长____人，工程车司机____人，按照四班两运作（白夜休休）方式倒班，其中白班为 8:30～18:00、夜班为 18:00～次日 8:30。

车场组设组长____人、车场调度____人、车场信号楼值班员____人。按照四班两运转（白夜休休）方式倒班，其中白班为 8:30～18:00、夜班为 18:00～次日 8:30。

乘务现设有客车队长、工程车队长、车场组组长、督导司机、派班员等岗位主要负责乘务生产管理、考勤管理、车场施工、场内调车、转线等工作，基本满足现阶段乘务运作。

8. 客运组织

通过概述客运组织架构、车站客流组织、客运服务设施等方面是否满足运营需求。

____号线车站实行区域化管理，将____个车站划分为____个中心站，分别为"____中心站""____中心站""____中心站""____中心站"。车站设有值班站长、行车值班员、客运值班员、站务员。值班站长协助副站长/站长负责本班具体工作，副站长/站长不在时代替站长负责各岗位的协调分工，监督指导本班员工工作，处理突发事件；行车值班员负责车控室日常工作，对客流、行车组织的具体工作进行落实，监督各岗位工作情况；客运值班员负责票务、服务工作，处理乘客票务、服务问题，监督指导客服中心岗、站台岗工作、厅巡岗，协助处理突发事件；站务员负责客服中心问询、充值、兑零和车票异常处理等；接发列车，维持站台乘客候车秩序，注意乘客动态，监控屏蔽门开关状态和列车运行状态，两端终点站对列车进行清客，按清客程序作业进行。

客运部车站实行"四班两运转"，值班站长、值班员、站务员确保车站 24h 轮班值守。

车站除以上客运服务人员外，还以委外的方式配置了安检员、安保员、保洁员。其中,安检人员负责对进站乘客及其物品实施安全检查工作;安保员负责协助车站人员进行站台、站厅、边门等客运服务、安全管理及巡视工作;保洁人员负责车站公共区、设备区及车站客运设备的卫生清洁。

为确保乘客出行顺畅,＿＿＿轨道交通各站已编制日常客流组织方案,日常客流组织由车站值班站长统一指挥,结合车站岗位设置及客流进行组织。通过车站导向标志系统、广播系统及人员引导对车站客流进行组织。在早、晚高峰时段及固定位置设置客流控制点,通过减缓乘客进站速度缓解客流压力。

＿＿＿轨道交通＿＿＿号线各车站设置了各服务标识、无障碍设施、车站导向等客运服务设施。车站设有连续、完整的导向系统,包括导向标识、无障碍标识、安全标识、确认标识、资讯标识等,还包括警示类、禁止类、提示类等贴附式标识,能正确引导乘客进站、购票、进闸、候车、乘车、出闸、出站,满足初期运营需求,中心站组织架构图如图4.2-3所示。

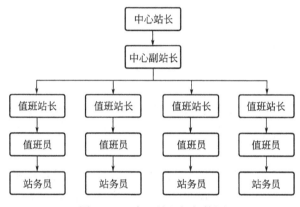

图4.2-3 中心站组织架构图

9. 票务组织

通过概述票价政策、票务培训和演练、车票准备、日常备用金等方面内容是否满足运营需求。

(1)票价政策:已于2021年3月15日取得市政府票价批复文件。票价标准如下:起步价为2元6km(含6km);里程价为超过6km实行"递远递减"原则,6～14km(含)里程内(递增8km)加1元,14～22km(含)里程内(递增8km)加1元,22km里程以上每递增9km加1元。

根据《＿＿＿市城市轨道交通条例》第＿＿＿条规定:老年人、学龄前儿童、中小学生、现役军人、残疾军人和其他残疾人等按照规定可享受优惠乘车或者免费乘车待遇,特制定以下票务优惠政策,详见表4.2-9。

票务优惠政策　　　　　　　　　　　　　　　　　　　　表4.2-9

人群	优惠政策
普通乘客	持"一卡通"享受9.5折优惠,每名成年乘客可以免费带领1名身高1.3m以下儿童免费乘车

77

续表

人群	优惠政策
凡年满60周岁及以上的老年人,办理"敬老卡"	除工作日高峰时段外可免费乘坐地铁,每月限乘70次。工作日高峰时段(7:00~9:00、17:00~19:00,以进站时间为准)享受票价5折优惠
现役军人、消防救援人员、残疾军人、残疾消防救援人员、因公致残的人民警察	凭有效证件可享受免费乘车
____市全日制中小学校学生	____市全日制中小学校学生凭有效学生证(卡),刷卡享受票价5折优惠
盲人、残疾人根据国家相关政策凭有效证件,办理"爱心卡"	可享受免费乘车
获得国家无偿献血奉献奖、无偿捐献造血干细胞奉献奖和无偿献血志愿服务终身荣誉奖的个人	凭有效证件可享受免费乘车

（2）车票准备

1）线路车票准备：根据____号线客流预测结果及____号线车站AFC设备情况,____号线车站需配发普通单程票____张及预赋值单程票____张,共计____张,并已完成车票配发工作。

2）中心票库车票准备：为满足突发情况下票务工作正常运转,中心票库预留普通单程票____张及预赋值单程票____张,共计____张,并已完成生产工作。

10. 维修组织

通过介绍电客车、工建专业、供电系统设备、信号系统设备检修、通信系统设备、车站机电系统设备、自动售检票系统设备、综合监控系统设备、火灾自动报警系统设备、ACC系统设备等专业设备检修、模式及工班建设、作业等情况,总结是否满足初期运营需要。

（1）电客车检修

电客车维修运作采取计划性维修（预防性维修）和非计划性维修（故障维修）相结合,以计划性维修为主的方式,依据其检修范围大小,计划性维修依次为：日检、月检、半年检、年检。车辆部检修车间设有____个轮值班、____个计划班、____个定修班。轮值班主要负责电客车的日检、车辆故障处理、车辆救援抢险和所辖区域的消防安全巡查工作；计划班主要负责电客车的月检、半年检、车辆故障处理和所辖区域的消防安全巡查工作；定修班主要负责电客车的年检工作、车辆故障处理和所辖区域的消防安全巡查工作。

____年____月试运行以来,车辆部轮值班作业人员、检修调度实行四班两运转倒班作业,其余人员按照年度维修计划实行计划维修作业,专业技术管理人员进行安全和质量的监督,积极开展电客车检修和故障分析处置工作,保证投入试运行的车辆可靠运行,满足初期运营需求。

（2）工建专业检修

____号线设2个轨道工班,工班8人,采用委外维保模式；探伤工班____个,工班____人,采用自主维保模式；房建桥隧工班____个,工班____人,采用自主维修模式,满足初期运营需求（表 4.2-10）。

工建专业检修 表 4.2-10

专业	工班名称	工班数量	工班人数	维修组织形式	
				首次组织	后期组织
工建车间	轨道	轨道工班	2	8	委外维保	委外维保
		探伤工班	1	10	自主维修	自主维修
	房建、桥隧	房建、桥隧工班	2	27	自主维修	委外

（3）供电系统设备检修

供电车间设变电与接触网 2 个专业，下设____个工班，即变电检修一工班（____人）、变电检修二工班（____人）、变电检修三工班（____人）；接触网检修一工班（____人）、接触网检修二工班（____人）、接触网检修三工班（____人）、接触网检修四工班（____人）。其中变电检修工班、接触网检修工班均采用四班两运转模式。____号线主变电所外电源采用委外维保，主变电所、正线及场段变电所采用自主维保，具体维保方式依据人员储备情况确定。目前供电车间人员已全部到位，所配置人员持有有关岗位要求的相关证书，经岗位工作深化培训，具备岗位所需的技能水平和管理水平，满足初期运营需要（表 4.2-11）。

供电系统设备检修 表 4.2-11

专业	工班名称	工班数量	每班人数	班组人数	维修组织形式	
					首次组织	后期组织
供电车间	变电				自主维保（外电源委外）	自主维保（外电源委外）
	接触网				自主维保	自主维保

（4）信号系统设备检修

____号线信号专业维保采用自主维保方式进行，____号线信号专业。

根据设备分布特点及运营维修需要设置____个运营维修工班（段场工班____个、正线工班____个、ATS工班____个）。运营维修工班排班执行大四班和机动班相结合的方式。专业根据各项标准，参考行业内相关经验和技术资料，完成检修规程编制，班组已根据检修规程要求进行设备检修工作。工班配置及运转模式可满足初期运营需求（表 4.2-12）。

信号系统设备检修 表 4.2-12

序号	工班	工区	班组人员配置数量	维保范围
1	正线一工班	____站	____人	____站联锁区、____站联锁区、____站联锁区室内外信号设备
2	正线二工班	____站	____人	____站联锁区、____站联锁区、____站联锁区室内外设备

续表

序号	工班	工区	班组人员配置数量	维保范围
3	车辆段综合工班	___车辆段	___人	___站车辆段室内外信号设备、车载设备
4	ATS工班	控制中心	___人	ATS工班与___号线合设负责控制中心信号设备
5	综合维修工班	___车辆段	___人	负责___号线培训工作、年检及以上维修、专项工作

(5) 通信系统设备检修

___号线通信专业维保采用自主维保方式进行。

根据设备分布特点及运营维修需要设置___个运营维修工班（车辆段工班___个、控制中心OCC工班___个、正线车站工班___个）。

车辆段工班在岗___人，工区设置在刘富村车辆段综合楼，负责___号线刘富村车辆段专用通信设备、车载专用通信设备的日常维护、故障处理、应急抢险等工作。

控制中心OCC工班在岗___人，工区设置在控制中心设备楼。

负责___号线控制中心专用通信设备室、网管室及控制中心调度大厅内专用通信终端设备的日常维护、故障处理、应急抢险等工作。

通信正线一工班在岗___人，工区设置在___站，负责___号线___站至___站，共计___个车站的专用通信设备的日常维护、故障处理、应急抢险等工作。

通信正线二工班在岗___人，工区设置在___站，负责___号线___站至___站，共计___个车站的专用通信设备的日常维护、故障处理、应急抢险等工作。

运营维修工班排班均执行大四班和机动班相结合的方式，工班配置及运转模式可满足初期运营需求（表4.2-13）。

通信系统设备检修　　　　表4.2-13

序号	工班	工区	班组人员配置数量	设备维保范围
1	正线一工班	___站	___人	___站至___站室内外专用通信设备
2	正线二工班	___站	___人	___站至___站室内外专用通信设备
3	OCC工班	控制中心	___人	控制中心专用通信设备
4	车辆段工班	___车辆段	___人	___车辆段室内外专用通信设备

(6) 车站机电系统设备检修

机电车间共计___个专业，包括通风空调、给水排水、低压配电、站台门、电扶梯。设2类工班，即风水电工班、屏梯工班。

2号线___个车站、1个区间风井的风水电设备管理由风水电工班负责，工班共计___人，采用常白班运转。专业设备采用自主维修模式。

___号线___个车站和___车辆段的电扶梯、站台门专业设备管理由屏梯工班负责，工班共计___人，采用常白班加大四班形式（白夜休休）运转。其中站台门专业属于委外维保；电扶梯由厂家进行质保3年，质保结束后电扶梯将进行委外维保（表4.2-14）。

车站机电系统设备检修　　　　　　　　　　　　　表 4.2-14

专业	工班名称	工班数量	工班人数	维修组织形式	
				首次组织	后期组织
机电车间	通风空调	风水电工班	——	——	自主维保	自主维保
	给水排水			自主维保	自主维保
	低压配电			自主维保	自主维保
	站台门	屏梯工班	——	——	委外	委外
	电扶梯			厂家代维 3 年	委外

（7）自动售检票系统设备检修

AFC 专业负责____号线____站至____站____个车站的车站级自动售检票系统设备维护，共设立____个班组，采用自主维护方式进行（表 4.2-15）。

自动售检票系统设备检修　　　　　　　　　　　　表 4.2-15

专业	班组名称	管辖区域	工班人数	维护模式
AFC	AFC 一班组	____站至____站	____	自主维护
AFC	AFC 二班组	____站至____站	____	自主维护
		合计：	____	

（8）综合监控系统设备检修

自动化专业负责 2 号线____站至____站____个车站、____座车辆段、____座主变电所、____座控制中心的综合监控系统设备维护，共设立____个班组，采用自主维护方式进行。自动化专业各岗位具备所需的技术和管理水平，满足初期运营需要（表 4.2-16）。

综合监控系统设备检修　　　　　　　　　　　　表 4.2-16

专业	班组名称	管辖区域	工班人数	维护模式
自动化	自动化一班组	____站至____站	____	自主维护
自动化	自动化二班组	____站至____站、____车辆段	____	自主维护
自动化	自动化 OCC 班组	____、____号线控制中心自动化专业设备	____	自主维护
		合计：	____	

（9）火灾自动报警系统设备检修

火灾自动报警系统属于自动化专业，____号线____站至____站共____个车站、____座车辆段、____座主变电所的火灾自动报警系统设备维护模式采用委外维护方式进行，委外单位负责火灾自动报警系统设备维护，同时由自动化二班组负责委外单位的日常管理，质量监督，及应急处置过程的协调工作。

（10）ACC 系统设备检修

票务车间负责控制中心自动售检票 ACC 系统设备维护工作，日常由清分系统维护工班对清分设备进行检修与维护，班组采用四班两运转（白夜休休）的形式运转，维护模式采用自主维护方式进行。

11. 技术保障

（1）故障抢修机制

1）电客车故障抢修

车辆部设置____个检修工班，按检修计划完成电客车的日检、月检、半年检、年检修程、车辆故障处理，执行车辆救援抢险任务。____个计划班和____个定修班主要负责电客车的月检、半年检、年检修程；____个轮值班负责电客车日检，及时处理车辆故障，执行车辆救援抢险任务。流程如图4.2-4所示。

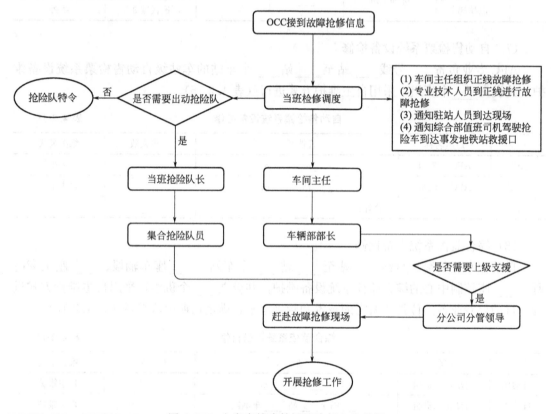

图 4.2-4 电客车故障救援抢险任务流程图

2）工建专业故障抢修（维修工程部）

____号线工建设备设施共设置工班____个，分别为轨道一工班、轨道二工班、探伤工班、房建桥隧一工班、房建桥隧二工班。其中轨道一工班负责____号线____站至____站（不含）轨道设备的检修；轨道二工班负责____号线____站（含）至____站、出入段线、____车辆段轨道设备的检修；探伤工班负责____号线全线钢轨探伤工作。房建桥隧一工班，驻点：____站，负责____号线____站至____站（含）相关项目的维护、维修及日常保养。

房建桥隧二工班，驻点：____站，负责____号线____站（不含）至____站、____车辆段、____主变电所相关项目的维护、维修及日常保养。

成立工建抢险队，每天安排技术骨干电话值班，确保故障发生后作为抢险队及时赶往现场处理，并在第一时间提供技术支持。

当工建设备故障发生后,运营 OCC 专业调度接收到故障信息立即按照故障流程进行故障信息发布和组织处理,工建专业接报后按抢修流程进行故障处理,流程如 4.2-5 所示。

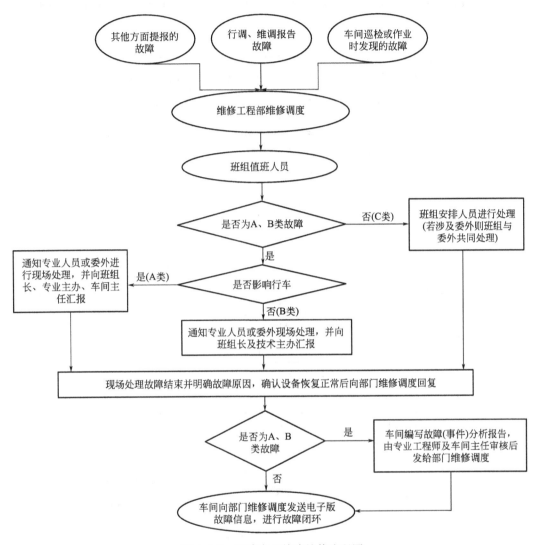

图 4.2-5　工建专业故障抢修流程图

3）供电系统设备故障抢修

____号线变电专业设置____个变电工班,____个 24h 常态值班点,值班点为____站、____站、____主所。____号线接触网专业设置____个接触网工班,全线设置____个 24h 常态值班点,值班点为____段、____站、____站。运营期间各值班点负责____号线供电设备的故障响应处理,同时____号线正线安排车间技术骨干 24h 值班,确保故障发生后及时赶往现场,并在第一时间提供技术支持。为应对地铁供电故障的处理,供电车间已编制《供电设备故障现场处置方案》,总结了设备故障处理的经验与教训,以便有关抢修人员按照预案的内容迅速组织抢修,从而防止故障或险情进一步扩大。保障供电系统安全运行，保障地铁运营安全。当供电设备发生故障时，维修工程部生产调度接收到故障信息后，按故障/事件信息处理流程进行故障信息发布，同时供电车间立即安排正线值班人员赶往故障地点，重要设备故障发生后，部门分管经理、供电车间主任、车间技术人员接报应急信息后第一时间赶赴事发现场进行抢险，并由部门分管经理担任部门抢修总指挥（图4.2-6）。

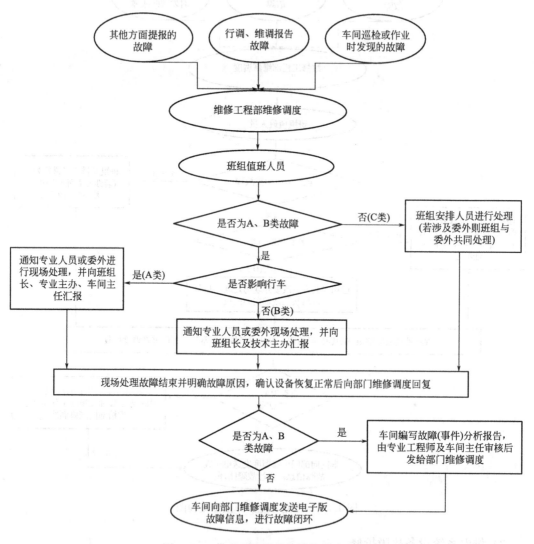

图4.2-6 供电系统设备故障抢修流程图

4）信号系统设备故障抢修

____号线信号专业分段场、车载、ATS和正线四个方向，其中正线方向驻点站为____站、____站；车载方向和段场方向驻点____车辆段；ATS方向驻点在控制中心；系统故障时按照通号车间故障处理流程（图4.2-7）进行信号系统故障抢修。

接报故障后，抢险人员立即采用最适合的交通工具赶赴现场，及时抢险，防止故障扩大化，同时各到场员工及时开展应急抢险组织。第一个赶到事故现场的信号专业员工，自动成为突发事件抢险现场抢修负责人，负责现场抢险及情况反馈工作。现场指挥权在分部内按工班长、专业工程师、主管、副主任的顺序依次移交。组织救援，尽快恢复运营及设备使用。部门分管经理负责与中心各部门协调联系，对救援抢险行使决策权。

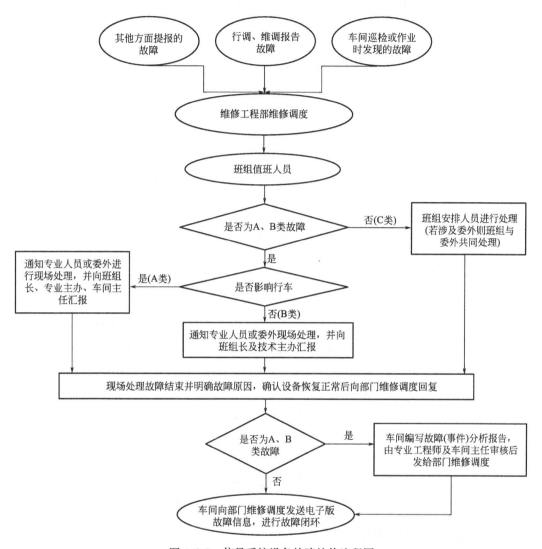

图 4.2-7　信号系统设备故障抢修流程图

5）通信系统设备故障抢修

____号线通信专业分车辆段及车载、OCC 和正线三个方向，其中正线方向驻点站为____站、____站；车辆段及车载方向驻点____车辆段；OCC 方向驻点在控制中心；系统故障时按照通号车间故障处理流程（图 4.2-8）进行通信系统故障抢修。

接报故障后，抢险人员立即采用最适合的交通工具赶赴现场，及时抢险，防止故障扩大化，同时各到场员工及时开展应急抢险组织。第一个赶到事故现场的信号专业员工，自动成为突发事件抢险现场抢修负责人，负责现场抢险及情况反馈工作。现场指挥权在分部内按工班长、专业工程师、主管、副主任的顺序依次移交，组织救援，尽快恢复运营及设备使用，部门分管经理负责与中心各部门协调联系，对救援抢险行使决策权。

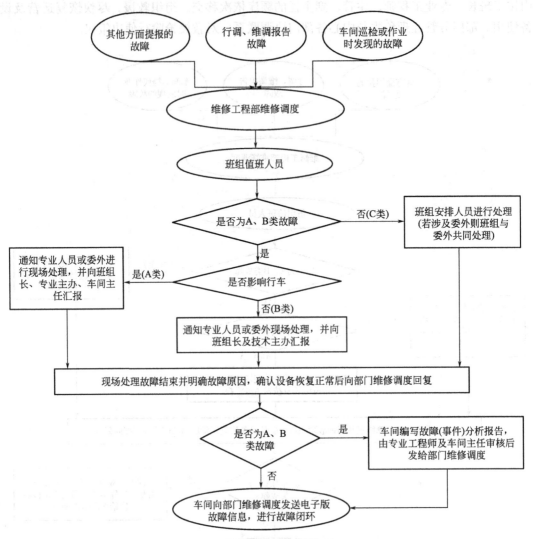

图 4.2-8　通信系统设备故障抢修流程图

6）车站机电系统设备故障抢修

____号线车站机电系统设置____个工班，负责机电设备的日常巡检维护和故障处理。在接报故障后，抢险人员立即采用最适合的交通工具赶赴现场，及时抢险，防止故障扩大化，同时各到场员工及时开展应急抢险组织。第一个赶到事故现场的机电专业员工，自动成为突发事件抢险现场抢修负责人，负责现场抢险及情况反馈工作。现场指挥权在分部内按工班长、专业工程师、主管、副主任、主任的顺序依次移交，组织救援，尽快恢复运营及设备使用（图 4.2-9）。

7）自动售检票系统设备故障抢修

____号线自动售检票系统共设置____个 AFC 工班，负责正线____个车站自动售检票系统设备的日常巡检维护和故障处理，目前已成立____号线 AFC 抢修小组。

当发生故障时，由 OCC 调度、维调、站务等人员提报故障至相关人员进行系统故障

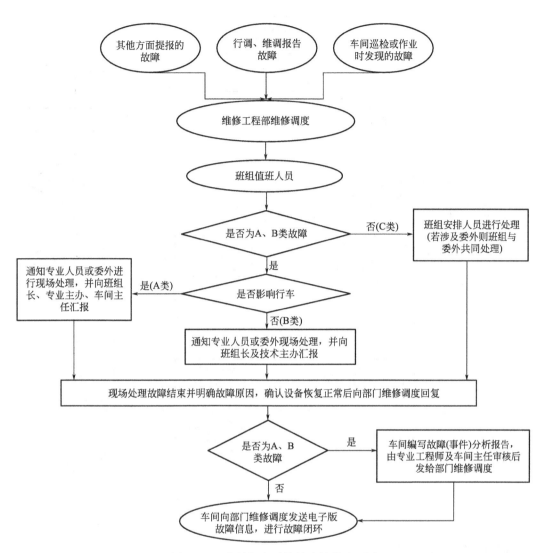

图 4.2-9　车站机电系统故障抢修流程图

处理及抢修（图 4.2-10）。

8）综合监控系统设备故障抢修

____号线综合监控系统共设置 3 个自动化工班，其中控制中心工班负责控制中心____、____号线自动化专业设备维护并监控全线综合监控系统，正线工班负责正线及车辆段综合监控系统设备的日常巡检维护和故障处理。

当发生故障时，由 OCC 调度、维调报故障到所辖工班，由工班及时进行系统故障抢修（图 4.2-11）。

9）火灾自动报警系统设备故障抢修

____号线火灾自动报警系统由委外单位负责设备的日常巡检维护和故障处理，自动化专业二班组负责 FAS 委外单位的日常维保、故障处理及抢修的协调、监管工作。

当发生故障时，由 OCC 调度、维调报故障到所辖工班，由工班及时联系委外单位进

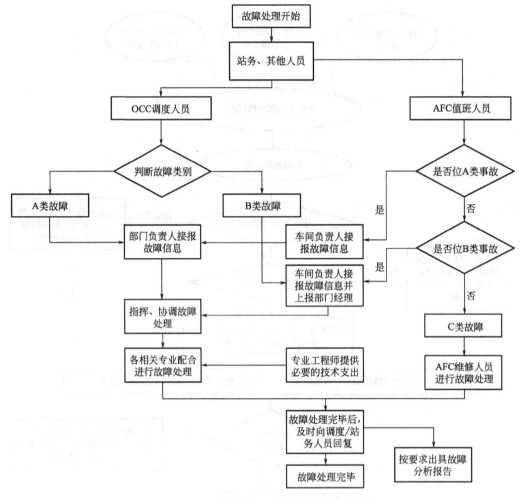

图 4.2-10 自动售检票系统故障抢修流程图

行系统故障抢修（图 4.2-12）。

10）ACC 系统设备检修

票务车间负责控制中心自动售检票 ACC 系统设备维护工作，日常由清分系统维护工班对清分设备进行检修与维护，班组采用四班两运转（白夜休休）的形式运转，维护模式采用自主维护方式进行。

（2）技术资料接收情况

为了积极推进____市轨道交通____号线技术资料移交的有序开展，运营单位梳理编制技术资料移交清单-《____市轨道交通工程技术资料移交清单统计表》，各类技术资料计划移交____项，共计____本，截至目前，运营单位已接收设备技术图纸类、手册类、报告类等技术资料____项____本，移交率____%，为运营生产查线核图提供完备资料。

12. 应急预案

为保障____市轨道交通____号线初期运营工作的顺利开展，提高运营突发事件处置能力，最大限度预防和减少各类突发事件，最快速地处置各类运营突发事件并将影响造成的

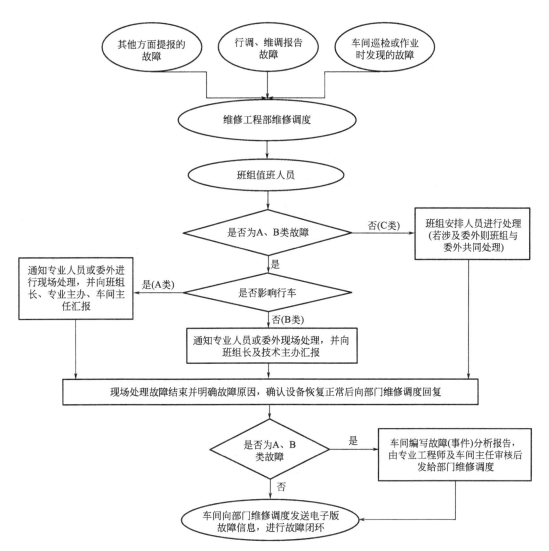

图 4.2-11 综合监控系统设备故障抢修流程图

损失最小化,最大限度地为乘客提供安全、正点、舒适、快捷的运营服务,运营单位截至目前已编制各类应急预案共计____份,包括总体应急预案____项、运营突发事件应急预案____份、自然灾害事件应急预案____份、公共卫生事件应急预案____份及社会安全事件应急预案____份。运营单位已组织专家对应急预案进行了评审工作,根据专家评审意见,已经应将应急预案修订完成,发文后已向市交通运输局备案。

13. 运营演练

运营单位编制了《____市轨道交通____号线工程运营演练总体方案》,演练项目共分8类,分别为运营时刻表类、行车组织类、客运组织类、票务运作类、灾害类、综治类、信号故障下降级模式类、重要设备故障类演练,共计24项,其中运营单位级演练23项,市级综合类演练1项。

运营单位编制了《____市轨道交通____号线一期工程综合性应急演练方案》,演练项目为区间水淹应急演练,已于____月____日由市交通运输局牵头,运营单位主办,市应急

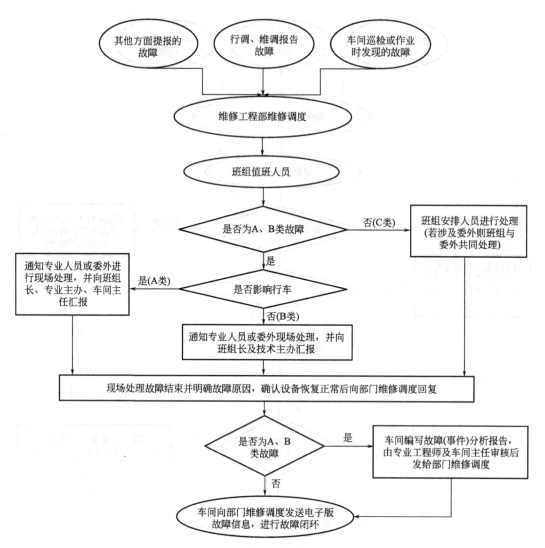

图 4.2-12 火灾自动报警系统设备故障抢修流程图

管理局、市消防支队、市卫生健康委员会、市公安分局轨道分局等市级单位配合开展。

4.2.3 总结

自启动＿＿号线运营筹备工作以来，运营单位秉承着"以礼相待、乘人之美"的运营服务理念，以"计划管理"为抓手，以"全面提升"为重点，各部门齐心协力、争分夺秒、主动作为，高标准、严要求完成运营筹备各项工作。

同时，对于此次评估专家发现的问题，将组织各相关单位，结合专家整改要求，认真分析原因，进一步分解任务、落实责任，确保各项整改工作按时、保质、保量完成，努力为市民提供安全可靠、品质一流的公共交通服务。

运营准备综合报告模板（图 4.2-13）。

XX 市轨道交通 X 号线工程

初期运营准备综合报告

编制单位：xx 市轨道交通集团有限责任公司
编制日期：20xx 年 xx 月

(a)

目 录

(b)

(c)

(d)

图 4.2-13 运营准备综合报告模板

(e)

一、工程概况

（一）设施概况

1.正线

（简要叙述正线工程概况，可适当附图）

……

2.车辆段

（简要叙述车辆段工程概况，可适当附图）

……

3.控制中心

（简要叙述控制中心工程概况，可适当附图）

……

4.主变电站

（简要叙述主变电站工程概况，可适当附图）

……

（二）设备概况

（概述以下专业设备配置、验收、整改、测试等情况，总结是否满足初期运营需要，可适当附图）

1.车辆

……

2.工建专业

……

— 1 —

(f)

3.供电系统

……

4.信号系统

……

5.通信系统

……

6.车站机电系统

……

7.自动售检票系统

……

8.综合监控系统

……

9.火灾自动报警系统

……

10.ACC 系统

二、初期运营准备工作

（一）组织机构

（概述运营分公司组织架构，建议附组织构图）

……

— 2 —

(g)

（二）人员准备

（概述运营分公司人员到位情况，以及相关准备情况）

……

（三）人员培训

（简要叙述人员总体培训情况，并分段落概述主要负责人、安全生产管理人员、列车驾驶员、调度员、行车值班员、客运服务人员、维修人员、控制中心值班主任等人员培训情况，持证情况，以及特种作业和特种设备培训、取证情况，可适当附图）

……

（四）初期运营规章制度

（概述初期运营规章制度建设总体情况，建议分为安全管理类、行车管理类、服务管理类、维护维修类、操作办法类和应急处理类 6 类进行概述）

……

（五）备品备件准备

（概述 2 号线备品备件准备情况，是否满足初期运营需要）

……

（六）综合联调

（概述综合联调整体工作及完成情况，可适当附图）

……

— 3 —

(h)

（七）试运行情况

（概述试运行整体情况，各阶段试运行情况以及取得的成果，可适当附图）

……

（八）行车组织

（概述客流预测、列车配属数量、行车组织安排、乘务运作等方面内容，可适当附图）

……

（九）客运组织

（概述客运组织架构、车站客流组织、客运服务设施等方面内容，可适当附图）

……

（十）票务组织

（概述票价政策、票务培训和演练、车票准备、日常备用金等方面内容，可适当附图）

……

（十一）维修组织

（概述以下专业检修模式及工班建设、作业等情况，总结是否满足初期运营需要，可适当附图）

1.电客车检修

……

— 4 —

图 4.2-13　运营准备综合报告模板（续）

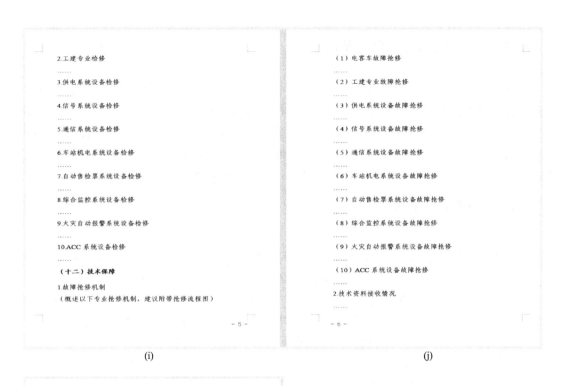

图 4.2-13 运营准备综合报告模板（续）

4.3 试运行准备情况报告

根据国家《城市轨道交通试运营基本条件》GB/T 30013—2013 相关要求，地铁载客试运营前，要进行不少于 3 个月的不载客试运行，地铁空载试运行是保证运营安全、提高服务水平的需要，在投入运营之前保证设备系统之间、人与设备系统的充分磨合，提升设备系统的稳定性和可靠性，锻炼人员的业务技能和故障应急的处理能力，提高运营服务水平，报告中描述的技术内容和数据信息应准确，实际完成情况应真实、有效。

4.3.1 试运行前期准备

1. 工程概述

____市城市轨道交通____号线____期工程贯穿____南北发展轴，覆盖城市____部、____部主要客流走廊，衔接____等客流集散点，联系____区、____区和____区，加强了____区与____区的联系。线路起于____附近的____站，止于____路与____路的____站，全长约____km，全为地下线，共设站____座（其中换乘站____座，分别为____站、____站和____站），除____站、____站和____站为地下三层车站外，其余车站均为地下二层车站，平均站间距____km。全线网设____处控制中心，位于____站附近。在线路终点设置____车辆段____座，定位为定修段；采用 110kV/35kV 的集中供电方式，设主变电站____座（其中____主变电站与____号线共用，车辆段内新建____座）；车辆采用____型车____辆编组，初期配属车辆____列/____辆。____座车站从北往南依次为____站、____站、____站……

2. 试运行总体方案

为确保试运行期间施工、调试、行车各项工作顺利推进，编制完成《____公司____号线____期工程试运行实施工作方案》（____轨〔____〕____号）。自____年____月____日起，____公司正式启动____号线____期工程试运行工作，验证设备功能和系统稳定性，使得试运行期间动车演练、应急处置等演练顺利进行，并同步开展部门内部基础管理、培训及岗位评估工作，为实现载客初期运营做预演和铺垫。

试运行具体阶段划分。

为确保试运行期间施工、调试、行车各项工作顺利推进，____号线____期工程试运行分三个阶段进行。第一阶段自____年____月____日开始至____月____日结束，主要开展设备功能验证、系统调试及应急演练、运行图测试工作；第二阶段自____年____月____日开始至____年____月____日结束，主要进行试运行连续跑图工作；第三阶段自____年____月____日开始至开通初期运营前结束，____区间施工期间组织____站~____站小交路运行，____区间施工结束后，____月____日____号线全线持续进行连续跑图工作，同时开展应急演练，继续实施未完成的系统功能核验、系统联动测试项目。

运营演练总体安排。

为进一步提高员工在试运行中的业务技能水平及应急处理水平，加强各工种间的磨合，检验运营组织和管理规章制度、应急预案、作业程序的合理性、规范性与科学性，结合试运行安排，编制发布了《____市____号线____期工程运营演练总体方案》及各类专项演练方案____个，涵盖运营时刻表类、行车组织类、客运组织类、票务运作类、灾害类、综治类、信号故障下降级模式类、重要设备故障类等运营组织各个方面，穿插在试运行组织过程中开展，达到了既定目标。

施工组织。

根据____市____公司《施工管理规定》，结合____号线试运行经验，编制《____市____公司____号线____期工程临管区域施工管理办法》，规范____号线____期工程试运行期间施工组织流程，保证施工安全、有序进行。

依据公司试运行整体计划要求，对具有资质入场作业的施工单位进行施工负责人培训。主要针对运营临时接管后的施工提报、组织及施工安全管理进行培训，共计开展____次培训，培训____余人，合格率100.00%，满足了试运行期间施工负责人需求。

3. 试运行人员配置及培训情况

（1）人员准备

截至目前，____公司共有员工____人，其中，____号线在岗____人，____号线____期工程在岗____人，满足初期运营需求。其中____号线____期工程人员到岗情况如下：

职能部门____人，其中：综合管理部____人、人力资源部____人。

业务部门____人，其中：安全技术部____人、物资部____人、调度票务部____人（调度岗____人）、客运部____人（站务岗____人，列车驾驶员____人）、车辆部____人（检修岗____人）、维修工程部____人（维修岗____人）。目前____公司____号线____期工程共____人进行了背景调查，____人开具了无犯罪记录证明。____年以来，结合各岗位实际情况，要求副主任及以上岗位人员进行背景调查，其他岗位人员（除订单生、校招人员、退伍军人和军属安置）在入职时提供无犯罪记录证明。

（2）人员培训计划情况

人员培训主要包括主要负责人、安全生产管理人员、列车驾驶员、调度员、行车值班员、客运服务人员、维修人员等。其中，主要负责人及安全生产管理人员已按规定进行安全培训，初次安全培训时间不少于32学时。通过形式多样的培训，有效地提高了员工队伍的业务知识、技能水平、综合素质和岗位责任心，为____号线____期工程初期运营提供了必要的人力保障。各类培训开展情况如下：

列车驾驶员：

目前为满足____市____号线____期工程____部列车____：____要求，需配置列车驾驶员共计____人，____公司制定《客运部____年培训组织工作方案》，分批进行岗前培训取证，培训学时不低于316学时和90天的岗位技能培训，培训学时均大于规定学时。____人全部通过理论知识考试和岗位技能考试，目前已全部取得上岗证，满足在经验丰富的列车驾驶员指导和监督下驾驶，驾驶里程平均值为____km，不少于____km，其中在本线上的里程平均数为____km，不少于____km。满足____号线____期工程初期运营的需求。

调度员：

____号线____期工程行车调度员____人，电力调度员____人，环控调度员____人，已接受最低360学时的理论知识培训和105天的岗位技能培训，培训学时均大于规定学时。____名调度员已全部通过理论知识考试和岗位技能考试，在经验丰富的调度员指导和监督下进行了1个月的调度指挥工作及设备操作。行车调度员培训内容包括调度工作规则、行车组织规程、客运组织规程、施工管理规程；电力调度员培训包括电力作业安全规则、电力操作规程、电力故障和事故应急处置等；环控调度员培训包括环控、站台门、防灾报警等机电设备的规程、有关环控设备故障和事故应急处置等。满足____号线____期工程初期运营的需求。

行车值班员：

____公司____号线____期工程目前行车值班员共计____人，根据要求，____公司客运部制定《客运部____年培训组织工作方案》，分批进行岗前培训取证，均已达到176学时的理论知识培训及31天的岗位技能培训，培训学时均大于规定学时。____人已全部取得上岗证，满足在经验丰富的值班员指导和监督下跟岗，满足____号线____期工程初期运营需求。

设备维修人员：

____公司____号线____期工程设备维修人员共计____人，已全部完成上岗理论、实操培训，并已通过理论知识考试和岗位技能考试取得上岗证，满足____号线____期工程初期运营的需求。

控制中心值班主任：

____号线____期工程控制中心值班主任____人，均已完成系统岗位培训，培训内容包括行车组织、施工管理、应急处置、设备操作及电力调度、环控调度的工作内容和安全作业要求等，并通过理论知识考试和岗位技能考试取得上岗证。

人员持证情况。

消防设施操作员证。目前，____公司____号线____期工程有____人取得初级消防操作员结业证，____人取得中级消防操作员结业证，满足____号线初期运营需求。

健康证。____公司____号线____期工程____名客运服务人员取得健康证，已全部取证，满足____号线____期工程初期运营需求。

特种设备证。____公司____号线____期工程____人取得特种设备证，其中取得特种设备安全管理证____人，起重机司机____人，快开门式压力容器证____人，叉车司机证____人，起重机指挥证____人，满足____号线____期工程初期运营需求。

特种作业证。____公司____号线____期工程共有____人取得特种作业证，其中高压作业证____人，低压作业证____人，高处安装、维护、拆除____人，熔化焊接与热切割证____人，制冷与空调作业证____人，满足____号线____期工程初期运营需求。

司机心理测评。____公司____号线____期工程____名电客车司机参加了心理测评，测评报告11月底完成，满足____号线____期工程初期运营需求。

4. 试运行规章体系建设情况

____公司现有规章文本共____本，其中____号线通用规章____本、____号线规章____本、____号线规章____本，按照文本性质共分为安全管理类、行车规章类、服务管理类、维护维修类、操作办法类、应急处理类6大类，其中安全管理类、服务管理类、应急处理类均为____号线通用规章，具体如下：

（1）安全管理类____本，以安全生产为核心涵盖了安全管理、客运伤亡、反恐、消防安全、安全档案等安全管理类规章；

（2）服务管理类____本，包括服务质量考评管理、服务热线管理及客运服务规范；

（3）行车规章类____本（其中____号线通用规章____本、____号线规章____本、____号线规章____本），包括行车组织、行车管理及行车调度等行车规章类文本；

（4）维护维修类____本（其中____号线通用规章____本、____号线规章____本、____号线规章____本），包括通信、信号、电客车、车站设备等各专业检修规程规章文本；

（5）操作办法类____本（其中____号线通用规章____本、____号线规章____本、____号线规章____本），包括操作设备的故障处理指南、操作手册、故障处理流程等规章文本；

（6）应急处理类____本，包括综合应急预案、各专项应急预案等规章文本。

5. 试运行安全与设备质量保障

（1）安全保障措施

为切实提升安全管理，强化员工安全意识，按照培训计划，结合设备安装调试情况，开展了各项安全培训，有效地提升了员工业务能力，为试运行提供了有效的安全保障。

为了更好地掌握试运行期间公司各部门运作情况，公司针对各部门安全管理情况开展了检查。检查内容包括三级安全教育、培训取证管理、工程介入进入施工现场安全培训、安全文件学习、消防安全管理、应急管理、施工安全管理、劳动防护用品穿戴、设备巡视记录、车站、班组安全管理、节假日保障、应急值班安排、现场其他安全问题等，并对检查中发现的问题——进行了整改，确保了试运营期间各部门运作安全。

为确保试运行安全，____公司联合集团相关建设管理部门、施工单位、监理单位开展了____号线____期工程试运行前联合检查暨____公司监管前置条件检查，发现问题已全部整改完毕。

（2）设备质量保障措施

在试运行期间，各专业组织技术人员开展全线查线核图工作，结合综合联调开展，核查各设备的功能状态，督促施工单位完成问题整改。通过综合联调，阶段性地设备整治和隐患排查，及时发现、整改、排除各专业设备设施质量存在的隐患和问题，使设备设施达到功能指标、运行参数良好、安全可靠运行。重点内容如下：

开展____市轨道交通____号线____期工程查线核图工作，及时发现图纸与现场实物的不符之处和设备质量隐患，并通过查线核图工作熟悉设备状况，为设备管理提供准确有效依据和基础资料。

组织技术人员、熟悉业务的维修人员对区间进行全面排查，重点对道岔、轨道等参数进行全面检查、复测；对接触网进行全面测量、精调；对区间设备功能进行复检。确保设备设施达到功能指标、运行参数良好、安全可靠运行。

开展____市轨道交通____号线____期工程设备设施清洁、区域卫生整治工作，确保各项设备及区域卫生清洁、无施工杂物遗留、设备绑扎牢固、孔洞封堵、标识标签齐整等。确保各专业设备设施功能完备，布设合理、标识清晰、卫生清洁。

收集并梳理____市轨道交通____号线____期工程各专业设备的设计功能描述、技术参数等信息，对于设备的关键参数信息添加至设备管理台账中。并根据所掌握的设计功能描述、技术参数信息，核对现场设备，确保设备功能满足设计要求。

组织开展每月至少2次部门级及8次车间级的质量检查。部门每月对各车间组织不少于2次的工艺纪律检查。根据现场检查质量问题、正线发生的故障和库内检修故障进行质量分析，编制试运行质量周报。

根据现有车辆设施设备情况，针对性地开展了各类普查整改，以确保车辆设施设备的性能状态，确保在试运营开通前各类重大问题得到有效落实整改。

（3）故障及应急处置措施

为保障____号线____期工程试运行工作的安全进行，____公司编制并完善了各类应急预案，目前编制各类应急预案共计____项，包括综合应急预案____项、专项应急预案____项（其中运营突发事件应急预案____项、自然灾害事件应急预案____项、公共卫生事件应急预案____项及社会安全事件应急预案____项），现场处置方案____项，基本能够应对轨道交通突发状况。同时组织相关岗位人员进行业务学习和预案演练，提高人员的应急处理能力，为故障及应急处置提供了有效保障。

4.3.2 试运行情况

1. 试运行基本情况

（1）试运行整体情况

____号线____期工程试运行时间为____年____月____日至开通初期运营前，试运行工作由____公司牵头，行车组织工作按照《____市轨道交通集团有限责任公司____号线____期工程试运行实施工作方案》开展。根据信号、车辆等设备调试进度及状态，____号线____期工程试运行工作分三个阶段进行，具体情况如下：

（2）第一阶段试运行情况

本阶段试运行时间为____年____月____日～____月____日（共____天）。受____区间施工进度影响，____年____月____日～____月____日正线轨行区进行遗留问题消缺。____年____月____日～____月____日，根据线路条件与设备调试状态，每日上线____列车，试运行时长为____h不等。____月____日～____月____日主要进行C2001、C2002、C2003运行图测试，试运行时间为____，上线____列车，本阶段共计开行列车____列次，试运行里程合计____万列km，具体执行情况如表4.3-1所示。

第一阶段试运行行车情况　　　　　　　　表 4.3-1

日期	上线列数	试运行交路	行车时间	主要完成内容
___月___日～___日	___列	___站～___站	___	系统功能核验、司机驾驶练习
___月___日～___日	___列	___站～___站	___	运营期间人员非法进入轨行区应急演练、乘客意外伤害演练、列车在站台火灾应急演练、司机驾驶模式练习、信号系统功能调试与验证、车辆型式试验
___月___日～___日	___列	___站～___站	___	主要进行运行图测试

（3）第二阶段试运行情况

本阶段试运行时间为____年____月____日～____月____日（共____天），主要开展试运行连续跑图工作。工作日执行C2002运行图，双休日执行C2003运行图，高峰期行车间隔为____min，上线____列车；平峰期行车间隔____min，上线____列车，每日试运行时间为____，本阶段共计开行列车____列次，试运行里程合计____万列km。

（4）第三阶段试运行情况

本阶段试运行时间为____年____月____日至开通初期运营前。受____区间施工影响，

___月___日~___月___日组织___站~___站小交路试运行，同时开展应急演练，继续实施未完成的系统功能核验、系统联动测试项目。___月___日~___月___日期间工作日执行 C2004-1 运行图，双休日执行 C2005-1 运行图，高峰期行车间隔为___min，上线___列车；平峰期行车间隔___min，上线___列车，每日试运行时间为___。___月___日起___号线全线继续进行连续跑图工作。截至___月___日共计开行列车___列次，试运行里程___万列 km。

2. 运营指标统计分析

（1）运营指标统计

连续跑图期间发生影响指标情况共计____件，其中，影响站台门故障率指标的情况有____件（____件 DCU 故障、____件门锁位置不正，____件站台门卡异物），共计____次；影响列车正点率指标的情况有____件，共计晚点____列次；影响运行图兑现率指标的情况有____件，共计抽线____列次；影响列车服务可靠度指标的情况有____件，造成 5min 以上延误____次；影响车辆系统故障率指标的情况____件；影响供电系统故障率指标的情况____件。

（2）运营指标分析

1）总体分析

自___年___月___日起试运行正式开始以来，试运行总体状况良好，___月___日至___月___日___天连续跑图期间，各项指标均满足《技术规范》第三条的要求。运行图兑现率为 99.96%，正点率为 99.78%。计划开行列次为___列，实际开行列次为___列，2~5min 晚点___列次，5~10min 晚点___列次，抽线___列次，5min 以上延误___列次。

2）8 项运营指标分析

___月___日至___月___日___天连续跑图期间 8 项运营指标均满足《技术规范》中第三条的要求。具体情况如表 4.3-2。

___天连续跑图指标表现　　　　　　表 4.3-2

序号	指标及国家标准	试运行实际表现	达标情况
1	列车运行图兑现率≥98.5%	99.96%	达标
2	列车正点率≥98%	99.78%	达标
3	列车服务可靠度：5min 以上延误≥2.5 万列 km/次	8.03 万列 km/次	达标
4	列车退出正线运营故障率≥0.5 次/万列 km	0	达标
5	车辆系统故障率：因车辆故障造成 2min 以上晚点事件次数≤5 次/万列 km	0.12 次/万列 km	达标
6	信号系统故障率≤1 次/万列 km	0	达标
7	供电系统故障率≤0.2 次/万列 km	0.12 次/万列 km	达标
8	站台门故障率≤1 次/万次	0.60 次/万次	达标

3. 试运行期间发现的问题

___号线___期工程试运行期间，已完成调试的设备（包括车辆系统、信号系统等设备）运作情况整体较为稳定。但设备设施刚调试完毕，正处于磨合期，存在一定的问题。连续跑图期间发生影响指标情况共计____件，通过重新调整门体、更换备件后，站台门故障、车辆系统故障及供电系统故障问题均已完成整改。问题跟踪情况如表 4.3-3 所示。

问题跟踪情况　　　　　　　　　　　表 4.3-3

序号	日期	故障描述	故障原因	整改情况

4. 试运行质量评估结论

自＿＿＿年＿＿＿月＿＿＿日起试运行正式开始以来，试运行总体状况良好，＿＿＿月＿＿＿日～＿＿＿月＿＿＿日＿＿＿天连续跑图期间，各项指标均满足《技术规范》第三条的要求，符合初期运营标准。试运行期间，主要设备虽有偶发故障，但总体而言运行平稳，满足初期运营标准。

通过各阶段试运行，各岗位人员操作技能趋于娴熟、作业流程趋于规范、行车设备设施运行状态趋于稳定，各类指标达到或超过了国标要求，＿＿＿号线＿＿＿期工程已做好初期运营的准备，满足初期运营要求。

4.3.3　综合联调开展情况

1. 综合联调项目概述

＿＿＿市＿＿＿号线＿＿＿期工程综合联调从＿＿＿年＿＿＿月＿＿＿日～＿＿＿年＿＿＿月＿＿＿日进行了相关的准备、前置条件检查、组织和实施。首个科目综合监控与 PSCADA 综合联调于＿＿＿年＿＿＿月＿＿＿日正式开展，至＿＿＿年＿＿＿月＿＿＿日对各系统间的接口联动功能和关键性能进行了综合联调验证，基本完成试运行相关系统联调工作。根据相关综合联调测试要求，结合＿＿＿市轨道交通＿＿＿号线＿＿＿期工程的实际，综合联调共设＿＿＿个科目及＿＿＿个专项检测项目（弓网轮轨关系检测），每个联调科目设若干个联调子项，共＿＿＿个子项，涵盖供电、机电、通信、信号、综合监控、车辆、自动售检票等各大专业及相互间连接的系统。

2. 综合联调组织

为了确保＿＿＿市＿＿＿号线＿＿＿期工程顺利开通初期运营，保障综合联调各项工作顺利进行，编制了《＿＿＿市轨道交通＿＿＿号线＿＿＿期工程综合联调大纲》（以下简称联调大纲），联调大纲明确了全线综合联调和试运行的时间节点、前置条件、基本任务，并将各个阶段的基本任务分解到具体综合联调和试运行中，明确综合联调实施细则，内容涵盖＿＿＿市轨道交通＿＿＿号线＿＿＿期工程综合联调的组织、管理、实施等全部综合联调有关工作。

依照联调大纲要求，在综合联调期间成立"综合联调决策指挥组"和"综合联调专业组"。其中"综合联调决策指挥组"由＿＿＿公司牵头，负责综合联调的实施、考核、奖惩、重大技术问题的决策及联络等。"综合联调专业组"由＿＿＿单位组成，是综合联调工作的执行机构，共设＿＿＿个专业组。其中后勤保障组、安全保障组负责综合联调期间的后勤、安全等相关事务管理。供电专业组、信号专业组、通信专业组、自动化专业组、AFC 专业组、车辆专业组、机电专业组、行车调度组、客运服务组负责各自牵头的机电系统相关专业的调试和配合工作。

3. 综合联调完成情况

（1）综合联调准备阶段（____年合同签订之日起～____年____月____日）

协助设备系统调试，审查各设备系统调试大纲、编制综合联调总筹划、总计划、综合联调及运营演练组织架构、管理制度、实施大纲、细则等程序、方案、措施文件，关联系统（接口管理）联调计划。

协助各设备系统调试，根据各设备系统调试情况，对各设备系统调试后是否具备进入综合联调的条件提出意见，协助业主方组织开展介入单系统调试相关工作。

（2）综合联调实施阶段（____年____月____日～____年____月____日）

联调实施阶段从____年____月____日开始～____年____月____日，主要对行车相关以及车站设备相关的系统设备的接口功能、系统能力进行了测试，完成了设备接口及功能验证，出具了相关的设备联调评估意见。

联调实施阶段根据设备环境条件、安装进度、接口调试情况，分别组织供电专业、通信专业、信号专业、综合监控专业、车辆专业对各自系统的接口功能、系统性能进行综合联调。其中行车类综合联调以车辆、供电、通信、信号专业的接口功能和系统性能为主线组织开展，车站类设备综合联调以综合监控、FAS、BAS、车站风水电为主线组织开展综合联调工作。综合监控专业在车站风、水、电与ISCS、FAS、BAS系统接口调试验证通过的基础上，开展相关的车站火灾、区间阻塞火灾等模式测试和消防联动测试，验证相关接口功能，联动相关设备。

（3）综合联调补测及完善阶段（____年____月____日～____年____月____日）

在联调实施过程中，受土建施工及设备安装、车站装饰装修进度影响，部分测试及整改复测工作集中在____年____月～____年____月下旬之间进行。

在联调测试过程中，车站设备受土建装修条件及缆线设备到货、进场等影响，与其相关的设备联调项目均有不同程度的甩项。从____年____月____日起进入试运行阶段，在试运行期间综合联调通过连续复测补测、专项问题消缺等方式逐步完善前期未完成的相关联调测试科目。包括自动扶梯、潜污泵、FAS报警终端、广播终端、PIS终端、CCTV终端等设备调试工作。

4. 联调总结

____市轨道交通____号线____期工程综合联调工作基本完成，满足项目验收标准要求，符合《技术规范》要求，具备进入试运行阶段的条件。截至____年____月____日，除了群控系统尚未具备联调条件外，系统联调工作接近尾声。经过____市轨道交通集团有限责任公司、____公司、建管公司.机电设备部，以及相关监理单位、设计单位、各施工单位、设备承包商的通力合作和综合联调指挥组的精心组织，确保联调工作按计划推进，整个联调过程达到预期目标。

（1）安全控制

____号线____期工程综合联调工作涉及多专业配合，时间长，交叉作业多，在联调单位的建议下经过安全保障组的具体组织实施，对联调过程中的风险源识别和控制，在整个联调过程中未发生任何事故，各参调单位人员严格按照设备操作规范，对易产生事故风险的地方加强现场踏勘检查，注意督促各参调单位做到工完料清场地净，加强现场人员值守，避免发生异物侵限和擅入轨行区，在____号线____期工程综合联调过程中强调对现场控制力度，严格执行____市轨道集团各项规章制度，未发生任何影响联调安全的情况，保障了综合联调工作安全有序开展。

（2）安全技术交底

____号线____期工程联调工作包括车站机电设备联调、区间设备联调、消防设备联动、车站机电设备联调、通信关联设备联调、信号系统关联设备联调、供电PSCADA联调、行车设备联调。在各项联调工作开展前，由联调单位对各参调单位（部门）进行的技术交底和安全交底，明确各参调岗位的操作内容和要求、安全注意事项，各科目现场实施前综合联调单位均开展班前会，对当天调试安全隐患及注意事项做现场安全交底并要求各参调单位人员签字确认，从而保证了联调工作的安全、顺利开展。

（3）联调项目进展

____号线____期工程设备系统综合联调工作包括____个科目，____个子项。截至____年____月____日，已经对全部行车相关设备完成全部接口功能联调联试，除整改销项部分未完成外，功能联调总体进度超过96%。联调项目完成情况如表4.3-4所示。

联调项目具体完成情况表　　　　　　　　　　　　表4.3-4

序号	综合联调科（子项）	总计	已完成	部分完成	未进行	完成率	备注
1	综合监控牵头子项						
2	通信专业牵头子项						
3	信号专业牵头子项						
4	供电专业牵头子项						
5	AFC专业牵头子项						
6	车辆专业牵头子项						
	总计						

说明：本表数据截至____年____月____日。

（4）联调设备功能验证

____市____号线____期工程设备系统经过系统联调，对各设备系统间的接口功能进行了验证，其设备功能及联动响应功能满足《轨道交通试运营基本条件》GB/T 30013—2013、《轨道交通试运营系统测试检验规范》《城市轨道交通试运营前安全评价规范》AQ 8007—2013及相关的技术合同要求。验证情况如下：

各项测试结果验证了与运行有关的线路、轨道、供电、信号、通信、综合监控等系统功能均可以满足设计要求，达到安全不载客试运行的目标，实现应有的安全性、可靠性、可维修性的要求。

通过综合联调验证了信号、通信、综合监控等系统与供电、电扶梯、屏蔽门等各设备系统间的接口和通信协议的一致性均符合相关规范和设计要求。

通过综合联调验证了信号、通信、综合监控、供电、电扶梯、站台门PSD、自动售检票AFC、门禁ACS、火灾自动告警FAS、气体灭火、水消防和通风空调、动力照明、给水排水等各设备系统结构、功能、操作方法等均可以满足设计规定的运营管理模式要求。

通过综合联调验证了各设备系统的可靠性、实时性、可维护性等性能指标均可以满足设计要求。

通过综合联调验证了各设备系统的完整性。

综上，设备系统综合联调验证了____公司____号线____期工程运营及服务设施、设备功能的完善性、联动协调性、模式联动可执行性，检验____号线____期工程设备状态，证实各系统设备基本具备了设备的单机功能、设备联动功能和各种工作模式的相应功能。

符合设计要求。满足项目验收标准要求，符合《技术规范》要求，具备进入试运行阶段的条件。

4.3.4 运营演练开展情况

1. 演练组织

组建演练机构，设置演练领导组、演练工作小组、演练项目实施小组，全面保障演练工作顺利开展。指定演练主办单位、责任单位以及评估单位，具体落实工作，将责任落实到个人。在演练开始前由项目主办单位对演练前提条件进行盘点，复核演练所需的备品、工器具、劳保用品等物资的到位情况，保证演练效果。演练结束后由主办单位总结经验，对每项演练中发现问题进行沟通和提出整改意见，从而达到预期的演练效果和目的。

2. 评估方式

____号线____期工程运营演练项目采用评估加总结的模式。此次演练的评估对象主要分为三类：一是岗位人员业务水平及操作能力；二是系统设备功能状态及响应实效（反应、动作）；三是规章制度合理性及可行性。

以上三类评估对象中，岗位人员按照规章进行应急处理、设备操作；系统设备按设计功能自动或手动运行；规章制度的合理性及可行性直接体现为事件处理过程中的事件处置、乘客疏散、运营服务等实际效果。

3. 演练评估及总结

演练时，各评估人员填写完成《演练评估表》和《演练过程记录表》，演练结束后由演练执行组长组织进行演练评估总结，由评估单位全程跟进演练过程，并对整个演练过程进行评估，由各参演单位总结演练情况、点评和评估演练开展效果，及时总结经验，对每项演练中发现问题进行沟通和提出整改意见。

4. 问题提报及整改

运营演练中发生的各种问题，由问题所属单位组织整改，评估单位跟进问题的整改情况。在运营演练评估期间，对所发现的问题类别分为管理类、运作类和设备类3类问题。涉及规章、程序方面的问题已修订相应的规章程序，涉及业务技能的已组织进行相应的学习培训，涉及工器具及物资方面的已补充。

5. 演练质量控制

为保证演练工作质量，公司对运营演练实施组织架构及各层级职责进行了明确。演练组织架构由三个层级共同进行控制。一是演练领导小组，主要负责指导运营演练工作开展，就运营演练中发现/发生的重大问题予以决策，审定演练总体方案以及各演练项目实施方案，协调各方关系及资源；二是演练工作小组，负责运营演练的统一指挥及管理，相关协调工作，对运营演练过程中发现的各类问题进行汇总分析、跟踪整改情况，负责与轨道公司以外各单位，如消防部门、交通管理部门、公交公司等单位的对外联络，负责安全管理、后勤保障相关工作；三是演练项目实施小组，负责演练项目具体实施评估。从而为运营演练的顺利完成提供强有力的人员保障、组织保障、制度保障及过程控制保障。

6. 质量评定

按照运营演练计划，截至___年___月___日，已完成___项演练项目。相关演练质量评估报告已全部完成，评估结果均为优秀（表4.3-5）。

演练情况统计表　　　　　　　　　　　　　表 4.3-5

序号	类别	演练项目	计划演练实施时间	责任部门	配合部门	评估结果
Y01	运营时刻表类	初期运营时刻表演练	___年___月___日			
Y02	行车组织类	越站、加车、小交路运行应急演练	___年___月___日			
Y03		运营时间人员非法进入轨行区应急演练	___年___月___日			
Y04		列车在区间挤岔应急演练	___年___月___日			
Y05		列车在区间故障救援应急演练	___年___月___日			
Y06		车场列车冲突、脱轨应急演练	___年___月___日			
Y07		道床拱起应急演练	___年___月___日			
Y08		隧道拱顶漏水应急演练	___年___月___日			
Y09		隧道击穿应急演练	___年___月___日			
Y10	客运组织类	车站突发大客流应急演练	___年___月___日			
Y11		乘客滞留应急演练	___年___月___日			
Y12	灾害类	站台、站厅火灾应急演练	___年___月___日			
Y13		车站设备房火灾应急演练	___年___月___日			
Y14		列车在区间火灾应急演练	___年___月___日			
Y15		列车在区间水淹应急演练（含公交接驳）	___年___月___日			
Y16	综治类	车站疫情防控应急演练	___年___月___日			
Y17		暴力暴恐事件应急演练	___年___月___日			
Y18		乘客意外伤害应急演练	___年___月___日			
Y19	重要设备故障类	大面积停电应急演练（含区间应急照明和列车应急照明）	___年___月___日			
Y20		无线通信系统故障应急演练	___年___月___日			
Y21		道岔故障应急演练（含人工排列进路）	___年___月___日			
Y22		信号联锁故障应急演练	___年___月___日			
Y23		钢轨断裂应急演练	___年___月___日			
Y24		站台门故障应急演练	___年___月___日			

4.3.5　总结

通过试运行工作，不仅验证了设备功能和系统稳定性、检验了工作人员对设备系统功能和规章制度的掌握程度，同时也检查了规章制度及故障处置预案的可行性、有效性，为___号线___期工程初期运营创造了良好的条件，打下了坚实的基础。

____号线____期工程试运行工作为各专业发现生产运作、设备系统、规章制度等方面存在的不足提供帮助，为设备整改、制度优化提供了参考；同时在试运行期间人员设备逐步磨合，各岗位行车经验有一定的积累，各项指标均能满足《技术规范》相关要求。

综上所述，通过试运行锻炼了运营队伍，完善了规章制度，检验了设备可靠性，____号线____期工程行车、设备、人员、制度等方面均达到了初期运营条件。

4.4 综合联调情况报告

设备系统综合联调是在各专业完成单体设备安装、单机单系统调试基础上开展对关联系统接口功能验证，并通过各系统联合运行达到以下目的：

（1）验证各系统设备之间协同运作的功能是否满足设计的要求，检验各系统设备和相关人员在地铁正常运营和事故应急情况下能否协调、有序地工作，实现轨道交通系统的综合集成。

（2）通过对系统安全性测试及故障分析，及时对各系统的技术参数进行调整，实现设备系统之间的最佳匹配，提高系统安全性，满足运营的实际需要。

（3）全面验证各系统设备是否完全达到设计功能、性能指标、开通试运营标准，并满足运营需要。

城市轨道交通综合联调在实施过程中可分为准备阶段、实施阶段、完善阶段，各阶段的主要工作内容如表4.4-1所示。

各阶段的主要工作内容　　　　　　　　　　　　　表4.4-1

序号	类别	文件名称	备注	完成时间
1	系统联调	系统联调报告	（交办运〔2019〕17号）第三条	已完成部分预评估前归档，其余部分前提条件审核前完成
2		联调发布文件(大纲、细则)	GB/T 50299—2018第29章	
3		系统联调问题台账	GB/T 50299—2018第29章	
4		联调现场测试记录	GB/T 50299—2018第29章	

（1）综合联调准备阶段。此阶段的主要工作内容是：建立综合联调的组织机构，制定综合联调的工作大纲，编制综合联调的实施方案，确认综合联调的前提条件以及召开启动大会宣贯大纲、方案等。

（2）综合联调实施阶段。此阶段的主要工作内容是：车辆与相关系统联调，信号与相关系统联调，通信与相关系统联调，供电与相关系统联调，综合监控与车站机电设施设备联调，自动售检票与关联系统联调。

（3）综合联调完善阶段。此阶段的主要工作内容是：对综合联调过程发现的问题进行整改与复查；编制综合联调评估报告；配合试运营基本条件进行评审，并根据专家意见进一步完善综合联调工作。

综合联调实施项目见表4.4-2。

综合联调报告主要包括下列技术内容：工程概况、综合联调概况、综合联调实施科目、综合联调遵循的标准、综合联调结果汇总分析、各设备系统状况分析、综合联调存在问题统计分析、综合联调总评意见8个方面。

综合联调实施项目　　　　　　　　　表 4.4-2

序号	牵头专业	联调科目	联调子项内容
1	供电	供电系统各种运行模式联调(环网)	正常运营下一台主变压器退出测试
			一座主变电所退出运行,单主变电所供电能力测试
			两座主变电所各退出一台主变压器(一路进线),供电能力测试
			单台主变压器带全线,供电能力测试(选做)
			车站一台动力变压器退出测试
2	供电	供电系统各种运行模式联调(牵引)	正常行车间隔下单边供电方式测试
			正常间隔下双边供电方式测试
			正常行车间隔下大双边供电方式测试
			大单边供电方式下行车测试
			大双边供电方式下行车测试
			正线与车场互支援供电测试
			制动能耗(或能馈)装置退出测试
			中压能馈装置能量回馈与车辆制动匹配情况测试
			多列车(3~5列)同时启动时供电系统饱和能力测试
			供电分区整流变能力测试
			能馈投用测试
3		弱电设备抗干扰联调	列车在车站两端升弓启动、制动降弓时,对各专业设备是否有影响
			隧道风机启动(直启)、停止时,对各专业设备是否有影响
			牵引所两组整流机组其中一组故障退出、另一组运行时,对各专业设备是否有影响
			手机、对讲机、800M、冲击钻等电磁源的使用对各专业设备是否有影响
			供电 35kVGIS 各柜的隔离开关/断路器分合操作时对综合保护单元是否有影响
4		通信传输系统与关联综合联调	模拟光纤断裂引起的传输光纤环路中断
			模拟车站传输节点故障引起的传输光纤环路中断测试
			模拟控制中心传输节点故障引起的传输光纤环路中断测试
			模拟每个传输环内至少两个站点传输设备分别依次断裂一个方向,所有 AG 主备用链路正常切换测试
5	通信	通信时钟系统与关联综合联调	时钟系统正常工作情况
			中心一级母钟主备切换
			GPS 信号分配器信号无效或中断
			中心一级母钟(车站二级母钟)失效
			二级母钟主备切换
			二级母钟时间改变
			母钟与所有关联设备的接口联调
			母钟与各系统接口联调

续表

序号	牵头专业	联调科目	联调子项内容
6	通信	通信无线集群与信号及车辆联调	通信无线系统与信号 ATS 系统联调
			通信无线系统与车载广播系统联调
			无线系统与信号 ATS 接口双通道自动倒换功能测试
			车地无线通话
			站管区呼叫测试
			列车无线广播优先级打断测试
			列车归属转换后与归属调度通话测试
7		PIS 与车辆联调	实时媒体信息接收和播放测试
			非实时媒体信息接收和播放测试
			列车车厢状况实时监视功能测试
			控制中心向车载 PIS 下发应急信息及滚动消息
8		PIS 与信号系统联调	车站站台显示列车进站及到达时间
			车载 PIS 显示列车到达信息
9		PA 与信号联调	列车进站及到站,站台自动广播
			站台广播测试
			中心与列车广播测试
			车站分区广播功能测试
10		UPS 功能测试	UPS 分时下电功能测试
11	信号	信号系统功能测试（联锁,含出入段场）	出入段、场线联锁接口测试
			正线全线联锁功能测试（含联锁关系一致性测试）
			场段联锁功能测试
			扣车功能测试
			与站台门对位隔离测试
			进路测试（手排进路测试、自动触发进路测试、连续通过进路）、折返进路测试
			站台/IBP 盘紧停功能测试
			站台门联动测试
			SPKS 及车库门功能测试
12		信号系统功能综合测试(ITC 模式)	在 BM 电客车控制级别下电客车运行测试（模式升级、超速防护、进路占用,交路运行、车门管理、进出站等）
			人工排路测试
			车门开关测试
			站台/IBP 盘紧停功能测试
			冗余/故障测试
			SPKS 及车库门功能测试

续表

序号	牵头专业	联调科目	联调子项内容
13	信号	信号系统功能综合测试（CBTC模式）	CBTC列车运行测试（含混跑功能测试）
			各种状态模拟测试（列车定位、车地通信、AP冗余、超速、限速等）
			CBTC模式下ATS功能测试（扣车、跳停等、时刻表、自排进路等）
			CBTC列车紧停测试
			冗余故障测试，运行图及行车调整测试
			大屏幕系统显示功能
			信号与车辆广播、动态地图功能测试
			列车AM-H模式下正常发车、精确停车、跳跃对标、超欠标、扣车、车辆车门紧急解锁装置拉下、车门/站台门故障隔离、折返、清客、回库、洗车、自动调车、全自动至非全自动转换测试
			列车AM-H相关模式转换测试
			SPKS及车库门功能测试
14		全线列车最大运行能力测试	出入段、场线列车出入厂能力测试
			折返线列车折返能力测试
			列车追踪能力测试
			信号与车辆广播、动态地图功能测试
15		信号、车辆与站台门测试	列车停车精度与站台门联动功能测试
			与站台门相关的信号车载功能、站台门防护功能测试
			列车车门安全防护测试
			列车车门与站台门联动测试
16	AFC	AFC通过及处理能力测试	TVM售票能力测试
			AGM出、入闸能力测试
			数据统计测试
			AFC系统扫码过闸功能验证
			人脸识别功能测试
17	综合监控	大屏系统与关联系统联调	大屏与综合监控接口测试
			大屏与信号接口测试
			大屏与CCTV接口测试
			大屏机柜冗余测试
			双路切换功能测试
			大屏控制功能测试
			各专业显示功能测试
18		综合监控与PSCADA、供电综合联调	综合监控与供电系统设备遥控、遥信、遥测、遥调调试（110kV和变配电单调同步进行）
			35kV、1500V、110kV、400V闭、联锁关系验证
			程控卡片功能验证
			设备控制权限功能验证（就地、所控、中心三级、多画面情况下全部验证）
			事件、报警记录查询功能

续表

序号	牵头专业	联调科目	联调子项内容
18	综合监控	综合监控与PSCADA、供电综合联调	数据归档和统计报表功能
			35kV、1500V、400V母线有压、无压状态的拓扑着色显示功能验证
			故障推图(综合监控自动推出故障所在的变电所主接线画面)
			双通道冗余测试
19		综合监控与站台门联调	设备状态信息
			设备报警信息
			通道状态信息
			接口冗余链路切换功能测试
			综合监控与屏蔽门系统校时功能测试
			IBP盘功能测试
20		综合监控与FAS联调	接收防烟分区报警信息
			接收火灾报警信息
			接收故障报警信息
			FAS消防蝶阀、消防泵测试
			电气火灾、消防电源测试(FAS系统)
			感温光纤、感温电缆、吸气式主机、温感、烟感等设备调试
			气灭调试
			防火门监控系统调试
			IBP盘功能测试
21		车站、段场综合监控与BAS、环控模式联调	车站大、小系统正常模式调试
			车站大、小系统火灾模式调试
			隧道正常模式调试
			隧道阻塞模式调试
			隧道火灾模式调试
			综合监控(服务器、前置机、工作站)、BAS(车站级PLC)等设备对时功能
			BAS焓值测试及传感器测试
			ISCS、BAS与给水排水
			ISCS、BAS与电扶梯
			ISCS、BAS与智能照明
			水系统调试
			综合监控与UPS调试
			IBP盘功能测试
			空调控制子系统
22		车站、段场火灾工况模式联调	站厅层公共区火灾模式联动测试
			站台层公共区火灾模式联动测试
			站厅层大端设备区走廊火灾模式联动测试

续表

序号	牵头专业	联调科目	联调子项内容
22		车站、段场火灾工况模式联调	站厅层大端设备区(气灭房间)火灾模式联动测试
			站厅层小端设备区(气灭房间)火灾模式联动测试
			站厅层小端设备区(非气灭区)火灾模式联动测试
			站台层设备区(气灭房间)火灾模式联动测试
			站台层设备区(非气灭区)火灾模式联动测试
			段场火灾模式调试
23		综合监控、信号、车辆正常及灾害工况模式联调	在综合监控系统显示列车实时位置信息
			信号触发区间阻塞模式联动测试
			区间火灾联动
			时刻表功能
			阻塞信息上传
			智能疏散指示
			综合监控向信号发送供电分区状态信息
24	综合监控	综合监控与门禁联调	正确显示和监控各区域就地门禁状态
			中心门禁系统冗余功能、授权功能
			全线门禁网络状态,报警上传
			IBP 盘门禁释放控制
			门禁远程控制功能
			残卫呼叫装置功能
25		综合监控系统与 PA、PIS、CCTV 系统联调	中心、车站单组、编组 PA 指定区域控制播放
			PIS 信息下发(包含 PIS 屏滚动消息显示字数测试)
			中心、车站实现对 CCTV 的播放和控制
			综合监控与 CCTV 接冗余功能测试
			火灾报警 CCTV 画面切换功能
			人工编程模式(预录制)
			监听选择模式
			优先级功能验证
			综合监控通道冗余测试
			综合监控系统显示 PA 各广播区占用情况
			火灾报警 PIS 画面切换功能
			火灾报警切换功能
26		系统雪崩测试	综合监控系统雪崩功能测试
27	清分	AFC 系统接入 ACC 系统线网联调	线网参测车站 TVM 购票测试
			线网参测车站 BOM 售票测试
			线网参测车站 AGM 进站测试
			线网参测车站 BOM 异常处理(更新)测试
			线网参测车站 AGM 出站测试

续表

序号	牵头专业	联调科目	联调子项内容
28	车辆	车辆超速保护测试	车辆超速保护测试
		车门安全联锁测试	车门安全联锁测试
		轮轨关系	轨道动态集合状态测试
			车辆动力学响应-运行稳定性测试
			车辆动力学响应-运行平稳性测试
29	接触网	弓网关系	接触网动态几何参数测试
			弓网燃弧指标测试
			弓网动态接触力测试
			受电弓垂向加速度(硬点)测试

综合联调报告作为安全评估前准备报告的重要组成部分，应符合以下几点要求：

（1）报告中所提供的所有资料和数据应做到完整、准确；

（2）联调结论中应明确检测项目是否符合国家、地方、行业的标准、规范和指导性文件的要求要求，同时涉及安全指标的项目应明确是否符合安全要求。

4.4.1 综合联调概况

1. 综合联调目的

设备系统综合联调是在各专业完成单体设备安装、单机单系统调试基础上开展对关联系统接口功能验证，并通过各系统联合运行达到以下目的：

（1）验证各系统设备之间协同运作的功能是否满足设计的要求，检验各系统设备和相关人员在地铁正常运营和事故应急情况下能否协调、有序地工作，实现轨道交通系统的综合集成。

（2）通过对系统安全性测试及故障分析，及时对各系统的技术参数进行调整，实现设备系统之间的最佳匹配，提高系统安全性，满足运营的实际需要。

（3）全面验证各系统设备是否完全达到设计功能、性能指标、开通试运营标准，并满足运营需要。

2. 综合联调组织架构

（概述公司组织架构，建议附组织架构图）。

人员组成。

（1）综合联调决策指挥组

组长：

副组长：

成员：

（2）综合联调办公室

组长：

副组长：

成员：

（3）综合联调专业组

1）供电专业组

组长：

副组长：

成员：

2）信号专业组

组长：

副组长：

成员：

3）通信专业组

组长：

副组长：

成员：

4）自动化专业组

组长：

副组长：

成员：

5）AFC 专业组

组长：

副组长：

成员：

6）车辆专业组

组长：

副组长：

成员：

7）综合后勤组

组长：

副组长：

成员：

8）安全保障组

组长：

副组长：

成员：

3. 联调组织机构职责

（1）综合联调决策指挥组（决策层）职责

1）决定和批准综合联调大纲、联调细则的总体计划和总体方案，保证载客试运营各工程节点的实现。

2）根据综合联调的实际情况，决定和批准综合联调的总体计划的调整。

3）决定和批准综合联调工作小组的人员组成。

4) 对影响综合联调工作的重大问题要做出决策。
(2) 综合联调办公室（管理层）职责
1) 组织制定综合联调的总体计划，报综合联调领导小组批准。
2) 按照批准设备联调的总体计划，组织制定并决定和批准设备联调的项目实施计划。
3) 根据联调项目实施的具体情况审核设备联调项目调整计划。
4) 具体实施综合联调项目的计划，负责综合联调项目的指挥、调度和管理，下达综合联调启动、中止、结束命令。
5) 协调解决联调实施过程中出现的问题。
6) 对测试数据的全过程跟踪；对测试数据进行汇总，确认设备状态，形成总联调项目的小结。
7) 确定综合联调各个专业组人员组成，任命综合联调各专业组的组长，指导专业组工作。
8) 组织审查和批准综合联调项目的评估报告。
9) 审核专业组提出考核建议，并发布考核通知。
(3) 综合联调专业组（执行层）职责
1) 组织联调技术交底和联调培训工作。
2) 组织实施本专业联调工作计划。
3) 配合实施相关专业联调工作计划。
4) 督促综合联调不合格项的整改落实。
5) 编写综合联调评估意见，报综合联调办公室审核。
6) 按照公司下达的安全管理文件担负全线综合联调的安全监督管理职能。
7) 定期组织安全检查，通报安全事故，处理安全违章事件，下达惩处决定。
8) 督促、检查、指导各专业调试专业组的安全员工作。
9) 对综合联调开始前作出安全评估意见，在联调试运行中途作出安全情况通报，在综合联调、试运行、应急预案演练结束后出具安全评估意见。
10) 负责对本专业参调单位和个人提出考核建议。

4.4.2 联调实施过程

1. 联调准备阶段（＿＿＿年＿＿＿月＿＿＿日～＿＿＿年＿＿＿月＿＿＿日）

联调准备阶段从咨询单位到岗至联调工作实施开始，以现场调研、踏勘和收集项目各专业设备系统技术合同、编制联调管理文本、综合联调接口技术规格书为主要工作内容。

(1) 管理文本编制

为了更好地实施系统设备联调工作，确保联调工作的安全有序进行，联调领导小组/办公室会同咨询单位对涉及联调工作的各项管理制度、措施、方法进行梳理，汇总编制了《＿＿＿市城市＿＿＿号线工程综合联调程序管理》等一系列主要管理文件，并经＿＿＿市＿＿＿公司审核、批准、发布，作为联调工作进行的管理依据。

(2) 技术文本编制

技术文本编制包括综合联调大纲编制、综合联调实施细则、综合联调实施方案编制。

1) 综合联调大纲编制

联调大纲由咨询单位在进行现场踏勘、收集设备技术规格资料及合同要求，掌握设备当前的安装调试进度，确定联调计划，并在全线设备系统综合联调总策划的基础上着手编制起草，经公司各相关部室、各专业联调项目组审核修改定稿。大纲中明确了联调的组织架构、联调的节点计划、联调实施科目及必须达到的作业标准要求。大纲经综合联调指挥部（联调领导小组）审核发布，作为编制联调实施细则、功能测试方案的纲领性文件，指导联调工作的开展。

2）综合联调实施细则

联调实施细则由咨询服务单位根据联调大纲内容，再与各相关专业设备供货商、集成商、监理进行沟通和充分讨论、现场踏勘，收集相关设备资料，了解设备技术指标和设备功能进行编制。根据设备的接口功能和性能编制了通信、信号、供电、综合监控等专业共32个实施细则。细则中明确了各个专业的测试科目、联调组织、时间安排、注意事项、操作内容及步骤、记录表式等。

3）联调实施方案

为了使各现场联调过程更准确、完整、有序地进行，根据现场设备安装调试实际情况及以往的联调经验，在联调细则的基础上，又编制了各专业设备系统功能联调联试的实施方案。方案中将联调的每一个测试步骤具体到人员、地点、时间段、操作内容及测试目标，并以安全交底形式在各项联调工作开展前进行培训交底，以保证每个测试步骤的质量。

《＿＿市城市轨道交通＿＿号线工程综合联调大纲》《＿＿市城市轨道交通＿＿号线工程综合联调实施细则》，于＿＿年＿＿月＿＿日组织行业权威专家召开技术文本专家评审会，并经专家评审一致通过，完善定稿后，＿＿年＿＿月＿＿日完成终审稿的提交并由＿＿市＿＿公司正式发文。

（3）组织对设备系统的单机单系统、接口调试的前置条件检查，做好调试督导，为综合联调创造前置条件。

＿＿年＿＿月＿＿日～＿＿年＿＿月＿＿日为比较集中的设备系统的单机单系统调试及接口调试阶段。为了保证设备系统综合联调的顺利开展，各专业首先抓住单项设备和单系统设备在安装调试阶段的对于接口的调试质量。联调咨询单位组织各专业的调试工程师，在设备安装调试现场督导设备性能的调试，尤其关注对于其他设备和其他系统有接口的关键参数的调试，一一做好调试记录，做好缺陷和不合格项的登记、消缺闭环记录，为后期设备系统的综合联调打好基础，作为综合联调前置条件严格把守质量关。

2. 联调实施阶段（＿＿年＿＿月＿＿日～＿＿年＿＿月＿＿日）

联调实施阶段从＿＿年＿＿月＿＿日开始～＿＿年＿＿月＿＿日日历时＿＿天时间，主要进行各相关设备的联调、功能验证测试、设备系统能力测试，完成了90%以上设备接口功能验证，出具了相关的设备联调评估意见。

联调实施阶段根据设备环境条件、安装进度、接口调试情况，分别组织供电专业、通信专业、信号专业、综合监控专业对各自系统的接口功能、系统性能进行综合联调。其中通信和信号专业以系统设备接口功能和系统性能为联调单位开展。供电、综合监控以车站设备为单位组织开展综合联调工作。综合监控专业在车站风、水、电接口测试基础上，开展相关的模式测试和消防联动测试，验证相关接口功能，联动相关设备。

功能验证完成情况如表 4.4-3 所示。

功能验证完成情况表　　　　　　　　　　　　　　　　　　　　　表 4.4-3

序号	综合联调科目（子项）	已完成	部分完成	未进行	完成率	备注
1	综合监控牵头企业子项					
2	通信专业牵头子项					
3	信号专业牵头子项					
4	供电专业牵头子项					
5	AFC专业牵头子项					
6	车辆专业牵头子项					
	总计					

3. 综合联调补测及完善阶段（＿＿年＿＿月＿＿日～＿＿年＿＿月＿＿日）

从＿＿年＿＿月＿＿日起已进入试运行阶段，在试运行期间将对综合联调过程中不满足测试条件的测试内容和故障台账内的故障进行补测和复测。主要针对由车站装饰装修影响的各类模式联动和消防联动，以及与行车有关的相关科目如 ATS 与 PIS、ATS 与 PA 等。

4. 各阶段完成因素分析

在联调实施过程中，受土建施工及设备安装、车站装饰装修进度影响，部分测试及整改复测工作集中在＿＿年＿＿月～＿＿年＿＿月底之间进行。

在联调测试过程中，车站设备受土建条件及设备订货、进场等影响，与其相关的设备联调均出现不同程度的甩项，通过后续复测、专项检查等方式完成相关联调测试科目。包括自动扶梯、潜污泵、FAS 报警点、广播终端、PIS 终端、CCTV 终端等设备前期进行甩项处理，后期完成相关的调试工作。

5. 综合联调实施科目

根据＿＿市＿＿公司发布的相关联调测试要求，结合＿＿市＿＿号线工程的工程实际，综合联调共设＿＿个科目，每个科目设若干个联调子项，共＿＿个子项，涵盖供电、机电、通信、信号等各大专业及相互间连接的系统（表 4.4-4）。

综合联调实施项目　　　　　　　　　　　　　　　　　　　　　　表 4.4-4

序号	牵头专业	联调科目	联调子项内容
1	供电	供电系统各种运行模式联调(环网)	正常运营下一台主变压器退出测试
			一座主变电所退出运行,单主变电所供电能力测试
			两座主变电所各退出一台主变(一路进线),供电能力测试
			单台主变压器带全线,供电能力测试(选做)
			车站一台动力变压器退出测试
2		供电系统各种运行模式联调(牵引)	正常行车间隔下单边供电方式测试
			正常间隔下双边供电方式测试
			正常行车间隔下大双边供电方式测试
			大单边供电方式下行车测试

续表

序号	牵头专业	联调科目	联调子项内容
2	供电	供电系统各种运行模式联调(牵引)	大双边供电方式下行车测试
			正线与车场互支援供电测试
			制动能耗(或能馈)装置退出测试
			中压能馈装置能量回馈与车辆制动匹配情况测试
			多列车(3~5列)同时启动时供电系统饱和能力测试
			供电分区整流变能力测试
			能馈投用测试
3		弱电设备抗干扰联调	列车在车站两端升弓启动、制动降弓时,对各专业设备是否有影响
			隧道风机启动(直启)、停止时,对各专业设备是否有影响
			牵引所两组整流机组其中一组故障退出、另一组运行时,对各专业设备是否有影响
			手机、对讲机、800M、冲击钻等电磁源的使用对各专业设备是否有影响
			供电35kVGIS各柜的隔离开关/断路器分合操作时对综合保护单元是否有影响
4	通信	通信传输系统与关联综合联调	模拟光纤断裂引起的传输光纤环路中断
			模拟车站传输节点故障引起的传输光纤环路中断测试
			模拟控制中心传输节点故障引起的传输光纤环路中断测试
			模拟每个传输环内至少两个站点传输设备分别依次断裂一个方向,所有AG主备用链路正常切换测试
5		通信时钟系统与关联综合联调	时钟系统正常工作情况
			中心一级母钟主备切换
			GPS信号分配器信号无效或中断
			中心一级母钟(车站二级母钟)失效
			二级母钟主备切换
			二级母钟时间改变
			母钟与所有关联设备的接口联调
			母钟与各系统接口联调
6		通信无线集群与信号及车辆联调	通信无线系统与信号ATS系统联调
			通信无线系统与车载广播系统联调
			无线系统与信号ATS接口双通道自动倒换功能测试
			车地无线通话
			站管区呼叫测试
			列车无线广播优先级打断测试
			列车归属转换后与归属调度通话测试

续表

序号	牵头专业	联调科目	联调子项内容
7	通信	PIS与车辆联调	实时媒体信息接收和播放测试
			非实时媒体信息接收和播放测试
			列车车厢状况实时监视功能测试
			控制中心向车载PIS下发应急信息及滚动消息
8		PIS与信号系统联调	车站站台显示列车进站及到达时间
			车载PIS显示列车到达信息
9		PA与信号联调	列车进站及到站,站台自动广播
			站台广播测试
			中心与列车广播测试
			车站分区广播功能测试
10		UPS功能测试	UPS分时下电功能测试
11	信号	信号系统功能测试（联锁,含出入段场）	出入段、场线联锁接口测试
			正线全线联锁功能测试（含联锁关系一致性测试）
			场段联锁功能测试
			扣车功能测试
			与站台门对位隔离测试
			进路测试（手排进路测试、自动触发进路测试、连续通过进路）、折返进路测试
			站台/IBP盘紧停功能测试
			站台门联动测试
			SPKS及车库门功能测试
12		信号系统功能综合测试（ITC模式）	在BM电客车控制级别下电客车运行测试（模式升级、超速防护、进路占用,交路运行、车门管理、进出站等）
			人工排路测试
			车门开关测试
			站台/IBP盘紧停功能测试
			冗余/故障测试
			SPKS及车库门功能测试
13		信号系统功能综合测试（CBTC模式）	CBTC列车运行测试（含混跑功能测试）
			各种状态模拟测试（列车定位、车地通信、AP冗余、超速、限速等）
			CBTC模式下ATS功能测试（扣车、跳停等、时刻表、自排进路等）
			CBTC列车紧停测试
			冗余故障测试,运行图及行车调整测试
			大屏幕系统显示功能
			信号与车辆广播、动态地图功能测试
			列车AM-H模式下正常发车、精确停车、跳跃对标、超欠标、扣车、车辆车门紧急解锁装置拉下、车门/站台门故障隔离、折返、清客、回库、洗车、自动调车、全自动至非全自动转换测试
			列车AM-H相关模式转换测试
			SPKS及车库门功能测试

续表

序号	牵头专业	联调科目	联调子项内容
14	信号	全线列车最大运行能力测试	出入段、场线列车出入厂能力测试
			折返线列车折返能力测试
			列车追踪能力测试
			信号与车辆广播、动态地图功能测试
15		信号、车辆与站台门测试	列车停车精度与站台门联动功能测试
			与站台门相关的信号车载功能、站台门防护功能测试
			列车车门安全防护测试
			列车车门与站台门联动测试
16	AFC	AFC通过及处理能力测试	TVM售票能力测试
			AGM出、入闸能力测试
			数据统计测试
			AFC系统扫码过闸功能验证
			人脸识别功能测试
17		大屏系统与关联系统联调	大屏与综合监控接口测试
			大屏与信号接口测试
			大屏与CCTV接口测试
			大屏机柜冗余测试
			双路切换功能测试
			大屏控制功能测试
			各专业显示功能测试
18	综合监控	综合监控与PSCADA、供电综合联调	综合监控与供电系统设备遥控、遥信、遥测、遥调调试。（110kV和变配电单调同步进行）
			35kV、1500V、110kV、400V闭、联锁关系验证
			程控卡片功能验证
			设备控制权限功能验证（就地、所控、中心三级、多画面情况下全部验证）
			事件、报警记录查询功能
			数据归档和统计报表功能
			35kV、1500V、400V母线有压、无压状态的拓扑着色显示功能验证
			故障推图（综合监控自动推出故障所在的变电所主接线画面）
			双通道冗余测试
19		综合监控与站台门联调	设备状态信息
			设备报警信息
			通道状态信息
			接口冗余链路切换功能测试
			综合监控与屏蔽门系统校时功能测试
			IBP盘功能测试

续表

序号	牵头专业	联调科目	联调子项内容
20	综合监控	综合监控与FAS联调	接收防烟分区报警信息
			接收火灾报警信息
			接收故障报警信息
			FAS消防蝶阀、消防泵测试
			电气火灾、消防电源测试（FAS系统）
			感温光纤、感温电缆、吸气式主机、温感、烟感等设备调试
			气灭调试
			防火门监控系统调试
			IBP盘功能测试
21		车站、段场综合监控与BAS、环控模式联调	车站大、小系统正常模式调试
			车站大、小系统火灾模式调试
			隧道正常模式调试
			隧道阻塞模式调试
			隧道火灾模式调试
			综合监控（服务器、前置机、工作站）、BAS（车站级PLC）等设备对时功能
			BAS焓值测试及传感器测试
			ISCS、BAS与给水排水
			ISCS、BAS与电扶梯
			ISCS、BAS与智能照明
			水系统调试
			综合监控与UPS调试
			IBP盘功能测试
			空调控制子系统
22		车站、段场火灾工况模式联调	站厅层公共区火灾模式联动测试
			站台层公共区火灾模式联动测试
			站厅层大端设备区走廊火灾模式联动测试
			站厅层大端设备区(气灭房间)火灾模式联动测试
			站厅层小端设备区(气灭房间)火灾模式联动测试
			站厅层小端设备区(非气灭区)火灾模式联动测试
			站台层设备区(气灭房间)火灾模式联动测试
			站台层设备区(非气灭区)火灾模式联动测试
			段场火灾模式调试
23		综合监控、信号、车辆正常及灾害工况模式联调	在综合监控系统显示列车实时位置信息
			信号触发区间阻塞模式联动测试
			区间火灾联动
			时刻表功能
			阻塞信息上传
			智能疏散指示
			综合监控向信号发送供电分区状态信息

续表

序号	牵头专业	联调科目	联调子项内容
24		综合监控与门禁联调	正确显示和监控各区域就地门禁状态
			中心门禁系统冗余功能、授权功能
			全线门禁网络状态，报警上传
			IBP盘门禁释放控制
			门禁远程控制功能
			残卫呼叫装置功能
25	综合监控	综合监控系统与PA、PIS、CCTV系统联调	中心、车站单组、编组PA指定区域控制播放
			PIS信息下发(包含PIS屏滚动消息显示字数测试)
			中心、车站实现对CCTV的播放和控制
			综合监控与CCTV接冗余功能测试
			火灾报警CCTV画面切换功能
			人工编程模式(预录制)
			监听选择模式
			优先级功能验证
			综合监控通道冗余测试
			综合监控系统显示PA各广播区占用情况
			火灾报警PIS画面切换功能
			火灾报警切换功能
26		系统雪崩测试	综合监控系统雪崩功能测试
27	清分	AFC系统接入ACC系统线网联调( )	线网参测车站TVM购票测试
			线网参测车站BOM售票测试
			线网参测车站AGM进站测试
			线网参测车站BOM异常处理(更新)测试
			线网参测车站AGM出站测试
28	车辆	车辆超速保护测试	车辆超速保护测试
		车门安全联锁测试	车门安全联锁测试
		轮轨关系	轨道动态集合状态测试
			车辆动力学响应-运行稳定性测试
			车辆动力学响应-运行平稳性测试
29	接触网	弓网关系	接触网动态几何参数测试
			弓网燃弧指标测试
			弓网动态接触力测试
			受电弓垂向加速度(硬点)测试

综合联调情况报告模板（图4.4-1）

第4章 城市轨道交通初期运营前安全评估资料准备

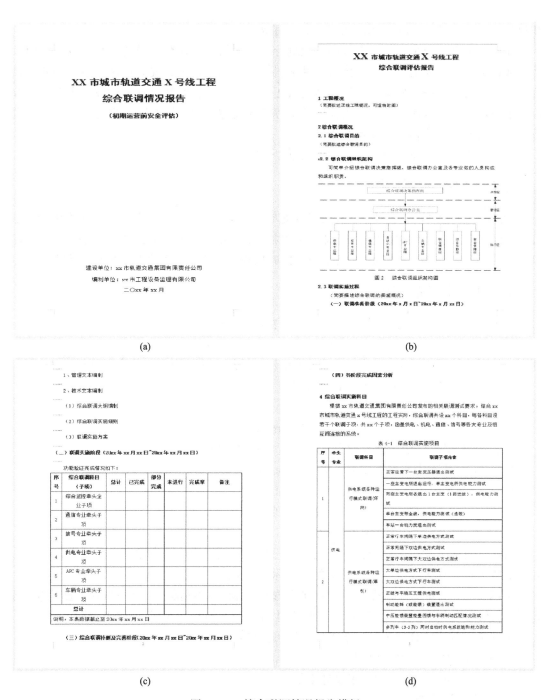

图 4.4-1 综合联调情况报告模板

4.5 自评自证情况报告

自评自证报告对标《技术规范》条文，从前提条件、系统功能核验、系统联动测试、运营准备、其他文件等方面，逐一自证项目已满足初期运营要求，报告中描述的技术内容和数据信息应准确，实际完成情况应真实、有效。

在初期运营前安全评估中会按照专业划分为总体组、土建组、设备一组、设备二组和运营准备组，安全评估时，采取按照文件资料核查、询问答疑、现场踏勘及系统检测相结合进行，以及专家添乘列车，沿线实地察看正线重要车站、区间以及车辆段、主变电站和控制中心，审阅资自评自证报告内提供的工程验收文件、初期运营准备文件及资料，并进行各专业系统功能核验和现场系统测试。

自证报告根据《技术规范》可划分为五个章节。

4.5.1 第一章简述

为做好初期运营前安全评估工作准备的简单介绍，轨道公司会按照第三方评审机构要求开展自评自证工作，严格按照《技术规范》等相关技术标准的具体条款逐一对照自评，并记录达标情况，报告中提出明确的自评意见，同时以附件形式列出相关支撑性证明材料。

4.5.2 第二章前提条件

其中包括《技术规范》第三条至第八条内容，分别为：

第三条 试运行前应完成系统联调。试运行时间不少于 3 个月，其中按照开通运营时列车运行图连续组织行车 20 日以上且关键指标（计算方法见附则）符合以下规定：

（一）列车运行图兑现率不低于 98.5%；

（二）列车正点率不低于 98%；

（三）列车服务可靠度不低于 2.5 万列 km/次；

（四）列车退出正线运行故障率不高于 0.5 次/万列 km；

（五）车辆系统故障率不高于 5 次/万列 km；

（六）信号系统故障率不高于 1 次/万列 km；

（七）供电系统故障率不高于 0.2 次/万列 km；

（八）站台门故障率不高于 1 次/万次。

贯通运营的延伸线工程项目应按全线运行图开展试运行，其中除供电系统故障率、站台门故障率按延伸区段统计外，其余关键指标应按全线统计。

第四条 具有试运行情况报告，内容包括试运行组织基本情况、试运行期间主要设施设备运行情况和相关数据记录、设施设备运行安全性和可靠性分析、试运行发现问题整改情况等。

第五条 具有符合规定的以下批复和许可文件：

（一）工程项目建设规划批复；

（二）工程可行性研究和初步设计批复；

（三）重大设计变更批复；

（四）用地和建设许可文件。

第六条 具有符合规定的以下文件：

（一）土建工程及其装饰装修、设备系统及其安装工程等质量验收监督意见；

（二）车站、区间、中间风井、车辆基地、控制中心、主变电所等消防验收文件；

（三）起重设备、电（扶）梯、压力容器等特种设备验收文件；

（四）人防验收文件；

（五）卫生评价文件；
（六）建设单位编制的环保验收报告；
（七）档案验收文件。

第七条 城市轨道交通工程项目按规定竣工验收合格，验收发现的影响运营安全和基本服务质量的问题应整改完成；有甩项工程的，甩项工程不应影响运营安全和基本服务水平，并有明确范围和计划完成时间。

第八条 按照规定划定城市轨道交通工程项目保护区，具有建设单位根据土建工程验收资料勘界后制定的保护区平面图，并在具备设置条件的保护区设置提示或警示标志。

此六项内容为轨道交通初期运营安全评估工作的基础，需要严格按照《技术规范》条款内容详细论述，如每个条款有多条规范要求，需分开论述，提供证明材料。

4.5.3 第三章系统功能核验

1. 第一节土建工程

（1）线路和轨道涵盖《技术规范》第九条至第十四条内容。主要对正线、配线和车场线满足列车运行和应急救援需要；设施上跨城市轨道交通线路时，与其他设施共建同一平面且相邻可能影响运营时，应设置防护网、封闭隔离、安全警示或其他安全防护设施；线路尚未使用的道岔、预留延伸线终端等预留工程应分别采取道岔定向锁闭、设置车挡等安全防护措施；道岔、钢轨的焊点或栓接部位的探伤检测合格报告；对于无缝线路地段，还应具有锁定轨温、单元轨节长度和观测桩位置等技术资料；道岔转辙机及其杆件基坑处无积水；寒冷地区的道岔转辙区域采取防雪防冻措施，过轨管线使用道床预留过轨孔洞，直接过轨时应采取绝缘措施；线路基标、百米标等线路标志，警冲标等信号标志应配置齐全，安装牢固等内容进行详细规范和要求，在报告中重点提供现场符合要求的图片。

（2）车站建筑涵盖《技术规范》第十五条至第二十四条内容。主要对车站站厅有直通地面的出入口，站台有直通地面的出入口，共用站厅公共区的换乘车站出入口每条线至少有2个等；车站投入使用的出入口与市政道路连通，具有客流集散场地，出入口台阶或坡道末端与邻近的道路车行道距离小于3m时，有护栏或其他安全防护措施；车站具有楼梯、公共厕所和无障碍设施；至少各有一台电梯和一组上、下行自动扶梯满足使用。

（3）结构工程涵盖《技术规范》第二十五条至第三十三条内容。主要对车站结构，区间隧道、连接通道结构；高架桥漏水防护，结构工程监测系统；各类吊挂件构筑物是否牢固；环境与设备监控系统是否正常监测；高架区间是否有限高标志和限界防护架；结构预留孔洞封堵情况，异物垃圾清理干净；疏散通道的设置不应影响乘客紧急疏散等方面，在自证报告中提供各位置的实际照片，监测数据、检查记录等资料，进一步佐证完成情况。

2. 第二节设备系统

（1）车辆涵盖《技术规范》第三十四条至三十九条内容。其中包括车辆的超速防护、紧急制动、车门安全联动、车门故障隔离、障碍物探测测试、列车联挂救援等测试情况，车辆的行驶里程，蓄电池测试，接地保护，车厢无凸出物，车内各类警示标志齐全，自证报告需提供相关测试项目的合格报告，张贴的标志标贴的图片等资料。

（2）供电系统涵盖《技术规范》第四十条至第四十三条内容。其中包括相邻主变电所支援供电测试、牵引接触网（轨）越区供电测试、变电所0.4kV低压备自投测试；电力监控系统遥控、遥信和遥测功能,各类电器元件、开关的额定值调整合格报告、照明测试报告、轨道结构对地电阻合格报告,变电所内各类接地和安全标志清晰齐全。自证报告中需提供各类测试的合格报告,变电场所内各位置的标志标贴图片等资料。

(3) 通信系统涵盖《技术规范》第四十四条至第四十五条内容。其中包括车站无线通话测试、列车到站自动广播和到发时间显示测试、与主时钟系统接口通信测试、换乘站基本通信测试、设备房温湿度防电磁干扰测试等。自证报告中均需提供按照测试表格内容要求的检测合格报告。

(4) 信号系统涵盖《技术规范》第四十六条至四十七条内容。其中包括各信号系统与子系统之间、信号系统的联调及动态调试,具有完整的信号系统验收和联调及动态调试报告。各类测试有列车超速安全防护测试、列车追踪安全防护测试、列车退行安全防护测试、车站扣车和跳停测试。自证报告中需提供按照测试表格内容要求的检测合格报告。

(5) 消防和给水排水涵盖《技术规范》第五十二条至五十五条内容。其中包括生产、生活给水系统各用水点的水量和水压、车站消火栓系统充实水柱和水量压力、设备房自动灭火系统运行、区间水泵安全运行等测试报告;车站自动扶梯集水井盖、拦水横截沟安装牢靠,各类集水池杂物清理。自证报告中需提供按照测试表格内容要求的检测合格报告和现场实测效果的图片展示。

(6) 自动售检票系统涵盖《技术规范》第五十六条至五十八条内容。其中包括自动售检票系统压力、跨站(线)走票、终端设备金属外壳漏电保护、售检票系统与火灾自动报警系统联动测试合格报告、车站公共区自动售检票布置合理、客流不交叉、检修采用后开门,满足维修需要;每组检票机群不少于2个通道,至少一个宽通道具备使用。自证报告中需提供火灾自动报警系统联动测试合格报告和自动售检票机现场布局图片。

(7) 电梯、自动扶梯与自动人行道涵盖《技术规范》第五十九条至第六十二条内容。其中包括具有语音安全提示功能、电梯具有视频监控和门防夹保护功能,具备三方通话功能;当电梯与楼梯板交叉时,在扶手带上方设置防护挡板,不应形成乘客的三角空间,自动扶梯具有紧急停止防误操作措施,无积水漏水和杂物,各类标志标贴等。自证报告中需提供现场电扶梯的各通话装置、提示标志。

(8) 站台门涵盖《技术规范》第六十三条至第六十六条内容。其中包括站台门后备电源、绝缘接地安全玻璃性能以及与信号系统接口、乘客防护报告、站台门运行状态和报警显示,开合角度,标志标贴等内容。自证报告中需按照测试要求提供合格报告及现场照片。

3. 第三节 车辆基地

车辆基地涵盖《技术规范》第六十七条至第七十二条内容。其中包括车辆基地运用检修设备,内燃机和工程车等特种车辆,停车列检库供电隔离设备出入库、检修作业平台,试车线与周围建构筑物之间,车辆基地有电无电具有隔离设施,车辆基地周边应有围蔽满足封闭管理,具有至少两个具备使用的道路;各类备品备件救援器材和劳保用品满足运营需求,易燃易爆仓库与物资仓库建成具备使用条件,各类标志齐全醒目等。自证报告中需提供各类物资清单图片及现场图片。

4. 第四节 控制中心

控制中心涵盖《技术规范》第七十三条至第七十五条内容。其中包括控制中心行车调度、电力调度、环控调度、防灾指挥、客运管理、维修施工和信息管理等设施布局、功能运行、人机界面满足运营需求。控制中心与其他建筑合建时具备独立性和安全性，室内装修与照明不产生眩光。自证报告中需提供控制中心现场的人机界面布局图、无眩光等图片加以佐证。

4.5.4 第四章系统联动测试

1. 第一节轮轨关系

轮轨关系涵盖《技术规范》第七十六条至第七十八条内容。其中包括轨道动态几何状态、车辆动力学响应，运行稳定性、车辆动力学响应、运行平稳性测试。自证报告中需按照测试要求提供合格报告及照片。

2. 第二节弓网关系

弓网关系涵盖《技术规范》第七十九条至第八十三条内容。其中包括接触网动态几何参数、弓网燃弧指标、弓网动态接触力、受电弓垂向加速度（硬点）测试，自证报告中根据这几项测试数据要求完成各项测试报告，并附在自证报告中以佐证。

3. 第三节信号防护

信号防护涵盖《技术规范》第八十四条至第八十九条内容。其中包括列车车门安全防护、站台紧急关闭按钮安全防护、站台门安全防护、车门与站台门联动、列车折返能力测试、自证报告中根据这几项测试表格内容完成各项测试报告，并在自证报告中以佐证。

4. 第四节防灾联动

防灾联动涵盖《技术规范》第九十条至第九十三条内容。其中包括车站综合后备控制盘功能测试、车站公共区火灾工况联动、列车区间事故工况联动测试。自证报告中根据这几项测试数据要求完成各项测试报告，并附在自证报告中以佐证。

4.5.5 第五章运营准备

1. 第一节组织架构

组织架构涵盖《技术规范》第九十四条至第九十六条内容。其中包括组织架构内设置行车组织、客运服务、设施设备维护、安全生产管理等部门，并与运营管理模式和管理任务相适应；运营单位应建立从安全生产委员会至基层班组的安全生产管理组织架构，并配备专职安全生产管理人员；运营单位应有受理和处理乘客投诉的部门。自证报告可根据公司组织架构情况，将各部门名称和组织架构情况在自证报告中加以证明。

2. 第二节岗位与人员

岗位与人员涵盖《技术规范》第九十七条至第一百〇四条内容。其中包括行车组织、客运服务、设施设备维护和安全生产管理部门按运营需求配齐人员；运营单位的主要负责人和安全生产管理人接受安全培训，初次安全培训时间不少于32学时；列车驾驶员、行车调度员、行车值班员、信号工、通信工等重点岗位人员应通过背景审查，列车驾驶员应通过心理测试。其中，《技术规范》第九十九条规定了列车驾驶员的要求，包括培训时长、培训内容和驾驶里程等具体要求；第一百条规定了行车调度、电力调度和环控调度的要求，包括培训时长、培训内容和实际操作时长等；第一百〇一条规定了行车值班员的要求，包括培训时长、培训内容和跟岗学习时长等；列车驾驶员、行车调度员、电力调度员、环控调度员、行车值班员、设备维修人员、控制中心值班主任、客运服务人员都应持证上岗，特种设备作业人员应具有特种设备作业人员证。自证报告中需提供学习过程的各类材料，如方案、培训计划、培训照片等，培训人数并满足运营需求。

3. 第三节 运营管理

运营管理涵盖《技术规范》第一百〇五条至第一百一十四条内容。其中包括运营单位建立安全管理类、行车管理类、服务管理类、维护维修类、操作办法类的故障制度；运营单位编制初期运营的客流预测报告；根据运营单位线路考虑编制列车运行计划；采购、调试运用车辆；制定正常、非正常和应急状态下的行车组织方案；针对客流情况开展通过能力模拟测试；编制客运组织方案，制定施工作业请销点、作业防护、动火和使用工程车、委外单位影响行车安全的施工作业进行旁站监督等要求的规章；具备完善的技术图纸和资料；配备有与公交衔接的公交接驳方案等。自证报告中根据文件要求将各类报告、规章详尽地提供，以备评估时能完全体现。

4. 第四节 应急管理

应急管理涵盖《技术规范》第一百一十五条至第一百二十三条内容。其中包括应急报送、值守和报告发布和调查等管理制度。与管理部门建立应急联动机制，建立突发事件应急预案、自然灾害事件应急预案、公共卫生事件应急预案、社会安全事件应急预案等，至少开闸1次相关处置部门的综合性应急预案，开展各项应急演练，配备满足运营需要的应急救援物资和专业器材装备，建立维护保养制度，建立专业应急抢险队伍，熟练各类预案和器材的使用方法和救援要求。自证报告中需提供预案种类数量，演练开展情况装备配备情况的佐证材料，以达到符合初期运营的基本标准。

自评自证报告模板见图4.5-1。

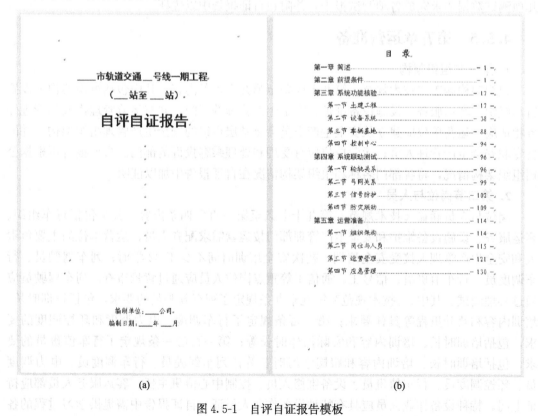

图4.5-1 自评自证报告模板

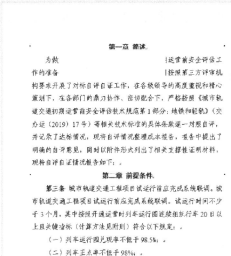

(c)　　　　　　　　　　　　　(d)

图 4.5-1　自评自证报告模板（续）

4.6　公交接驳方案情况报告

4.6.1　概述

完善地面交通衔接是地铁运营组织的基本条件之一，地铁站点的覆盖范围是"点、线"上的，为充分发挥地铁优势，提高在"面"上的服务范围，吸引潜在的乘客，就必须进行地铁与地面交通一体化衔接，配合地铁施工，同步进行配套接驳换乘设施的建设，有利于避免二次施工对城市的不利影响。

4.6.2　公交驳接原则

（1）公共交通资源集约利用：充分发挥地铁骨干优势，以客流为基础，对与地铁重复过大的公交线路予以调整或撤停。

（2）强化便捷接驳：充分发挥地铁快捷准点和地面公交布设灵活、换乘方便、站距短的特点，让市民出行有更多的选择。

（3）以人为本：充分考虑乘客的出行习惯和实际需要，所有撤停、调整线路均有替代方案，仍可选择相邻线路到达目的地。

（4）公交站点和运营时间与地铁衔接：通过公交站位调整缩短换乘距离；公交运行时

间与地铁运营时间充分衔接。

（5）扩大地铁服务范围：推进两网融合，加大地铁站两端延伸服务、垂直和斜向公交接驳服务，扩大地铁服务范围．

以____年____月份____地铁1号线城市公共交通为例：

衔接城市公交线路____条（其中城际公交线路22条）；

轨道站点____m以内，衔接公交站____个；

____位于端点，公交接驳有待加强；

部分公交站点距离地铁出入口较远（____等），换乘不方便。

（6）现状公交线路与地铁的关系（图4.6-1）。

（7）公交线网优化实施方案（图4.6-2）。

序号	地铁站	周边公交站	站台数量	距离/m	途径公交线路	接驳公交数量
7			1	15	8、25、63、69、70、75、706	19
			1	20	11、24、95、v12	
			2	10	8、63、69、75、95、706	
			2	60	9、24、54、60、75、79、95、99、v12、v17、v5	
			2	80	8、12、60、63、69、95、v5	
8			2	45	11、17、19、50、99、103	6
9				180	9、10、11、15、19、23、32、40、50、59、99、101、102、103	15
			1	90	10	
				300	9、11、15、19、23、32、34、40、50、59、101、102、103	
10				110	601、602	9
			1	50	11、16、23、34、40、59、98	
11			2	20	1、4、5、33、40、41、48、50、52、56、61、77、78、81、98、103、201、206、807、d1、吉都夜八点专线三	32
			2	20	2、16、21、23、62、78	
				110	4、5、9、18环、21、33、34、41、48、52、56、59、61、81、101、807	
				200	1、2、9、11、16、18环、21、23、34、40、50、59、62、77、98、101、103、201	
12			1	95	6、49、53、55、61、65、75、83、93、106、206、888、889、909、997、吉都夜八点专线三	26
				220	4、5、9、18环、21、26、34、48、49、56、59、65、93、101、106	
13			2	10	4、5、9、42、56、86、90、106	17
			2	95	22、47、48、86、90	
				30	20、45、58、74、305、吉都夜八专线一	
14				75	4、5、9、18环、20、22、41、42、56、58、86、90、106、807、v8	15
				210	9、20、22、41、42、56、58、86、90、106、807、v8	

(a)

序号	地铁站	周边公交站	站台数量	距离/m	途径公交线路	接驳公交数量
15				180	9、16、19、41、42、56、57、58、86、90、106、807	12
			2	15	9、16、19、41、42、56、58、86、90、106、807	
16			2	30	16、19、41、42、56、58、64、85、86、90、106、802、807	19
			2	70	7、9、57、79、998、v3	
17			1	80	42、86、90、807	12
				400	16、19、41、42、56、58、64、85、86、90、106、807	
18			1	20	802、916	10
				200	22、57	
				400	4、34、41、56、58、85	
19			2	70	106	1

(b)

图4.6-1 现状公交线路与地铁的关系

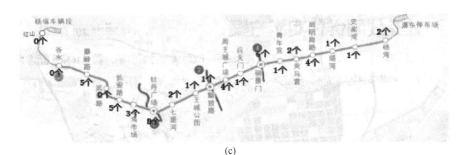

(c)

"轨道—公交"线路关系

与1号线有关的公交线路共计115条，根据线路走向，各路与轨道的关系：

- **交叉接驳关系（95条）**
  ⇨ 与轨道走廊交叉，接驳集散客流
  ⇨ 共站数0-4，共线距离＜5km

- **一般并行关系（15条）**
  ⇨ 与轨道走廊部分重合
  ⇨ 共站数约5-7个，共线5～8km

- **强并行关系（5条）**
  ⇨ 线路重叠严重，客流竞争较大
  ⇨ 共站数≥8个，共线＞8km

强并行、一般并行公交线路

序号	线路名称	线路长度/km	非直线系数	共线长度/km	共线比例	日均客流
1	9路	10.8	1.06	10.4	96%	30906
2	106路	8.3	0.94	8.3	100%	4886
3	101路	12.1	1.06	8.5	70%	15106
4	41路	14.7	1.58	9.0	61%	10940
5	56路	18.5	1.09	9.2	50%	8714
6	19路	21.7	1.29	7.7	36%	11265
7	58路	24.4	1.48	6.4	26%	10813
8	69路	22.1	1.48	6.4	29%	15589
9	50路	18.0	1.96	6.3	35%	10047
10	10路	10.6	1.25	6.3	59%	11628
11	102路	11.6	1.34	6.0	52%	3822
12	18路	14.7	环线	5.8	39%	11159
13	103路	11.7	1.46	5.8	49%	17771
14	22路	15.7	1.17	5.6	36%	15302
15	15路	21.2	1.41	5.5	26%	5319
16	59路	21.1	2.02	5.5	26%	4459
17	42路	20.7	2.81	5.9	28%	3725
18	706路	15.3	1.17	7.6	50%	城际公交
19	802路	30.1	1.03	5.3	18%	城际公交
20	807路	44.3	1.24	7.8	18%	

(d)

图 4.6-1　现状公交线路与地铁的关系（续）

- **思路一：优化精简并行线路**
  ⇨ 适当保留、**复合通道**，为市民提供**差别化、多样化**的公交服务
  ⇨ 留线减车、逐步过渡，依据客流分批调整，最终实现整体优化

- **思路二：强化交叉接驳线路**
  ⇨ 调整线路、延伸接驳，**填补服务空白**
  ⇨ 优化交叉、放射接驳线路，发挥轨道交通、地面公交的**互补功能**

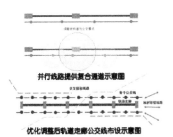

(a)

图 4.6-2　公交线网优化实施方案

3 公交线网优化实施方案　　　　3.2 线网优化方案

配合X号线开通，本次共优化调整、新增公交线路28条：**取消1条、抽疏1条、调整16条，新增10条**

序号	线路	调整后起讫点	线路长度/km	调整说明	调整理由
1	9路	XXX—XXX	10.8	留线减车、应急接驳、运力补充	与轨道强并行，保留该线作为应急接驳线路，并视客流变化情况，及时调整运力
2	106路			与轨道X号线完全共线，取消线路	减少客流竞争
3	56路	XXX—XXX	19	调整走向至XX，降低中州东路、金谷园路公交线路重复	覆盖道北地区XX大道沿线公交服务薄弱区，削减与轨道重复
4	59路	XXX—XXX	11.7	裁弯取直，截断至X号线XX站，优化线型	线路绕行严重，缩短线路，削减与轨道重复，强化接驳。优化运力，缩短发车间隔，提升服务水平，调整为高XX区地铁接驳线
5	42路	XXX—XXX	16	裁弯取直，调整走向，串联高铁站、医院等重要节点	削减与轨道重复，调整走向至XX站，满足城区居民出行需求。调整后，XX沿线出行需求可由57路、93路等线路替代
6	18-1路	XXX—XXX	8.4	环线拆分，短线接驳轨道，原线路功能基本可由19路、48路替代	削减与轨道重复，调整走向至XX站，接驳地铁X号线，降低XX路公交线路重复
	18-2路	XXX—XXX	5.8		覆盖北盟路公交服务盲区，作为地铁接驳支线，满足沿线居民公交出行需求
7	103路	XXX—XXX	11.5	局部微调，接驳武汉路站	强化接驳，保障XX路地铁公交服务提升
8	91路	XXX—XXX	9.5	裁弯取直，减少绕行	裁弯取直，提高公交运行效率，方便道北至XX区公交出行，接驳地铁X号线XX站
9	45路	XXX—XXX	20.5	局部调整，接驳红山站	填补XX公交服务空白，保障XX路公交服务
10	24路	XXX—XXX	16	向北延伸至XX村	覆盖麻屯镇公交服务空白，接驳XX站，方便沿线居民公交出行
11	27路	XXX—XXX	19.5	向北延伸，南段裁弯取直，调整走向	覆盖机场路公交服务空白。南段裁弯取直，向南调整至XX南门，提升XX沿线公交服务水平
12	V17路	XXX—XXX	10.3	局部微调，接驳XX站	沿线串联多个居住区，强化地铁接驳，方便居民公交出行
13	26路	XXX—XXX	13.8	局部调整，接驳XX站	调整后接驳地铁X号线，增加XX市政府片区与XX各片区的公共交通联系，强化跨河公交与地铁的接驳
14	V13路	XXX—XXX	8.2	延伸线路，接驳XX站	填补XX东路、XX沿线公交服务空白，接驳X号线XX站，方便沿线居民公交出行
15	87路	XXX—XXX	13.5	调整线路走向，接驳XX站	强化末端接驳，向东延伸轨道X号线服务范围

(b)

3 公交线网优化实施方案　　　　3.2 线网优化方案

配合X号线开通，本次共优化调整、新增公交线路28条：**取消1条、抽疏1条、调整16条，新增10条**

序号	线路	调整后起讫点	线路长度/km	调整说明	调整理由
16	便民专线	XXX—XXX	4.2	延伸线路，接驳地铁X号线	与地铁X号线XX站、X号线XX站接驳，提高新建福路公交服务水平，方便居民出行
17	706路	XXX—XXX	7.2	截断至X枢纽站，作为地铁接驳支线	削减与轨道重复，减负，为轨道喂给客流
18	701路	XXX—XXX	32	城区段改线至X大道	城区减负，减少长途交通对城市交通的干扰，改线至交通性主干路，提高运行速度
19	新增J1	XXX—XXX	9.5	沿连天线、学院路、滨河路、京津路、双湘路、中州西路至谷水枢纽站	作为轨道接驳支线，喂给客流；提升洛新产业集聚区公交服务水平，向西扩大轨道辐射范围
20	新增J2	XXX—XXX	21.5	沿新安县北京路、金水中路、黔河大道、金斗路、涧河大道、G310至谷水枢纽站	地铁接驳快线，串联XX县多个大型居住区，强化XX组团与XX的联系，发挥XX枢纽对西部城区的辐射功能
21	新增J3	XXX—XXX	36	沿宜阳县红旗东路、兴宜东路、锦屏路、福昌路、S318、河洛路、西环路至谷水枢纽	地铁接驳快线，强化XX组团与XX的联系，发挥XX枢纽对西部城区的辐射功能
22	新增J4	XXX—XXX	28.5	沿西亳大道、华夏路、商都西路、府佑路、中州路至客运东站	地铁接驳快线，强化XX组团与XX的联系
23	新增J5	XXX—XXX	12	沿武汉南路、联盟路、周山大道至机场	定位为机场快线，增强地铁（XX站）与机场的接驳，提升机场集疏运能力
24	新增J6	XXX—XXX	12.5	沿河洛路、华夏路、嘉洲路、周山大道、西苑路至长安路地铁站	提升高新区公交服务水平，增强高新与XX区的公交联系，强化地铁接驳
25	新增J7	XXX—XXX	4.5	沿上纸线、瀍涧大道至红山地铁站	地铁接驳支线，串联XX旅游度假区、樱桃沟景区及沿线各个村庄，延伸XX地铁站服务范围
26	新增J8	XXX—XXX	9.8	沿北盟路、瀍涧大道、龙光路、状元红路、国花路、解放路至王城广场	覆盖道北公交服务盲区，与X号线XX路站接驳，同时为地铁X号线培育喂给客流。X号线开通后，截断至机场路站
27	新增J9	XXX—XXX	12.2	沿双居路、启明东路、利民东街、夹马营路、华林路、下马园路、九都东路、机车厂路布置	串联多个居住区，填补公交服务空白，接驳地铁X号线XX站、XX站
28	新增J10	XXX—XXX	9.6	沿白常路、平乐镇和翟泉村道路布置	覆盖2个镇，7个自然村，填补现状公交服务空白，通过58路换乘联系市区

(c)

图 4.6-2　公交线网优化实施方案（续）

（一）优化精简并行线路——强并行线路5条优化至3条、一般并行线路优化调整4条

类型1：留线减车或取消

□ **9路**（96%共线），**留线减车，应急接驳**
  ⇨ 地铁开通后视客流变化情况，削减运力，避免运能浪费；
  ⇨ 保留线路，作为轨道应急接驳线路，同时提供运力补充保障。

□ **106路**（100%共线），**取消**

线路	首末站	长度/km	站间距/km	2019年日均客流	客流较2017年	配车	日均趟次	高峰间隔/min	平峰间隔/min
9路		10.8	0.57	29580	-8.8%	54	394	2	3
106路	定鼎南路—河洛古城	8.3	0.6	4526	-25.8%	15	99	5	8

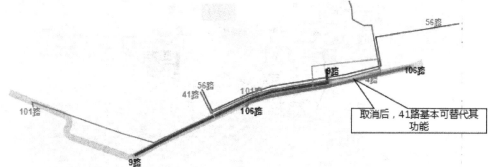

优化精简并行线路——强并行线路5条优化至3条、一般并行线路优化调整4条

类型2：裁弯取直、减少重复

□ **59路**：裁弯取直，优化线型；城区减负、强化接驳；运力调整，缩短发车间隔

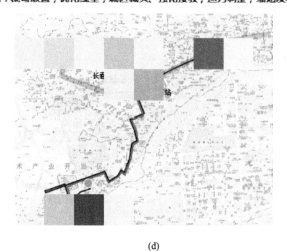

(d)

图 4.6-2　公交线网优化实施方案（续）

优化精简并行线路——强并行线路5条优化至3条、一般并行线路优化调整4条

类型3：环线拆分

☐ 18路：环线拆分，提高运行效率；弥补道北公交服务薄弱区；强化短线接驳

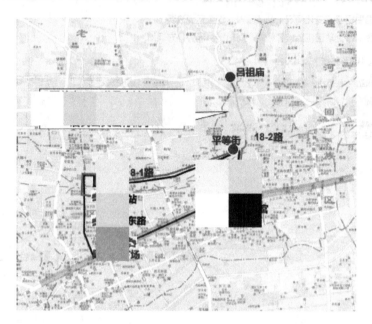

（二）强化交叉接驳线路——调整12条，新增19条

类型1：调整走向，实现地铁接驳

☐ 45路：局部调整，填补▇▇大道公交服务空白，保障▇▇地铁站公交服务。调整后对▇▇村居民出行有一定影响，可经61、73路换乘。

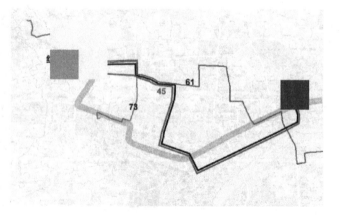

(e)

图 4.6-2　公交线网优化实施方案（续）

（二）强化交叉接驳线路——调整12条，新增19条

类型2：局部微调，强化接驳

☐ 26路：局部调整，接驳解放路地铁站，强化跨河公交与地铁的接驳，方便 ▇▇▇▇ 片区与 ▇▇▇▇ 片区的公共交通联系。

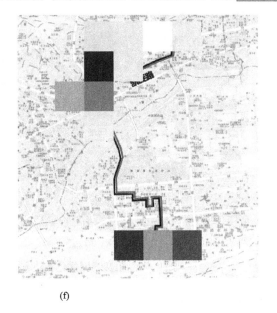

(f)

3 公交线网优化实施方案

（二）强化交叉接驳线路——调整12条，新增19条

类型3：线路延伸，扩大轨道服务范围

☐ 24路：结合公交车场建设，向北延伸24路，覆盖XX镇公交服务空白，接驳地铁站。

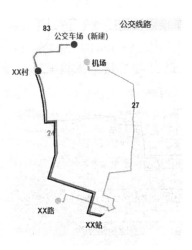

(g)

图 4.6-2　公交线网优化实施方案（续）

（二）强化交叉接驳线路——调整12条，新增19条

类型4：新增线路。

- 新增J10：微公交环线，线路长9.6km。沿线覆盖2个镇，7个自然村，填补镇村公交服务空白。加快推进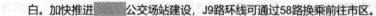公交场站建设，J9路环线可通过58路换乘前往市区。

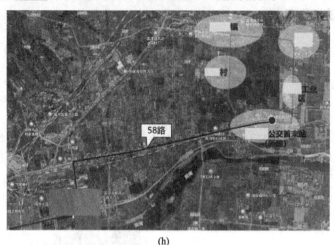

(h)

图 4.6-2 公交线网优化实施方案（续）

（8）换乘设施一体化衔接

1）主要目标

结合轨道交通线路各站点出入口，合理布置步行、非机动车、公交停靠站、小汽车停车场等地面接驳设施，以适应轨道与地面交通的一体化换乘，实现方便乘客、吸引客流、提高轨道运营综合效益的目的。

2）设施布置的主要原则

"公交+慢行"优先、交通组织方案最优、换乘距离满足标准要求，具体如下：

公共自行车、非机动车换乘设施距离轨道交通车站出入口不宜大于50m；公交停靠站距离轨道交通车站出入口不宜大于100m。

停车换乘设施距离轨道交通车站出入口宜布置在200m以内，最远不大于300m（图4.6-3）。

图 4.6-3 设施布置的主要原则

___市___号线___个轨道站点出入口均就近配套非机动车停车区和公交停靠站（轨道站点出入口 100m 内共布置公交站台 73 处，接驳公交 115 条），小汽车停车场 6 个，其中"P＋R"停车场 4 个，均位于轨道端点站、公交车场 5 处（图 4.6-4）。

末端站配套"P＋R"停车场，满足郊区等较远距离居民开车接驳地铁的需求（图 4.6-5、图 4.6-6）。

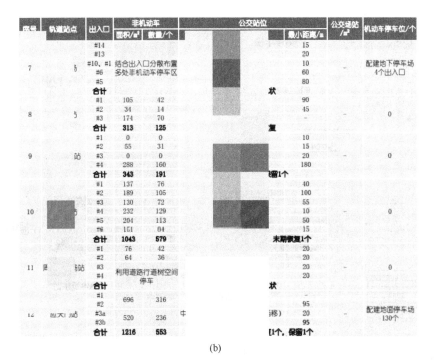

图 4.6-4　轨道站点出入口设置

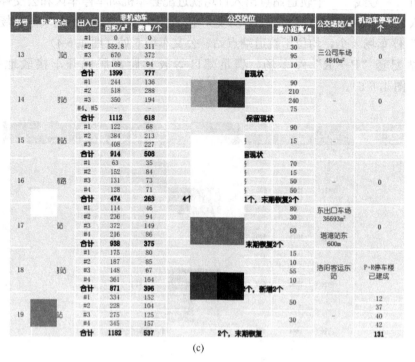

图 4.6-4 轨道站点出入口设置（续）

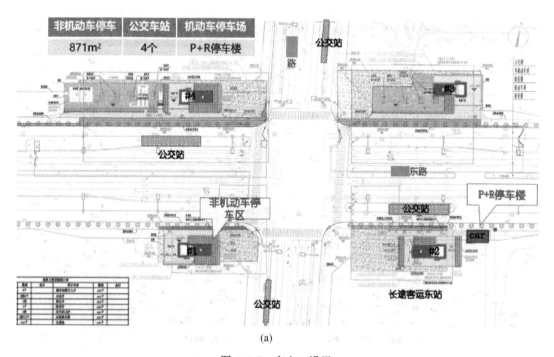

图 4.6-5 出入口设置

第4章 城市轨道交通初期运营前安全评估资料准备

(b)

图 4.6-5 出入口设置（续）

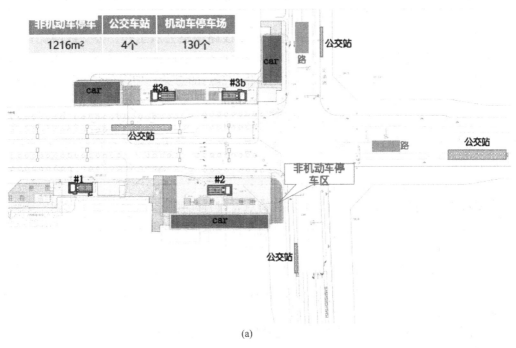

(a)

图 4.6-6 出入口设置

地面配套130个地面停车位，解决周边景区旅游停车需求

非机动车停车　　　　　小汽车地面停车场

(b)

图 4.6-6　出入口设置（续）

（9）配套保障措施

1）实施组织保障：公交线网调整。

① 以公交主管部门为主导，全面负责公交线网优化调整工作，加强多部门间的协作，规划、建设、管理同步推进，在推进公交线网优化的同时，同步推进道路改善、公交场站建设、公交专用道建设等相关工作。

② 加强公众参与监督，广泛征求民意，做好线路调整公示工作。公交线网优化涉及多方面利益，对公交乘客影响尤为突出，线网优化方案实施前应做好公示工作，利用报纸、广播、互联网等多种手段广泛征求市民和相关部门的意见，加强公众参与监督，以确保线网优化方案顺利实施。

③ 滚动调整、持续优化，做好公交线路调整后评估工作在公交线路调整前，做好线网稳定评估工作，持续性跟踪线路调整后的客流变化特征及市民相关反馈建议，对优化方案开展后评估工作。

2）实施组织保障：公交运营时间配套。

根据轨道交通服务时间，结合区域客流特点，设置配套公交线路的服务时间。重点针对地铁接驳线路，适当延长服务时间，与地铁1号线服务时间衔接和配套（图4.6-7）。

（10）基础设施配套保障

1）公交场站同步建设，配套线网调整——牵头单位：交通局。

① 持续加快推进公交场站建设，逐步落实《＿＿市公交场站建设规划》中＿＿个公交场站设施用地。

② 围绕本次线网优化方案，需重点配套以下＿＿处公交场站的建设，其中＿＿处为既有规划，＿＿处为本次建议新增。

基础设施配套如图4.6-8所示。

以本次调整的部分线路为例，具体方案需结合实际运营情况调整

序号	线路名称	衔接站点	调整后起一讫点	现状服务时间	调整服务时间
1	59路			5:40—20:00	5:40—21:40
2	27路			6:00—19:30	6:00—21:40
3	V13			6:30—19:30	6:30—21:40
4	87路			6:10—19:10	6:10—20:40

图 4.6-7　公交运营配套

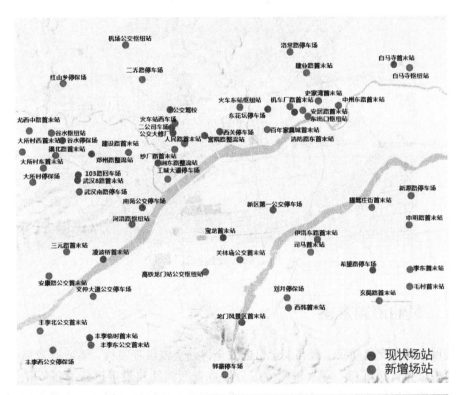

序号	公交场站名称	位置	规模/m²	建设情况	本次研究建议加快推进建设
1	谷z 交场站	中州路西出口		规划上建设，与谷水综合交通枢纽同步规划、同步建设	新增4条谷水地铁防接驳公交线路，加快实施场站建设，确保方案实施
2	末站	安康路河洛口	3531	未建，已纳入2020建设计划	本次新配套J6路
3	末站	三元路华夏路口	5028	未建，已纳入2020建设计划	本次优化调整59路
4	末站	洛白路6号	—	近期待建	本次优化调整58路、J8路
5	场	李普村		村里自建	本次优化调整24路、27路
6	末站	洛孟路			本次建议新增首末站，配套18-2路
7	末站	五洲路振兴路口			本次建议新增首末站，配套V13路
8	站	滏润大道			本次建议新增首末站，配套45、J7路

场站是公交线路开路的落脚点，道路则是公交线路运行的载体，这两大要素是公交普惠性化的基础！

图 4.6-8　基础设施配套

2）站点集疏运道路同步建设，改善交通组织。牵头单位：住房城乡建设局。

① 重点实施地铁1号线东段（____站至____站）集疏运道路新建和打通工程。

② 同时，建议逐步取消____路沿线机动车路边停车位，尤其是轨道站点周边停车位，一方面鼓励"公交"出行，限制小汽车使用；另一方面改善慢行环境，优化非机动车停车设施布局。

③ 进一步规范城区内部分支路及街坊道路的路边停车，保障公交线网深入通达，提升可达性与覆盖性。

交通组织如图4.6-9所示。

图4.6-9　交通组织

4.7　其他资料准备

根据城市轨道交通新线工程初期运营前安全评估会议议程安排，首次会议后一般评估专家将集中进行资料审查，专家按照分组分专业查阅线路建设、运营筹备等相关文件资料，审查资料主要包括各类批复文件、专项验收文件、各项测试报告、运营管理制度、应急管理制度等。其中各类批复文件及专项验收文件将在第6章中进行详细介绍，此处不再进行赘述。

4.7.1　测试报告类

1. 土建工程相关资料

根据《技术规范》第九条至第三十三条要求，城市轨道交通新线工程线路和轨道应具有限界检测报告（含停车场、出入场线），以及道岔、钢轨的焊点或栓接部位的探伤检测合格报告，对于无缝线路地段，还应具有锁定轨温、单元轨节长度和观测桩位置等技术资料。城市轨道交通新线结构工程应具有结构工程沉降监测等技术资料。

2. 设备系统相关资料

(1) 车辆

根据《技术规范》第三十四条至第三十九条要求，城市轨道交通新线工程车辆专业应具有车辆超速保护测试合格报告、列车紧急制动距离测试合格报告、车门安全联锁测试合格报告、车门故障隔离测试合格报告、车门障碍物探测测试合格报告、列车联挂救援测试合格报告以及蓄电池测试合格报告，其中蓄电池测试报告中蓄电池容量应满足列车失电情况下车载安全设备、应急照明、应急通风、广播、通信等系统规定工作时间内的用电要求。

(2) 供电系统

根据《技术规范》第四十条至第四十三条要求，城市轨道交通新线工程供电系统应具有相邻主变电所支援供电测试合格报告、牵引接触网（轨）越区供电测试合格报告、变电所0.4kV低压备自投测试合格报告，以及各类电气元件、开关的整定值调整合格报告、车站公共区、区间照明系统测试合格报告、轨道结构对地电阻测试合格报告，确保轨道结构具有良好的绝缘性能。

(3) 通信系统

根据《技术规范》第四十四条至第四十五条要求，城市轨道交通新线工程通信系统应具有车地无线通话测试合格报告、列车到站自动广播和到发时间显示测试合格报告、与主时钟系统接口通信测试合格报告、换乘站基本通信测试合格报告（只对于具有换乘站评估线路）以及防电磁干扰测试合格报告，同时应具有通信系统144h可靠性测试记录。

(4) 信号系统

根据《技术规范》第四十六条至第四十七条要求，城市轨道交通新线工程信号系统应具有完整的信号系统验收和联调及动态调试合格报告、列车超速安全防护测试合格报告、列车追踪安全防护测试合格报告、列车退行安全防护测试合格报告、车站扣车和跳停测试合格报告以及防电磁干扰测试合格报告，同时应具有信号系统联调联试144h的系统测试记录。

(5) 通风、空调与供暖系统

根据《技术规范》第四十八条至第五十一条要求，城市轨道交通新线工程通风、空调与供暖系统应具有通风换气和空气环境控制功能测试合格报告、排烟系统排烟量测试合格报告、隧道纵向排烟风速测试合格报告以及楼梯间加压送风系统余压测试合格报告。

(6) 消防和给水排水系统

根据《技术规范》第五十二条至第五十五条要求，城市轨道交通新线工程消防和给水排水系统应具有生产、生活给水系统各用水点的水量和水压测试合格报告、车站消火栓系统充实水柱和水量压力测试合格报告、设备房自动灭火系统运行测试合格报告、区间水泵安全运行测试合格报告，其中区间水泵安全运行测试应符合《技术规范》的规定。

(7) 自动售检票系统

根据《技术规范》第五十六条至第五十八条要求，城市轨道交通新线工程自动售检票系统应具有自动售检票系统压力测试合格报告、跨站（线）走票功能测试合格报告、终端设备金属外壳漏电保护和可靠接地测试合格报告以及终端设备金属外壳漏电保护和可靠接地测试合格报告。

(8) 电梯、自动扶梯与自动人行道

根据《技术规范》第五十九条至第六十二条要求，城市轨道交通新线工程电梯、自动扶梯与自动人行道应具有语音安全提示功能测试合格报告，电梯具有视频监视和门防夹保护功能测试合格报告，电梯的车站控制室、轿厢、控制柜或机房之间的三方通话功能测试合格报告。

(9) 站台门

根据《技术规范》第六十三条至第六十六条要求，城市轨道交通新线工程站台门应具有站台门后备电源测试合格报告、门体绝缘和接地绝缘测试合格报告、安全玻璃性能测试合格报告、站台门控制系统与信号系统的接口测试合格报告以及站台门乘客保护测试合格报告，其中乘客保护测试应符合《技术规范》的规定。

3. 车辆基地相关资料

根据《技术规范》第六十七条至第七十二条要求，城市轨道交通新线工程车辆基地应具有运用、检修等生产设施设备验收合格报告以及备品备件接管情况，同时设施设备配备和功能以及备品备件应明确满足运营需要。

4. 系统联动测试相关资料

(1) 轮轨关系

根据《技术规范》第七十六条至第七十八条要求，城市轨道交通新线工程关于轮轨关系应具有轨道动态几何状态测试合格报告、车辆动力学响应—运行稳定性测试合格报告以及车辆动力学响应—运行平稳性测试合格报告，并均符合《技术规范》的规定。

(2) 弓网关系

根据《技术规范》第七十九条至第八十三条要求，城市轨道交通新线工程关于弓网关系应具有接触网动态几何参数测试合格报告、弓网燃弧指标测试合格报告、弓网动态接触力测试合格报告以及受电弓垂向加速度（硬点）测试合格报告，并均符合《技术规范》的规定。

(3) 信号保护

根据《技术规范》第八十四条至第八十九条要求，城市轨道交通新线工程关于信号保护应具有列车车门安全防护测试合格报告、站台紧急关闭按钮安全防护测试合格报告、站台门安全防护测试合格报告、车门与站台门联动测试合格报告以及列车折返能力测试合格报告，并均符合《技术规范》的规定。

(4) 防灾联动

根据《技术规范》第九十条至第九十三条要求，城市轨道交通新线工程关于防灾联动应具有车站综合后备控制盘功能测试合格报告、车站公共区火灾工况联动测试合格报告以及列车区间事故工况联动测试合格报告，并均符合《技术规范》的规定。

4.7.2 运营管理类

1. 组织架构相关资料

根据《技术规范》第九十四条至第九十六条要求，城市轨道交通运营单位应具有与运营管理模式和管理任务相适应的组织架构（图 4.2-1）以及从安全生产委员会（或安全生产领导小组）至基层班组的安全生产管理组织架构（图 4.2-2）等文件，运营单位组织架构文件中应设置行车组织、客运服务、设施设备维护、安全生产管理等部门。

2. 岗位与人员相关资料

根据《技术规范》第九十七条至第一百〇四条要求，城市轨道交通运营单位应具有列车驾驶员、行车调度员、行车值班员、信号工、通信工等重点岗位人员的安全背景审查资料；应具有列车驾驶员心理测试合格报告、列车驾驶员安全公里数公示表；应具有列车驾驶员、行车调度员、电力调度员、环控调度员、行车值班员、设备维修人员、控制中心值班主任、客运服务人员岗前培训资料、上岗证及上岗证取证情况统计表；应具有特种设备作业人员持证情况统计表、外部取证（包括探伤无损检测证、电工证、登高证、焊工证、建构筑消防证等）及取证台账。

3. 运营管理相关资料

根据《技术规范》第一百〇五条至第一百一十四条要求，城市轨道交通运营单位应具有运营管理制度（包括安全管理类、行车管理类、服务管理类、维护维修类、操作办法类）、运营规章制度目录清单、初期运营客流预测报告、列车运行计划、行车组织方案、通过能力模拟测试报告、客运组织方案、初期运营所需的土建工程竣工资料、设备系统技术规格说明书、操作手册、维修手册、各类软件和调试报告等技术图纸资料、竣工资料移交情况统计表以及沿线公交配套衔接方案。

4. 应急管理相关资料

根据《技术规范》第一百一十五条至第一百二十三条要求，城市轨道交通运营单位应具有应急信息报送、应急值守和报告、乘客应急信息发布、乘客伤亡事故处置和运营突发事件（事故）调查处理等应急管理制度；应具有运营突发事件、自然灾害事件、公共卫生事件和社会安全事件等突发事件的应急预案及目录；应具有突发事件应急联动机制、客运组织协同处置预案（对于不涉及不同运营单位的共管换乘站可不予考虑）、综合性应急演练方案及过程资料、运营突发事件应急演练方案及过程资料、运营演练项目统计表、委外维修单位签订委外维修协议、应急救援物资和专业器材装备维护、保养和调用等制度、应急抢险队伍资料等。

5. 现场检查相关资料

一般运营准备组专家现场检查时会对以下材料进行审查：应急管理现场处置方案、行各车站车工作日志、试运行日报、周报、培训记录表、厂家培训台账、联调记录、问题库、故障记录、故障分析报告、日常巡检及维修记录等。

4.7.3 评估资料清单

评估资料清单见表 4.7-1。

评估资料清单   表 4.7-1

序号	项目	具体要求
一、测试报告类		
1	线路和轨道	限界检测报告（含停车场、出入场线）
		道岔、钢轨的焊点或栓接部位的探伤检测合格报告
		对于无缝线路地段，还应具有锁定轨温、单元轨节长度和观测桩位置等技术资料
2	结构工程	结构工程沉降监测资料

续表

序号	项目	具体要求
一、测试报告类		
3	车辆	车辆超速保护测试合格报告
		列车紧急制动距离测试合格报告
		车门安全联锁测试合格报告
		车门故障隔离测试合格报告
		车门障碍物探测测试合格报告
		列车联挂救援测试合格报告
		蓄电池测试合格报告
4	供电系统	相邻主变电所支援供电测试合格报告
		牵引接触网(轨)越区供电测试合格报告
		变电所0.4kV低压备自投测试合格报告
		各类电气元件、开关的整定值调整合格报告
		车站公共区、区间照明系统测试合格报告
		轨道结构对地电阻测试合格报告
5	通信系统	车地无线通话测试合格报告
		列车到站自动广播和到发时间显示测试合格报告
		与主时钟系统接口通信测试合格报告
		换乘站基本通信测试合格报告
		通信系统设备机房的温度、湿度满足安全运行要求,具有防电磁干扰测试合格报告
		通信系统144h可靠性测试记录
6	信号系统	完整的信号系统验收和联调及动态调试合格报告
		列车超速安全防护测试合格报告
		列车追踪安全防护测试合格报告
		列车退行安全防护测试合格报告
		车站扣车和跳停测试合格报告
		信号系统设备机房温度、湿度满足安全运行要求,具有防电磁干扰测试合格报告
		信号系统联调联试144h的系统测试记录
7	通风、空调与供暖系统	具有通风换气和空气环境控制功能测试合格报告
		排烟系统排烟量测试合格报告
		隧道纵向排烟风速测试合格报告
		楼梯间加压送风系统余压测试合格报告
8	消防和给水排水系统	具有生产、生活给水系统各用水点的水量和水压测试合格报告
		车站消火栓系统充实水柱和水量压力测试合格报告
		设备房自动灭火系统运行测试合格报告
		区间水泵安全运行测试合格报告

续表

序号	项目	具体要求
一、测试报告类		
9	自动售检票系统	自动售检票系统压力测试合格报告
		跨站(线)售票功能测试合格报告
		终端设备金属外壳漏电保护和可靠接地测试合格报告
		终端设备金属外壳漏电保护和可靠接地测试合格报告
10	电梯、自动扶梯与自动人行道	语音安全提示功能、电梯具有视频监视和门防夹保护功能测试合格报告
		电梯的车站控制室、轿厢、控制柜或机房之间的三方通话功能测试合格报告
11	站台门	站台门后备电源测试合格报告
		门体绝缘和接地绝缘测试合格报告
		安全玻璃性能测试合格报告
		站台门控制系统与信号系统的接口测试合格报告
		站台门乘客保护测试合格报告
12	车辆基地	车辆基地运用、检修等生产设施设备验收合格报告
		备品备件接管情况
13	轮轨关系	轨道动态几何状态测试合格报告
14		车辆动力学响应—运行稳定性测试合格报告
		车辆动力学响应—运行平稳性测试合格报告
15	弓网关系	接触网动态几何参数测试合格报告
		弓网燃弧指标测试合格报告
		弓网动态接触力测试合格报告
		受电弓垂向加速度(硬点)测试合格报告
16	信号保护	列车车门安全防护测试合格报告
		站台紧急关闭按钮安全防护测试合格报告
		站台门安全防护测试合格报告
		车门与站台门联动测试合格报告
		列车折返能力测试合格报告
17	防灾联动	车站综合后备控制盘功能测试合格报告
		车站公共区火灾工况联动测试合格报告
		列车区间事故工况联动测试合格报告
二、运营管理类		
18	组织架构	运营单位组织架构文件及安全生产管理组织架构
19	岗位与人员	安全背景审查
		心理测试合格报告
		电客车司机安全公里数公示表
		岗前培训资料
		上岗证

续表

序号	项目	具体要求
二、运营管理类		
19	岗位与人员	运营人员配备上岗证取证情况
		特种设备作业人员持证情况统计表
		外部取证：探伤无损检测证、电工证、登高证、焊工证、建构筑消防证等
		外部取证台账
20	运营管理	运营管理制度（安全管理类、行车管理类、服务管理类、维护维修类、操作办法类）
		运营规章制度目录清单
		初期运营客流预测报告
		列车运行计划
		行车组织方案
		通过能力模拟测试报告
		客运组织方案
		初期运营所需的土建工程竣工资料、设备系统技术规格说明书、操作手册、维修手册、各类软件和调试报告等技术图纸资料
		竣工资料移交情况统计表
		沿线公交配套衔接方案
21	应急管理	应急管理制度
		突发事件应急联动机制
		突发事件应急预案（运营突发、自然灾害、公共卫生、社会安全）
		公司应急预案目录
		客运组织协同处置预案
		综合性应急演练方案及过程资料
		运营突发事件应急演练方案及过程资料
		运营演练项目统计表
		委外维修单位签订委外维修协议
		应急救援物资和专业器材装备维护、保养和调用等制度
		应急抢险队伍资料
22	现场检查	应急管理现场处置方案
		行车工作日志，各车站行车日志
		试运行日报、周报
		培训记录表、厂家培训台账
		联调记录
		问题库、故障记录、故障分析报告
		日常巡检及维修记录

第5章 城市轨道交通初期运营前安全预评估

5.1 预评估会务组织

城市轨道交通初期运营前安全评估是对城市轨道交通系统设备性能的全面核验，也是对运营组织中人、物、管理制度等关键运营资源准备情况的科学评判。预评估就是安全评估的预演，基本应按照正式评估的规格进行准备，才能在正式评估时达到如期效果，预评估的会务组织就是其中重要的一环。

从会务准备到会议结束分为四个部分，编制会议计划工作表、编制会议安排、编制会议筹备计划、编制会议流程、编制会务手册、做好会务总结。

1. 编制会议计划工作表

会务组织部门，通常为公司的综合管理部（办公室）应根据预评估会议时间，提前30日拟定会议计划工作表（表5.1-1），汇总信息、整理各部门的会议计划，统一协调安排制定会议日程工作表。

会议计划工作表　　　　　　　　　　　　　　　　　　　表5.1-1

公司/部门：				
时间	会期	会议性质及要求	参会人数	备注
___年___月___日	2天	集团级	50～100人	

2. 编制会议安排

会务组织部门根据会议拟定日期的前10日制定会议安排（表5.1-2）明确会议地点、人员安排、日程安排，呈报总经理审核同意后予以实施。

会议安排　　　　　　　　　　　　　　　　　　　　　　表5.1-2

申请人：___	部门：___
具体时间：___	参会人数:50～100人
地点：___地点	
会议内容及具体安排:城市轨道交通初期运营前安全预评估会议。	

续表

会务组织部门负责人意见：		
拟同意。		___年___月___日
分管领导意见：		
拟同意。		___年___月___日
总经理意见：		
同意。		___年___月___日
备注：		

3. 编制会议筹备计划（表5.1-3）

预评估会议筹备计划　　　　　　　　　　　表5.1-3

功能	事项	说明	完成时间	负责人
场地	选定酒店	根据评估需求，确定酒店星级	尽量提前	
	选定会场	根据人数确定会场	尽量提前	
	酒店布置	摆放横幅、欢迎牌、鲜花、水果	入住前一天	
	会场布置	摆放会议资料、桌牌、鲜花、茶杯、矿泉水、茶歇桌背景板、欢迎牌、指引牌横幅、纸笔等	会议前一天	
文案	会议方案及流程	各项具体内容的时间安排	会议前一周	
	会议通知、报备	下发会议通知，抄送相关人员	会议前一周	
	会议资料准备	会议资料打印、装订或印刷、发言稿、主持稿活动方案及其他文字材料，如欢迎词等	会议前一周	
	会议指南涉及制作	会议指南需要提前放置在酒店房间或会场或在参会人员入住前领取，欢迎牌、欢迎卡、横幅、背景板、桌牌等制作完成	会议前一天	
接待	房间安排及布置	提供房间号列表，提前办理入住手续，领取房卡，摆放欢迎卡、会议指南，相关评估材料、鲜花、水果等	入住前	
	车辆安排	安排符合要求的车辆并做好调度，陪同人员、接送人员等	会议前三天	
	餐饮安排	预定会议餐饮，中餐可安排自助餐或简餐，正式晚宴需确定名单及制作桌牌	会议前一天	

续表

功能	事项	说明	完成时间	负责人
采购	各类物品	购买鲜花、水果、食品、饮料、药品、电池、办公用品等	会议前一天	
	其他	选择合适的物品,如纪念册等	会议前一周	
设备	电脑及投影仪	安装及调试,确保会议期间正常使用,所需投屏影视频材料提前测试	会议前一天或会前3h	
	其他设备	会议麦克风、摄像、拍照人员设备做好准备	会议前一天或会前3h	
预算	编制预算	根据各类标准编制预算	会议十天前	
	准备款项	准备预付款和一定数量的现金备用	会议前一天	

4. 编制会议流程

会务组织部门根据会议具体操作流程来安排时间、制定详细的会议计划。

（1）会前

确定会议主题与议题、确定会议名称、确定会议规模与规格、明确会议组织机构、明确会议所需设备和工具、确定会议时间与会期、确定与会者名单、选择会议地点、安排会议议程和日程、制发会议通知、安排食住行、准备会议文件材料、制作会议证件、指定会议经费预算方案、布置会场、会场检查、正式开会。

1）会议筹备确定行事历，编制会议筹备计划（表5.1-3）；
2）召开筹备会议，成立项目小组，明确分工、完成时间及负责人；
3）编制预算；
4）确定沟通频率和时间。

（2）会中

会中报到及接待工作、组织签到、做好会议记录、做好会议值班保卫工作、会议信息工作、编写会议简报或快报、做好会议保密工作、做好后勤保障工作。

1）会场大厅提前安排礼仪人员，协调并引领参会人员；
2）准备茶歇，包括新鲜水果、咖啡、饮料、茶点、纸巾、茶杯等；
3）安排会议合影，提前摆放座位，有专人拍照和组织；
4）如住宿和会场在不同处，须提前告知或安排相关人员带领前往；
5）再次确认参加领导名单，通知到场时间，注意接送安排；
6）如有需要领导参与的环节须再次沟通并在现场安排人提醒。

（3）会后

安排与会人员离开、撰写所需材料（如专家意见）、会议的宣传报道、会议文书的立卷归档、催办与反馈工作、会议总结。

1）根据日程安排的信息安排车辆和送行人员；
2）各种设备的清点、归还，退房，检查有无遗漏物品；
3）清点所剩会议资料，注意保密及销毁；
4）各种音像、照片、文字资料的整理及存档、撰写会议新闻稿；
5）确认发生费用、收集发票，列出报销项目明细；

6）会议筹备组人员认真总结会议的成功和不足，为以后会议提供宝贵经验。

5. 编制会议手册

会议手册主要含如下几个方面的内容。

（1）会议手册封面

会议手册的封面按照简洁、清晰、大方的原则，通常包括公司Logo、会议名称、组织单位、评估单位和时间组成，会议手册封面可设背景，也可不设背景（图5.1-1）。

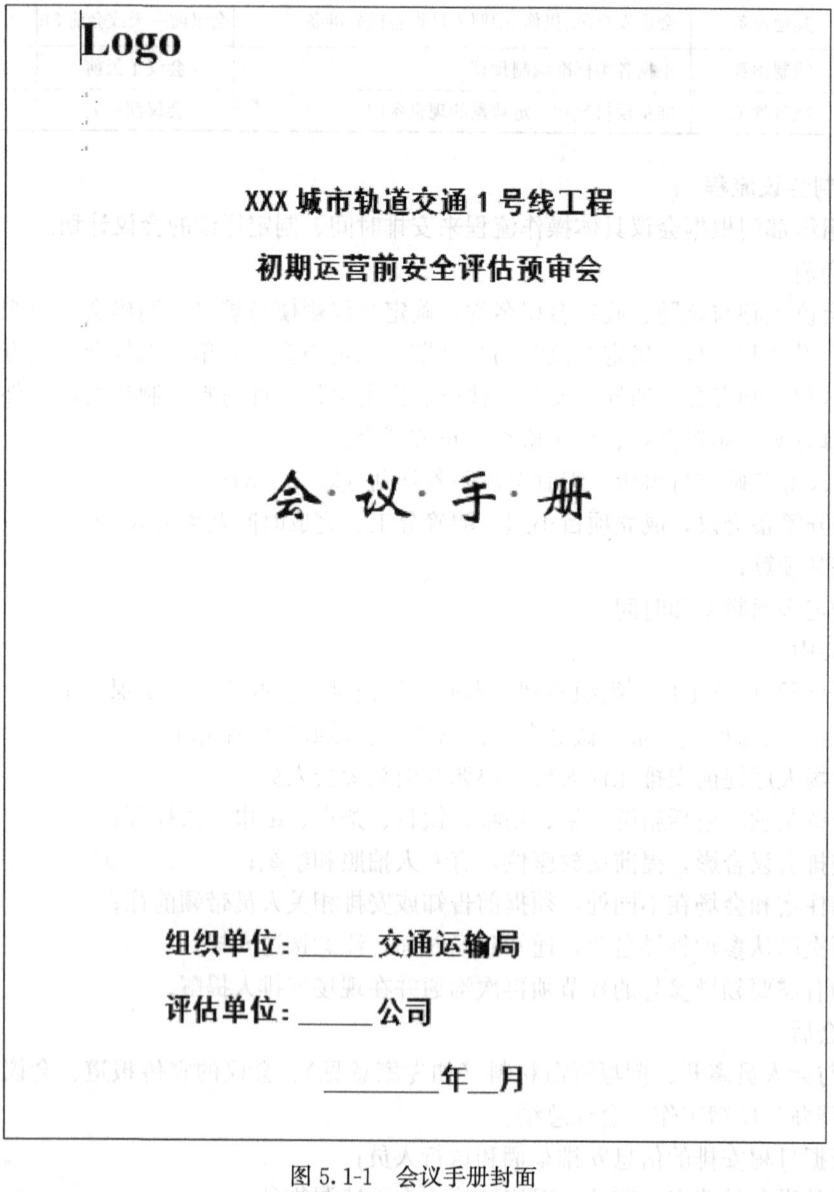

图 5.1-1　会议手册封面

（2）酒店位置及天气

酒店的位置和天气在同一位置使用图片的形式呈现，方便参会人员查看，天气选择在会期的前一天和后一天，方便参会人员做好衣物等准备（图5.1-2）。

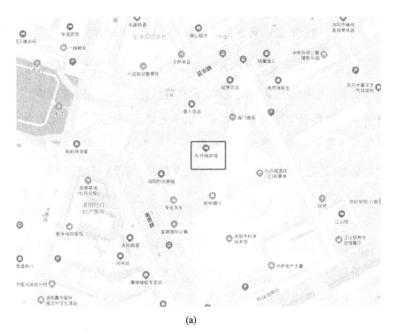

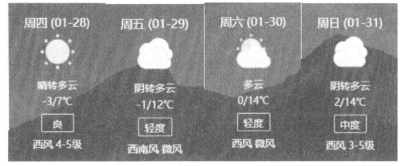

图 5.1-2 酒店位置及天气
(a) 酒店位置；(b) 天气

（3）评估工程介绍

对评估工程进行简要说明，在文字介绍的下面附工程图片，如：＿＿市＿＿号线＿＿期工程贯穿＿＿南北发展轴，覆盖城市北部、东南部主要客流走廊，衔接＿＿、＿＿火车站、规划馆、博物馆、体育中心等客流集散点，联系老城区、＿＿区和＿＿区，加强了老城区与新城区的联系。线路起于＿＿附近的＿＿站，止于＿＿站，全长约＿＿km，全为地下线，共设站＿＿座（其中换乘站＿＿座，分别为＿＿站、＿＿站和＿＿站），除＿＿站和＿＿站为地下 3 层车站外，其余车站均为地下 2 层车站，平均站间距＿＿km。全线网设一处控制中心，位于＿＿。在线路终点设置＿＿车辆段＿＿座，定位为定修段；采用 110kV/35kV 的集中供电方式，设主变电站 2 座；车辆采用 B 型车 6 辆编组，初期配属车辆 19 列/114 辆（图 5.1-3）。

（4）会务工作提醒

会务提醒：一般是对当地的一些特殊情况进行提醒，如近几年的新冠肺炎疫情，各地疫情情况和防疫政策需对参会人员进行提醒（图 5.1-4）。

XX 市城市轨道交通 2 号线一期工程概况

　　____市城市轨道交通 2 号线一期工程贯穿____南北发展轴,覆盖城市北部、东南部主要客流走廊,衔接____、____火车站、规划馆、博物馆、体育中心等客流集散点,联系老城区、___区和___区,加强了老城区与新城区的联系。线路起于___附近的___站,止于___站,全长约_____km,全为地下线,共设站___座(其中换乘站___座,分别为___站、___站和___站),除___站和___站为地下 3 层车站外,其余车站均为地下 2 层车站,平均站间距_____km。全线网设一处控制中心,位于___。在线路终点设置_____车辆段_座,定位为定修段;采用 110kV/35kV 的集中供电方式,设主变电站 2 座;车辆采用 B 型车 6 辆编组,初期配属车辆 19 列/114 辆。

　　15 座车站从北往南依次为:_____。线路·走向示意图如下:

图 5.1-3　车站位置

疫情防控提示

尊敬的各位专家、领导及来宾:

　　欢迎您参加____市城市轨道交通__号线一期工程初期运营前安全评估会。自新型冠状病毒感染的肺炎疫情发生以来,牵动了全国亿万人民的心,全国上下在党中央的领导下,精诚团结,凝聚力量,坚决抗击疫情,近期,国内疫情呈多点散发态势,为进一步加强疫情防控应急处置工作的统一领导和防控措施的有效落实,维护正常的工作秩序,巩固来之不易的疫情防控成果,坚决打赢疫情防控阻击战,确保此次检查取得圆满成功,请您预先阅读以下须知:

　　1. 按照疫情防控要求,请各位领导提供 48 小时以内核酸检测证明,准备好健康码,确保入住时查看。

　　2. 请您加强个人防控,随时佩戴口罩,按照"七步法"洗手,阻断手的传播。

　　3. 如您在本次安全检查途中出现体温高于 37.3℃或有呕吐、乏力、腹泻症状等现象,请立即与我司取得联系,我司将按照疫情防控工作预案采取相应措施。

　　4. 如果您还有其他需要,请及时联系,我们将为您提供周到服务。最后献上我们最诚挚的祝福,祝您工作顺利!

图 5.1-4　会务提醒

(5) 行程安排

行程安排一般包括会议时间、参会人员、食宿安排、会务协调等（图 5.1-5）。

行程安排

尊敬的各位专家、领导及来宾：

  欢迎您前来参加____城市轨道交通__号线初期运营前安全评估预审会。为了使您在会议期间拥有良好的会议秩序和休息环境，确保会议取得圆满成功，请您预先阅读以下须知：

一、会议时间

二、会议地点

三、食宿安排

四、会务总协调

  1.总协调人： 负责会务总协调工作

  2.会务组： 负责为专家安排住宿、就餐、接送事宜

五、温馨提示

图 5.1-5 行程安排

(6) 各参会单位及参会领导（图 5.1-6）

(7) 会议日程安排

会议日程一般为 3 天，第 1 天为专家报到、审阅评估报告；第 2 天为预备会、首次会议、资料查阅、现场踏勘、系统测试；第 3 天为补勘、小组讨论交流，形成专家组评估意见、末次会议（图 5.1-7）。

(8) 专家人员名单

专家人员名单一般按总体组、土建组、设备组、运营组及《技术规范》各条款进行对应分配（图 5.1-8）。

参会单位及领导

一、____交通运输局

市交通运输局总工程师

市交通运输局轨道交通运营管理科科长

市交通运输局技术安全科科长

二、第三方评估单位

三、____集团有限责任公司

集团公司总经理

副总经理

总工程师

四、工程设计、施工、监理单位及设备供应商

图 5.1-6 各参会单位及参会领导

会议日程安排

时　间	内　容	主　持	参加人员	地　点
X月XX日（周X）：专家报到、审阅评估报告				
12:00～17:00	专家报到			酒店
18:00～20:00	晚餐			姚黄厅
20:00～22:00	专家审阅评估报告			专家房间
1月29日（周五）：预备会、首次会议、资料查阅、现场踏勘、系统测试				
07:30～08:30	早餐			西苑厅
08:30～09:00	专家组内部会议	XXX	专家、安科院	牡丹厅
09:20～10:00	交通局领导致辞 安科院发言 轨道公司领导发言 宣布评估专家名单	XX	1、交通局； 2、XXX； 3、评估专家 4、轨道集团领导及《配合人员名单》中陪同人员及联络人； 5、总体设计； 6、综合联调单位；	牡丹厅
10:00～11:00	工程建设情况汇报 初期运营准备情况汇报			
11:00～12:00	查阅资料	--	评估专家 轨道集团 主要参建单位等	专家房间
12:00～13:00	午餐			姚黄厅
14:00	酒店1楼大厅集合			
14:00～17:30	现场踏勘	详见现场踏勘方案	评估专家、XXX、轨道集团、主要参建单位人员	工程现场（全体专家）
18:00～20:00	晚餐			姚黄厅
22:00～24:00	现场踏勘	—	评估专家、XXX、轨道集团、主要参建单位人员	工程现场（土建组专家）

时　间	内　容	主　持	参加人员	地　点
X月XX日（周X）：补勘、小组讨论交流，形成专家组评估意见、末次会议				
07:30～08:30	早餐			酒店
08:30～10:00	专家个人意见			贵宾厅
10:00～11:30	小组讨论交流，形成专家小组意见：总体组 初期运营准备组 设备一组 土建组 设备二组	-	评估专家、XXX	贵宾厅
12:00～13:00	午餐			姚黄厅
14:00～15:30	形成专家组评估意见	专家组组长	XX、各小组组长	牡丹厅
15:30～16:00	专家组评估意见内部反馈	专家组组长		
16:00～17:00	专家组评估意见反馈	专家组组长	各小组组长、XXX、轨道集团领导及《配合人员名单》中陪同人员及联络人、总体设计、综合联调单位；	牡丹厅
17:00～18:00	专家组组长反馈评估意见 轨道公司领导发言 交通局领导讲话	安科院	交通局、评估专家、XXX、轨道集团领导及《配合人员名单》中陪同人员及联络人、总体设计、综合联调单位	牡丹厅
18:00～20:00	晚餐			酒店

图 5.1-7 会议日程安排

专家组名单

序号	姓名	对应条款（《技术规范》）	单位	专业	职务/职称	
1		第三条～第六条	某地铁监理公司	前提条件	总体组	教高
2		第七条～第八条	某轨道交通发展有限公司	前提条件		教高
3		第二十五条～第三十三条	某地铁集团有限公司	结构工程	土建组	高工
4		第十五条～第二十四条	某地铁集团有限公司	车站建筑		高工
5		第九条～第十四条、第七十七条	某地铁运营有限公司	线路/轨道		高工
6		第三十四条～第三十九条；第六十七条～第七十二条、第七十六条、第七十九条	某地铁集团有限公司	车辆/车辆基地	设备一组	高工
7		第四十条～第四十三条、第七十九条～第八十三条	某地铁集团有限公司	供电系统		教高
8		第四十四条～第四十七条、第七十三条～第七十五条、第八十四条～第八十九条	某城市轨道交通建设管理有限责任公司	通信信号系统、控制中心		高工
9		第四十八条～第五十五条、第九十条～第九十三条	某地铁集团有限公司	消防/给排水系统、FAS、BAS、综合监控、通风、空调与采暖系统	设备二组	高工
10		第五十六条～第六十六条	某科学研究院	自动售检票系统、电（扶）梯、站台门系统		教高
11		第一百零五条～第一百二十三条	某轨道交通集团有限公司	运营管理、应急管理	初期运营准备组	高工
12		第九十四条～第一百零四条	某地铁集团有限公司	组织架构、岗位人员		高工

图 5.1-8 专家人员名单

（9）评估单位配合人员

评估单位配合人员主要有联络人、记录人、陪同领导、陪同人员（图 5.1-9）。

配合人员名单

组别	专业	专家	联络人	记录人	陪同领导	陪同人员
总体组						
土建组						
设备一组						
设备二组						

图 5.1-9 配合人员名单

组别	专业	专家	联络人	记录人	陪同领导	陪同人员
运营准备组						

备注：1. 各联络人负责总体协调本专业检查相关事宜，按照每组内对应关系与专家保持全程对接：
    （1）负责安排对应专家的专用车辆（尽量固定车辆），用于到达及离开的接送以及评审过程中的接送，把握好时间；
    （2）负责《技术规范》对应条款资料检查对接、现场检查陪同以及迎检参建单位安排；
    （3）为减少疫情对后续工作影响，各小组联络人安排专人做好摄像工作，对专家指出问题的部位精确记录；
  2. 记录人负责全程记录、汇总、整理专家提出的问题，及各类文字录入、打印、报送等事宜；
  3. 陪同人员负责统筹协调本小组内所含各专业组相关事宜。

图 5.1-9 配合人员名单（续）

（10）现场踏勘方案

根据《技术规范》有关要求，梳理探勘项目，安排好现场踏勘方案（图 5.1-10）。

（11）测试内容

根据《技术规范》设备测试要求，梳理测试项目，安排好测试行程（图 5.1-11）。

现场踏勘方案

组别	专业	检查时间	专家	踏勘路线	系统测试项目
监审					
总体组	总体/前提条件				
土建组	线路和轨道				
	车站建筑				
	结构工程				
设备一组	车辆及车辆基地				
	供电				
	通信				
	信号				

图 5.1-10 现场踏勘方案

组别	专业	检查时间	专家	踏勘路线	系统测试项目
设备二组	通风与空调/消防和给排水				
	自动售检票				
	电梯、自动扶梯与自动人行道				
	站台门				
	控制中心/综合监控/FAS/BAS				
运营准备组	组织架构				
	岗位与人员				
	运营管理				
	应急与演练				

图 5.1-10　现场踏勘方案（续）

系统测试方案

序号	测试项目	涉及部门	牵头部门	计划测试时间	测试地点	操作人	负责人	备注
1	列车超速安全防护测试	维修工程部、车辆部、客运部	维修工程部	__日下午				
2	列车追踪安全防护测试	维修工程部、车辆部、客运部	维修工程部	__日下午				
3	站台紧急关闭按钮安全防护测试	维修工程部、车辆部、客运部	维修工程部	__日下午				
4	换乘站基本通信测试	维修工程部、客运部	维修工程部	__日下午				
5	站内消火栓系统联动及压力测试	维修工程部、客运部	维修工程部	__日下午				
6	车站公共区火灾工况联动测试	维修工程部、客运部	客运部	__日下午				

图 5.1-11　系统测试方案

5.2　预评估专家检查

5.2.1　专家检查原则

项目初期运营前安全预评估是预评估专家对初期运营基本条件进行综合"体检"，是为开通运营把好一道关口，初期运营前安全预评估质量直接关系到初期运营前安全评估结果,甚至关系到初期运营后的运营安全,严把初期运营前安全预评估质量关尤为重要,专家检查要坚持"责任第一、质量第一、安全第一"的原则。

5.2.2 预评估组织

本次评估人员包括评价机构人员及评估专家两部分组成,具体如下:

1. 评估机构人员组成

评估负责人。

过程控制负责人。

评估联络人。

评估组成员。

2. 评估专家人员组成

(1) 在开展初期运营前安全评估项目预评估工作时遴选涵盖城市轨道交通运营管理、土建工程、车辆、供电、通信、信号、机电等专业领域的专家。

(2) 预评估专家人员组成

参加预评估专家分为4个组,总体组专家、土建组专家、设备组专家(根据专家人数、评估内容、任务量,分为设备一组,设备二组等)、运营准备组专家,且预检查中80%的专家应参加初期运营前正式安全评估会议。一般利用3天左右的时间,采用专家评审的方式开展,具体的评估方法包括资料查阅、听取工程情况汇报、现场查勘、人员问询、系统联动测试、旁站测试、列车添乘等,图5.2-1为初期运营前安全评估小组结构图。

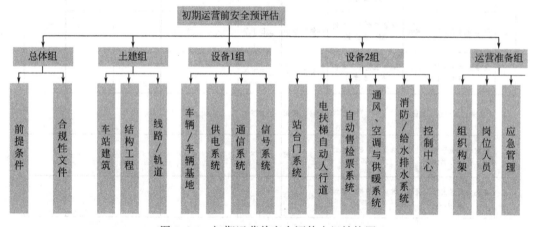

图5.2-1 初期运营前安全评估小组结构图

(3) 专家组的职责与任务(表5.2-1、表5.2-2)

初期运营前安全预评估专家组的职责与任务表 表5.2-1

组别	职责	分组任务
总体组	负责审核前提条件,包括政府部门有关文件及批复、总体、限界、线路、轨道、车辆基地、环保节能、安全质量等专业内容	基础条件:运营单位资格、工程基本条件、主管部门批复文件、工程移交3权移交与技术资料、试运行要求(情况报告)。 限界基本条件:区间、车站等限界、设备、设施、管线的限界、车辆与车辆基地;车辆基地

续表

组别	职责	分组任务
土建组	负责核验车站、区间、车场等相关项目的建筑、土建、防水、标志、标识等项内容	土建工程基本条件：线路工程、轨道工程、车站建筑、结构工程
设备1组	负责核验供电、主变电所、车站设备、环控、消防给水排水、环保节能等专业内容；负责评估系统联动测试相关内容	运营设备系统基本条件：供电系统、通风空调与供暖系统、给水排水及消防系统、电梯、扶梯与自动人行道、站台门（安全门系统）。 土建工程基本条件：人防及防淹门
设备2组	负责核验车辆、通信、信号、控制中心、AFC等弱电设备专业内容和设备系统的联调联试；负责评估系统联动测试相关内容	运营设备系统基本条件：通信系统、信号系统、火灾自动报警系统、环境与设备监控系统、自动售检票系统（AFC）、控制中心、综合监控系统、乘客信息系统、系统联调、系统测试与检验。 车辆与车辆基地：车辆
初期运营准备组	负责评估初期运营的各项准备工作：组织架构、初期运营规章制度、人员培训、人员操作、行车组织、客运组织、服务标志、安全应急预案、试运行报告、公交配套以及应急预案等项内容	人员基本条件：一般条件、列车驾驶员、调度员、行车值班员、车站客运服务人员、其他人员。 运营组织基本条件：规章制度、行车组织、客运组织、地面公交衔接。 应急与演练：应急预案、应急演练要求、应急组织与装备

初期运营前安全预评估专家分工图　　表 5.2-2

组别	专业	姓名	单位	职称
总体组	总体			
土建组	线路、轨道			
	车站建筑、结构工程			
设备组	车辆及车辆段			
	供电系统			
	通信系统			
	信号系统			
	站台门、电(扶)梯、自动售检票			
	消防、给水排水系统			
	通风、空调与供暖系统			
	FAS/BAS系统主控系统			
初期运营准备组	组织架构、岗位人员			
	运营管理			

备注：参与轨道工程预评估专家原则上应为在相关专业领域工作且从业经历10年以上的技术人员，且职称为高级工程师以上，其中担任总体组专家职称一般为教授级高级工程。

5.2.3　专家评估检查内容

评审专家将依据《技术规范》分组对所有条款内容进行检查。重点核查线路设施设备的状态，范围包括土建、车辆和车辆基地、供电、通信信号、通风空调、消防给水排水、火灾报警、AFC、站台门、电扶梯等，出具预评估意见（表5.2-3）。

初期运营前安全预评估专家检查内容对照表　　　　　　　　　表5.2-3

组别	专业	前提条件	系统功能核验	系统联动测试	运营准备
总体组	前提条件	第四条～第八条			
土建组	车站建筑		第十五条～第二十四条		
	结构工程		第二十五条～第三十三条		
	线路/轨道		第九条～第十四条	第七十七条	
设备组	车辆		第三十四条～第三十九条	第七十六条、第七十八条	
	车辆基地		第六十七条～第七十二条		
	供电系统		第四十条～第四十三条	第七十九条～第八十三条	
	通信系统		第四十四条、第四十五条		
	信号系统		第四十六条～第四十七条	第八十四条～第八十九条	
	站台门系统		第六十三条～第六十六条		
	电(扶)梯、自动人行道		第五十九条～第六十二条		
	自动售检票系统		第五十六条～第五十八条		
	通风、空调与供暖系统		第四十八条～第五十一条		
	消防/给水排水系统		第五十二条～第五十五条	第九十条～第九十三条	
	控制中心		第七十三条～第七十五条		
运营准备组	组织架构				第九十四条～第九十六条
	岗位人员				第九十七条～第一百〇四条
	应急管理				第一百一十五条～第一百二十三条
	运营管理	第三条			第一百〇五条～第一百一十四条

5.2.4　会议流程、具体行程

初期运营前安全评估预评估工作安排，其主要会议议程如表5.2-4所示。

初期运营前安全预评估会议议程　　　　　　　　　表5.2-4

时间	内容	主持	参加人员	地点
第一天专家报到				
第二天预备会、启动会、资料查阅、功能测试				

续表

时间	内容	主持	参加人员	地点
8:20~8:40 预备会	专家组预备会	中国安全生产科学研究院	第三方单位参会人员、全体专家	会议室
9:00~9:45 启动会	主持人宣布会议开始并介绍相关领导、参会专家及组长安排	中国安全生产科学研究院	市交通运输局、第三方评估单位、全体专家、地铁公司相关负责人、施工、监理、设计、咨询等单位代表	会议室
	市交通运输局领导讲话			
	专家组组长发言			
	建设单位汇报工程建设情况			
	运营单位汇报初期运营筹备情况			
10:00~12:00	专家查阅资料		全体专家、第三方评估单位、地铁公司相关负责人等	
12:00~13:00	午餐			餐厅
13:00~14:30	休息			
14:30~17:00	查阅资料	专家组组长	全体专家、第三方评估单位、地铁公司相关负责人等	会议室
18:00~19:00	晚餐			餐厅
20:00~21:00	查阅资料	专家组组长	全体专家、第三方评估单位、地铁公司相关负责人等	会议室
第三天现场检查、专家个人意见及小组意见				
8:30~12:00	现场检查、测试	专家组组长	全体专家、第三方评估单位、地铁公司相关负责人等	现场
12:00~13:00	午餐			餐厅
13:00~14:00	休息			
14:00~18:00	现场检查、测试	专家组组长	全体专家、第三方评估单位、地铁公司相关负责人等	现场
18:30~19:30	晚餐			餐厅
20:00~22:00	形成专家个人意见,专家小组组长牵头整理小组意见			会议室
第四天形成并反馈专家组意见、闭幕会				
8:30~11:00	形成并讨论专家组意见	专家组组长	中国安全生产科学研究院、专家组	会议室
11:00~12:00	反馈专家意见	专家组组长	全体专家、第三方评估单位、地铁公司相关负责人等	会议室
12:00~13:00	午餐			餐厅
13:00~14:30	休息			
14:30~15:30 闭幕会	专家组组长宣读意见	中国安全生产科学研究院	市交通运输局、第三方评估单位、专家组、地铁公司,施工、监理、设计、咨询等单位负责人	会议室
	地铁公司领导讲话			
	市交通运输局领导讲话			

专家将依据《技术规范》分组对所有条款内容进行检查。踏勘内容见表5.2-5，详细站点需与地铁公司进一步对接，原则上踏勘应包含本次评估线路全部车站、场段、控制中心及区间。

初期运营前安全预评估专家踏勘内容　　　　　　　　表5.2-5

分组	踏勘地点	路线安排
总体组	车辆段或停车场、控制中心、1~2个车站、站外导向标识、地铁保护区	乘坐汽车检查各站
土建组（车站建筑）	＿＿＿车站	
土建组（结构工程）	＿＿＿车站、联络通道和人防门（＿＿＿车站~＿＿＿车站区间）	
土建组（线路及轨道）	＿＿＿车站、车辆段、停车场	
设备组（车辆/基地）	车辆段、停车场、停车折返线（＿＿＿车站）、车辆	
设备组（供电）	主所、＿＿＿车站、地下区间（＿＿＿车站~＿＿＿车站）	
设备组（通信/信号/控制中心）	集中站、控制中心、车辆段、车载设备	
设备组（FAS/BAS/消防/给水排水系统）	＿＿＿车站、区间（＿＿＿车站~＿＿＿车站区间）、车辆段或停车场	
设备组（通风、空调与供暖系统/自动售检票系统）	＿＿＿车站、＿＿＿车站区间2区间、车辆段或停车场	
设备组（站台门系统/电(扶)梯、自动人行道）	＿＿＿车站	
运营准备组（组织架构/岗位人员）	车辆段、控制中心、＿＿＿车站~＿＿＿车站区间	
运营准备组（应急管理/运营管理）	车辆段、控制中心、＿＿＿车站	

备注：由于预评估阶段本项目白天仍需试运行跑车，土建组如需进入区间检查，请与各小组联络人做好沟通，利用夜间施工作业时间进入区间检查；部分功能测试需在跑车结束后安排专家测试。

5.2.5 预评估典型问题

1. 项目建设问题

许多项目建设受前期工作影响，安全预评估时工程实体还未完成建设。存在部分车站出入口未完成土建结构施工、部分车站未完成机电安装和装修、部分垂直电梯和扶梯未完成安装调试、部分车站出入口无法实现公交接驳等现象（图5.2-2、图5.2-3）。

图5.2-2　垂直电梯和扶梯未完成安装调试

图 5.2-3　部分车站出入口无法实现公交接驳

建议措施：

（1）制定合理的施工进度计划，建立地铁施工进度管理系统或网络计划管理，各施工单位采用信息化施工技术、计算机辅助管理技术、网络计划技术等方法进行进度控制。根据整体计划进度施工完成进度，分阶段、区域、项目及时进行施工进度计划的编排、调整，以关键工序为纲，点面结合，优化施工程序，合理确定并控制好关键线路，确保周、月度、季度、年度计划保质保量按照预定节点完成。

（2）加强里程碑节点计划管控

实施里程碑管理，对关键工期要求进行重点管理，确保按时保证质量完成。如因特殊原因造成工期延误，及时对工期延误原因进行分析，寻找切实可行的工期调整追赶措施，局部加快施工进度、备足必要的施工资源，循序渐进地赶回延误的工期。

（3）统筹安排综合考虑

施工计划进度统筹应综合考虑两个"满足"、三个"确保"、四个"考虑"，即两个"满足"：满足招标文件要求工期；满足工程实际需要。三个"确保"：确保施工安全；确保工程质量；确保工期。四个"考虑"：充分考虑特殊地段对工程的影响；充分考虑冬雨期施工影响；充分考虑周边环境对工程的影响；充分考虑不可预计因素对施工的影响。

2. 设计安装问题

设备设计安装时考虑不周到，或施工单位之间缺乏沟通，存在施工不考虑对其他专业的影响，对后续运营其他专业维护造成不便（图 5.2-4）。

建议措施：在施工准备时期内，技术人员仔细审核图纸，并查看现场土建施工情况，检查管线密集区域的检修空间，当遇到检修空间不足的问题，及时和设计沟通，请求设计做变更。在技术交底时加入检修空间的要求，并在施工图纸上标注检修空间的大小、方式等。

3. 轨行区围蔽问题

段场轨行区围栏地脚螺栓固定不牢，相邻围栏未用螺栓连接，人为拆除、破坏围栏，

图 5.2-4 钢轨回流线敷设到道岔基坑内

围栏安装不及时等（图 5.2-5）。

图 5.2-5 段场轨行区围栏

建议措施：在施工安装期间，安装单位严格按照设计图纸、要求，安装规范、工艺进行施工，监理单位加强施工质量监督、运营人员加强新线介入，及时将发现问题反馈至施工单位，业主代表、监理等督促整改，并做好复核检查闭环销项工作。

4. 设备设施安全标识标牌问题（图 5.2-6）

建议措施：施工管线安装完毕后，施工单位应根据设计图纸、要求、规范对所有管线、阀门装设标识、标牌，标明设备管线名称，便于业主单位后期维护、检修、保养；阀门处应悬挂"开、闭"状态标识牌，表明阀门状态。各标识标牌应装设在明显位置，不得遮挡。

5. 摄像机与导向、PIS 屏相互遮挡（图 5.2-7）

建议措施：导向标识系统主要有导向类、资讯类、安全警告类、宣传规范类、LCD标示、LED标识等，原则是按层划分施工区段，先里后外，先特殊后一般的顺序安装，确保在设计、施工、调试阶段其重点区域（入口门厅、扶梯、动照、装修、紧急疏散）等满足相关技术要求，各专业系统互相协调且无冲突接口问题。

图 5.2-6　段场轨行区围栏风管、水管、阀门未张贴标识标牌

图 5.2-7　摄像头被遮挡

6. 孔洞未封堵或封堵、防鼠挡板、防护盖板未安装、垃圾未清理等问题（图 5.2-8～图 5.2-10）

图 5.2-8　垃圾未清理

图 5.2-9　防护盖板未安装

图 5.2-10　绝缘垫未敷设

建议措施：主要从施工前、中、后三个阶段进行质量管理控制。施工前主要控制专项技术审查、施工技术质量计划编制及审批；施工中土建单位的三级检查、监理单位的质量巡检和隐蔽工程验收；施工后控制土建完工后移交前的综合检查及整改，包括运营单位介入人员检查中提出的问题，杜绝在施工整个过程中管理失控及无人管理现象。

5.3　预评估报告

初期运营前安全预评估报告从评估工作基本情况、线路概况、前提条件核验、系统功能核验情况、系统联动测试情况、运营准备工作情况、其他意见建议等方面，明确初期运营前安全预评估报告的要求，与《技术规范》相关章节对应衔接。是安全评估实施阶段的重要环节，为初期运营前安全评估打下好基础。

5.3.1　预评估工作基本情况及线路概况

（1）预评估人员组成。评估专家应熟悉城市轨道交通有关法律、法规、规章和政策标准，从事城市轨道交通相关专业领域工作 10 年以上，具有正高级专业技术职称或同等专业水平。专家的专业应涵盖城市轨道交通所有专业，专家不能与被评估单位有隶属关系，不能有妨碍安全评估工作客观公正的其他情形。明确评估专家人数、学历、职称、岗位与专业。分为总体组、土建组、设备组、初期运营准备组等专项小组，分别开展评审工作。

（2）预评估依据。依据国家有关法律、法规、技术规范和标准，以及所在省市轨道交通相关法律和法规要求开展。

包含但不限于以下内容：

1)《国务院办公厅关于保障城市轨道交通安全运行的意见》（国办发〔2018〕13 号）；
2)《城市轨道交通运营管理规定》（交通运输部令 2018 年第 8 号）；
3)《交通运输部关于印发〈城市轨道交通初期运营前安全评估管理暂行办法〉的通知》（交办运〔2019〕1 号）（下文简称《暂行办法》）；
4)《交通运输部办公厅关于印发〈城市轨道交通初期运营前安全评估技术规范 第 1 部分：地铁和轻轨〉的通知》（交办运〔2019〕17 号）（下文简称《技术规范》）；
5) 国家有关法律、法规、技术规范和标准；
6) 省、市轨道交通相关法律和法规。

（3）预评估采取方法。初期运营前安全预评估工作分为前提条件审核和正式预评估两个阶段。包括资料查阅、听取工程情况汇报、现场查勘、人员问询、系统联动测试、旁站测试、列车添乘等方式开展。

（4）预评估阶段：重点对前提条件、资料准备情况及现场设备设施运行情况开展评估，提出了初期运营安全评估前必须要解决的问题，并出具《初期运营前安全评估预评估报告》。

（5）预评估内容。包括前提条件核验、系统功能核验、系统联动测试和运营准备等四大方面。主要包括土建（线路和轨道、车站建筑、结构工程）、设备系统（车辆、供电系统、通信系统、信号系统、通风空调与供暖系统、消防和给水排水系统、自动售检票系统、电梯、自动扶梯、站台门）、车辆基地及控制中心等系统的功能核验；轮轨关系、弓网关系、信号防护、防灾联动等系统的联动测试；组织架构、岗位与人员、运营管理、应急管理等运营准备；线路沿线公交配套方案及实施情况等方面。

（6）线路概况。线路走向、里程、敷设方式的介绍；车站基本情况介绍；车辆基地基本情况介绍；主变电所基本情况介绍；控制中心基本情况介绍；设施设备配置、选型情况介绍；安全应急设施规划布局情况介绍；配套衔接、出入口数量、站台面积、通道宽度、换乘条件和站厅容纳能力布局情况介绍。

5.3.2 前提条件核验

（1）试运行情况报告应满足《技术规范》第三条：试运行前应完成系统联调。试运行时间不少于 3 个月，其中按照开通运营时列车运行图连续组织行车 20 日以上且关键指标符合国家规定。专家组通过现场查验相关报告，调取中央计算机系统数据，问询相关人员等方式给出预评估意见。

1) 列车运行图兑现率不低于 98.5%；
2) 列车正点率不低于 98%；

3）列车服务可靠度不低于 2.5 万列 km/次；
4）列车退出正线运行故障率不高于 0.5 次/万列 km；
5）车辆系统故障率不高于 5 次/万列 km；
6）信号系统故障率不高于 1 次/万列 km；
7）供电系统故障率不高于 0.2 次/万列 km；
8）站台门故障率不高于 1 次/万次。

贯通运行的延伸线工程项目应按全线运行图开展试运行，其中除供电系统故障率、站台门故障率按延伸区段统计外，其余关键指标应按全线统计。

（2）试运行情况报告应满足《技术规范》第四条：具有试运行情况报告，内容包括试运行组织基本情况、试运行期间主要设施设备运行情况和相关数据记录、设施设备运行安全性和可靠性分析、试运行发现问题整改情况等。专家组通过现场查验相关报告和统计数据，问询相关人员等方式给出预评估意见。

（3）批复和许可文件应满足《技术规范》第五条：具有符合规定的以下批复和许可文件：
1）工程项目建设规划批复；
2）工程可行性研究和初步设计批复；
3）重大设计变更批复；
4）用地和建设许可文件。

（4）符合规定的文件应满足《技术规范》第六条：具有符合规定的以下文件：
1）土建工程及其装饰装修、设备系统及其安装工程等质量验收监督意见；
2）车站、区间、中间风井、车辆基地、控制中心、主变电所等消防验收文件；
3）起重设备、电（扶）梯、压力容器等特种设备验收文件；
4）人防验收文件；
5）卫生评价文件；
6）建设单位编制的环保验收报告；
7）档案验收文件。

（5）竣工验收应满足《技术规范》第七条：城市轨道交通工程项目按规定竣工验收合格，验收发现的影响运营安全和基本服务质量的问题应整改完成；有甩项工程的，甩项工程不应影响运营安全和基本服务水平，并有明确范围和计划完成时间。

（6）保护区应满足《技术规范》第八条：按照规定划定城市轨道交通工程项目保护区，具有建设单位根据土建工程验收资料勘界后制定的保护区平面图，并在具备设置条件的保护区设置提示或警示标志。

5.3.3 系统功能核验情况

1. 土建工程包含

（1）线路和轨道；
（2）车站建筑；
（3）结构工程。

2. 设备系统包含

（1）车辆；

（2）供电系统；

（3）通信系统；

（4）信号系统；

（5）通风、空调与供暖系统；

（6）消防和给水排水系统；

（7）自动售检票系统；

（8）电梯、自动扶梯与自动人行道；

（9）站台门。

需满足《技术规范》第九条至第六十六条规定，并对照规定逐一评审满足要求。

易出现问题：

（1）部分无障碍电梯不能正常使用；

（2）部分车站出入口通道垃圾未清理；

（3）车站站厅层消火栓箱门尚未固定；

（4）车站排水系统应与城市排水系统连通；

（5）车站醒目位置未公布安全乘车注意事项、监督投诉电话、本站首末车时间和周边公交换乘信息，并按规定张贴城市轨道交通禁止、限制携带物品目录；

（6）车站紧急情况下使用的消防设施、安全应急设施、疏散通道和紧急出口，无齐全醒目的警示标志和使用说明；

（7）车站电扶梯与扶手栏杆间距较大均未封闭，存在安全隐患；

（8）车站部分组合风阀，执行机构未调整到位，阀瓣关闭不严密。

3. 车辆基地

需满足《技术规范》第六十七条至第七十二条规定，并对照规定逐一评审满足要求。

易出现问题：

（1）备品备件在初期运营前移交数量满足运营需求，备品备件未完全验收入库，剩余物资应及时采购到位，并完成物品分类存放；

（2）车辆基地周界已设置围蔽设施，围蔽有缺口，无法实现完全封闭；

（3）上盖开孔四周防抛网未安装完毕。

4. 控制中心

需满足《技术规范》第七十三条至第七十五条规定，并对照规定逐一评审满足要求。

易出现问题：

（1）综合监控工作站显示区间水泵高水位报警且无法启泵运行；

（2）车站多联机系统、部分区间感温光纤系统信息未能显示；

（3）区间水泵故障报警未消除。

5.3.4 系统联动测试情况

1. 系统联动测试情况下：

（1）轮轨关系；

（2）弓网关系；
（3）信号防护；
（4）防灾联动。

需满足《技术规范》第七十六条至第九十三条规定，并对照规定逐一评审满足要求。

易出现问题：
（1）部分系统测试的支撑数据不完善；
（2）全线车站公共区火灾工况联动测试报告中现场闸机、声光报警器、应急疏散等设备现场动作照片与报告文字描述不符；
（3）区间阻塞模式测试记录表存在涂改、漏签、时间内容记录不完全等问题，需进一步完善。

2. 运营准备工作情况下：

（1）组织架构；
（2）岗位与人员；
（3）运营管理；
（4）应急管理。

需满足《技术规范》第七十四条至第一百二十三条规定，并对照规定逐一评审满足要求。

易出现问题：
（1）重点岗位人员安全背景审查人员范围不规范、审查内容待完善；
（2）部分人员未取得上岗证；
（3）热线服务技巧欠缺；
（4）部分运营人员未完成建构筑物消防员证的取证工作；
（5）土建工程竣工资料和各设备系统技术图纸等资料未全部移交；
（6）公交配套衔接方案未完全实施到位；
（7）对外信息通报的应急联络机制不完善；
（8）车站级现场演练未做到全员参与；
（9）委外安全协议中的风险管控内容不完善。

5.3.5 其他意见建议

1. 常见工程建设方面

（1）加快车站、出入口等装饰装修进度。
（2）加快车站安全标识、导向标识张贴或安装。
（3）运用库地面线缆盖板未安装或安装不牢固；运用库消火栓未配备水带及灭火器。
（4）区间存在隧道管片结构破损严重，且混凝土碎块掉落至道床面。
（5）车站 FAS 系统时钟与车站子钟有偏差，进一步调整同步。
（6）加快通信、信号机房空调通风系统投入运用，避免设备运行温度偏高。
（7）通信、信号设备室内装修专业收边收口、风水电管线槽道尽快封堵完善。

2. 常见运营准备方面

（1）建议查缺补漏，确保针对设备系统，尤其是较新采用的设备系统，厂家已完成培训，已取得使用说明书。

（2）设备维修规章制度、应急措施尽快完善上墙。

5.3.6 运营安全预评估意见

经专家组讨论，根据《暂行办法》的有关规定，工程项目已具备正式评估的基本条件。限定整改期限将影响开通初期运营安全、运营服务质量的 A 类遗留问题全部整改完成，并须经第三方工程咨询有限公司复核确认后，按照交通运输部有关规定和程序方可正式评估。

第6章　城市轨道交通初期运营前安全评估前置条件审核

6.1　前提条件概述

前提是指事物发生或发展的先决条件，城市轨道交通工程项目开展初期运营安全评估须符合规定的前提条件，不符合要求的，不能开展初期运营前安全评估，即不能投入初期运营。

《暂行办法》与《技术规范》均对初期运营前安全评估前提条件的具体内容进行了规定，具体如下。

（1）试运行关键指标达到要求，且试运行期间发现的安全隐患和较大质量问题已完成整改。

1) 试运行前应完成系统联调。试运行时间不少于3个月，其中按照开通运营时列车运行图连续组织行车20日以上且关键指标符合以下规定：

① 列车运行图兑现率不低于98.5%；
② 列车正点率不低于98%；
③ 列车服务可靠度不低于2.5万列km/次；
④ 列车退出正线运行故障率不高于0.5次/万列km；
⑤ 车辆系统故障率不高于5次/万列km；
⑥ 信号系统故障率不高于1次/万列km；
⑦ 供电系统故障率不高于0.2次/万列km；
⑧ 站台门故障率不高于1次/万次。贯通运营的延伸线工程项目应按全线运行图开展试运行，其中除供电系统故障率、站台门故障率按延伸区段统计外，其余关键指标应按全线统计。

2) 具有试运行情况报告，内容包括试运行组织基本情况、试运行期间主要设施设备运行情况和相关数据记录、设施设备运行安全性和可靠性分析、试运行发现问题整改情况等。

3) 具有主要测试报告，如信号系统第三方安全认证测试、变电所0.4kV低压备自投测试、区间水泵安全运行测试、车站综合后备控制盘功能测试、车站公共区火灾工况联动测试、列车紧急制动距离测试、车门安全联锁测试等。

（2）按规定通过专项验收并经竣工验收合格，且验收发现的影响运营安全和基本服务质量的问题已完成整改。

1) 具有符合规定的以下批复和许可文件：

① 工程项目建设规划批复；

② 工程可行性研究和初步设计批复；
③ 重大设计变更批复；
④ 用地和建设许可文件。
2) 具有符合规定的以下文件：
① 土建工程及其装饰装修、设备系统及其安装工程等质量验收监督意见；
② 车站、区间、中间风井、车辆基地、控制中心、主变电所等消防验收文件；
③ 起重设备、电（扶）梯、压力容器等特种设备验收文件；
④ 人防验收文件；
⑤ 卫生评价文件；
⑥ 建设单位编制的环保验收报告；
⑦ 档案验收文件。
3) 具有竣工验收报告和验收发现问题整改情况报告。
（3）有甩项工程的，甩项工程不得影响初期运营安全和基本服务水平，并有明确范围和计划完成时间。
具有甩项工程批复文件，并附甩项工程清单。
（4）按照规定划定城市轨道交通工程项目保护区，根据土建工程验收资料勘界后制定保护区平面图，在具备条件的保护区设置提示或者警示标志。
划定城市轨道交通工程项目保护区，具有保护区平面图以及设置的提示或者警示标志位置清单。
（5）城市轨道交通运营单位满足规定的条件，具备安全运营、养护维修和应急处置能力。
具有运营单位符合规定条件的情况说明和证明文件：
1) 具有企业法人资格，经营范围包括城市轨道交通运营管理；
2) 具有健全的行车管理、客运管理、设施设备管理、人员管理等安全生产管理体系和服务质量保障制度；
3) 具有车辆、通信、信号、供电、机电、轨道、土建结构、运营管理等专业管理人员，以及与运营安全相适应的专业技术人员。
（6）其他。
1) 具有对运营服务专篇意见的对照检查落实材料。
2) 城市轨道交通运营主管部门要求的其他材料，如票价批复、安全评价文件等。

6.2 前置条件批复类文件

考虑不同城市的政府部门职能存在的差异性，以及不同城市轨道交通工程项目在制式等方面存在的差异性，本节主要以部分国内城市地铁为例，对前提条件的批复、验收类文件进行概述。

6.2.1 工程项目建设规划批复

工程建设规划批复指在线网规划阶段，获得国家发展和改革委员会出具的关于城市的轨道交通工程建设规划批复，规划中须包含线网规划、建设方案、主要技术标准、资金安排、实施保障等内容（图6.2-1）。

■■■发展和改革委员会文件

发改基础■■■■号

■■■发展改革委关于印发■■■■城市轨道交通第一期建设规划（2016-2020年）的通知

■■■发展改革委：

《■■■城市轨道交通第一期建设规划（2016-2020年）》（以下简称《规划》）业经国务院批准，现印发你们，请按照执行，并就有关事项通知如下：

一、按照国务院批复要求，为实现■■城市总体规划目标，引导人口及产业向■■■区转移，构建以公交为主导的城市交通运输体系，■■人民政府要指导■■■统筹城市开发、项目建设条件和财力、技术保障等，稳步推进城市轨道交通项目建设，并落实好设备国产化相关要求。

二、在《规划》实施过程中，要坚持经济、适用、安全的原则，提高规划、设计、施工和运营管理水平，确保工程建设和运营安全；高度重视公共安全，加强设施、人员配备。

三、严格按照批准的建设规划审批（核准）项目，项目基本建设方案不得随意变更。按照国家相关法律法规和规章要求，规范招标投标行为。项目审批（核准）权限不得进一步下放、转移，审批（核准）前应委托有资质的第三方机构开展项目评估，建立公示和信息公开制度。项目批复文件抄送我委，并按要求及时报送项目建设进展等情况。

图6.2-1　工程项目建设规划批复示例

四、加强■■城市轨道交通与区域内的铁路客运站、公路客运站、公交枢纽等主要站场的规划衔接,深化研究与■站、■站的换乘方案。换乘设施工程应一次建成,可分期投入使用。重要换乘枢纽应尽可能实现不同线路间同台换乘,不能同台换乘的,通过建设和改造配套换乘设施,尽量实现同站或立体换乘。

五、请你们会同有关部门加强项目建设的监督检查,发现违规行为及时处置。我委将适时开展规划中期评估和建设项目稽察工作。

六、请你们按规定做好项目后评价和竣工验收等有关工作。

附件:■■城市轨道交通第一期建设规划(2016-2020年)

附件

■■■■城市轨道交通第一期建设规划

(2016-2020年)

一、线网规划

依据城市总体规划和综合交通规划,■■■城市轨道交通线网由4条线路组成,总长102.6 km,设车站63座,其中换乘车站8座。预计2020年,■■■公共交通系统占城市客运出行比例达到30%,城市轨道交通占公共交通出行的比例达到20%。

二、建设规划

(一)建设方案

至2020年,建成1号线工程和2号线一期工程,长约41.3 km。

1号线工程自谷水西至文化街站,线路长约23 km,设站19座,投资170.58亿元,规划建设期为2016—2020年。

2号线一期工程自经三路至龙门大道站,线路长约18.3 km,设站15座,投资140.3亿元,规划建设期为2016-2020年。

(二)主要技术标准

采用B型车,6辆编组,最高运行时速80 km。在规划实施阶段,进一步深化主要技术标准和运营组织方案。

图6.2-1 工程项目建设规划批复示例(续)

（三）资金安排

近期建设项目总投资为 310.88 亿元。其中资本金占 40%，计 124.35 亿元，由 ▇▇ 财政资金筹措解决。资本金以外的资金采用

图 6.2-1　工程项目建设规划批复示例（续）

6.2.2　工程可行性研究和初步设计批复

工程可行性研究批复指在可行性研究阶段，获得地方发展和改革委员会出具关于工程项目可行性研究报告的批复。

初步设计批复是指在初步设计阶段，获得地方发展和改革委员会出具关于工程项目初步设计的批复（图 6.2-2、图 6.2-3）。

▇▇ 发展和改革委员会文件

发改城市 ▇▇ ▇▇ 号

▇▇ 发展和改革委员会
关于 ▇▇ 城市轨道交通 1 号线工程可行性研究报告的批复

▇▇ 发展和改革委员会：

你委《关于 ▇▇ 城市轨道交通 1 号线工程可行性研究报告的请示》（▇▇ 发改办 ▇▇ 号）收悉。经研究，批复如下：

一、为改善 ▇▇ 公共交通条件，引导城市空间结构与功能布局优化调整，根据《▇▇ 城市轨道交通近期建设规划（2016-2020 年）》，同意建设 ▇▇ 轨道交通 1 号线工程（项目代码 ▇▇）。项目单位为 ▇▇ 轨道交通有限责任公司。

二、▇▇ 轨道交通 1 号线工程线路全长 22.34km，西起谷水站，东至杨湾站，依次沿中州西路、武汉路、西苑路、延安

— 1 —

图 6.2-2　工程可行性研究批复示例

道交通1号线工程建设项目用地预审的意见(　　国土资函　　号)》、《　　住房和城乡厅建设项目选址意见书(选字第　　号)》、《　　发展和改革委员会关于　　城市轨道交通1号线工程节能评估报告书的审查意见(　　发改能评　　号)》。

八、请项目单位在项目开工建设前，依据相关法律、行政法规规定办理规划许可、土地使用、环境保护、安全生产等相关报建手续。

九、项目予以审批决定之日起2年内未开工建设，需要延期开工建设的，请在2年期限届满的30个工作日前，向我委申请延期开工建设。开工建设只能延期一次，期限最长不得超过1年。

请据此抓紧开展初步设计等工作。

附件：　　轨道交通1号线工程建设项目招标投标事项核准意见

图 6.2-2　工程可行性研究批复示例（续）

6.2.3　重大设计变更批复

重大设计变更批复指若工程项目涉及重大设计变更，获得地方发展和改革委员会，或市住房和城乡建设局，或市交通运输局，或市轨道交通建设办公室，或其他政府相关职能部门出具的关于工程项目重大设计变更的批复（图 6.2-4）。

6.2.4　用地和建设许可文件

用地和建设许可文件包括建设工程规划许可证、建设工程用地许可证、施工许可证。

建设工程规划许可证指建设工程符合城市规划要求的法律凭证，是建设单位建设工程的法律凭证，由工程所在地县级以上人民政府城市规划行政主管部门即市自然资源和规划局核发。凡在城市规划区内新建、扩建和改建建筑物、构筑物、道路、管线和其他工程设

▇▇▇▇发展和改革委员会文件

■发改设计 ■ ■ 号

▇▇▇▇发展和改革委员会关于▇▇▇▇城市轨道交通1号线工程初步设计的批复

■▇▇发展改革委：

你委《关于上报■■城市轨道交通1号线工程初步设计的请示》(■发改办■ 号)收悉。结合■■▇▇▇■集团有限公司评审意见，经研究，现批复如下：

一、原则同意▇▇▇▇▇集团有限公司编制的工程初步设计及修改设计。

二、建设规模及主要建设内容

线路西起谷水站，依次沿中州西路、武汉路、西苑路、延安路、中州中路、中州东路敷设，终点接入杨湾站，线路全长22.403km，正线全部为地下敷设。全线设谷水站、秦岭路站、

— 1 —

力，满足极端情况下的客流要求。

六、施工图设计阶段，应严格按照环保部门要求落实环境保护措施，进一步落实环境敏感点，完善减震、降噪措施，减少对沿线造成的干扰。

七、施工图设计阶段，应按照国家相关法律法规，做好消防、抗震、节能、人防等设计，并办理相关手续，确保工程安全。

图 6.2-3　工程初步设计批复示例

八、施工图设计阶段，应根据文物保护法律法规的相关要求，以及国家和■■■■文物主管部门的批复意见，尽快开展文物普查和勘探工作，并按要求办理相关手续。

九、用地面积控制在 136.73 公顷以内。

十、总概算核定为 1827054 万元。

附件：总概算表

20■■年 10 月 27 日

图 6.2-3　工程初步设计批复示例（续）

■■■■发展和改革委员会

关于轨道交通 1 号线增设■■站的意见

市轨道交通集团：

2016 年 8 月，■■发展改革委批复了《■■■■■城市轨道交通第一期建设规划（2016-2020 年）》，其中 1 号线线路长约 23 公里，车站 19 座，总投资 170.58 亿元。2017 年 6 月 27 日，省发展改革委批复了 1 号线可行性研究报告，线路全长 22.34 km，设站 18 座，估算总投资 180.28 亿元。2017 年 10 月 27 日，省发展改革委批复了 1 号线初步设计，线路全长 22.403 km，车站 18 座，概算总投资 182.7 亿元。

图 6.2-4　重大设计变更批复示例

根据 2019 年 10 月 18 日▆▆地铁 1 号线增加▆▆站变更合规性咨询及技术方案审查会专家意见、2020 年 5 月 14 日▆▆城市轨道交通 1 号线▆▆站及▆▆车辆基地预留工程初步设计评审会专家意见、2020 年 2 月 3 日第 142 次书记专题会意见和 2020 年 10 月 22 日市政府关于地铁 1 号线保开通工作推进会有关要求，同意增设▆▆站。

图 6.2-4　重大设计变更批复示例（续）

施的单位与个人，必须持有关批准文件向城市规划行政主管部门提出建设申请。

建设工程用地许可证是指建设项目位置和范围符合城乡规划的法定凭证，是建设单位用地的法律凭证，由工程所在地县级以上人民政府城市规划行政主管部门即市自然资源和规划局核发。凡在城市规划区内进行建设需要申请用地的，必须持国家批准的有关文件，向城市规划性行政主管部门提出定点申请。

施工许可证是指建筑施工单位符合各种施工条件、允许开工的批准文件，是建设单位进行工程施工的法律凭证，由工程所在地县级以上人民政府建设行政主管部门即市住房和城乡建设局核发。部分城市执行"按照国务院规定的权限和程序批准开工报告的建筑工程，不再领取施工许可证"的要求。

建设项目用地预审是指国土资源管理部门在建设项目审批、核准、备案阶段，依法对建设项目涉及的土地利用事项进行的审查，一般由省国土资源厅出具审核意见（图 6.2-5～图 6.2-8）。

6.2.5　土建工程及其装饰装修、设备系统及其安装工程等质量验收监督意见

土建工程及其装饰装修、设备系统及其安装工程等质量验收监督意见一般是指依据《城市轨道交通建设工程验收管理暂行办法》（建质〔2014〕42 号）要求，由建设单位组织，各参建单位项目负责人以及运营单位、负责专项验收的城市政府有关部门代表参加的项目工程验收，获得验收组签署的项目工程验收意见、工程质量监督机构即地方工程质量安全监督站出具的验收监督意见（图 6.2-9）。

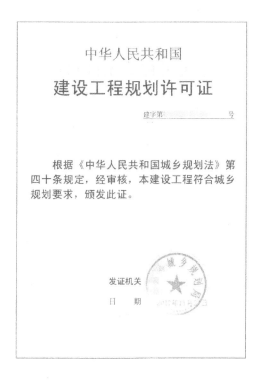

图 6.2-5　建设工程规划许可证示例

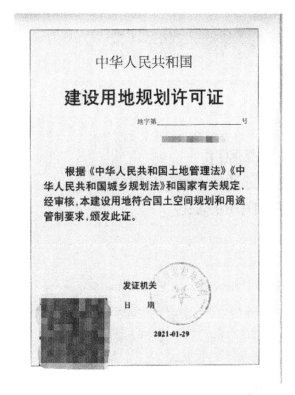
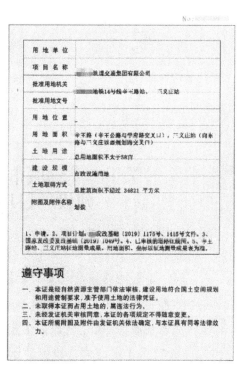

图 6.2-6　建设用地规划许可证示例

图 6.2-7 建筑工程施工许可证示例

■国土资函 ■■■ 号

■■■国土资源厅
关于■■■城市轨道交通 1 号线工程
建设项目用地预审的意见

■■■轨道交通有限责任公司：

你公司报来的《■■■轨道交通有限责任公司关于■■■城市轨道交通 1 号线工程用地预审请示》（■■■■号）及相关材料收悉。根据《建设项目用地预审管理办法》（国土资源部令第 42 号）的规定，现提出如下预审意见：

图 6.2-8 建设项目用地预审文件示例

一、████城市轨道交通 1 号线工程已经《████发展改革委关于印发████城市轨道交通第一期建设规划（2016-2020 年）的通知》（发改基础████号）同意。用地符合国家土地供应政策。

二、该项目拟占用████区、████区、████区、████区、████区土地共计████公顷，其中农用地████公顷（耕地████公顷）、建设用地████公顷、未利用地████公顷。项目用地需调整████区土地利用总体规划，规划调整方案应在用地报批时随用地报件一并上报审批（在用地报批时，以正在开展的土地利用总体规划调整完善成果为准）。在初步设计阶段，应进一步优化设计方案，从严控制建设用地规模，节约集约用地。

三、项目建设所需补充耕地资金要列入工程概算，同意你单位按照《████人民政府关于公布取消停止征收和调整有关收费项目的通知》（████号）规定标准缴纳耕地开垦费，落实拟定的补充耕地初步方案，在用地报批前完成补充耕地任务。

四、根据相关法律法规的规定，要切实做好征地补偿安置的前期工作，确保补偿安置资金和社保资金足额到位，维护被征地农民的合法权益。

五、项目用地涉及压覆矿产和需要进行地质灾害评估的，应在用地报批前办理矿产资源压覆和地质灾害危险性评估等手续。

六、按照《中华人民共和国土地管理法》和国务院文件的有关规定，应依法办理建设用地报批手续。未办理农用地转用和土地征收手续的不得开工建设。

七、依据《建设项目用地预审管理办法》的规定，同意该项目通过建设项目用地预审，本文件自印发之日起两年内有效。两年内未办理相关手续需延期的，项目建设单位应当在有效期届满 30 日前向我厅申请延期。对超期未申请延期的建设项目用地预审延期申请原则上不予受理。

图 6.2-8　建设项目用地预审文件示例（续）

▇▇▇▇建筑工程质量监督站

▇▇▇▇建筑工程质量监督站
▇▇▇▇城市轨道交通 1 号线工程质量验收
监督意见

2021 年 3 月 10 日,建设单位▇▇▇▇轨道交通集团有限责任公司组织市轨道交通 1 号线工程各参建单位、运营单位及有关职能部门组成验收委员会,并根据验收方案分为综合、土建、设备、设施、内业资料及专家五个专业验收组开展竣工验收工作,经各验收组现场检查,审阅工程档案资料、试运行总结报告、检查项目工程验收遗留问题和试运行中发现问题的整改情况及质询相关单位,验收委员会讨论并形成验收意见结论为合格。

我站按规定对建设单位组织的▇▇▇▇城市轨道交通 1 号线工程验收组织形式、验收程序、验收组人员资格等情况进行了现场监督,认为该项目的组织形式、验收程序、验收组人员资格符合《城市轨道交通建设工程验收管理暂行办法》(建质▇▇▇▇号)和《▇▇▇▇城市轨道交通建设工程验收管理暂行办法》(▇▇▇▇号)的规定。

对于验收组在验收过程中发现的问题,按规定应由建设单位▇▇▇▇轨道交通集团有限责任公司督促相关单位落实整改。

附件:▇▇▇▇轨道交通 1 号线工程单位工程验收清单

20▇▇年 3 月 15 日

图 6.2-9　工程质量验收监督意见示例

6.2.6 车站、区间、中间风井、车辆基地、控制中心、主变电所等消防验收文件

依据《建设工程消防监督管理规定》（公安部令第119号）要求，建设单位应当向公安机关消防机构申请消防设计审核，并在建设工程竣工后向出具消防设计审核意见的公安机关消防机构申请消防验收。按照《中共中央办公厅国务院办公厅关于调整住房和城乡建设部职责机构编制的通知》和《中央编办关于建设工程消防设计审查验收职责划转核增行政编制的通知》（中央编办发〔2018〕169号），消防救援机构向住房和城乡建设主管部门移交建设工程消防设计审查验收职责工作，消防验收文件由住房和城乡建设主管部门即市住房和城乡建设局出具。消防验收文件模板示例如下：

特殊建设工程消防验收意见书

消验字　　　　号（文号）

＿＿＿有限责任公司：

根据《中华人民共和国建筑法》《中华人民共和国消防法》《建设工程质量管理条例》《建设工程消防设计审查验收管理暂行规定》等有关规定，你单位于＿＿年＿＿月＿＿日申请＿＿＿＿＿＿＿＿＿＿建设工程（地址：＿＿＿＿＿＿单体建筑名称：＿＿＿＿，地上层数：＿＿＿＿，地上面积：＿＿＿＿，地下层数：＿＿＿＿，地下面积：＿＿＿＿，建筑高度：＿＿＿＿，使用性质：＿＿＿＿，单体建筑名称：＿＿＿＿，地上层数：＿＿＿＿，地上面积：＿＿＿＿，地下层数：＿＿＿＿，地下面积：＿＿＿＿，建筑高度：＿＿＿＿，使用性质：＿＿＿＿，单体建筑名称：＿＿＿＿，地上层数：＿＿＿＿，地上面积：＿＿＿＿，地下层数：＿＿＿＿，地下面积：＿＿＿＿，建筑高度：＿＿＿＿，使用性质：＿＿＿＿，单体建筑名称：＿＿＿＿，地上层数：＿＿＿＿，地上面积：＿＿＿＿，地下层数＿＿＿＿，地下面积：＿＿＿＿，建筑高度：＿＿＿＿，使用性质：＿＿＿＿；单体建筑名称：＿＿＿＿，地上层数：＿＿＿＿，地上面积：＿＿＿＿，地下层数：＿＿＿＿，地下面积：＿＿＿＿，建筑高度：＿＿＿＿，使用性质：＿＿＿＿，单体建筑名称：＿＿＿＿，地上层数：＿＿＿＿，地上面积：＿＿＿＿，地下层数：＿＿＿＿，地下面积：＿＿＿＿，建筑高度：＿＿＿＿，使用性质：＿＿＿＿，单体建筑名称：＿＿＿＿，地上层数＿＿＿＿，地上面积：＿＿＿＿，地下层数：＿＿＿＿，地下面积：＿＿＿＿，建筑高度：＿＿＿＿，使用性质：＿＿＿＿，单体建筑名称：＿＿＿＿，地上层数：＿＿＿＿，地上面积：＿＿＿＿，地下层数＿＿＿＿，地下面积：＿＿＿＿，建筑高度：＿＿＿＿，使用性质：＿＿＿＿，单体建筑名称：＿＿＿＿，地上层数：＿＿＿＿，地上面积：＿＿＿＿，地下层数：＿＿＿＿，地下面积：＿＿＿＿，建筑高度：＿＿＿＿，使用性质：＿＿＿＿，单体建筑名称：＿＿＿＿，地上层数：＿＿＿＿，地上面积：＿＿＿＿，地下层数：＿＿＿＿，地下面积：＿＿＿＿，建筑高度：＿＿＿＿，使用性质：＿＿＿＿，单体建筑名称：＿＿＿＿，地上层数：＿＿＿＿，地上面积：＿＿＿＿，地下层数：＿＿＿＿，地下面积：＿＿＿＿，建筑高度：＿＿＿＿，使用性质：＿＿＿＿，单体

建筑名称：_____，地上层数：_____，地上面积：_____，地下层数：_____，地下面积：_____，建筑高度：_____，使用性质：_____，单体建筑名称：_____，地上层数：_____，地上面积：_____，地下层数：_____，地下面积：_____，建筑高度：_____，使用性质：_____，单体建筑名称：_____，地上层数：_____，地上面积：_____，地下层数：_____，地下面积：_____，建筑地上层数：_____，地上面积：_____，地下层数：_____，地下面积：_____，建筑高度：_____，使用性质：_____，消防验收（特殊建筑工程消防验收申请受理凭证文号：_____）按照国家工程建设消防技术标准和建设工程消防验收有关规定，根据申请材料及_____建筑工程质量检验测试中心站有限公司于___年___月___日出具的《关于"_____"消防验收现场评定的意见》，结论如下：

合格

不合格

如不服本决定，可以在收到本意见书之日起 60 日内依法向_____人民政府申请行政复试，或者 6 个月内依法向_____人民法院提起行政诉讼。

年　　月　　日

建设单位签收：

年　　月　　日

6.2.7　起重设备、电（扶）梯、压力容器等特种设备验收文件

根据《中华人民共和国特种设备安全法》要求，特种设备使用单位应当在特种设备投入使用前或者投入使用后三十日内，向负责特种设备安全监督管理的部门办理使用登记，取得使用登记证书。特种设备验收文件由市质量技术监督局出具（图 6.2-10）。

6.2.8　人防验收文件

根据《人民防空工程质量监督管理规定》（国人防〔2010〕288 号）要求，人防工程竣工验收由建设单位组织，人防工程质量监督机构对人防工程竣工验收履行监督责任，人防工程验收合格后，建设单位将竣工备案材料报送人防主管部门，人防验收文件由市人民防空办公室出具（图 6.2-11）。

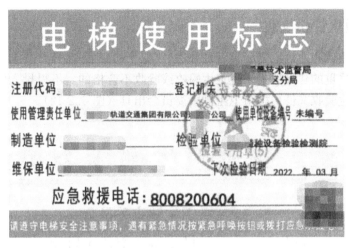

图 6.2-10 特种设备验收文件示例

████ 人民防空办公室关于 ████ 城市轨道交通 1 号线工程（谷水站至杨湾站）人防专项验收的意见

████ 轨道交通集团有限责任公司：

　　贵公司建设的 ████ 城市轨道交通 1 号线人防工程（谷水站至杨湾站），在完成人防防护结构和设备等施工后，贵公司依据有关规定于 2021 年 2 月 25 日组织各参建单位进行了人防专项验收，验收组认为工程实体质量合格，验收资料齐全且真实有效，验收结论为合格。我办依法进行了现场监督，验收程序合法合规，原则同意验收结论。

　　为确保列车运行安全，区间隔断门在运营期间需做好实时性监测和维护管理工作。建好专项档案后，向我办报送竣工资料。

████ 人民防空办公室

20██ 年 3 月 2 日

图 6.2-11 人防验收文件示例

6.2.9 卫生评价文件

根据《建设项目职业病危害分类管理办法》(卫生部令第 49 号)要求，职业病危害一般和职业病危害严重的建设项目未经卫生验收或验收不合格的，不得投入生产或使用。卫生评价文件（卫生验收文件）由市卫生健康委员会出具（图 6.2-12）。

图 6.2-12 卫生验收文件示例

6.2.10 建设单位编制的环保验收报告

根据《建设项目竣工环境保护验收暂行办法》要求，建设单位是建设项目竣工环境保护验收的责任主体，应当组织对配套建设的环境保护设施进行验收，编制验收报告。环保验收报告由建设单位或其委托有能力的技术机构编制（图 6.2-13）。

图 6.2-13　环保验收报告示例

6.2.11 档案验收文件

根据《重大建设项目档案验收办法》要求，未经档案验收或档案验收不合格的项目，不得进行或通过项目的竣工验收。档案验收文件由档案行政管理部门即市档案局出具（图 6.2-14）。

图 6.2-14 档案验收文件示例

6.2.12 竣工验收报告

依据《城市轨道交通建设工程验收管理暂行办法》（建质〔2014〕42 号）要求，城市轨道交通建设工程竣工验收由建设单位组织，各参建单位项目负责人以及运营单位、负责规划条件核实和专项验收的城市政府有关部门代表参加，组成验收委员会。验收委员会签署工程竣工验收报告，并对遗留问题做出处理决定，工程质量监督机构即市建设工程质量安全监督站出具验收监督意见（图 6.2-15）。

图 6.2-15　竣工验收监督意见示例

6.2.13　甩项工程批复

甩项工程批复是指针对竣工验收前未按照施工设计要求完成的某些工程细目，获得地方发展和改革委员会，或市住房和城乡建设局，或市交通运输局，或市轨道交通建设办公室，或其他政府相关职能部门出具的关于甩项工程的批复（图 6.2-16）。

▊▊▊▊ 机场与铁路建设项目办公室

▊▊办函▊▊▊号

关于▊▊▊▊城市轨道交通1号线一期工程初期运营甩项工程事宜的复函

市轨道建管公司：

  你公司《▊▊▊▊城市轨道交通1号线一期工程初期运营甩项工程报告》（▊▊城轨发▊▊▊▊号）已收悉。我办开展了实地踏勘，并组织市住建局、市交通运输局以及相关设计、建设、监理单位召开专题会议。现根据会议意见，原则同意将西龙王庙站4号出入口，新华广场站3号出入口，人民会堂站1b出入口，将军衙署站1a出入口、2b出入口作为城市轨道交通1号线一期工程初期运营甩项工程。请你公司重点落实好如下工作：

  一、会同地铁运营公司等相关单位进一步评估甩项工程潜在风险，制定风险防控举措，压实工作责任，确保城市轨道交通工程建设运营质量安全。

  二、进一步明确甩项工程完工计划，并按照国家相关法律法规科学有序推动后续建设，待验收合格后方可投入使用。

  三、针对甩项工程设置醒目安全标示，严格甩项工程施工管理，加强建设区域和运营区域的安全隔离，会同有关部门开展安全监控，及时采取有效措施预防突发事件。

  四、加强舆情收集与处置，做好甩项工程的解释说明工作。

2019年▊月4日

图 6.2-16   甩项工程批复文件示例

6.2.14 安全评价文件

根据《中华人民共和国安全生产法》的要求,生产经营单位必须执行依法制定的保障安全生产的国家标准或者行业标准。安全评价文件是指获得由生产经营单位委托为安全生产提供技术、管理服务的机构按照《城市轨道交通试运营前安全评价规范》AQ8007-2013要求编制的安全评价文件(图 6.2-17)。

██████ 轨道交通集团有限责任公司

██████ 轨道交通 1 号线工程

试运营前安全评价报告

(终稿)

图 6.2-17 试运营前安全评价报告示例

6.3 试运行

地铁空载试运行是保证运营安全、提高服务水平的需要,在投入运营之前保证设备系统之间、人与设备系统的充分磨合,提升设备系统的稳定性和可靠性,锻炼人员的业务技能和故障应急的处理能力,提高运营服务水平,试运行情况报告内容涵盖了试运行前期准备、试运行情况、综合联调开展情况、运营演练开展情况等。

6.3.1 试运行基本情况

1. 试运行整体情况

____号线一期工程试运行时间为____年____月____日至开通初期运营前,试运行工作由运营单位牵头,行车组织工作按照《____市轨道交通集团有限责任公司____号线一期工程试运行实施工作方案》开展。根据信号、车辆等设备调试进度及状态,____号线一期工程试运行工作分三个阶段进行,具体情况如下:

2. 第一阶段试运行情况

本阶段试运行时间为____年____月____日至____月____日(共____天)。受____区间施工进度影响,____年____月____日至____月____日正线轨行区进行遗留问题消缺。____年____月____日至____月____日,根据线路条件与设备调试状态,每日上线____列车,试运行时长为____h不等。____月____日至____月____日主要进行____、____、____运行图测试,试运行时间为____,上线____列车,本阶段共计开行列车____列次,试运行里程合计____万列km,具体执行情况如表6.3-1。

试运行执行情况　　　　　　　　　　　　　　　　表6.3-1

日期	上线列数	试运行交路	行车时间	主要完成内容
____月____日~____日	____列	____站~____站	____~次日____	系统功能核验、司机驾驶练习
____月____日~____日	____列	____站~____站	____~次日____	运营期间人员非法进入轨行区应急演练、乘客意外伤害演练、列车在站台火灾应急演练、司机驾驶模式练习、信号系统功能调试与验证、车辆型式试验
____月____日~____日	____列	____站~____站	____~____	主要进行运行图测试

3. 第二阶段试运行情况

本阶段试运行时间为____年____月____日至____月____日(共____天),主要开展试运行连续跑图工作。工作日执行____运行图,双休日执行____运行图,高峰期行车间隔为____min,上线____列车;平峰期行车间隔____min,上线____列车,每日试运行时间为____,本阶段共计开行列车____列次,试运行里程合计____万列km。

4. 第三阶段试运行情况

本阶段试运行时间为____年____月____日至开通初期运营前。受____区间施工影响,____月____日~____月____日组织____站~____站小交路试运行,同时开展应急演练,继续实施未完成的系统功能核验、系统联动测试项目。____月____日~____月____日期间工作日执行____运行图,双休日执行____运行图,高峰期行车间隔为____min,上线____列车;平峰期行车间隔____min,上线____列车,每日试运行时间为____。____月____日起____号线全线继续进行连续跑图工作。截至____月____日共计开行列车____列次,试运行里程____万列km。

6.3.2 运营指标分析

1. 运营指标统计

连续跑图期间发生影响指标情况共计____件,其中影响站台门故障率指标的情况有____件(____件DCU故障、____件门锁位置不正,____件站台门卡异物),共计____次;影响列车正点率指标的情况有____件,共计晚点____列次;影响运行图兑现率指标的情况有＿＿件，共计抽线＿＿列次；影响列车服务可靠度指标的情况有＿＿件，造成＿＿以上延误＿＿次；影响车辆系统故障率指标的情况＿＿件；影响供电系统故障率指标的情况＿＿件。

2. 运营指标分析

自＿＿年＿＿月＿＿日起试运行正式开始以来，试运行总体状况良好，＿＿月＿＿日至＿＿月＿＿日＿＿天连续跑图期间，各项指标均满足《技术规范》中第三条的要求。运行图兑现率为 99.96%，正点率为 99.78%。计划开行列次为＿＿列，实际开行列次为＿＿列，2～5min 晚点＿＿列次，5～10min 晚点＿＿列次，抽线＿＿列次，5min 以上延误＿＿列次。

＿＿月＿＿日至＿＿月＿＿日＿＿天连续跑图期间 8 项运营指标均满足《技术规范》中第三条的要求。具体情况如表 6.3-2。

＿＿天连续跑图指标表现　　　　　　　　　　　　　　　表 6.3-2

序号	指标及国家标准	试运行实际表现	达标情况
1	列车运行图兑现率≥98.5%	99.96%	达标
2	列车正点率≥98%	99.78%	达标
3	列车服务可靠度：5min 以上延误≥2.5 万列 km/次	8.03 万列 km/次	达标
4	列车退出正线运营故障率≤0.5 次/万列 km	0	达标
5	车辆系统故障率：因车辆故障造成 2min 以上晚点事件次数≤5 次/万列 km	0.12 次/万列 km	达标
6	信号系统故障率≤1 次/万列 km	0	达标
7	供电系统故障率≤0.2 次/万列 km	0.12 次/万列 km	达标
8	站台门故障率≤1 次/万次	0.60 次/万次	达标

6.4　客流预测报告以及票价批复

6.4.1　客流预测报告

客流预测及交通客流分配预测，是城市轨道交通投资决策的基础，是城市轨道交通规划、设计、建设及运营的基本依据，是城市轨道交通建设的一个重要环节，是各项设计工作的基础。客流预测的结果可靠与否直接关系到城市轨道交通的建设投资、运营效率和经资效益，该报告贯穿城市轨道交通项目立项始终。

在城市轨道交通工程可行性研究阶段，客流预测报告是城市轨道交通工程造价重要依据，而客流量又是决定城市轨道交通工程必要性和可行性的重要参数。在这个阶段中，客流预测工作做得科学细致，可以使城市轨道交通修建方面的许多不合理因素得到控制。

在工程设计建设阶段、线网规划、线路可行性研究阶段，线网运输能力、车辆选型及编组、设备容量及数量、车站规模及工程投资等都要依据客流预测大小来确定。由此可见，客流预测结果在相当程度上决定了城市轨道交通的线路形式和造价。因此，能否准确地预测客流量尽量使车站规模、形式、间距和车辆编组符合实际客流增长的需要，并尽量接近实际客流，构成了影响城市轨道交通造价的重要因素。

传统城市轨道交通客流预测通常采用四阶段法，即：交通形成预测、交通分布预测、交通方式划分预测及交通分配。近期以客流 OD（origin-destination）调查为基础，远期以城市总体规划为引导（通常参照城市十年规划及各类城市发展参数），通过客流预测数理模型与票价，得到最终结果。

通常在客流预测报告定稿后，线路轨道试运行前，须邀请相关专家对"客流预测报告"进行评审，后续结合专家意见，修改报告内容（图 6.4-1）。

图 6.4-1　客流预测报告文件示例

6.4.2　票价批复

地铁运营商根据实际需要，结合当地社会经济状况、地铁运输成本、工程建设成本及其他成本等，充分考虑市场的供求关系，城市轨道交通线网条件，以及乘客的出行特征和承受能力制定的票价机制和票价水平，以报告形式向当地市政府主管部门提交定价书面申请。以《中华人民共和国价格法》《政府制定价格行为规则》（国家发展和改革委员会令第7号）等法律法规为依据，主管部门对定价申请报告依法进行初步成本审查、专家论证核实，风险评估及组织符合听证条件的票价价格听证会。定价决策时，市政府要充分考虑听证结果，协调申请单位根据实际需要，调整价格，必要时可重新组织听证会。价格主管部门除公布地铁票价外，还应对票价执行进展监督和跟踪调查，后经市政府批准，主管部门出具票价回复文件（图 6.4-2）。

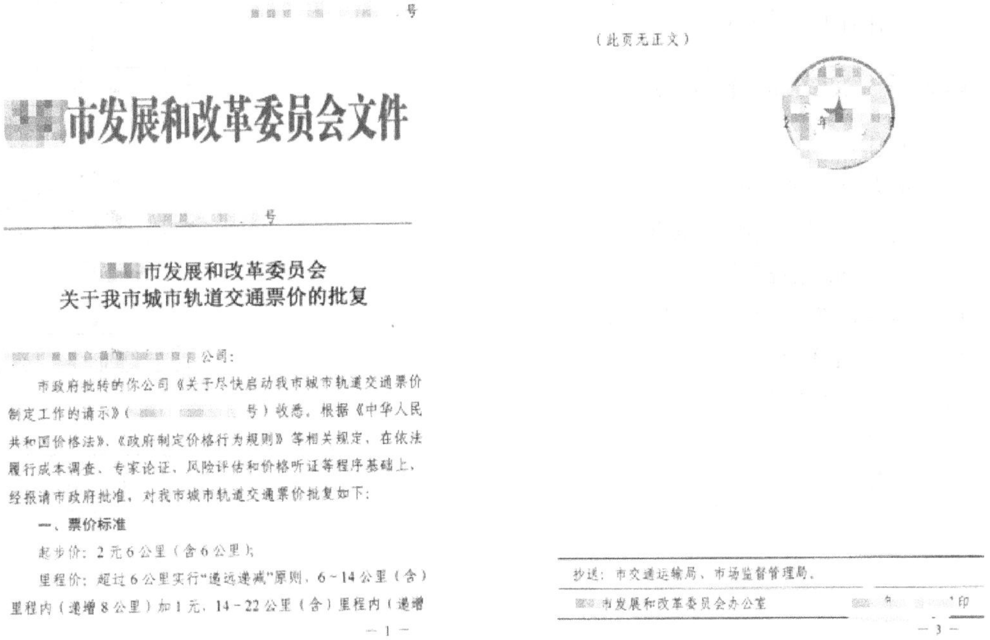

图 6.4-2 票价批复文件示例

6.5 运营应急演练及预案

6.5.1 应急演练总体要求

《技术规范》中第一百二十条　运营单位应开展以下运营突发事件应急演练项目：
（一）临时扣车和加车、越站行车、各种交路列车折返等行车组织应急演练；
（二）列车故障救援应急演练；
（三）供电、通信、信号（含道岔故障处理，手动操作道岔办理进路）、轨道、站台门等设备故障应急演练；
（四）突发停电（含区间应急照明和列车应急照明）应急演练；
（五）车站站台火灾、站厅火灾、区间火灾、主要设备房火灾等应急演练；
（六）突发大客流应急演练；
（七）道床拱起、隧道拱顶漏水、隧道结构意外打穿等工务系统应急演练；
（八）乘客滞留、乘客意外伤害应急演练；
（九）列车相撞和脱轨应急演练。
根据《技术规范》及应急预案的要求安全评估前必须完成以上演练项目，并附上全套演练台账，包括演练总体方案、现场图片、演练报告、桌面推演签到表、演练现场签到表、演练过程记录等相关素材。

6.5.2 演练工作流程

演练工作流程图见图 6.5-1。

6.5.3 演练总体方案

（1）概述；
（2）运营演练的目的；
（3）运营演练大纲编制依据；
（4）运营演练前提条件；
（5）运营演练组织机构及职责；
（6）运营演练项目；
（7）运营演练实施策划；
（8）安全注意事项；
（9）工作流程；
（10）总结及评估。

演练总体方案见图 6.5-2。

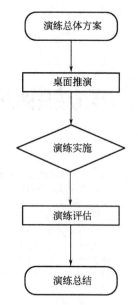

图 6.5-1 演练工作流程图

图 6.5-2 演练总体方案

6.5.4 演练桌面推演会

演练前进行演练桌面推演会，会议由演练主导部门组织，演练配合部门参会，此现场做好拍照和会议签到工作（图 6.5-3）。

图 6.5-3　桌面推演

执行组长根据需要在演练项目实施前一日组织召开。

确认次日演练项目是否具备实施条件,包括设备系统功能具备情况与运行状态、人员到岗到位情况、工器具及备品备件准备情况等,确认演练具备条件后,通知演练如期进行。

明确次日演练项目实施过程中现场安全风险点及注意事项。

明确演练时间、地点、参演人员、交通工具等。

6.5.5　演练保障

1. 行车组织

各个演练项目结合试运行开展,根据试运行不同阶段的行车间隔、信号模式、行车组织、生产运作等因素,实施不同需求条件的演练项目。

2. 设备维护

试运行开始后,随着设备使用权的接管,各个系统设备管理部门进行设备维护工作,由巡视、巡检逐渐过渡到正式按运营相关规程进行各个修程(如日检、周检、月检、季检、年检等)的维修维护。

3. 抢修抢险

车辆、变配电、通信、信号等专业,根据本专业系统设备特点及不同阶段功能具备情况与运行状态,成立专业抢修队伍,明确人员驻点、相应范围、启动流程、责任分工等,并定期演练。

6.5.6　演练实施

(1) 参演人员按实施方案及准备会要求,提前进入预定地点,向各小组负责人报告。

(2) 人员到齐后,各小组负责人向执行组长汇报。

(3) 执行组长确定参演人员到齐、生产运作、设备运行状态符合演练条件后,按时宣布演练开始。

(4) 各岗位人员根据演练场景进行应急响应及处置。

（5）评估人员针对处置过程中流程执行、人员操作、设备运行等，根据演练实施方案进行记录和评估。

（6）故障修复/事件处置完成，影响消除，执行组长确认。

（7）待生产运作、设备运行恢复正常状态后，宣布演练结束（图6.5-4）。

图 6.5-4 演练现场

6.5.7 评估总结

演练结束后，执行组长组织召开演练小结会（在演练现场或车站会议室、OCC、车辆段等处），各小组负责人及关键岗位参演人员参加，对演练整体过程进行总结，梳理演练过程中发现的问题，讨论整改措施。

执行组长组织演练评估人员，针对演练实施方案中评估表，逐项讨论并打分，对演练执行情况进行评价，及时完成演练质量评估报告的编制（图6.5-5）。

图 6.5-5 演练总结

6.5.8 总体演练报告

总体演练报告分为两部分,第一部分运营演练总体评估报告,第二部分单项演练评估报告。

1. 第一部分运营演练总体评估报告

(1) 演练概述;
(2) 运营演练项目评估结果汇总及存在问题;
(3) 评估范围;
(4) 评估依据;
(5) 控制方法;
(6) 演练问题统计;
(7) 评估结论。

2. 第二部分单项演练评估报告

分别将单项演练报告依次列出组成第二部分(图 6.5-6)。

图 6.5-6 运营演练评估报告

6.5.9 应急预案

根据《生产经营单位生产安全事故应急预案编制导则》GB/T 29639—2020 中的要求,严格执行并按要求编制综合预案及专项应急预案(表 6.5-1)。

应急预案目录   表 6.5-1

运营单位应急预案目录

序号	类型	级别	文本名称
1	综合预案	综合性指导文件	《运营单位突发事件综合应急预案》
2	运营突发事件应急预案	专项预案	《运营单位电客车故障处置专项应急预案》
3		专项预案	《运营单位大面积停电事件应急预案》
4		专项预案	《运营单位大客流应急预案(试行)》
5		专项预案	《运营单位消防专项应急预案》
6		专项预案	《运营单位无线通信故障处置应急预案》
7		专项预案	《运营单位通信专业重大故障抢修预案》
8		专项预案	《运营单位特种设备事故应急救援预案》
9		专项预案	《运营单位弓网故障应急抢修预案》
10		专项预案	《运营单位柔性接触网断线应急预案》
11		专项预案	《运营单位变电设备应急抢修预案》
12		专项预案	《运营单位低压配电及照明系统应急抢修预案》
13		专项预案	《运营单位正线联锁失效处置应急预案》
14		专项预案	《运营单位信号专业重大故障抢修预案》
15		专项预案	《运营单位通信传输故障处置应急预案》
16		专项预案	《运营单位列车挤岔工务应急预案》
17		专项预案	《运营单位线路断轨应急预案》
18		专项预案	《运营单位线路胀轨应急预案》
19		专项预案	《运营单位道床变形应急预案》
20		专项预案	《运营单位线路下沉应急预案》
21		专项预案	《运营单位线路隆起应急预案》
22		专项预案	《运营单位防火卷帘门故障应急预案》
23		专项预案	《运营单位区间隧道及车站结构、砌体裂损专项应急预案》
24		专项预案	《运营单位地下建(构)筑物坍塌应急预案》
25		专项预案	《运营单位隧道顶部凿穿应急预案》
26		专项预案	《运营单位隧道漏水应急预案》
27		专项预案	《运营单位站台门故障应急预案》
28		专项预案	《运营单位通风空调系统故障应急预案》
29		专项预案	《运营单位综合监控系统设备应急预案》
30		专项预案	《运营单位 FAS 系统与气体灭火系统应急预案》
31		专项预案	《运营单位车站自动售检票系统重大故障抢修预案》
32		专项预案	《运营单位自动售检票系统故障应急预案》
33		专项预案	《运营单位乘客滞留应急预案(试行)》
34		专项预案	《运营单位预防和处置踩踏事件应急预案(试行)》
35		专项预案	《运营单位人员伤亡事故应急预案》

续表

运营单位应急预案目录

序号	类型	级别	文本名称
36	运营突发事件应急预案	专项预案	《运营单位车站水灾(水淹)应急预案(试行)》
37		专项预案	《运营单位毒气、可燃气液体等有害气体现场应急处置方案》
38		专项预案	《运营单位设备设施、异物侵限应急预案》
39		专项预案	《运营单位线路积水(区间水淹)应急预案》
40		专项预案	《运营单位应急公交接驳预案》
41		专项预案	《运营单位地外设施影响列车运营应急预案》
42		专项预案	《运营单位人员擅入轨行区应急预案》
43	自然灾害事件应急预案	专项预案	《运营单位特殊气象及自然灾害专项应急预案》
44		专项预案	《运营单位地震应急预案》
45	公共卫生事件应急预案	专项预案	《运营单位疫情爆发应急预案》
46		专项预案	《运营单位食物中毒应急预案》
47		专项预案	《运营单位突发公共卫生事件专项应急预案》
48	社会安全事件应急预案	专项预案	《运营单位处置恐怖袭击专项应急预案》
49		专项预案	《运营单位外部环境应急预案》
50		专项预案	《运营单位综治保卫专项应急预案》
51		专项预案	《运营单位处置恐吓事件应急预案》
52		专项预案	《运营单位网络安全事件应急预案》
53		专项预案	《运营单位职业危害事件应急预案》

6.6 前置条件专家审核

首先，根据《暂行办法》和《技术规范》的相关要求，经审核相关材料，专家认为本工程现阶段在完成初期运营前安全评估前提条件审核表的要求后，符合初期运营前安全评估的前提条件。建议按相关要求启动初期运营前安全评估工作。其次，专家认为本工程现阶段在完成初期运营前安全评估前提条件审核表（表 6.6-1）的要求后，符合初期运营前安全评估的前提条件后，轨道集团根据《暂行办法》第八条规定，城市轨道交通工程项目具备开展初期运营前安全评估条件的，由城市轨道交通建设单位会同运营单位向城市轨道交通主管部门提出申请。

初期运营前安全评估前提条件审核表　　　　　　　　　　　　　　　　　　　表 6.6-1

序号	条款	对应条款内容		完成情况	审查结论
1	第三条	试运行前应完成系统联调		已完成系统联调报告	满足要求
2	第三条	试运行时间不少于 3 个月,其中按照开通运营时列车运行图连续组织行车 20 日以上		空载试运行时间自 2020 年 12 月 1 日～2021 年 2 月 28 日,2021 年 1 月 20 日～2 月 8 日按照开通运营时列车运行图完成 20 天连续跑图	满足要求
3	第三条	关键指标(计算方法见附则)符合以下规定:	(1)列车运行图兑现率不低于 98.5%	100%	满足要求
4	第三条	关键指标(计算方法见附则)符合以下规定:	(2)列车正点率不低于 98%	99.9%	满足要求
5	第三条	关键指标(计算方法见附则)符合以下规定:	(3)列车服务可靠度不低于 2.5 万列 km/次	∞	满足要求
6	第三条	关键指标(计算方法见附则)符合以下规定:	(4)列车退出正线运行故障率不高于 0.5 次/万列 km	0 次/万列 km	满足要求
7	第三条	关键指标(计算方法见附则)符合以下规定:	(5)车辆系统故障率不高于 5 次/万列 km	0 次/万列 km	满足要求
8	第三条	关键指标(计算方法见附则)符合以下规定:	(6)信号系统故障率不高于 1 次/万列 km	0.10 次/万列 km	满足要求
9	第三条	关键指标(计算方法见附则)符合以下规定:	(7)供电系统故障率不高于 0.2 次/万列 km	0.10 次/万列 km	满足要求
10	第三条	关键指标(计算方法见附则)符合以下规定:	(8)站台门故障率不高于 1 次/万次	0.28 次/万次	满足要求
11	第三条	贯通运营的延伸线工程项目应按全线运行图开展试运行,其除供电系统故障率、站台门故障率按延伸区段统计外,其余关键指标应按全线统计		—	不涉及
12	第四条	具有试运行情况报告,内容包括试运行组织基本情况、试运期间主要设施设备运行情况和相关数据记录、设施设备运行安全性和可靠性分析、试运行发现问题整改情况等		已编制试运行情况报告。完善试运行发现问题整改情况等	满足要求
13	第五条 具有符合规定的以下批复和许可文件	工程项目建设规划批复		___年_月,国家发展改革委批复《___市城市轨道交通第一期建设规划(2016-2020)》	满足要求
14	第五条 具有符合规定的以下批复和许可文件	工程可行性研究和初步设计批复		___年_月_日,___省发展和改革委员会批复《___省发展和改革委员会关于___市城市轨道交通 1 号线工程可行性研究报告的批复》。___年_月,___省发展和改革委员会批复《___省发展和改革委员会关于___市城市轨道交通 1 号线工程初步设计的批复》	满足要求

续表

序号	条款	对应条款内容	完成情况	审查结论
15	第五条 具有符合规定的以下批复和许可文件	重大设计变更批复	___年__月,关于增设___站的意见已批复	满足要求
16		用地和建设许可文件	已取得用地和建设许可文件	满足要求
17	第六条 具有符合规定的以下文件	土建工程及其装饰装修、设备系统及其安装工程等质量验收监督意见	验收已完成,预计___年__月__日前取得质量验收监督意见	基本满足
18		车站、区间、中间风井、车辆基地、控制中心、主变电所等消防验收文件	预计3月17日取得市住建局出具的消防验收文件	基本满足
19		起重设备、电(扶)梯、压力容器等特种设备验收文件	无压力容器;起重设备9台,取证9台;扶梯207台,取证207台;垂直电梯42台,已取证20台,预计__月__日完成所有取证	基本满足
20		人防验收文件	已于___年__月__日取得人防专项验收意见	满足要求
21		卫生评价文件	已取得卫生学评价报告,预计__月__日前取得卫生许可证	基本满足
22		建设单位编制的环保验收报告	已编制环保验收报告,预计__月__日前完成应急预案评审	基本满足
23		具有符合规定的票价批复文件	票价听证会已完成,预计__月__日前取得票价批复文件	基本满足
24		档案验收文件	预计__月__日前取得档案验收文件	基本满足
25	第七条	城市轨道交通工程项目按规定竣工验收合格,验收发现的影响运营安全和基本服务质量的问题应整改完成	__月__日已完成竣工验收,预计__月__日前整改完成问题整改	基本满足
26		有甩项工程的,甩项工程不应影响运营安全和基本服务水平,并有明确范围和计划完成时间	预计__月__日,取得甩项工程批复	基本满足
27	第八条	按照规定划定城市轨道交通工程项目保护区,具有建设单位根据土建工程验收资料勘界后制定的保护区平面图,并在具备设置条件的保护区设置提示或警示标志	已制定保护区平面图,在保护区设置提示或警示标志	满足要求

安全正式评估请示（图6.6-1）。

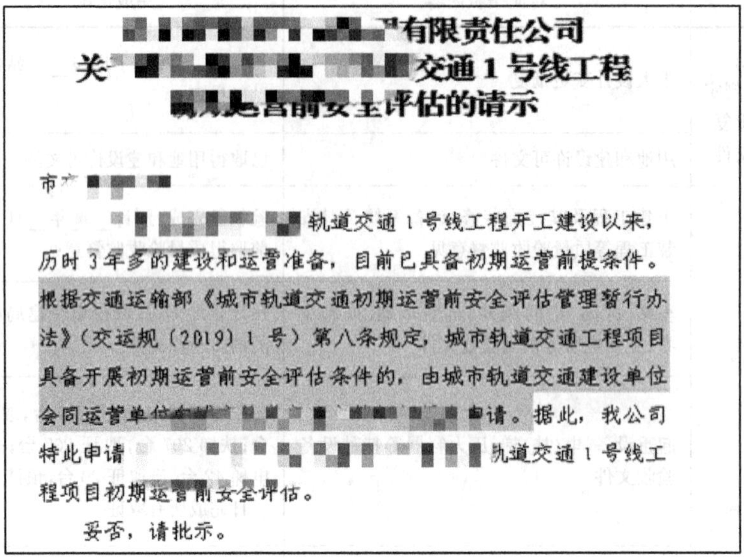

图 6.6-1　安全正式评估请示

第7章　城市轨道交通初期运营前安全评估正式评估

城市轨道交通系统复杂、设备众多且涉域极广，初期运营前安全评估作为新线投入运营的第一道安全关口，能够有效发现潜在安全问题、科学分析安全问题、客观评价安全问题、充分解决安全问题，对于保证城市轨道交通安全运行具有重要作用，已成为保障运营安全的重要手段。城市轨道交通初期运营前安全评估是对城市轨道交通系统设备性能的全面核验，也是对运营组织中人、物、管理制度等关键运营资源准备情况的科学评判。交通运输部根据《国务院办公厅关于保障城市轨道交通安全运行的意见》（国办发〔2018〕13号）、《城市轨道交通运营管理规定》（交通运输部令2018年第8号）发布《交通运输部关于印发〈城市轨道交通初期运营前安全评估管理暂行办法〉的通知》（交运规〔2019〕1号，下文简称《暂行办法》）、《交通运输部办公厅关于印发〈城市轨道交通初期运营前安全评估技术规范 第1部分：地铁和轻轨〉的通知》（交办运〔2019〕17号，下文简称《技术规范》）相关政策法规，对城市轨道交通初期运营前安全评估管理、技术、实施等内容进行了细化规定。

城市轨道交通新线开通前通过专家预检查、安全评估和资料审查，对线路设备和运营准备情况进行全面、客观地评估，与设计的功能指标和有关标准进行比较，确定相关系统设备是否安全可靠运行，对运营单位设备移交和试运营起到一定的质量把控作用，最终检验是否满足开通初期运营的要求。

城市轨道交通运营前安全评估主要原则如下：

（1）各城市轨道交通所在地城市交通运输主管部门或者城市人民政府指定的城市轨道交通运营主管部门（以下统称城市轨道交通运营主管部门）负责组织第三方安全评估机构实施本行政区域内的初期运营前安全评估工作。第三方安全评估机构应当按照城市轨道交通初期运营前安全评估技术规范开展评估工作。

（2）对跨城市运营的城市轨道交通线路，由线路所在城市的城市轨道交通运营主管部门按职责协商组织开展初期运营前安全评估工作。

（3）城市轨道交通工程项目未经竣工验收合格不得开展初期运营前安全评估，未通过初期运营前安全评估不得投入初期运营。

（4）鉴于该项目初期运营前安全评估是开通运营的最后一道关口，初期运营前安全评估质量直接关系到初期运营后的运营安全，严把初期运营前安全评估质量关尤为重要，形成坚持"责任第一、质量第一、安全第一"，坚持"三不"原则：

1）前提条件未达标不予开展正式评估；
2）技术指标未达标不予通过评估；
3）评估问题未整改不予载客运营。

7.1 正式评估会务组织

7.1.1 酒店选取

（1）酒店地理位置：由于运营前安全评估还需要前往现场踏勘，所以酒店位置不能离现场较远，要求交通便利。

（2）酒店配置要求：多功能会议室要求场地较大，人数视项目大小而定，最好能够容纳 150 人左右并且附属小型会议室 3~4 间，分组后方便各小组专家查阅资料，会场照片如图 7.1-1 所示。

图 7.1-1　会场照片

（3）酒店房间配置要求：由于专家需要在房间内提前审核资料，所以房间需配备商务座椅、网线等办公设施。

7.1.2 会务手册

（1）工程概况

简要概述本项目工程概况并附图介绍。

（2）温馨提示

对各位领导、专家的热烈欢迎并对当地防疫政策及特殊要求进行告知。

（2）参会人员

列出本次会议所有参会人并依次列出姓名、电话、单位、职务。

7.1.3 会务协调

（1）总协调人：负责会务总协调工作。

（2）会务组：负责为专家安排住宿、就餐、接送事宜。

（3）文秘组：负责为专家意见整理、打印、收集。

（4）会场组：负责对会议会场进行场控，首次会次、分组会议室、末次会议座签、灯光、投影、音响、话筒等，与酒店对接茶水。

(5) 后勤保障组：负责专家订票、现场踏勘车辆、司机、后勤保障工作。

7.1.4 会议日程安排

本节内容包括专家人员抵达酒店报到时间、每天每个时间段，每次会议的议程以及离开酒店的时间以表格的形式列出，方便参会人员了解会议动态。参考某地铁会议安排（表7.1-1）。

某地铁会议安排　　　　　　　　　　　　　　　　　　　　　　表7.1-1

时间	内容	主持	参加人员	地点
\multicolumn{5}{c}{3月17日(周三)：专家报到、审阅评估报告}				
12:00~17:00	专家报到			酒店
18:00~20:00	晚餐			酒店
20:00~22:00	专家审阅评估报告			专家房间
\multicolumn{5}{c}{3月18日(周四)：预备会、首次会议、资料查阅、现场踏勘、系统测试}				
07:30~08:30	早餐			酒店
08:30~08:50	从酒店乘车前往市轨道集团控制中心			
08:50~09:20	专家组内部会议	中国安全生产科学研究院	专家、安科院	市轨道集团＿＿会议室
09:30~11:00 启动会	主持人宣布会议开始并介绍相关领导、参会专家及组长安排	中国安全生产科学研究院	(1)市政府；(2)交通局等政府相关部门；(3)公交集团；(4)中国安全生产科学研究院；(5)评估专家；(6)轨道公司相关领导及轨道交通公司配合人员名单中陪同人及联络人；(7)总体设计；(8)综合联调单位	市轨道集团控制中心＿＿会议室
	轨道公司领导致辞			
	交通局领导致辞			
	市政府领导讲话			
	省交通厅领导讲话			
	专家组组长讲话	专家组组长		
	观看建设、运营准备宣传片			
	工程建设情况汇报			
	初期运营准备情况汇报			
	公交集团汇报公交配套衔接方案			
11:00~12:00	专家查阅文件资料	专家组组长	(1)评估专家；(2)轨道公司相关配合人员；(3)设计、施工、监理、咨询等单位相关负责人	＿＿楼相关会议室
12:00~13:00	午餐			酒店
14:00	酒店1楼大厅集合			
14:00~18:00	现场踏勘、功能核验、联动测试	专家组组长	评估专家、中国安全生产科学研究院、轨道公司相关配合人员、设计、施工、监理、咨询等单位相关负责人	工程现场
18:00~20:00	晚餐			酒店

续表

时间	内容	主持	参加人员	地点
20:00~22:00	现场踏勘	—	评估专家、中国安全生产科学研究院、轨道公司、主要参建单位人员	工程现场（土建组专家）
3月19日(周五)：补勘、小组讨论交流，形成专家组评估意见				
07:30~08:30	早餐			酒店
8:30~10:30	专家个人意见			房间
10:00~12:00	小组讨论交流，形成专家小组意见	总体组组长	—	评估专家、安科院	酒店__楼会议室
		土建组组长		
		设备一组组长		
		设备二组组长		
		初期运营准备组组长		
12:00~13:00	午餐			
14:00~16:30	形成专家组评估意见	专家组组长	中国安全生产科学研究院评估专家	酒店
16:30~18:00	专家组评估意见反馈	专家组组长	(1)中国安全生产科学研究院；(2)评估专家；(3)轨道公司相关领导及轨道公司交通配合人员名单中陪同人及联络人；(4)总体设计；(5)综合联调单位	酒店__楼会议室
3月20日(周六)：形成并反馈专家组意见、闭幕会				
9:30~11:00	专家组组长宣读意见	中国安全生产科学研究院	评估专家、中国安全生产科学研究院、轨道公司建设和运营单位等	轨道公司控制中心__会议室
	轨道公司领导表态			
	中国安全生产科学研究院领导讲话			
	市交通局领导发言			
11:00~12:00	午餐			酒店

7.1.5 评估专家分工

为了高效地完成资料查阅工作，各部门可以根据此表内容确定每位专家检查的内容及专业，并且提前准备材料。

7.1.6 人员分工

由于现场人员较多，涉及专业较广，需要为每位评估专家安排一名记录人员负责记录专家在查阅资料期间的问题收集，一名陪同联络人员负责联络各部门负责人提供相应材料。要求如下，并参考某地铁会议人员分工（表7.1-2）。

某地铁会议人员分工　　　　表 7.1-2

组别	专业	专家	联络人	记录人	主要陪同人员
总体组	总体/前提条件				集团公司安全质量部经理
土建组	结构工程				建管公司总经理
土建组	车站建筑				建管公司副总经理
土建组	车站建筑				总工办副经理,机电设备部
土建组	线路、轨道				建管公司副总经理
设备1组	信号系统				机电设备部
设备1组	供电系统				机电设备部副经理
设备1组	车辆基地				机电设备部
设备1组	车辆				机电设备部高级主管
设备1组	通信系统				机电设备部副经理
设备2组	消防和给水排水系统、FAS/BAS系统				机电设备部经理
设备2组	通风、空调与供暖系统				机电设备部
设备2组	综合监控室、控制中心				机电设备部
设备2组	站台门系统、电(扶)梯、自动售检票				机电设备部
运营准备组	运营管理				运营单位常务副总经理
运营准备组	应急管理				
运营准备组	组织架构				运营单位副总经理
运营准备组	岗位人员				运营单位副总经理

（1）各专业联络人负责总体协调本专业检查相关事宜，按照每组内对应关系与专家保持全程对接；

（2）负责安排对应专家的专用车辆（尽量固定车辆），用于到达及离开的接送以及预审过程中的接送，把握好时间；

（3）负责《技术规范》对应条款资料检查对接、现场检查陪同以及迎检由参建单位安排；

（4）为减少疫情对后续工作影响，各小组联络人安排专人做好摄像工作，对专家指出问题的部位精确记录；

（5）记录人负责全程记录、汇总、整理专家提出的问题，及各类文字录入、打印、报送等事宜；

（6）陪同人员负责统筹协调本小组内所含各专业组相关事宜。

7.1.7 会务安排

1. 集团公司综合管理部

（1）负责集团公司首末次会领导致辞，及对接省、市领导致辞；

（2）负责集团公司领导参会安排；需明确三次会议参会领导；

（3）负责迎接参加首次会的省交通局领导、市政府领导、市相关部门领导及会前接待、会后离开等相关工作；

（4）指导会场布置及桌牌摆放等工作；

2. 集团安全质量部

（1）负责会前会务方案、配合迎检方案及各项报告的最终审定工作；

（2）负责与专家、中国安全生产科学研究院对接全过程的评估行程安排；

（3）牵头负责各部门资料收集、评估问题反馈、整改问题上报等工作；

（4）负责各项会议通知、会议背景 PPT 等。

3. 运营综合管理部

（1）负责专家接送；注意制作接站（机）牌。

（2）负责桌牌打印、会场布置、材料装袋。

（3）负责首次会议专家签到、末次会议参会人员签到；需印刷签到处牌。

（4）负责会议期间音响、材料打印等，需准备电脑、打印机、打印纸等。

（5）负责评估配合人员就餐、住宿及公司领导陪餐等。

（6）负责准备一定数量的水果、点心等用于专家及首次会议期间。

7.1.8 会议准备

1. 评估资料准备：

（1）会务手册（PDF 版）：责任部门：安全质量部。

（2）宣传片：责任部门：综合管理部（15min）。

（3）建设情况报告［PDF、PPT（5～7min）］：责任部门：机电设备部；正式会议汇报人：总经理。

（4）试运行情况报告（PDF）、初期运营准备情况报告（PDF）及初期运营准备及试运行情况报告［PPT（10～12min）］：责任部门：运营单位；正式会议汇报人：总工程师。

（5）公交配套衔接方案［PPT（5min）或 PDF］：责任部门：总工办；正式会议责任单位：公交集团，需总工办会前落实汇报人名称及职务。

（6）预评估整改情况报告：责任部门：安全质量部。

（7）对照《技术规范》自证情况报告：责任部门：安全质量部。

2. 会务办公用品准备

（1）30 个文件袋：责任部门：运营单位。

（2）笔记本 50 本，笔 50 支：责任部门：运营单位。

（3）口罩 50 包：责任部门：运营单位。

（4）消毒液 30 瓶：责任部门：运营单位。

（5）专家证 20 个：责任部门：运营单位。

（6）首次会议前仅将会务手册、笔记本、笔、口罩（10 个）、消毒液（1 瓶）、专家证等装 30 个袋子，放到专家房间；责任部门：运营单位。

（7）其他评估材料在首次会议前一天放到会议室桌上；责任部门：运营单位。

7.1.9 首次会议议程

（1）8：40前集团公司配合人员、设计、施工、监理、咨询、综合联调等相关人员签到完毕；在10楼1008会议室等待。需要查阅的资料各部门须8：30前放于1008会议室，资料熟悉人员负责看管及待检；

（2）8：50～9：20专家组内部会议；

（3）9：20前省、市、公司相关领导在9楼、10楼接待室接待；

（4）9：20进入会场，9：30～10：30开会；10：30～11：00相关领导离开，会议室重新布置，11：00～12：00专家分组查阅资料。

7.1.10 注意事项

（1）现场检查过程中，各小组联络员负责本组专家车辆，其他陪检人员自行考虑，鉴于下午踏勘检查行程不统一，且有测试项目，各小组联络员负责本小组专家晚餐，但应与会务组提前沟通。

（2）运营单位应针对测试项目制订专项测试方案，不排除检查过程中，专家有调整测试项目的要求，需做好应对方案。

7.2 正式评估专家的甄选

7.2.1 评估专家甄选的意义

城市轨道交通在引领和支撑城市发展、满足人民群众出行、缓解交通拥堵、减少空气污染等方面发挥越来越重要的作用，已成为大城市人民群众日常出行首选的公共交通方式。与此同时，随着运营里程和客流的快速增长，城市轨道交通安全运行压力和挑战也日益加大。初期运营前安全评估作为新线投入运营的第一道安全关口，对于保证城市轨道交通安全运行具有重要作用。

第三方安全评估机构受城市轨道交通所在地城市交通运输主管部门或者城市人民政府指定的城市轨道交通运营主管部门委托，负责轨道交通初期运营前安全评估工作，应当按照城市轨道交通初期运营前安全评估技术规范开展评估工作。

评估专家是评估工作的主体。在评估过程中，专家需要基于自身的专业知识和评估技能，依据既定的评估方案和评估标准，运用恰当的评估技术和手段，最终得出专业的评估结论。鉴于评估专家在整个评估项目中所发挥的核心作用，科学有效地专家遴选机制便成为评估项目得以有效实施的重要保障。

7.2.2 第三方安全评估机构

（1）各城市轨道交通运营主管部门应当按照法律法规规定，采用公开招标、邀请招标、竞争性谈判、单一来源等方式，确定符合要求的第三方安全评估机构。

（2）各城市第三方安全评估机构可以从城市轨道交通运营安全专家库名单和评估机构专家库中聘请专家，对初期运营前安全评估协助开展监督工作，充分发挥城市轨道交通运营管理专家库队伍在城市轨道交通运营管理工作中的决策咨询和智力支撑作用。

（3）各城市第三方安全评估机构在城市轨道交通工程初期运营前安全评估，甄选参与评估的专家应涵盖城市轨道交通运营管理、土建工程、车辆、供电、通信、信号、机电等领域。并对从业年限、技术职称、专业特长及经验能力、行业有影响力、职业道德等方面按照规定进行专家有关条件和权利义务审核。

（4）第三方评估机构遴选专家的基本原则如下：

1）出发点

安全评估采用同行评议和评估机构技术力量相结合，出具有公信力的评估报告。因此，各评估机构遴选专家的方式和方法也不尽相同，基本以补充评估机构技术力量不足为出发点。

2）回避制度

同行评议，即行业内专家评估，应独立、公平、公正地开展核验和评估，因此与被评估线路和单位有利益相关方的专家应回避。一般从第三方咨询机构、建设、运营单位遴选专家。

3）行业知名度

在城市轨道交通行业、本专业有一定的知名度，具备本专业建设或运营管理经验10年及以上、高级职称的专家。

（5）第三方评估机构邀请专家应当符合以下条件：

1）累计从事城市轨道交通相关专业领域工作满10年，具有高级及以上专业技术职称或同等专业水平；

2）熟悉城市轨道交通有关法律、法规、规章和政策标准；

3）身体健康，能够认真、公正、诚实、廉洁地履行专家职责；

4）无违法违纪等记录；

5）法律法规规定的其他条件。

（6）第三方安全评估机构不得与被评估单位存在控股关系、管理关系等情形的关联关系。第三方安全评估机构不得遴选有以下情形之一的专家参与安全评估工作：

1）所在单位是评估项目的建设、勘察、设计、施工、监理、监测、检测单位或者设备供应商；

2）近3年内与被评估单位有聘用关系；

3）所在单位与被评估单位有隶属关系；

4）与被评估单位有利害关系；

5）可能妨碍安全评估工作客观公正的其他情形。

7.2.3 评估专家确认

第三方评估机构中标签订合同后，应编制城市轨道交通初期运营前安全评估工作总体方案方案及拟定参与此次评估负责人、过程控制负责人、评估联络人、评估组成员、评估专家等。根据总体方案制定具体评估细化方案，选聘具备评估工作需要的专家组成专家组开展评估工作，一般参加预评估专家分为四个组，总体组专家、土建组专家、设备组专家、运营准备组专家，且预检查中80%的专家应参加初期运营前正式安全评估会议。

(1) 总体组:负责审核总体要求及前提条件等内容。
(2) 土建组:负责核验线路轨道、车站建筑、结构工程等内容。
(3) 设备组:负责核验车辆、供电、通信、信号、通风/空调与供暖系统、消防和给水排水系统、自动售检票系统、电梯/自动扶梯与自动人行道、站台门、车辆基地、控制中心等内容;负责评估系统联动测试相关内容(轮轨关系、弓网关系、信号防护、防灾联动)。
(4) 运营组:负责评估初期运营的各项准备工作:组织架构、岗位与人员、运营管理、应急管理等。

一般利用 3 天左右的时间,采用专家评审的方式开展,具体的评估方法包括资料查阅、听取工程情况汇报、现场查勘、人员问询、系统联动测试、旁站测试、列车添乘等。

专家应包括轨道土建工程、车辆工程、供电、通信、信号、AFC 系统、FAS 系统、客运组织、行车组织等领域具有地铁初期运营前安全评估工作经验的权威专家,各个专业小组组长应具有正高级职称,专家名单拟定后应及时报请甲方审核同意(表 7.2-1)。

专家拟定名单　　　　　　　　　　　　　　　　表 7.2-1

组别	专业	姓名	单位	职称
总体组	总体			
土建组	线路、轨道			
	车站建筑、结构工程			
设备组	车辆及车辆段			
	供电系统			
	通信系统			
	信号系统			
	站台门、电(扶)梯;自动售检票			
	消防、给水排水系统			
	通风、空调与供暖系统			
	FAS/BAS 系统主控系统			
初期运营准备组	组织架构、岗位人员			
	运营管理			

7.3 正式评估专家分组及会议安排

7.3.1 专家设置及分组

原则上每个专业,至少安排一名专家,正式评估分为五大组分别为,总体组包括(前提条件)、土建组包括(结构工程、线路/轨道、车站建筑)、设备一组(信号系统、供电系统、车辆基地、车辆、通信系统)、设备二组(消防/给水排水系统/FAS/BAS、通风/空调与供暖系统、综合监控/控制中心、自动售检票系统/电(扶)梯/站台门系统)、初期运营准备组(运营管理、应急管理、组织架构、岗位人员)。本次评估人员包括评价机构人员及评估专家两部分组成,具体如下:

1. 评估机构人员组成

评估负责人。

过程控制负责人。

评估联络人。

评估组成员。

2. 评估专家人员组成

(1) 城市轨道交通运营管理、土建工程、车辆、供电、通信、信号、机电等专业领域的专家。

(2) 评估专家人员组成(拟定15名)

参加评估专家不少于15名,专家分为四个组,总体组2名专家、土建组3名专家、设备组8名专家(根据专家人数、评估内容、任务量,分为设备一组,设备二组等)、运营准备组2名专家,其中设备组。且预检查中80%的专家应参加初期运营前正式安全评估会议。一般利用3天左右的时间,采用专家评审的方式开展,具体的评估方法包括资料查阅、听取工程情况汇报、现场查勘、人员问询、系统联动测试、旁站测试、列车添乘等(图7.3-1)。

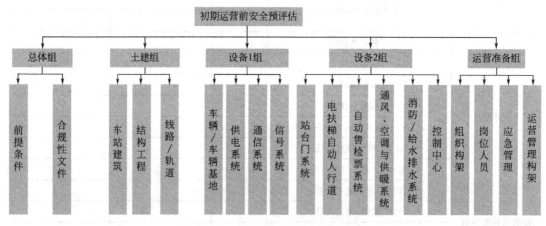

图7.3-1 正式安全评估小组结构图

(3) 专家组的职责与任务(表7.3-1、表7.3-2)

正式安全评估专家组的职责与任务表　　　　表7.3-1

组别	职责	分组任务
总体组	负责审核前提条件,包括政府部门有关文件及批复、总体、限界、线路、轨道、车辆基地、环保节能、安全质量等专业内容	基础条件:运营单位资格、工程基本条件、主管部门批复文件、工程移交3权移交与技术资料、试运行要求(情况报告)限界基本条件:区间、车站等限界、设备、设施、管线的限界、车辆与车辆基地;车辆基地

续表

组别	职责	分组任务
土建组	负责核验车站、区间、车场等相关项目的建筑、土建、防水、标志、标识等项内容	土建工程基本条件：线路工程、轨道工程、车站建筑、结构工程
设备1组	负责核验供电、主变电所、车站设备、环控、消防给水排水、环保节能等专业内容；负责评估系统联动测试相关内容	运营设备系统基本条件：供电系统、通风空调与供暖系统、给水排水及消防系统、电梯、扶梯与自动人行道、站台门（安全门系统）。土建工程基本条件：人防及防淹门
设备2组	负责核验车辆、通信、信号、控制中心、AFC等弱电设备专业内容和设备系统的联调联试；负责评估系统联动测试相关内容	运营设备系统基本条件：通信系统、信号系统、火灾自动报警系统、环境与设备监控系统、自动售检票系统（AFC）、控制中心、综合监控系统、乘客信息系统、系统联调、系统测试与检验。车辆与车辆基地：车辆
运营准备组	负责评估正式运营的各项准备工作；组织架构、初期运营规章制度、人员培训、人员操作、行车组织、客运组织、服务标志、安全应急预案、试运行报告、公交配套以及应急预案等项内容	人员基本条件：一般条件、列车驾驶员、调度员、行车值班员、车站客运服务人员、其他人员。运营组织基本条件：规章制度、行车组织、客运组织、地面公交衔接。应急与演练：应急预案、应急演练要求、应急组织与装备

初期运营前安全预评估专家分工　　表 7.3-2

组别	专业	姓名	单位	职称
总体组	总体			教授级高级工程师
				教授级高级工程师
土建组	线路、轨道			高级工程师以上
	车站建筑、结构工程			高级工程师以上
				高级工程师以上
设备组	车辆及车辆段			高级工程师以上
	供电系统			高级工程师以上
	通信系统			高级工程师以上
	信号系统			高级工程师以上
	站台门、电(扶)梯；自动售检票			高级工程师以上
	消防、给水排水系统			高级工程师以上
	通风、空调与供暖系统			高级工程师以上
	FAS/BAS系统主控系统			高级工程师以上
运营准备组	组织架构、岗位人员			高级工程师以上
	运营管理			高级工程师以上

7.3.2　专家评估检查内容

评审专家将依据《技术规范》分组对所有条款内容进行检查。重点核查线路设施设备的状态，范围包括土建、车辆和车辆基地、供电、通信信号、通风空调、消防给水排水、火灾报警、AFC、站台门、电扶梯等，出具预评估意见（表 7.3-3）。

正式安全评估专家检查内容对照表　　　　　　　表 7.3-3

组别	专业	前提条件	系统功能核验	系统联动测试	运营准备
总体组	前提条件	第四条～第八条			
土建组	车站建筑		第十五条～第二十四条		
	结构工程		第二十五条～第三十三条		
	线路/轨道		第九条～第十四条	第七十七条	
设备组	车辆		第三十四条～第三十九条	第七十六条、第七十八条	
	车辆基地		第六十七条～第七十二条		
	供电系统		第四十条～第四十三条	第七十九条～第八十三条	
	通信系统		第四十四条、第四十五条		
	信号系统		第四十六条～第四十七条	第八十四条～第八十九条	
	站台门系统		第六十三条～第六十六条		
	电(扶)梯、自动人行道		第五十九条～第六十二条		
	自动售检票系统		第五十六条～第五十八条		
	通风、空调与供暖系统		第四十八条～第五十一条		
	消防/给水排水系统		第五十二条～第五十五条	第九十条～第九十三条	
	控制中心		第七十三条～第七十五条		
运营准备组	组织架构				第九十四条～第九十六条
	岗位人员				第九十七条～第一百○四条
	应急管理				第一百一十五条～第一百二十三条
	运营管理	第三条			第一百○五条～第一百一十四条

7.3.3　具体行程及会议流程

城市轨道交通初期运营前安全评估是对城市轨道交通系统设备性能的全面核验，也是对运营组织中人、物、管理制度等关键运营资源准备情况的科学评判。会务组织就是其中重要的一环。

1. 编制会议计划工作表

会务组织部门，通常为公司的综合管理部（办公室）应，根据预评估会议时间，提前 30 日拟定会议计划工作表（表 7.3-4），汇总信息、整理各部门的会议计划，统一协调安排制定会议日程工作表。

会议计划工作表　　　　　　　表 7.3-4

公司/部门：				
时间	会期	会议性质及要求	参会人数	备注

2. 编制会议安排

会务组织部门根据会议拟定日期的前 10 日制定会议安排（表 7.3-5）明确会议地点、人员安排、日程安排，呈报总经理审核同意后予以实施。

会议安排　　　　　　　　　　　　　　　　　表 7.3-5

申请人：	部门：
具体时间：	参会人数：
地点：	
会议内容及具体安排：	
会务组织部门负责人意见：	
分管领导意见：	
总经理意见：	
备注：	

3. 编制会议筹备计划（表 7.3-6）

正式安全评估会议筹备计划　　　　　　　　　　　表 7.3-6

功能	事项	说明	完成时间	负责人
场地	选定酒店	根据评估需求，确定酒店星级	尽量提前	
	选定会场	根据人数确定会场	尽量提前	
	酒店布置	摆放横幅、欢迎牌、鲜花、水果	入住前一天	
	会场布置	摆放会议资料、桌牌、鲜花、茶杯、矿泉水、茶歇桌背景板、欢迎牌、指引牌横幅、纸笔等	会议前一天	
文案	会议方案及流程	各项具体内容的时间安排	会议前一周	
	会议通知、报备	下发会议通知，抄送相关人员	会议前一周	
	会议资料准备	会议资料打印、装订或印刷、发言稿、主持稿活动方案及其他文字材料，如欢迎词等	会议前一周	
	会议指南涉及制作	会议指南需要提前放置酒店房间或会场或在参会领导入住前领取、欢迎牌、欢迎卡、横幅、背景板、桌牌等	会议前一天	
接待	房间安排及布置	提供房间号列表，提前办理入住手续，领取房卡，摆放欢迎卡，会议指南，相关评估材料，鲜花、水果等	入住前	
	车辆安排	安排符合要求的车辆并做好调度，陪同人员、接送人员等	会议前三天	
	餐饮安排	预定会议餐饮，中餐可安排自助餐或简餐，正式晚宴需确定名单及制作桌牌	会议前一天	
采购	各类物品	购买鲜花、水果、食品、饮料、药品、电池、办公用品等	会议前一天	
	其他	选择合适的物品，如纪念册等	会议前一周	
设备	电脑及投影仪	安装及调试，确保会议期间正常使用，所需投屏影视频材料提前测试	会议前一天或会前 3h	
	其他设备	会议麦、摄像、拍照人员设备做好准备	会议前一天或会前 3h	
预算	编制预算	根据各类标准编制预算	会议十天前	
	准备款项	准备预付款和一定数量的现金备用	会议前一天	

4. 编制会议流程

会务组织部门根据会议具体操作流程来确定行事历、制定详细的会议计划。

（1）会前

确定会议主题与议题──确定会议名称──确定会议规模与规格──明确会议组织机构──明确会议所需设备和工具──确定会议时间与会期──确定与会者名单──选择会议地点──安排会议议程和日程──制发会议通知──安排食住行──准备会议文件材料──制作会议证件──指定会议经费预算方案──布置会场──会场检查──正式

开会。

1) 会议筹备确定行事历《会议筹备计划》；
2) 召开筹备会议，成立项目小组，明确分工、完成时间及负责人；
3) 编制预算；
4) 确定沟通频率和时间。

(2) 会中

会中报到及接待工作——组织签到——做好会议记录——做好会议值班保卫工作——会议信息工作——编写会议简报或快报——做好会议保密工作——做好后勤保障工作。

1) 会场大厅提前安排礼仪人员，协调并引领参会人员；
2) 准备茶歇，包括新鲜水果、咖啡、饮料、茶点、纸巾、茶杯等；
3) 安排会议合影，提前摆放座位，有专人拍照和组织；
4) 如住宿和会场在不同处，须提前告知或安排相关人员带领前往；
5) 再次确认参加领导名单，通知到场时间，注意接送安排；
6) 如有需要领导参与的环节须再次沟通并在现场安排人提醒。

(3) 会后

安排与会人员离开——撰写所需材料（如专家意见）——会议的宣传报道——会议文书的立卷归档——催办与反馈工作——会议总结。

1) 根据日程安排的信息安排车辆和送行人员；
2) 各种设备的清点，归还、退房，检查有无遗漏物品；
3) 清点所剩会议资料，注意保密及销毁；
4) 各种音像、照片、文字资料的整理及存档、撰写会议新闻稿；
5) 确认发生费用、收集发票，列出报销项目明细；
6) 会议筹备组人员认真总结会议的成功和不足，为以后会议提供宝贵经验。

5. 编制会务手册（模板详见附件7-1-4）

会务手册主要包含11个方面的内容：

1) 会务手册封面；
2) 酒店位置及天气；
3) 工程概况；
4) 会务工作提醒；
5) 会议时间、参会人员、食宿安排、会务协调等；
6) 各单位参会领导单位及名单；
7) 会议日程安排；
8) 专家人员名单；
9) 评估单位配合人员；
10) 现场踏勘方案；
11) 测试内容。

7.3.4 会议资料

根据交通运输部《暂行办法》、《技术规范》，城市轨道交通单位需分册编制相关报告和资料汇编,具体如下。

1. 前提条件报告

汇总说明初期运营前安全评估相关前提条件,逐项反馈条件落实情况。对应《暂行办法》第五条、第六条、第八条,对应《技术规范》第三条～第八条,内含轨道交通工程概况,前提条件报告封面见图 7.3-2。

2. 试运行情况报告

说明试运行情况。对应《技术规范》第四条,试运行情况报告封面见图 7.3-3。

图 7.3-2 前提条件报告封面

图 7.3-3 试运行情况报告封面

3. 建设情况综合报告

汇总说明工程建设情况。包含工程概况、土建工程、设备系统等；简要说明综合联调及试运行概况。对应《技术规范》第九条～第七十五条；表1～表34 参见《系统功能核验及系统联动测试报告汇编》说明,建设情况综合报告封面见图 7.3-4。

4. 综合联调总评报告

总体论述综合联调总体评价情况。对应《技术规范》第三十四条～第九十三条中涉及联调测试项目,综合联调总评报告封面见图 7.3-5。

5. 自评自证报告

按照《技术规范》逐条汇总相关工作开展情况的报告内容,逐项对应《技术规范》第三条～第一百二十三条,自评自证报告封面见图 7.3-6。

6. 运营准备综合报告

总体说明运营准备综合情况。对应《技术规范》第九十四条～第一百二十三条,运营准备综合报告封面见图 7.3-7。

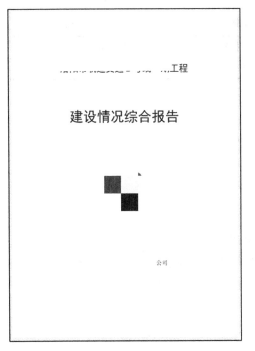

图 7.3-4　建设情况综合报告封面

图 7.3-5　综合联调总评报告封面

图 7.3-6　自评自证报告封面

图 7.3-7　运营准备综合报告封面

7. 其他会议资料清单（表 7.3-7）

其他会议资料清单　　　　表 7.3-7

条款	条款内容	要求材料	材料详细名录
第二章　前提条件			
（交办运〔2019〕17号）第三条	试运行前应完成系统联调。试运行时间不少于3个月，其中按照开通运营时列车运行图连续组织行车20日以上且关键指标(计算方法见附则)符合以下规定： （一）列车运行图兑现率不低于98.5%； （二）列车正点率不低于98%； （三）列车服务可靠度不低于2.5万列km/次； （四）列车退出正线运行故障率不高于0.5次/万列公里； （五）车辆系统故障率不高于5次/万列km； （六）信号系统故障率不高于1次/万列km； （七）供电系统故障率不高于0.2次/万列km； （八）站台门故障率不高于1次/万次。贯通运营的延伸线工程项目应按全线运行图开展试运行，其中除供电系统故障率、站台门故障率按延伸区段统计外，其余关键指标应按全线统计	(1)联调联试报告(含34表测试汇编)； (2)试运行情况报告	(1)《综合联调总评报告》 (2)《系统功能核验及系统联动测试报告汇编》 (3)《试运行情况报告》
（交办运〔2019〕17号）第四条	具有试运行情况报告，内容包括试运行组织基本情况、试运行期间主要设施设备运行情况和相关数据记录、设施设备运行安全性和可靠性分析、试运行发现问题整改情况等	试运行情况报告	《试运行情况报告》
（交办运〔2019〕17号）第五条	具有符合规定的以下批复和许可文件： （一）工程项目建设规划批复； （二）工程可行性研究和初步设计批复； （三）重大设计变更批复； （四）用地和建设许可文件	工程项目建设规划批复	国家发展改革委关于____市城市轨道交通第二期建设规划(2015—2021年)的批复
		工程可行性研究和初步设计批复	(1)____省发展和改革委员会关于____市轨道交通5号线一期工程可行性研究报告的批复 (2)____省发展和改革委员会关于____市轨道交通5号线一期工程可行性研究报告调整的批复 (3)____省发展和改革委员会关于____市轨道交通5号线一期工程初步设计的批复

续表

条款	条款内容	要求材料	材料详细名录
第二章　前提条件			
(交办运〔2019〕17号)第五条	具有符合规定的以下批复和许可文件： (一)工程项目建设规划批复； (二)工程可行性研究和初步设计批复； (三)重大设计变更批复； (四)用地和建设许可文件	重大设计变更批复	无重大设计变更
		建设工程规划许可证	详见《前提条件报告》本工程建设工程规划许可证汇总表
		建设项目选址意见书	详见《前提条件报告》本工程建设项目选址意见书汇总表
		建设用地规划许可证	详见《前提条件报告》本工程建设用地规划许可证汇总表
		建设用地批准书	详见《前提条件报告》本工程建设用地批准书汇总表
		用地批复	详见《前提条件报告》本工程建设用地使用权的批复汇总表
		施工许可证	详见《前提条件报告》本工程建设施工许可汇总表
(交办运〔2019〕17号)第六条	具有符合规定的以下文件： (一)土建工程及其装饰装修、设备系统及其安装工程等质量验收监督意见； (二)车站、区间、中间风井、车辆基地、控制中心、主变电所等消防验收文件； (三)起重设备、电(扶)梯、压力容器等特种设备验收文件； (四)人防验收文件； (五)卫生评价文件； (六)建设单位编制的环保验收报告； (七)档案验收文件	土建工程及其装饰装修、设备系统及其安装工程等质量验收监督意见	暂无,正式安全评估前完成并提供
		车站、区间、中间风井、车辆基地、控制中心、主变电所等消防验收文件	轨道交通5号线一期特殊建设工程消防验收意见书(合格)
		起重设备、电(扶)梯、压力容器等特种设备验收文件	(1)特种设备使用登记证(桥式起重机)； (2)特种设备使用标志(电动葫芦桥式起重机1份,电动单梁起重机2份,共3份)； (3)桥(门)式起重机安装改造重大修理监督检验报告(电动葫芦桥式起重机1份)； (4)桥(门)式起重机首次检验报告(电动单梁起重机2份)； (5)电扶梯使用标志(共213份)； (6)无机房曳引驱动电梯监督检验报告(共37份)； (7)自动扶梯与自动人行道监督检验报告(共176份)； (8)塔前停车场取得《电梯特种设备使用登记证》6份,电梯使用标志6份,电梯监督检验报告6份报告； (9)压力容器特种设备暂未取证,正式安全评估前提供
		人防验收文件	暂无,正式安全评估前完成并提供
		卫生评价文件	暂无,正式安全评估前完成并提供,已完成检测
		建设单位编制的环保验收报告	暂无,正式安全评估前完成并提供
		档案验收文件	暂无,正式安全评估前完成并提供

续表

条款	条款内容	要求材料	材料详细名录
第二章　前提条件			
(交办运〔2019〕17号) 第七条	城市轨道交通工程项目按规定竣工验收合格，验收发现影响运营安全和基本服务质量的问题应整改完成；有甩项工程的，甩项工程不应影响运营安全和基本服务水平，并有明确范围和计划完成时间	工程项目竣工验收合格报告（应涵盖遗留问题整改完成说明）	暂无，正式安全评估前完成并提供
		甩项工程批复清单或报告	____市城乡建设局《关于2021年12月第二次市政项目方案讨论会的纪要》
(交办运〔2019〕17号) 第八条	按照规定划定城市轨道交通工程项目保护区，具有建设单位根据土建工程验收资料勘界后制定的保护区平面图，并在具备设置条件的保护区设置提示或警示标志	保护区平面图	保护区平面图
		保护区设置提示或警示标志清单	警示标识设置坐标点定位图、警示标识竣工材料
第三章　系统功能核验 第一节　土建工程　线路和轨道			
(交办运〔2019〕17号) 第九条	投入使用的正线、配线和车场线应满足列车运行和应急救援需要	正线配线图	《建设情况综合报告》内附正线配线图
(交办运〔2019〕17号) 第十条	其他设施上跨城市轨道交通线路时，上跨设施交叉范围两侧内应设置防护网或其他安全防护设施；城市轨道交通线路与其他设施共建于同一平面且相邻可能影响运营时，应在线路两侧设置封闭隔离、安全警示标志等安全防护设施	__号线一期工程（含首通段）无上跨及相邻外部结构	—
(交办运〔2019〕17号) 第十一条	正线、配线和车场线尚未使用的道岔、预留延伸线终端等预留工程应分别采取道岔定向锁闭、设置车挡等安全防护措施	现场查看	
(交办运〔2019〕17号) 第十二条	具有道岔、钢轨的焊点或栓接部位的探伤检测合格报告；对于无缝线路地段，还应具有锁定轨温、单元轨节长度和观测桩位置等技术资料	道岔、钢轨的焊点或栓接部位的探伤检测合格报告	(1)钢轨焊接探伤检测报告；(2)钢轨焊头探伤检测报告
		无缝线路地段的锁定轨温、单元轨节长度和观测桩位置等技术资料	线路锁定报审报验表、无缝线路技术资料、无缝线路纵向位移观测记录表
(交办运〔2019〕17号) 第十三条	道岔转辙机及其杆件基坑处无积水；寒冷地区的道岔转辙区域采取防雪防冻措施；各专业过轨管线使用道床预留过轨孔洞，因特殊原因需直接过轨时应采取绝缘措施	现场查看	—
(交办运〔2019〕17号) 第十四条	线路基标，百米标、坡度标、曲线要素标等线路标志，限速标、停车标、警冲标等信号标志应配置齐全、安装牢固	现场查看	—

续表

条款	条款内容	要求材料	材料详细名录
第三章　系统功能核验			
第一节　土建工程　车站建筑			
(交办运〔2019〕17号)第十五条	车站每个站厅公共区至少有2个独立、直通地面的出入口具备使用条件;地下一层侧式站台车站的每侧站台应有不少于2个直通地面的出入口具备使用条件;共用站厅公共区的换乘车站,站厅公共区具备使用条件的出入口每条线至少有2个	现场查看	—
(交办运〔2019〕17号)第十六条	车站投入使用的出入口应与市政道路车通,当出入口朝向城市主干道时,应具有客流集散场地;当出入口台阶或坡道末端与临近的道路车行道距离小于3m时,应采取护栏或其他安全防护措施;影响车站客流集散的站外广场应与车站同步具备使用条件	现场查看	—
(交办运〔2019〕17号)第十七条	车站楼梯、公共厕所和无障碍设施应具备使用条件;车站出入口至站厅、站厅至站台应至少各有一台电梯和一组上、下行自动扶梯具备使用条件	现场查看	—
(交办运〔2019〕17号)第十八条	车站公共区和出入口通道不应有妨碍乘客安全疏散的非运营设施设备,安检设施不应占用乘客紧急疏散通道	现场查看	—
(交办运〔2019〕17号)第十九条	车站公共区有关设施设备结构、过道处、楼梯口、楼梯装饰玻璃边角、扶手转角及其连接部位、防护栏杆、不锈钢管焊缝处等不应有可能造成乘客伤害的尖角或突出物;车站地面嵌入式疏散指示应与地面平齐;车站公共区地板应防滑,列车站台停靠时的列车驾驶员上下车立岗处应经地面防滑和防静电处理	现场查看	—
(交办运〔2019〕17号)第二十条	钢结构屋顶(含出入口雨棚)上方检修爬梯应安装牢靠并加设安全护笼;车站公共区卷帘门应有防坠落措施;车站公共区防护栏杆应埋设牢固;出入口通道内扶梯控制箱门、消火栓箱门等暗门应安装门锁和把手	现场查看	—
(交办运〔2019〕17号)第二十一条	车站出入口排水沟畅通,排水系统应与城市排水系统连通,出入口建筑、无障碍垂直电梯接缝应完成密封处理;雨水多地区的车站出入口建筑不应在低洼地势区域	现场查看	—
(交办运〔2019〕17号)第二十二条	地下、地上车站出入口不应设置在道路中央的绿化隔离带上,因特殊原因无法避免时应有连接人行的过街措施;当车站采用顶面开设风口的风亭时,风亭开口处应具有防护栏和防护网或其他安全防范措施	现场查看	—

续表

条款	条款内容	要求材料	材料详细名录
第三章 系统功能核验 第一节 土建工程 车站建筑			
(交办运〔2019〕17号)第二十三条	车站醒目位置应公布安全乘车注意事项、监督投诉电话、本站首末车时间和周边公交换乘信息,并按规定张贴城市轨道交通禁止、限制携带物品目录	现场查看	—
(交办运〔2019〕17号)第二十四条	车站紧急情况下使用的消防设施、安全应急设施、疏散通道和紧急出口,应具有齐全醒目的警示标志和使用说明	现场查看	—
(交办运〔2019〕17号)第二十五条	地下车站、地面和高架车站站台顶板、设备用房、行人通道等结构不应渗水,结构表面应无湿渍,区间隧道、连接通道结构不应漏水,轨道道床面应无渗水	现场查看	—
(交办运〔2019〕17号)第二十六条	高架桥梁侧边翼缘下沿应具有滴水槽、滴水沿或其他防止雨水流向混凝土侧面和地面的构造措施,桥面桥梁端部应有防止污水回流污染支座和梁端表面的防水措施	__号线一期工程(含首通段)无高架桥梁设施	—
(交办运〔2019〕17号)第二十七条	具有结构工程监测系统,对结构沉降和变形等进行监测和分析	结构沉降和变形等进行监测和分析有关记录	暂无,正式安全评估前完成并提供《___地铁1、5、6号线2022—2026年运营期结构监测项目》合同
(交办运〔2019〕17号)第二十八条	对轨行区电缆、管线、射流风机等吊挂构件,声屏障、防火门、人防门、防淹门等构筑物具有安装牢固、定位锁定和防护措施是否到位的检查记录	轨行区电缆、管线、射流风机等吊挂构件,声屏障、防火门、人防门、防淹门等构筑物具有安装牢固、定位锁定和防护措施的检查记录	(1)电力及控制电缆工序质量报审、报验表(安装记录); (2)__号线首通段供电系统电缆敷设检查记录; (3)__号线首通段环网电缆支架安装检查记录; (4)光缆敷设检查记录(区间环网差动保护光缆)接地电阻检测记录; (5)__号线首通段供电系统隔离开关及上网电缆检查报告; (6)__号线首通段回流箱安装检查记录; (7)接触网安装检查记录; (8)悬挂装置,汇流排、接触线、架空地线、环网; (9)电缆支架等安装、架设记录; (10)接触网可视化接地设备检查记录; (11)联络通道及小站台内防火门、区间人防门、防淹门等构筑物安装、定位锁定的检查记录
(交办运〔2019〕17号)第二十九条	地下工程(含车站、区间、出入场段)临近轨行区旁的分隔墙,应经风荷载和振动荷载作用下结构的抗疲劳性、安全度和耐久性计算和分析,不宜采用砖砌墙	轨行区分隔墙抗疲劳性、安全度和耐久性计算和分析报告	站台层临轨行区混凝土隔墙承载力验算

续表

条款	条款内容	要求材料	材料详细名录
第三章　系统功能核验 第一节　土建工程　车站建筑			
（交办运〔2019〕17号）第三十条	轨行区人防门、防淹门、联络通道防火门宜具有环境与设备监控系统（BAS）对其运行状态和故障状态的监视报警功能、视频监视系统对其开闭状态的监视功能	现场查看	—
（交办运〔2019〕17号）第三十一条	当高架区间上跨道路净空高度不大于4.5m时，应具有限高标志和限界防护架；位于道路一侧或交叉口的墩柱有可能受外界撞击时，墩柱应具有防撞击的保护设施	__号线一期工程首通段无高架段	—
（交办运〔2019〕17号）第三十二条	设备安装未使用的结构预留孔洞应完成封堵；区间结构施工遗留的混凝土浮浆、碎块等异物和设备安装遗留在结构本体上的铁丝、铁片、胶条等异物均应完成清除	现场查看	—
（交办运〔2019〕17号）第三十三条	作为疏散通道的道床面应平整、连续、无障碍；轨行区至站台的疏散楼梯、疏散平台在联络通道处的坡道连接、区间联络通道防火门开启等不应影响乘客紧急疏散	现场查看	—
第三章　系统功能核验 第二节　设备系统　车辆			
（交办运〔2019〕17号）第三十四条	具有车辆超速保护、列车紧急制动距离、车门安全联锁、车门故障隔离、车门障碍物探测、列车联挂救援等功能的测试合格报告，测试应分别符合表1～表6的规定	车辆超速保护测试合格报告	车辆超速保护功能测试报告
		列车紧急制动距离测试合格报告	列车紧急制动距离测试报告
		车门安全联锁测试合格报告	车门安全联锁功能测试报告
		车门故障隔离测试合格报告	车门故障隔离功能测试报告
		车门障碍物探测测试合格报告	车门障碍物探测功能测试报告
		列车联挂救援测试合格报告	列车联挂救援功能测试报告
（交办运〔2019〕17号）第三十五条	各列车运行里程均不少于2000列·km	各列车运行里程记录报告	列车运行里程记录表，完整版本正式安全评估前提供
（交办运〔2019〕17号）第三十六条	具有蓄电池测试报告，蓄电池容量应满足列车失电情况下车载安全设备、应急照明、应急通风、广播、通信等系统规定工作时间内的用电要求	蓄电池测试报告	列车应急供电功能测试报告

续表

条款	条款内容	要求材料	材料详细名录
第三章 系统功能核验 第二节 设备系统 车辆			
(交办运〔2019〕17号) 第三十七条	车辆各电气设备金属外壳或箱体应采取保护性接地措施	现场查看	—
(交办运〔2019〕17号) 第三十八条	列车上非乘客使用的重要设备或设施应具有锁闭措施。客室地板防滑,客室结构和过道处、扶手等不应有可能造成乘客伤害的尖角或突出物	现场查看	—
(交办运〔2019〕17号) 第三十九条	列车车门防夹警示、车门防倚靠警示、紧急报警提示、车门紧急解锁操作提示、消防设备提示等安全标志齐全、醒目	现场查看	—
第三章 系统功能核验 第二节 设备系统 供电系统			
(交办运〔2019〕17号) 第四十条	具有相邻主变电所支援供电、牵引接触网(轨)越区供电、变电所0.4kV低压备自投等功能的测试合格报告,测试应分别符合表4～表9的规定	相邻主变电所支援供电测试合格报告	相邻主变电所支援供电测试合格报告
^	^	牵引接触网(轨)越区供电测试合格报告	暂无,正式安全评估前完成并提供
^	^	变电所0.4kV低压备自投测试合格报告	变电所0.4kV低压备自投测试报告
(交办运〔2019〕17号) 第四十一条	电力监控系统具备遥控、遥信和遥测使用功能	现场查看	—
(交办运〔2019〕17号) 第四十二条	具有各类电气元件、开关的整定值调整合格报告;具有车站公共区、区间照明系统测试合格报告;具有轨道结构对地电阻测试合格报告,轨道结构具有良好的绝缘性能	各类电气元件、开关的整定值调整合格报告	(1)__号线首通段供电系统继电保护定值单 (2)__号线首通段供电系统整定值校验合格报告
^	^	车站公共区、区间照明系统测试合格报告	(1)塔前停车场电气照明系统通电测试记录25份,照度检测记录8份,建筑照明通电试运行记录6份; (2)荆溪-螺洲电气照明系统通电测试记录164份,照度检测记录25份,建筑照明通电试运行记录68份
^	^	轨道结构对地电阻测试合格报告	(1)出入场线及___站(含)～___站(不含)轨道工程钢轨对地过渡电阻及钢轨纵向电阻测试报告; (2)___站(含)～___站(含)轨道接地电阻及轨道工程钢轨对地过渡电阻及钢轨纵向电阻测试报告

续表

条款	条款内容	要求材料	材料详细名录
第三章 系统功能核验 第二节 设备系统 供电系统			
（交办运〔2019〕17号）第四十三条	变电所接地标志和安全标志齐全清晰，安全工具试验合格、配置齐全、放置到位；变电所内、外设备间应整洁，电缆沟和隐蔽工程内无杂物和积水。电缆孔洞应封堵，设备房应安装防鼠板	变电所安全工具试验合格报告	暂无，正式安全评估前完成并提供
第三章 系统功能核验 第二节 设备系统 通信系统			
（交办运〔2019〕17号）第四十四条	具有车地无线通话、列车到站自动广播和到发时间显示、与主时钟系统接口通信、换乘站基本通信等功能的测试合格报告，测试应分别符合表10～表13的规定	车地无线通话测试合格报告	车地无线通话测试合格报告
		列车到站自动广播和到发时间显示测试合格报告	列车到站自动广播和到发时间显示测试合格报告
		与主时钟系统接口通信测试合格报告	与主时钟系统接口通信测试合格报告
		换乘站基本通信测试合格报告	暂无
（交办运〔2019〕17号）第四十五条	设备机房的温度、湿度满足安全运行要求，具有防电磁干扰测试合格报告	通信设备房防电磁干扰测试合格报告	__号线通信设备房防电磁干扰检验报告
第三章 系统功能核验 第二节 设备系统 信号系统			
（交办运〔2019〕17号）第四十六条	应完成信号系统各子系统之间、信号系统与关联系统的联调及动态调试，具有完整的信号系统验收和联调及动态调试合格报告。其中，列车超速安全防护、列车追踪安全防护、列车退行安全防护、车站扣车和跳停测试应分别符合表14～表17的规定	信号系统联调报告	（1）系统功能核验及联动测试报告汇编；（2）系统联调总评报告
		信号系统验收报告	信号系统单位工程竣工验收报告
		列车超速安全防护测试报告	ATP超速安全防护测试报告；区段限速安全防护测试报告；侧向过岔安全防护测试报告；轨道尽头安全防护测试报告；降级模式下闯红灯安全防护测试报告；RM模式行车安全防护测试报告；反向ATP安全防护测试报告
		列车追踪安全防护测试报告	列车追踪安全防护测试报告
		列车退行安全防护测试报告	列车退行安全防护测试报告
		车站扣车和跳停测试报告	车站扣车和跳停测试报告
		信号系统动态调试报告	__号线信号系统综合联调报告

续表

条款	条款内容	要求材料	材料详细名录
第三章　系统功能核验 第二节　设备系统　信号系统			
（交办运〔2019〕17号） 第四十七条	设备机房温度、湿度满足安全运行要求,具有防电磁干扰测试合格报告	信号设备房防电磁干扰测试合格报告	信号机房防电磁干扰测试报告
第三章　系统功能核验 第二节　设备系统　通风、空调与采暖系统			
（交办运〔2019〕17号） 第四十八条	具有通风换气和空气环境控制功能、排烟系统排烟量、隧道纵向排烟风速、楼梯间加压送风系统余压等测试合格报告	通风换气和空气环境控制功能测试合格报告	通风空调系统试运转记录,塔前停车场通风空调系统试运转记录
		排烟系统排烟量测试合格报告	风管风量平衡检测记录,塔前停车场风管风量平衡检测记录
		隧道纵向排烟风速测试合格报告	荆溪-螺洲风速测试记录,塔前停车场风速测试记录
		楼梯间加压送风系统余压测试合格报告	荆溪-螺洲楼梯间加压送风系统余压测试报告,塔前停车场楼梯间加压送风系统余压测试报告
（交办运〔2019〕17号） 第四十九条	车站控制室和控制中心具备通风设备状态信息显示和故障报警功能	现场查看	—
（交办运〔2019〕17号） 第五十条	应完成冷却塔、多联空调的室外机地面硬化,相关排水管路应接入市政排水系统,冷却塔或室外机周边具有安全防护栏;空调送风口、空调冷凝水管不应设置在电气设备上方,无法避免时应具有防护措施;空调柜检修门不应影响检修的水管、支架、结构柱等遮挡	现场查看	—
（交办运〔2019〕17号） 第五十一条	风管支、吊架应完成防锈防腐处理;风道内影响设备正常运行的裸露进风口、排风口以及大型风机的进出风端应设置防鼠网或防护网;应完成通风管路及风道内的杂物清理及卫生清扫	现场查看	—
第三章　系统功能核验 第二节　设备系统　消防和给排水			
（交办运〔2019〕17号） 第五十二条	具有生产、生活给水系统各用水点的水量和水压、车站消火栓系统充实水柱和水量压力、设备房自动灭火系统运行、区间水泵安全运行等测试合格报告。区间水泵安全运行测试应符合表18的规定	生产、生活给水系统各用水点的水量和水压测试合格报告	(1)塔前停车场管道系统强度、严密性试验记录,消火栓试射记录,用水点水量测试记录; (2)荆溪-螺洲管道系统强度、严密性试验记录,消火栓试射记录,用水点水量测试记录
		车站消火栓系统充实水柱和水量压力测试合格报告	
		设备房自动灭火系统运行测试合格报告	气体灭火系统测试报告
		区间水泵安全运行等测试合格报告	塔前停车场水泵试运转记录; 水泵安全运行测试报告、水泵试运转记录

续表

条款	条款内容	要求材料	材料详细名录
第三章 系统功能核验 第二节 设备系统 消防和给水排水			
（交办运〔2019〕17号）第五十三条	排水系统应提供满足设计要求的可靠排水设施，并满足排放条件	给排水竣工图纸	(1)塔前停车场给排水及消防图纸；(2)车站给排水及消防图纸，区间及出入场现场给排水及消防图纸
（交办运〔2019〕17号）第五十四条	车站自动扶梯集水井盖板、出入口与站厅连接处的拦水横截沟盖板等安装牢靠并具有检查记录	车站自动扶梯集水井盖板、出入口与站厅连接处的拦水横截沟盖板检查记录表	(1)塔前停车场井盖安装验收测试记录；(2)沟盖安装验收测试记录，井安装验收测试记录
（交办运〔2019〕17号）第五十五条	完成车站、车辆基地、控制中心、区间泵房、风亭和各类集水池杂物清理	现场查看	—
（交办运〔2019〕17号）第五十六条	具有自动售检票系统压力、跨站（线）走票功能、终端设备金属外壳漏电保护和可靠接地，检票系统与火灾自动报警系统联动等测试合格报告	自动售检票系统压力测试合格报告	自动售检票系统压力测试报告
		跨站（线）走票功能测试合格报告	跨站（线）走票功能测试报告
		终端设备金属外壳漏电保护和可靠接地测试合格报告	(1)__号线自动售票机检测报告；(2)__号线互联网自助售票机检测报告；(3)__号线半自动售票机检测报告；(4)__号线标准通道双向检票机检测报告
		检票系统与火灾自动报警系统联动测试合格报告	检票系统与火灾自动报警系统联动测试合格报告
（交办运〔2019〕17号）第五十七条	车站公共区自动售检票机的布置应符合乘客进、出站流线，客流不宜交叉；当检修采用后开门形式时，自动售票机离墙装饰面的空间应满足维修需要	现场查看	—
（交办运〔2019〕17号）第五十八条	每组进、出站检票机群均应有不少于2个通道具备使用条件。每个车站至少有1个宽通道具备使用条件	现场查看	—
（交办运〔2019〕17号）第五十九条	电梯、自动扶梯与自动人行道具有语音安全提示功能，电梯具有视频监视和门防夹保护功能，以及电梯的车站控制室、轿厢、控制柜或机房之间具备三方通话功能	现场查看	—
（交办运〔2019〕17号）第六十条	自动扶梯与楼梯板交叉时或自动扶梯交叉设置时，扶手带上方应设置防护挡板；当自动扶梯扶手带转向端入口处与地板形成的空间内加装语音提示或其他装置时，不应形成可能夹卡乘客的三角空间；自动扶梯紧急停止按钮应具有防误操作的保护措施	现场查看	—

续表

条款	条款内容	要求材料	材料详细名录
第三章 系统功能核验 第二节 设备系统 通风、空调与供暖系统			
(交办运〔2019〕17号)第六十一条	自动扶梯下部机坑内不应有影响自动扶梯安全运行的积水;电梯设施应具备使用条件,不应有影响电梯安全运行的漏水和渗水;应完成井道、巷道内杂物和易燃物的清理	现场查看	—
(交办运〔2019〕17号)第六十二条	电梯、自动扶梯与自动人行道使用标志、安全标志和安全须知应齐全醒目	现场查看	—
第三章 系统功能核验 第二节 设备系统 站台门			
(交办运〔2019〕17号)第六十三条	具有站台门后备电源、门体绝缘和接地绝缘、安全玻璃性能,以及站台门控制系统与信号系统的接口,站台门乘客保护等测试合格报告。站台门乘客保护测试应符合表19的规定	站台门后备电源测试合格报告 门体绝缘和接地绝缘测试合格报告 安全玻璃性能测试合格报告 站台门控制系统与信号系统的接口测试合格报告 站台门乘客保护测试合格报告	(1)__号线站台门后备电源测试报告; (2)__号线门体绝缘与接地绝缘检验报告; (3)__号线安全玻璃性能报告
(交办运〔2019〕17号)第六十四条	车站控制室和控制中心具有站台门运行状态、故障信息显示和报警功能	现场查看	—
(交办运〔2019〕17号)第六十五条	应急门、端门应能向站台侧旋转90°平开,打开过程应顺畅、不受地面及其他障碍物(含盲道)的影响	应急门、端门旋转90°测试	__号线站台门应急门、端门开关90°报告
(交办运〔2019〕17号)第六十六条	站台门安全标志、使用标志和应急操作指示应齐全醒目	现场查看	—
第三章 系统功能核验 第三节 车辆基地			
(交办运〔2019〕17号)第六十七条	具备车辆基地运用、检修等生产设施设备验收合格报告,设施设备配备和功能满足运营需要;内燃机车和工程车等特种车辆,架车机、不落轮镟和洗车机等车辆配属设备的配置数量与功能状况满足运营需要	车辆基地运用、检修等生产设施设备验收合格报告	暂无,正式安全评估前完成并提供

续表

条款	条款内容	要求材料	材料详细名录
第三章　系统功能核验 第三节　车辆基地			
(交办运〔2019〕17号)第六十八条	停车列检库线供电隔离启闭设备、有无电显示设施、出入库列位外声光警示设施、检修作业平台安全保护分区和安全防护设施具备使用条件；试车线与周围建(构)筑物之间、车辆基地有电区和无电区之间应具有隔离设施	现场查看	—
(交办运〔2019〕17号)第六十九条	车辆基地周界应有围蔽设施并满足封闭管理要求；车辆基地应有不少于两个具备使用条件并与外界道路相通的出入口	现场查看	—
(交办运〔2019〕17号)第七十条	预留上盖开发条件的车辆基地，轨行区柱网布置应满足轨旁设备检修维护空间要求，上盖开孔四周应具有防抛措施；生产性库房检修爬梯应与墙体预埋角钢焊接牢固，钢爬梯应做防锈处理；库内水管应根据运营需要完成防寒处理	现场查看	—
(交办运〔2019〕17号)第七十一条	备品备件、设备、材料、抢修、救援器材和劳保用品应到位并满足初期运营需要；物资仓库、易燃物品库等建筑建成并具备使用条件，易燃物品库应独立设置，并按存放物品的不同性质分库设置	现场查看	—
(交办运〔2019〕17号)第七十二条	车辆基地安全标志应齐全醒目，道路、平交路口、站场线路、试车线等应设有安全隔离、限高等设施和安全警示标志	现场查看	—
第三章　系统功能核验 第四节　控制中心			
(交办运〔2019〕17号)第七十三条	控制中心行车调度、电力调度、环控调度、防灾指挥、客运管理、维修施工和信息管理等设施布局、功能运行、人机界面等应满足运营需要	现场查看	—
(交办运〔2019〕17号)第七十四条	控制中心与其他建筑合建时，控制中心应具有独立的进出口通道，控制中心用房具备独立性和安全性	现场查看	—
(交办运〔2019〕17号)第七十五条	室内装修与照明综合效果不应在控制中心显示屏上产生炫光	现场查看	—
第四章　系统联动测试 第一节　轮轨关系			
(交办运〔2019〕17号)第七十六条	轮轨关系测试包括轨道动态几何状态、车辆动力学响应-运行稳定性、车辆动力学响应-运行平稳性测试	轨道动态几何状态	见第七十七条、第七十八条
		车辆动力学响应-运行稳定性	
		车辆动力学响应-运行平稳性测试	

续表

条款	条款内容	要求材料	材料详细名录
第四章 系统联动测试 第一节 轮轨关系			
（交办运〔2019〕17号）第七十七条	轨道动态几何状态测试应符合表20的规定	《轨道动态几何状态测试》	___市轨道交通__号线一期工程轨道动态几何状态测试项目检测报告
（交办运〔2019〕17号）第七十八条	车辆动力学响应-运行稳定性测试和车辆动力学响应-运行平稳性测试应分别符合表21和表22的规定	《车辆动力学响应-运行稳定性测试》《车辆动力学响应-运行平稳测试》	《___地铁__号线列车专项试验报告》运行安全性试验；运行平稳性试验
第四章 系统联动测试 第二节 弓网关系			
（交办运〔2019〕17号）第七十九条	弓网关系测试包括接触网动态几何参数、弓网燃弧指标、弓网动态接触力、受电弓垂向加速度（硬点）测试	接触网动态几何参数测试报告	见第八十条至第八十三条
		弓网燃弧指标测试报告	
		弓网动态接触力测试报告	
		受电弓垂向加速度（硬点）测试报告	
（交办运〔2019〕17号）第八十条	接触网动态几何参数测试应符合表23的规定	《接触网动态几何参数测试》	《___州地铁__号线列车专项试验报告》弓网关系试验-接触网几何测试
（交办运〔2019〕17号）第八十一条	弓网燃弧指标测试应符合表24的规定	《弓网燃弧指标测试》	《___地铁__号线列车专项试验报告》弓网关系试验-燃弧（离线火花）测定
（交办运〔2019〕17号）第八十二条	弓网动态接触力测试应符合表25的规定	《弓网动态接触力测试》	《___地铁__号线列车专项试验报告》弓网关系试验-动态接触力
（交办运〔2019〕17号）第八十三条	受电弓垂向加速度（硬点）测试应符合表26的规定	《受电弓垂向加速度（硬点）测试》	《___地铁__号线列车专项试验报告》弓网关系试验-硬点(受电弓垂向加速度）
第四章 系统联动测试 第三节 信号防护			
（交办运〔2019〕17号）第八十四条	信号防护测试包括列车车门安全防护、站台紧急关闭按钮安全防护、站台门安全防护、车门与站台门联动、列车折返能力测试	列车车门安全防护测试报告	见第八十五条～第八十九条
		站台紧急关闭按钮安全防护测试报告	
		站台门安全防护测试报告	
		车门与站台门联动测试报告	
		列车折返能力测试测试报告	

续表

条款	条款内容	要求材料	材料详细名录
第四章　系统联动测试 第三节　信号防护			
(交办运〔2019〕17号) 第八十五条	列车车门安全防护测试应符合表27的规定	《列车车门安全防护测试报告》	(1)列车车门安全防护测试报告; (2)站台紧急关闭按钮安全防护测试报告; (3)站台门安全防护测试报告; (4)车门与站台门联动测试报告; (5)列车折返能力测试报告
(交办运〔2019〕17号) 第八十六条	站台紧急关闭按钮安全防护测试应符合表28的规定	《站台紧急关闭按钮安全防护测试报告》	
(交办运〔2019〕17号) 第八十七条	站台门安全防护测试应符合表29的规定	《站台门安全防护测试报告》	
(交办运〔2019〕17号) 第八十八条	车门与站台门联动测试应符合表30的规定	《车门与站台门联动测试报告》	
(交办运〔2019〕17号) 第八十九条	列车折返能力测试应符合表31的规定	《列车折返能力测试测试报告》	
第四章　系统联动测试 第四节　防灾联动			
(交办运〔2019〕17号) 第九十条	防灾联动测试包括车站综合后备控制盘功能、车站公共区火灾工况联动、列车区间事故工况联动测试	车站综合后备控制盘功能	见第九十一条～第九十三条
		车站公共区火灾工况联动	
		列车区间事故工况联动测试	
(交办运〔2019〕17号) 第九十一条	车站综合后备控制盘功能测试应符合表32的规定	《车站综合后备控制盘功能测试》	《车站综合后备盘控制功能测试报告》
(交办运〔2019〕17号) 第九十二条	车站公共区火灾工况联动测试应符合表33的规定	《车站公共区火灾工况联动测试》	《车站公共区火灾工况联动测试报告》
(交办运〔2019〕17号) 第九十三条	列车区间事故工况联动测试应符合表34的规定	《列车区间事故工况联动测试》	《列车区间事故工况联动测试报告》
第五章　运营准备 第一节　组织架构			
(交办运〔2019〕17号) 第九十四条	运营单位具有与运营管理模式和管理任务相适应的组织架构,并设置行车组织、客运服务、设施设备维护、安全生产管理等部门	运营分公司组织架构正式文件	《运营准备综合报告》中: (1)运营分公司组织架构图; (2)运营分公司部门职责
(交办运〔2019〕17号) 第九十五条	运营单位应建立从安全生产委员会(或安全生产领导小组)至基层班组的安全生产管理组织架构,安全生产责任制分解到岗位和人员,并配备专职安全生产管理人员	运营分公司安全生产管理组织架构及安全管理人员配备情况说明	运营分公司安全管理组织架构图 《安全管理委员会章程》; 《安全生产责任制度》
(交办运〔2019〕17号) 第九十六条	运营单位应具有受理和处理乘客投诉的部门	运营分公司乘客投诉处理部门的设置情况说明	运营分公司部门职责

续表

条款	条款内容	要求材料	材料详细名录
第五章 运营准备 第二节 岗位与人员			
(交办运〔2019〕17号) 第九十七条	运营单位应合理设置岗位,行车组织、客运服务、设施设备维护和安全生产管理部门按运营需求配齐人员	运营分公司人员岗位配置情况说明	__号线岗位配置及到岗情况一览表
(交办运〔2019〕17号) 第九十八条	运营单位主要负责人和安全生产管理人员应按规定定期接受安全培训,初次安全培训时间不少于32学时,列车驾驶员、行车调度员、行车值班员、信号工、通信工等重点岗位人员应通过安全背景审查,列车驾驶员还应通过心理测试	主要负责人和安全生产管理人员安全培训记录	安全培训合格证书
		列车驾驶员、行车调度员、行车值班员、信号工、通信工安全背景审查记录表	安全背景审查结果告知单
		列车驾驶员心理测试合格记录	2021年运营分公司心理测评报告
(交办运〔2019〕17号) 第九十九条	列车驾驶员应符合以下要求: (一)接受不少于300学时的理论知识培训和不少于2个月的岗位技能培训,培训包括出退勤作业、列车整备和出入场作业、正线和车辆基地作业、列车设备基本操作、正常和非正常情况下行车、列车故障应急处置和救援、乘客紧急疏散等; (二)通过理论知识考试和岗位技能考试; (三)在经验丰富的列车驾驶员指导和监督下驾驶,驾驶里程不少于5000km,其中在本线上的里程不少于1000km	列车驾驶员培训记录	上岗资格培训档案(内含上岗证、考试试卷、培训记录等)
		列车驾驶员理论知识考试和岗位技能考试合格记录	上岗资格培训档案(内含上岗证、考试试卷、培训记录等)
		列车驾驶员驾驶里程记录	列车驾驶驾驶里程记录
(交办运〔2019〕17号) 第一百条	行车调度员、电力调度员和环控调度员应符合以下要求: (一)接受不少于300学时的理论知识培训和不少于3个月的岗位技能培训。行车调度员培训包括调度工作规则、行车组织规程、客运组织规程、施工管理规程等;电力调度员培训包括电力作业安全规则、电力操作规程、电力故障和事故应急处置等;环控调度员培训包括环控、站台门、防灾报警等机电设备的规程、有关环控设备故障和事故应急处置等; (二)通过理论知识考试和岗位技能考试; (三)在经验丰富的调度员指导和监督下进行操作,时间不少于1个月	行车调度员、电力调度员和环控调度员培训记录表	上岗资格培训档案(内含上岗位、考试试卷、培训记录等)
		理论知识考试和岗位技能考试合格记录	上岗资格培训档案(内含上岗证、考试试卷、培训记录等)

续表

条款	条款内容	要求材料	材料详细名录
第五章 运营准备 第二节 岗位与人员			
(交办运〔2019〕17号) 第一百〇一条	行车值班员应符合以下要求：(一)接受不少于150学时的理论知识培训和不少于1个月的岗位技能培训，培训包括车站行车作业、客运服务、票务管理、检修施工、设备基本操作和突发事件应急处置等；(二)通过理论知识考试和岗位技能考试；(三)在经验丰富的行车值班员指导和监督下进行操作，时间不少于1个月	行车值班员培训记录	上岗资格培训档案(内含上岗证、考试试卷、培训记录等)
		理论知识考试和岗位技能考试合格记录	
(交办运〔2019〕17号) 第一百〇二条	设备维修人员经系统岗位培训，通过理论知识考试和岗位技能考试	各类设备维修人员培训记录	上岗资格培训档案(内含上岗证、考试试卷、培训记录等)
		各类设备维修人员理论知识考试和岗位技能考试合格记录	
(交办运〔2019〕17号) 第一百〇三条	控制中心值班主任经系统岗位培训，具有2年以上行车调度岗位工作经历，并掌握电力调度、环控调度的工作内容和安全作业要求	控制中心值班主任岗位培训记录	上岗资格培训档案
		控制中心值班主任岗位工作经历	____地铁集团有限公司员工信息登记表
(交办运〔2019〕17号) 第一百〇四条	列车驾驶员、行车调度员、电力调度员、环控调度员、行车值班员、设备维修人员、控制中心值班主任、客运服务人员应证上岗；特种设备作业人员应具有特种设备作业人员证，并持证上岗	列车驾驶员、行车调度员、电力调度员、环控调度员、行车值班员、设备维修人员、控制中心值班主任、客运服务人员上岗证	上岗资格培训档案(内含上岗证、考试试卷、培训记录等)
		特种设备作业人员特种设备作业人员证及上岗证	____地铁__号线特殊取证情况表
第五章 运营准备 第三节 运营管理			
(交办运〔2019〕17号) 第一百〇五条	运营单位应建立以下运营管理制度：(一)安全管理类，包括风险分级管控和隐患排查治理、劳动安全、安全检查、安全教育培训和考核、危险品管理、保护区安全管理、关键信息系统等级保护等制度；(二)行车管理类，包括行车管理办法、车辆基地及车站行车工作细则、调度工作规则和检修施工管理办法等；(三)服务管理类，包括客运管理制度和服务质量标准，企业内部服务监督检查管理办法、票务管理办法和车站环境管理办法等；(四)维护维修类，包括各专业设施设备系统检修规程和检修管理制度等；(五)操作办法类，包括各岗位操作规程、各专业系统操作手册和故障处理指南等	安全管理类管理制度	—
		行车管理类管理制度	
		服务管理类管理制度	
		维护维修类管理制度	
		操作办法类管理制度	

续表

条款	条款内容	要求材料	材料详细名录
第五章 运营准备 第三节 运营管理			
(交办运〔2019〕17号) 第一百〇六条	运营单位应结合工程可行性研究报告的客流预测、沿线客流因素变化、与本线关联的既有线路客流情况等，组织编制初期运营客流预测报告	初期运营客流预测报告	《____地铁__号线工程开通初期(2022—2024年)客流预测》报告
(交办运〔2019〕17号) 第一百〇七条	运营单位应综合考虑线路初期运营设计运能、设计车辆配属、初期运营客流预测，以及设备技术条件、列车运行与折返时间等因素，编制列车运行计划	列车运行计划	__号线一期工程首通段试运行第二阶段暨初期运营列车运行图
(交办运〔2019〕17号) 第一百〇八条	运营单位应结合车辆采购、调试和应急需要等情况，设置本线路运用车和备用车数量，并满足初期运营列车运行图行车和应急情况下运输组织调整需要	行车组织方案	《____地铁__号线一期首通段行车组织方案》
(交办运〔2019〕17号) 第一百〇九条	运营单位应根据车站配线、站台布局、信号系统、供电系统等设施设备的配置情况及初期客流预测情况，制定涵盖正常、非正常和应急状态下的行车组织方案	行车组织方案	《____地铁__号线一期首通段行车组织方案》
(交办运〔2019〕17号) 第一百一十条	应具有大客流车站(含各种交路折返车站和停车功能的车站)站台至站厅或其他安全区域的疏散楼梯、用作疏散的自动扶梯和疏散通道的通过能力模拟测试报告，核验超高峰小时一列进站列车所载乘客及站台上的候车人员能在6min内全部疏散至站厅公共区或其他安全区域，公共区乘客人流密度等参数是否符合乘客疏散和安全运营要求	大客流车站疏散能力模拟测试报告	《大客流疏散验算报告》
(交办运〔2019〕17号) 第一百一十一条	运营单位应根据列车运行计划，初期运营客流预测，设施设备能力和人员配备情况，编制客运组织方案(至少包括组织机构、岗位设置、上岗人员、客流疏散方案、乘客换乘安全保障方案)	客运组织方案	(1)《车站大客流运营组织办法》; (2)《突发大客流应急预案》; (3)《__号线车站客运组织细则》
(交办运〔2019〕17号) 第一百一十二条	运营单位制定的城市轨道交通检修施工管理制度，应规定施工作业请点和销点、施工作业安全防护、施工动火作业和工程车使用以及对外单位(含委外)影响行车安全的施工作业进行旁站监督等要求	检修施工管理制度	《检修施工管理规则》

续表

条款	条款内容	要求材料	材料详细名录
		第五章 运营准备 第三节 运营管理	
（交办运〔2019〕17号）第一百一十三条	运营单位应具有初期运营所需的土建工程竣工资料、设备系统技术规格说明书、操作手册、维修手册、各类软件和调试报告等技术图纸资料	技术资料移交清单	暂无。正式安全评估前完成并提供
			信号技术资料
（交办运〔2019〕17号）第一百一十四条	具有城市轨道交通沿线公交配套衔接方案，公交配套衔接与车站同步实施到位、同步投入使用	公交配套衔接方案	《____市地铁__号线一期首通段公交接驳方案》正在编制中
		第五章 运营准备 第四节 应急管理	
（交办运〔2019〕17号）第一百一十五条	运营单位应建立应急信息报送、应急值守和报告、乘客应急信息发布、乘客伤亡事故处置和运营突发事件（事故）调查处理等应急管理制度	《应急信息报送》应急管理制度	《运营信息发布管理办法》
		《应急值守和报告》应急管理制度	《运营突发事件综合应急预案》
		《乘客应急信息发布》应急管理制度	《运营信息发布管理办法》《车站客运服务信息发布管理细则》
		《乘客伤亡事故处置和运营突发事件（事故）调查处理》应急管理制度	《客运伤亡处理规则》《运营事故事件调查处理规则》
（交办运〔2019〕17号）第一百一十六条	运营单位应与有关管理部门和单位建立突发事件应急联动机制	突发事件应急联动机制	(1)《____市城市轨道交通运营突发事件应急预案》 (2)《____市城市轨道交通运营突发事件卫生应急预案（试行）》 (3)《关于建立应对地铁突发性大客流联合工作机制的通知》 (4)《____地铁治安防控警企联勤联动机制工作方案》 (5)《____地铁非警务求助事项联动处置工作规范（试行）》
		联动演练记录	暂无，正式安全评估前提供

续表

条款	条款内容	要求材料	材料详细名录
第五章 运营准备 第四节 应急管理			
（交办运〔2019〕17号）第一百一十七条	运营单位应按规定建立突发事件应急预案，主要包括：（一）运营突发事件应急预案：应对列车脱轨、列车相撞、突发停电、突发大客流、火灾、设施设备故障、乘客滞留、乘客意外伤害事件等应急预案。其中，设施设备故障应急预案包括调度系统、列车、供电、信号、通信、工务、机电等系统；（二）自然灾害事件应急预案：应对台风、洪涝、冰雪等气象灾害和地震、山体滑坡等地质灾害的应急预案；（三）公共卫生事件应急预案：应对突发公共卫生事件的应急预案；（四）社会安全事件应急预案：应对人为纵火、爆炸、投毒和核生化袭击等应急预案	运营突发事件应急预案	
^	^	自然灾害事件应急预案	
^	^	公共卫生事件应急预案	
^	^	社会安全事件应急预案	
（交办运〔2019〕17号）第一百一十八条	涉及不同运营单位的共管换乘站，应制定客运组织协同处置预案	不同运营单位的共管换乘站客运组织协同处置预案	《金山站客运组织方案》
（交办运〔2019〕17号）第一百一十九条	应至少开展1次相关应急处置部门和单位参加的综合性应急演练	综合性应急演练记录	暂无，正式安全评估前提供
（交办运〔2019〕17号）第一百二十条	运营单位应开展以下运营突发事件应急演练项目：（一）临时扣车和加车、越站行车、各种交路列车折返等行车组织应急演练；（二）列车故障救援应急演练；（三）供电、通信、信号（含道岔故障处理，手动操作道岔办理进路）、轨道、站台门等设备故障应急演练；（四）突发停电（含区间应急照明和列车应急照明）应急演练；（五）车站站台火灾、站厅火灾、区间火灾、主要设备房火灾等应急演练；（六）突发大客流应急演练；（七）道床拱起、隧道拱顶漏水、隧道结构意外打穿等工务系统应急演练；（八）乘客滞留、乘客意外伤害应急演练；（九）列车相撞和脱轨应急演练	行车组织应急演练	各种交路列车折返等行车组织演练总结
^	^	列车故障救援应急演练	列车故障救援演练总结
^	^	供电、通信、信号、轨道、站台门等设备故障应急演练	110kV主变电所全所失电演练总结、乘客信息系统故障应急演练总结、正线联锁设备故障应急演练总结、轨道线路故障应急演练总结、站台门故障应急演练总结
^	^	突发停电（含区间应急照明和列车应急照明）应急演练	突发停电应急演练总结
^	^	车站站台火灾、站厅火灾、区间火灾、主要设备房火灾等应急演练	车站火灾及疏散演练总结、110kV主变电所火灾现场处置演练总结
^	^	突发大客流应急演练	突发大客流应急演练总结
^	^	道床拱起、隧道拱顶漏水、隧道结构意外打穿等工务系统应急演练	隧道击穿应急演练总结、道床拱起应急演练总结、区间拱顶漏水故障应急演练总结
^	^	乘客滞留、乘客意外伤害应急演练	乘客突发疾病应急演练总结、车站客伤应急演练总结
^	^	列车相撞和脱轨应急演练	列车脱轨、起复演练总结、列车故障救援演练

续表

条款	条款内容	要求材料	材料详细名录
第五章 运营准备 第四节 应急管理			
(交办运〔2019〕17号)第一百二十一条	相关专业实施委外维修的,运营单位应与委外维修单位签订委外维修协议,并在协议中规定委外维修单位安全管理职责、人员安全培训和上岗条件、应急演练和救援、运营单位日常对重点维修项目的过程监督检查和验收等基本要求	委外单位合同	(1)___地铁__号线(一期)和__号线2021—2023年公安通信系统委外维保项目 (2)___市轨道交通__号线一期工程自动扶梯及电梯维保项目合同协议书 (3)___地铁__号线2021—2024年主变电所供电系统设备委外维保项目
(交办运〔2019〕17号)第一百二十二条	运营单位应配备满足初期运营需要的应急救援物资和专业器材装备,建立相应的维护、保养和调用等制度	应急救援物资和专业器材装备台账	应急救援物资和专业器材装备清单;运营突发事件综合应急预案
		应急救援物资和专业器材制度	
(交办运〔2019〕17号)第一百二十三条	运营单位应建立专业应急抢险队伍,熟练掌握应急救援预案、应急救援器材装备使用方法和应急救援要求	应急抢险队名册	—

7.4 专家现场检查及测试简介

为确保城市轨道交通新线按照规定时间节点顺利开通初期运营,需在安全评估前邀请行业专家对新线的建设及运营准备等情况开展检查,及时发现问题及时反馈、解决问题,以确保在正式安全评估前各项准备工作能按要求准备完成,为安全评估的顺利开展提供保障。正式安全评估分查阅相关资料、现场、系统测试等内容。

7.4.1 专家现场检查

在新线初期运营前安全评估工作中,专家现场检查占有很重要的地位,它是专家通过专业角度对新线建设及运营等备情况提前发现和消除事故隐患、落实安全措施、预防事故发生的重要手段,也是在新线开通前发动建设及运营单位共同搞好安全工作的一种有效形式。安全评估现场检查就是要对线路运营过程中影响正常运营的各种物和人的因素,如机械、设备、流程等,进行深入细致地调查、研究和评估,提早发现不安全因素,在初期运营前消除、整改,把可能发生的各种事故消灭在萌芽状态,做到防患于未然。为确保检查的系统性、全面性,专家现场检查按照专业一般会分为总体、土建、车辆、供电、通信信号、机电和运营等若干个小组在相关部门(集团相关部门、运营单位相关专业及各施工单位、监理单位等)的配合下对控制中心、主配电所、车辆段/场、正线车站等场所开展现场踏勘检查、设备设施功能验证、物资存储、人员配备及应急演练开展等项目进行检查、核实。专家现场检查方案模板如表7.4-1所示。

专家现场检查方案模板　　　　　　　　　　表 7.4-1

专家组	专业	专家	检查地点	路线安排
总体组	前提条件		时间：(1)＿＿站/车辆段	具体时间、路线安排
土建组	结构工程		时间：(1)车辆段(2)＿＿站……	具体时间、路线安排
	线路/轨道		时间：(1)停车场(2)＿＿站……	具体时间、路线安排
	车站建筑		时间：(1)＿＿站(2)＿＿站……	具体时间、路线安排
	……	……	……	……
	……	……	……	……

7.4.2 测试简介

根据《技术规范》规定，城市轨道交通设备系统需按测试要求出具相关测试报告，测试项目共34项，涵盖车辆、供电系统、通信系统、信号系统、消防和给水排水系统、站台门、轮轨关系、弓网关系、信号防护、防灾联动十大方面。同时，在专家正式评估时会在34项测试项目中随机抽取测试。正式评估期间典型的设备设施测试项目类别如表7.4-2所示，测试方案模板如下表7.4-3所示。

正式评估期间典型的设备设施测试项目类别　　　　　　表 7.4-2

序号	测试项目	涉及部门	牵头部门	测试地点	备注
1	车门安全联锁测试	＿＿部、＿＿部	＿＿部	兴洛湖站到龙门高铁站下行区间	车辆组
2	车门故障隔离测试	＿＿部、＿＿部	＿＿部	＿＿站到＿＿站下行区间	车辆组
3	车门障碍物探测测试	＿＿部、＿＿部	＿＿部	＿＿站到＿＿站下行区间	车辆组
4	变电所0.4kV低压备自投测试	＿＿部、＿＿部	＿＿部	＿＿站	供电组
5	车地无线通话测试	＿＿部、＿＿部	＿＿部	＿＿站	通信组
6	列车到站自动广播和到发时间显示测试	＿＿部、＿＿部	＿＿部	＿＿站	通信组
7	列车超速安全防护测试	＿＿部、＿＿部	＿＿部	＿＿站至＿＿站上行区间测试CM超速，＿＿至＿＿上行区间测试RM超速	信号组
8	列车追踪安全防护测试	＿＿部、＿＿部	＿＿部	＿＿站至＿＿站下行	信号组
9	列车退行安全防护测试	＿＿部、＿＿部	＿＿部	＿＿下行站台、＿＿站下行站台	信号组

续表

序号	测试项目	涉及部门	牵头部门	测试地点	备注
10	车站扣车和跳停测试	___部、___部	___部	___站上行站台(扣车),___站上行站台(跳停)	信号组
11	站台紧急关闭按钮安全防护测试	___部、___部	___部	___下行站台	信号组
12	站台门安全防护测试	___部、___部	___部	___上行站台	信号组
13	车门与站台门联动测试	___部、___部	___部	___站上行站台	信号组
14	车站综合后备控制盘功能测试	___部、___部	___部	___站	设备二组
15	车站公共区火灾工况联动测试	___部、___部	___部	___站	设备二组
……	……	……	……	……	……

测试方案模板（车门安全联锁测试） 表 7.4-3

测试地点		测试时间	
项目名称	车门安全联锁测试		
测试目的	测试车门与列车牵引控制联锁功能是否符合设计要求。		
测试内容与方法	(1)将阻挡块放在一扇车门两扇门叶之间,使车门不能完全锁闭,按列车关门按钮后,推主控制器手柄至牵引位,启动列车,观察列车状态; (2)列车在区间零速以上运行,按开门按钮,观察客室车门状态		
测试结果	(1)列车主控制器手柄推至牵引位,列车仍无牵引力、不能启动; (2)列车在零速以上运行时,按列车开门按钮,客室车门不能打开		
实际测试结果	□符合　　　□不符合		
操作人			
负责人			
旁站专家			

7.5　正式评估报告

初期运营前安全评估报告从评估工作基本情况、线路概况、系统功能核验情况、系统联动功能测试情况、运营准备工作情况、运营安全评估情况、其他意见建议等方面,明确了初期运营前安全评估报告的要求,与《技术规范》相关章节对应衔接。是安全评估实施阶段的重要环节,关系到能否向城市人民政府报告评估情况申请办理初期运营手续。

7.5.1　评估工作基本情况

1. 评估人员组成

评估专家应熟悉城市轨道交通有关法律、法规、规章和政策标准,从事城市轨道交通相关专业领域工作 10 年以上，具有正高级专业技术职称或同等专业水平。专家的专业应涵盖城市轨道交通所有专业，专家不能与被评估单位有隶属关系，不能有妨碍安全评估工作客观公正的其他情形。明确评估专家人数、学历、职称、岗位与专业。分为总体组、土建组、设备组、初期运营准备组等专项小组，分别开展评审工作。

2. 评估依据

依据国家有关法律、法规、技术规范和标准，以及所在省市轨道交通相关法律和法规要求开展。

包含但不限于以下内容：（1）《国务院办公厅关于保障城市轨道交通安全运行的意见》（国办发〔2018〕13 号）；（2）《城市轨道交通运营管理规定》（中华人民共和国交通运输部令 2018 年第 8 号）；（3）《城市轨道交通初期运营前安全评估管理暂行办法》（交运规〔2019〕1 号）（以下简称《暂行办法》）；（4）《城市轨道交通初期运营前安全评估技术规范 第 1 部分：地铁和轻轨》（交办运〔2019〕17 号）（以下简称《技术规范》）；（5）国家有关法律、法规、技术规范和标准；（6）____省、____市轨道交通相关法律和法规。

3. 评估采取方法

初期运营前安全评估工作分为预评估、前提条件审核和正式评估三个阶段。包括资料查阅、听取工程情况汇报、现场查勘、人员问询、系统联动测试、旁站测试、列车添乘等方式开展。

（1）预评估阶段：重点对前提条件、资料准备情况及现场设备设施运行情况开展评估，提出了初期运营安全评估前必须要解决的问题，并出具《初期运营前安全评估预评估报告》。

（2）前提条件审核：根据交通运输部《暂行办法》第八条相关规定。专家组对相关材料进行审核，确定审核工程需满足初期运营前安全评估前提条件。方可向轨道交通主管部门请示开展初期运营前安全评估工作。

（3）正式评估阶段：由第三方安全评估机构组织开展初期运营前安全评估工作。专家组通过听取汇报，现场查看系统功能是否符合设计文件要求予以核验，并按系统联动功能测试和运营准备要求进行评估。按照《技术规范》规定的测试要求核查建设等单位的测试结果，并对列车超速安全防护测试、列车追踪安全防护测试等系统测试进行实测，确定功能正常。

4. 评估内容

包括系统功能核验、系统联动测试和运营准备等三个方面，具体如下：

（1）系统功能核验评估：主要从土建工程、设备系统、车辆基地和控制中心 4 个方面核验系统功能是否符合设计文件要求，对影响评估工作开展和对初期运营存在重大安全影响的系统功能开展评估；

（2）系统联动测试评估：主要从轮轨关系、弓网关系、信号防护和防灾联动 4 个方面开展联动测试评估；

（3）运营准备安全评估：主要从运营单位组织架构、岗位与人员、运营管理和应急管理 4 个方面，开展安全评估。

5. 线路概况

线路走向、里程、敷设方式的介绍；车站基本情况介绍；车辆基地基本情况介绍；主变电所基本情况介绍；控制中心基本情况介绍；设施设备配置、选型情况介绍；安全应急设施规划布局情况介绍;配套衔接、出入口数量、站台面积、通道宽度、换乘条件和站厅容纳能力布局情况介绍。

7.5.2 前提条件

前提条件是初期运营前安全评估工作的基础,必须满足《技术规范》第三条至第八条内容条款要求后方可组织开展后续评审工作。

(1) 试运行情况报告应满足《技术规范》第三条:试运行前应完成系统联调。试运行时间不少于 3 个月,其中按照开通运营时列车运行图连续组织行车 20 日以上且关键指标符合国家规定。专家组通过现场查验相关报告,调取中央计算机系统数据,问询相关人员等方式给出评估意见。

通过综合联调,验证了供电系统、通信系统、信号系统、综合监控系统、自动售检票系统、机电系统、消防联动等相关系统功能及接口功能,总体已达到设计和规范要求,整个联调过程达到预期目的,联调结果满足联调测试方案和初期运营前相关标准规范要求。

试运行关键指标情况应满足列车运行图连续组织行车 20 日以上且关键指标符合国家规定。

易出现问题:综合联调过程消防联动功能、综合监控系统部分功能达不到预期目的。

(2) 试运行情况报告应满足《技术规范》第四条:具有试运行情况报告,内容包括试运行组织基本情况、试运行期间主要设施设备运行情况和相关数据记录、设施设备运行安全性和可靠性分析、试运行发现问题整改情况等。专家组通过现场查验相关报告和统计数据,问询相关人员等方式给出评估意见。

运营单位应编制《＿＿＿工程试运行情况报告》,包括试运行组织基本情况、试运行期间主要设施设备运行情况和相关数据记录、设施设备运行安全性和可靠性分析、试运行发现问题整改情况等。

(3) 批复和许可文件应满足《技术规范》第五条:具有符合规定的以下批复和许可文件:1) 工程项目建设规划批复;2) 工程可行性研究和初步设计批复;3) 重大设计变更批复;4) 用地和建设许可文件。

运营单位应按规定取得上述相关批复文件及证书。

(4) 符合规定的文件应满足《技术规范》第六条:具有符合规定的以下文件:1) 土建工程及其装饰装修、设备系统及其安装工程等质量验收监督意见;2) 车站、区间、中间风井、车辆基地、控制中心、主变电所等消防验收文件;3) 起重设备、电(扶)梯、压力容器等特种设备验收文件;4) 人防验收文件;5) 卫生评价文件;6) 建设单位编制的环保验收报告;7) 档案验收文件。

运营单位应按规定取得上述相关批复文件及证书。

易出现问题:①消防验收文件不完整;②特种设备验收文件不完整。

(5) 竣工验收应满足《技术规范》第七条:城市轨道交通工程项目按规定竣工验收合格,验收发现的影响运营安全和基本服务质量的问题应整改完成;有甩项工程的,甩项工程不应影响运营安全和基本服务水平,并有明确范围和计划完成时间。

易出现问题:部分甩项工程影响运营安全和基本服务质量,未整改完成。

(6) 保护区应满足《技术规范》第八条:按照规定划定城市轨道交通工程项目保护区,具有建设单位根据土建工程验收资料勘界后制定的保护区平面图,并在具备设置条件的保护区设置提示或警示标志。

易出现问题：车站保护区警示标志或界桩设立不齐全，有部分缺失。

7.5.3 系统功能核验情况

1. 土建工程

（1）线路和轨道；

（2）车站建筑；

（3）结构工程。

2. 设备系统

（1）车辆；

（2）供电系统；

（3）通信系统；

（4）信号系统；

（5）通风、空调与供暖系统；

（6）消防和给水排水系统；

（7）自动售检票系统；

（8）电梯、自动扶梯与自动人行道；

（9）站台门。

需满足《技术规范》第九条至六十六条规定，并对照规定逐一评审满足要求。

易出现问题：

（1）部分无障碍电梯不能正常使用；

（2）部分车站出入口通道垃圾未清理；

（3）车站站厅层消火栓箱门尚未固定；

（4）车站排水系统应与城市排水系统连通；

（5）车站醒目位置未公布安全乘车注意事项、监督投诉电话、本站首末车时间和周边公交换乘信息，并按规定张贴城市轨道交通禁止、限制携带物品目录；

（6）车站紧急情况下使用的消防设施、安全应急设施、疏散通道和紧急出口，无齐全醒目的警示标志和使用说明；

（7）车站电扶梯与扶手栏杆间距较大均未封闭，存在安全隐患；

（8）车站部分组合风阀，执行机构未调整到位，阀瓣关闭不严密。

3. 车辆基地

需满足《技术规范》第六十七条至七十二条规定，并对照规定逐一评审满足要求。

易出现问题：

（1）备品备件在初期运营前移交数量满足运营需求，备品备件未完全验收入库，剩余物资应及时采购到位，并完成物品分类存放；

（2）车辆基地周界已设置围蔽设施，围蔽有缺口，无法实现完全封闭；

（3）上盖开孔四周防抛网未安装完毕。

4. 控制中心

需满足《技术规范》第七十三条至七十五条规定，并对照规定逐一评审满足要求。

易出现问题：

（1）综合监控工作站显示区间水泵高水位报警且无法启泵运行；

（2）车站多联机系统、部分区间感温光纤系统信息未能显示；

（3）区间水泵故障报警未消除。

7.5.4　系统联动测试情况

包含：轮轨关系、弓网关系、信号防护、防灾联动。

需满足《技术规范》第七十六条至九十三条规定，并对照规定逐一评审满足要求。

易出现问题：

（1）部分系统测试的支撑数据不完善；

（2）全线车站公共区火灾工况联动测试报告中现场闸机、声光报警器、应急疏散等设备现场动作照片与报告文字描述不符；

（3）区间阻塞模式测试记录表存在涂改、漏签、时间内容记录不完全等问题，需进一步完善。

7.5.5　运营准备工作情况

包含：（1）组织架构；

（2）岗位与人员；

（3）运营管理；

（4）应急管理。

需满足《技术规范》九十四条至一百二十三条规定，并对照规定逐一评审满足要求。

易出现问题：

（1）重点岗位人员安全背景审查人员范围不规范、审查内容待完善；

（2）部分人员未取得上岗证；

（3）热线服务技巧欠缺；

（4）部分运营人员未完成建构筑物消防员证的取证工作；

（5）土建工程竣工资料和各设备系统技术图纸等资料未全部移交；

（6）公交配套衔接方案未完全实施到位；

（7）对外信息通报的应急联络机制不完善；

（8）车站级现场演练未做到全员参与；

（9）委外安全协议中的风险管控内容不完善。

7.5.6　运营安全评估意见

经专家组讨论，根据《暂行办法》的有关规定，____工程项目已具备开通初期运营的基本条件。限定整改期限将影响开通初期运营安全、运营服务质量的Ａ类遗留问题全部整改完成，并须经第三方工程咨询有限公司复核确认后，按照交通运输部有关规定和程序方可初期运营。

7.5.7　地铁正式评估报告

安全评估报告封面见图 7.5-1。

＿＿＿市城市轨道交通＿＿＿号线工程
初期运营前

安全评估报告

评估单位：＿＿＿＿

＿＿＿年＿＿＿月＿＿＿

图 7.5-1　安全评估报告封面

1. 评估工作基本情况

（1）评估人员组成

受＿＿＿交通运输局委托，＿＿＿研究院于＿＿＿年＿＿＿月＿＿＿日～＿＿＿日在＿＿＿城市轨道交通＿＿＿号线工程初期运营前安全评估。出席安全评估会议的有＿＿＿省交通运输厅、＿＿＿市人民政府、＿＿＿市交通运输局、＿＿＿市发展和改革委员会、＿＿＿市公安局、＿＿＿市自然资源和规划局、＿＿＿市住房和城乡建设局、＿＿＿市应急管理局、＿＿＿市消防救援支队、＿＿＿市人民防空办公室、＿＿＿市卫生健康委员会、＿＿＿市市场监督管理局、＿＿＿市轨道交通集团有限责任公司及本工程的设计、施工、设备安装、监理等单位的领导和代表；会议成立的专家组由北京、天津、广州、深圳、郑州、南宁、呼和浩特、＿＿＿等地的＿＿＿名专家组成，分成总体组、土建组、设备一组、设备二组、初期运营准备组。

本次评估人员包括评价机构人员及评估专家两部分组成，具体如下：

1）评估机构人员组成

评估负责人。

评估组成员。

2）评估专家人员组成

总体组。

土建组。

设备一组。

设备二组。

初期运营准备组。

（2）评估依据

1）《国务院办公厅关于保障城市轨道交通安全运行的意见》（国办发〔2018〕13号）；

2）《城市轨道交通运营管理规定》（中华人民共和国交通运输部令2018年第8号）；

3）《交通运输部关于印发〈城市轨道交通初期运营前安全评估管理暂行办法〉的通知》（交运规〔2019〕1号，下文简称《暂行办法》）；

4）《交通运输部办公厅关于印发〈城市轨道交通初期运营前安全评估技术规范 第1部分：地铁和轻轨〉的通知》（交运办〔2019〕17号，以下简称《技术规范》）；

5）国家有关法律、法规、技术规范和标准；

6）____省和____市轨道交通相关法律和法规。

（3）评估采取方法

____市城市轨道交通____号线工程初期运营前安全评估工作主要采用专家评审的方式开展，具体的评估方法包括资料查阅、听取工程情况汇报、现场查勘、人员问询、系统联动测试、旁站测试、列车添乘等。____市城市轨道交通____号线工程初期运营前安全评估工作分为预评估、前提条件审核和正式评估三个阶段。

1）预评估阶段

受____市交通运输局委托，____研究院于____年____月____日~____日在____市组织召开了____市城市轨道交通____号线工程初期运营前安全评估预审会。预审会评估人员由____名评估人员及____名专家组成（专家组分成总体组、土建组、设备一组、设备二组、初期运营准备组）。评估人员依据《技术规范》及《基本条件》的相关要求，重点对前提条件、资料准备情况及现场设备设施运行情况开展评估，提出了____市城市轨道交通____号线工程初期运营安全评估前必须要解决的问题，提交了《____市城市轨道交通____号线工程初期运营前安全评估预评估报告》。

2）前提条件审核

根据交通运输部《暂行办法》第八条相关规定。____年____月____日~____日，____组织专家对____市轨道交通集团有限责任公司提交的____市城市轨道交通____号线工程相关材料进行了审核，经审查专家认为本工程基本满足初期运营前安全评估前提条件。____年____月____日____市轨道交通集团有限责任公司向____市交通运输局提交了《____市城市轨道交通____号线工程初期运营前安全评估工作的请示》。____市交通运输局根据此请示及中国安全生产科学研究院审查意见，同意于____年____月____日~____日开展初期运营前安全评估工作。

3）正式评估阶段

受____市交通运输局委托，____于____年____月____日至____日在____市组织召开____市城市轨道交通____号线工程初期运营前安全评估会议。

安全评估期间，评估人员听取了____市轨道交通集团有限责任公司关于《____市城市轨道交通____号线工程建设综合情况报告》《____市城市轨道交通____号线工程初期运营准备综合报告》和《____市城市轨道交通____号线工程公交配套衔接情况报告》的汇报。专家组分别考察了____车辆段、____站、____区间和控制中心等。检查过程中，专家组与建设、设计、施工、监理等参建单位及运营单位进行了充分交流，对系统功能是否符合设计文件要求予以核验，并按系统联动功能测试和运营准备要求进行了评估。对于其中的测试项目，按照《技术规范》规定的测试要求，核查了建设等单位的测试结果，并对列车超速安全防护测试、列车追踪安全防护测试、列车退行安全防护测试、站台门安全防护测试、车站扣车和跳停测试、站台紧急关闭按钮安全防护测试、车门与站台门联动测试、变电所0.4kV低压备自投测试、车门安全联锁测试、车门故障隔离测试、车门障碍物探测测试、车地无线通话测试、列车到站自动广播和到发时间显示测试、车站公共区火灾工况联动测试和车站综合后备控制盘功能测试等15项系统测试进行了实测。

（4）评估内容

依据《技术规范》的相关要求，____市城市轨道交通____号线工程初期运营前安全评估的主要内容包括系统功能核验、系统联动测试和运营准备等三个方面，具体如下：

1) 系统功能核验评估：主要从土建工程、设备系统、车辆基地和控制中心4个方面核验系统功能是否符合设计文件要求，对影响评估工作开展和对初期运营存在重大安全影响的系统功能开展评估；

2) 系统联动测试评估：主要从轮轨关系、弓网关系、信号防护和防灾联动4个方面开展联动测试评估；

3) 运营准备安全评估：主要从____市轨道交通集团有限责任公司运营单位组织架构、岗位与人员、运营管理和应急管理4个方面，开展安全评估。

2. 线路基本概况

（1）线路走向、里程

____市城市轨道交通____号线工程覆盖了____地区东西向主要客流走廊，全线共设换乘站3座，与规划线网中的2号线、3号线、4号线各有一座换乘站。全长为____km，平均站间距为____km。

（2）车站基本情况

____市城市轨道交通____号线工程起于____站，终至____站，包括____站、____站等____个站。

（3）车辆基地基本情况

全线设一场一段，在线路西端设____车辆基地，接轨于____站；东部设____停车场，接轨于____站。

（4）主变电所基本情况

全线设____座主变电站。

（5）控制中心基本情况

____地铁控制中心位于____市____区，临近____高铁站。四周界限北起____路，南至站____路，西到____街，东至____街。近期主要为____号线共用，并预留____号线接入条件。功能主要包括轨道控制中心及应急指挥中心、运营中心、档案及信息化管理中心、票务清分中心、线网培训中心、会议中心及相关管理配套用房等。

(6) 设施设备配置、选型情况

1) 车辆：为四动两拖六节编组的 B 型电客车，采用 DC1500V 架空接触网受电，车体为铝合金鼓形车，列车最高运行速度 80km/h。

2) 供电系统：供电系统主要由外部电源、主变电所、牵引供电系统、变电所、牵引网、电力监控系统、杂散电流防护系统、供电车间、防雷及接地系统、车站及区间动力照明系统等组成。主要设备包括牵引整流变压器、整流器、配电变压器、35kV 开关柜、1500V 直流开关柜、0.4kV 开关柜；牵引网采用 DC1500V 架空接触网受电形式，地下区段采用刚性接触网，车辆段采用柔性接触网。

3) 通信系统：专用通信系统含传输系统、视频监视系统、公务电话系统、专用电话系统、专用无线通信系统、广播系统、时钟系统、集中告警系统、办公自动化系统、乘客信息系统、电源及接地系统、集中录音系统；公安通信系统含公安传输系统、公安无线系统、公安计算机系统、公安电源系统。

4) 信号系统：在基于 LTE 无线通信的 CBTC 信号系统基础上优化了自动化功能：实现了自动发车功能（ATO+）、自动折返换端、自动调整对标、自动出入库、车门/站台门对位隔离、自动洗车、自动正线/场段工况服务，场段设置区域物理隔离和人员安全防护、库门状态纳入联锁检查。既提高可靠性、安全性，也提升运营服务水平，还提高系统自动化水平，降低劳动强度。

5) 通风、空调系统：包括区间隧道、轨行区、公共区、设备管理用房系统及空调水系统等。隧道通风系统采用单双活塞相结合的布置方式，全封闭站门上方设置手动转换装置。公共区通风空调系统采用近远期分设设备，单独定制性开发分挡模块化节能控制系统。公共区与设备区分设冷源，主要设备包括风机、组合式空调机组、水冷直接制冷式空调机组、水冷模块式机组、空调水泵、冷却塔，多联式空调机组等。

6) 消防和给水排水系统：包括消防给水系统、气体灭火系统和建筑灭火器。气体灭火系统采用 IG541。

7) 自动售检票系统：包括车站计算机系统、车站终端设备、培训系统、模拟测试系统、维修系统及通信网络组成。主要设备包括自动售票机、检票机。

8) 电梯、自动扶梯系统：自动扶梯选用公共交通重载型扶梯，具有变频调速功能；车站电梯选用无机房电梯，停车场采用有机房电梯。

9) 站台门系统：地下车站设置全高封闭式站台门，站台门上方设置可开启装换装置，具有系统级、站台级及 IBP 三级控制功能。

10) 综合监控系统：由控制中心综合监控系统、车站综合监控系统、车辆段（停车场）综合监控系统、信息安全及网络管理系统、培训及软件测试管理系统，告警系统等部分构成。

(7) 安全应急设施规划布局情况

____市城市轨道交通____号线工程安全应急设施主要设置在地铁车厢内、站台门端门、设备区走道、自动扶梯端头等位置，包括列车报警按钮、安全锤、站台紧急停车按钮、车门紧急解锁手柄、站台门解锁手柄、气体灭火手动启停按钮、手动报警按钮、自动扶梯紧急停止按钮、排烟系统就地启动按钮、应急照明系统、火灾自动报警系统、电气火灾系统、疏散指示灯等。

（8）配套衔接、出入口数量、站台面积、通道宽度、换乘条件和站厅容纳能力布局

____市城市轨道交通____号线工程标准站一般设置4个出入口，单通道净宽为6m（两扶一楼），普通车站紧急掩蔽人数为1000人，换乘车站紧急掩蔽人数为1500人。各车站结合周边地块情况，在车站附属设置了配套衔接功能（表7.5-1）。

____市城市轨道交通____号线工程车站信息统计表　　　　　表7.5-1

序号	车站名称	车站出入口（个）	站厅公共区面积(m²)	站台公共区面积(m²)	换乘情况
1	___站	2	—	—	无
2	___站	3	—	—	无
3	___站	3	—	—	无
4	___站	3	—	—	无
5	___站	4	—	—	无
6	___站	4	—	—	无
7	___站	6	—	—	与__号线平行换乘,土建同步建设
8	___站	3	—	—	无
9	___站	2	—	—	无
10	___站	3	—	—	与__号线T形换乘,同步建设
11	___站	4	—	—	无
12	___站	2	—	—	无
13	___站	3	—	—	与__号线通道换乘,预留换乘通道
14	___站	2	—	—	无
15	___站	3	—	—	无
16	___站	4	—	—	无
17	___站	4	—	—	无
18	___站	4	—	—	无
19	___站	3	—	—	无

3. 前提条件

（1）试运行前提条件

《技术规范》第三条：试运行前应完成系统联调。试运行时间不少于3个月，其中按照开通运营时列车运行图连续组织行车20日以上且关键指标符合以下规定：

① 列车运行图兑现率不低于98.5%；

② 列车正点率不低于98%；

③ 列车服务可靠度不低于2.5万列km/次；

④ 列车退出正线运行故障率不高于0.5次/万列km；

⑤ 车辆系统故障率不高于5次/万列km；

⑥ 信号系统故障率不高于1次/万列km；

⑦ 供电系统故障率不高于 0.2 次/万列 km；

⑧ 站台门故障率不高于 1 次/万次。贯通运营的延伸线工程项目应按全线运行图开展试运行，其中除供电系统故障率、站台门故障率按延伸区段统计外，其余关键指标应按全线统计。

1）评估结论：经查____工程设备监理公司编制的《____市城市轨道交通____号线工程联调评估报告》，联调结果满足联调测试方案和初期运营前相关标准规范要求。

经查轨道公司编制的《试运行情况报告》，____年____月____日～____月____日试运行关键指标均符合国家标准，满足要求。

综上所查结果，满足《技术规范》第三条要求。

2）初期运营前应解决问题：无。

3）持续改进问题：无。

（2）试运行情况报告

《技术规范》第四条：具有试运行情况报告，内容包括试运行组织基本情况、试运行期间主要设施设备运行情况和相关数据记录、设施设备运行安全性和可靠性分析、试运行发现问题整改情况等。

1）评估结论：经查轨道公司编制《____市城市轨道交通____号线工程试运行情况报告》，包括试运行组织基本情况、试运行期间主要设施设备运行情况和相关数据记录、设施设备运行安全性和可靠性分析、试运行发现问题整改情况等，满足《技术规范》第四条要求。

2）初期运营前应解决问题：无。

3）持续改进问题：无。

（3）批复和许可文件

《技术规范》第五条：具有符合规定的以下批复和许可文件：

① 工程项目建设规划批复；

② 工程可行性研究和初步设计批复；

③ 重大设计变更批复；

④ 用地和建设许可文件。

1）评估结论：根据《国务院办公厅关于全面开展工程建设项目审批制度改革的实施意见》（国办发〔2019〕11 号）、国家发展改革委发布的《产业结构调整指导目录（2019 年本）》，____轨道交通____号线属市政基础设施，具备选址意见书和用地预审文件，并已办理建设工程许可证和施工许可证，满足《技术规范》第五条要求。

2）初期运营前应解决问题：无。

3）持续改进问题：无。

（4）符合规定的文件

《技术规范》第六条：具有符合规定的以下文件：

① 土建工程及其装饰装修、设备系统及其安装工程等质量验收监督意见；

② 车站、区间、中间风井、车辆基地、控制中心、主变电所等消防验收文件；

③ 起重设备、电（扶）梯、压力容器等特种设备验收文件；

④ 人防验收文件；

⑤ 卫生评价文件；
⑥ 建设单位编制的环保验收报告；
⑦ 档案验收文件。

1）评估结论：经查阅《____市建筑质量监督站____市城市轨道交通____号线工程质量验收监督意见》《特殊建设工程消防验收意见书》，以及查阅电扶梯监督检验报告及使用标志，《桥（门）式起重机安装改造大修监督检测报告》《____市人民防空办公室关于____市城市轨道交通____号线工程人防专项验收意见》《集中空调通风系统卫生学评价报告》（卫生许可证）、《____市城市轨道交通____号线工程竣工环保验收调查报告》《____市城建档案馆关于____市轨道交通____号线工程档案检查验收意见的函》等，满足《技术规范》第六条要求。

2）初期运营前应解决问题：无。

3）持续改进问题：无。

（5）竣工验收

《技术规范》第七条：城市轨道交通工程项目按规定竣工验收合格，验收发现的影响运营安全和基本服务质量的问题应整改完成；有甩项工程的，甩项工程不应影响运营安全和基本服务水平，并有明确范围和计划完成时间。

1）评估结论：经查阅《建设工程竣工验收报告》，竣工验收合格，竣工验收问题已整改完成，满足《技术规范》第七条要求。

2）初期运营前应解决问题：无。

3）持续改进问题：无。

（6）保护区

《技术规范》第八条：按照规定划定城市轨道交通工程项目保护区，具有建设单位根据土建工程验收资料勘界后制定的保护区平面图，并在具备设置条件的保护区设置提示或警示标志。

1）评估结论：经查阅____市轨道交通集团有限责任公司制定的《城市轨道交通保护区管理办法》，城市轨道交通工程项目保护区平面图，抽查杨湾站保护警示标志已安装，满足《技术规范》第八条要求。

2）初期运营前应解决问题：无。

3）持续改进问题：无。

4. 系统功能核验情况

（1）土建工程

1）线路和轨道

①《技术规范》第九条：投入使用的正线、配线和车场线应满足列车运行和应急救援需要。

A. 评估结论：经对____停车场至____站区间现场踏勘，查阅相关资料。满足《技术规范》第九条要求。

B. 初期运营前应解决问题：无。

C. 持续改进问题：无。

②《技术规范》第十条：其他设施上跨城市轨道交通线路时，上跨设施交叉范围两侧

内应设置防护网或其他安全防护设施；城市轨道交通线路与其他设施共建于同一平面且相邻可能影响运营时，应在线路两侧设置封闭隔离、安全警示标志等安全防护设施。

A. 评估结论：经现场踏勘并查阅资料，本工程不涉及此项。

B. 初期运营前应解决问题：无。

C. 持续改进问题：无。

③《技术规范》第十一条：正线、配线和车场线尚未使用的道岔、预留延伸线终端等预留工程应分别采取道岔定向锁闭、设置车挡等安全防护措施。

A. 评估结论：经对____停车场和____站区间现场踏勘。满足《技术规范》第十一条要求。

B. 初期运营前应解决问题：无。

C. 持续改进问题：无。

④《技术规范》第十二条：具有道岔、钢轨的焊点或栓接部位的探伤检测合格报告；对于无缝线路地段，还应具有锁定轨温、单元轨节长度和观测桩位置等技术资料。

A. 评估结论：经对____至____站区间现场踏勘，查阅探伤报告、钢轨型式实验报告、无缝线路等相关资料。满足《技术规范》第十二条要求。

B. 初期运营前应解决问题：无。

C. 持续改进问题：无。

⑤《技术规范》第十三条：道岔转辙机及其杆件基坑处无积水；寒冷地区的道岔转辙区域采取防雪防冻措施；各专业过轨管线使用道床预留过轨孔洞，因特殊原因需直接过轨时应采取绝缘措施。

A. 评估结论：经对____至____站区间现场踏勘，查阅相关资料。满足《技术规范》第十三条要求。

B. 初期运营前应解决问题：无。

C. 持续改进问题：无。

⑥《技术规范》第十四条：线路基标，百米标、坡度标、曲线要素标等线路标志，限速标、停车标、警冲标等信号标志应配置齐全、安装牢固。

A. 评估结论：经对____至____站区间现场踏勘。满足《技术规范》第十四条要求。

B. 初期运营前应解决问题：无。

C. 持续改进问题：无。

2）车站建筑

①《技术规范》第十五条：车站每个站厅公共区至少有2个独立、直通地面的出入口具备使用条件；地下一层侧式站台车站的每侧站台应有不少于2个直通地面的出入口具备使用条件；共用站厅公共区的换乘车站，站厅公共区具备使用条件的出入口每条线至少有2个。

A. 评估结论：经对____站现场踏勘，核查设计、监理、施工等资料。满足《技术规范》第十五条要求。

B. 初期运营前应解决问题：无。

C. 持续改进问题：无。

②《技术规范》第十六条：车站投入使用的出入口应与市政道路连通，当出入口朝向

城市主干道时，应具有客流集散场地；当出入口台阶或坡道末端与邻近的道路车行道距离小于3m时，应采取护栏或其他安全防护措施；影响车站客流集散的站外广场应与车站同步具备使用条件。

　　A. 评估结论：经对____站现场踏勘，核查设计、监理、施工等资料。满足《技术规范》第十六条要求。

　　B. 初期运营前应解决问题：无。

　　C. 持续改进问题：无。

　　③《技术规范》第十七条：车站楼梯、公共厕所和无障碍设施应具备使用条件；车站出入口至站厅、站厅至站台应至少各有一台电梯和一组上、下行自动扶梯具备使用条件。

　　A. 评估结论：经对____站现场踏勘，核查设计、监理、施工等资料。不满足《技术规范》第十七条要求。

　　B. 初期运营前应解决问题：部分无障碍电梯不能正常使用。

　　C. 持续改进问题：无。

　　④《技术规范》第十八条：车站公共区和出入口通道不应有妨碍乘客安全疏散的非运营设施设备，安检设施不应占用乘客紧急疏散通道。

　　A. 评估结论：经对____站现场踏勘，核查设计、监理、施工等资料。基本满足《技术规范》第十八条要求。

　　B. 初期运营前应解决问题：无。

　　C. 持续改进问题：出入口通道垃圾未清理。

　　⑤《技术规范》第十九条：车站公共区有关设施设备结构、过道处、楼梯口、楼梯装饰玻璃边角、扶手转角及其连接部位、防护栏杆、不锈钢管焊缝处等不应有可能造成乘客伤害的尖角或突出物；车站地面嵌入式疏散指示应与地面平齐；车站公共区地板应防滑，列车站台停靠时的列车驾驶员上下车立岗处应经地面防滑和防静电处理。

　　A. 评估结论：经对____站现场踏勘，核查设计、监理、施工等资料。满足《技术规范》第十九条要求。

　　B. 初期运营前应解决问题：无。

　　C. 持续改进问题：无。

　　⑥《技术规范》第二十条：钢结构屋顶（含出入口雨棚）上方检修爬梯应安装牢靠并加设安全护笼；车站公共区卷帘门应有防坠落措施；车站公共区防护栏杆应埋设牢固；出入口通道内扶梯控制箱门、消火栓箱门等暗门应安装门锁和把手。

　　A. 评估结论：经对____站现场踏勘，核查设计、监理、施工等资料，基本满足《技术规范》第二十条要求。

　　B. 初期运营前应解决问题：无。

　　C. 持续改进问题：____站站厅层消火栓箱门尚未固定。

　　⑦《技术规范》第二十一条：车站出入口排水沟畅通，排水系统应与城市排水系统连通，出入口建筑、无障碍垂直电梯接缝应完成密封处理；雨水多地区的车站出入口建筑不应在低洼地势区域。

　　A. 评估结论：经对____站现场踏勘，核查设计、监理、施工等资料。不满足《技术规范》第二十一条要求。

B. 初期运营前应解决问题：无障碍垂直电梯装修收口未完工。

C. 持续改进问题：无。

⑧《技术规范》第二十二条：地下、地上车站出入口不应设置在道路中央的绿化隔离带上，因特殊原因无法避免时应有连接人行的过街措施；当车站采用顶面开设风口的风亭时，风亭开口处应具有防护栏和防护网或其他安全防范措施。

A. 评估结论：经对____站现场踏勘，核查设计、监理、施工等资料。满足《技术规范》第二十二条要求。

B. 初期运营前应解决问题：无。

C. 持续改进问题：无。

⑨《技术规范》第二十三条：车站醒目位置应公布安全乘车注意事项、监督投诉电话、本站首末车时间和周边公交换乘信息，未按规定张贴城市轨道交通禁止、限制携带物品目录。

A. 评估结论：经对____站现场踏勘，核查设计、监理、施工等资料。不满足《技术规范》第二十三条要求。

B. 初期运营前应解决问题：车站醒目位置未公布安全乘车注意事项、监督投诉电话、本站首末车时间和周边公交换乘信息，并按规定张贴城市轨道交通禁止、限制携带物品目录。

C. 持续改进问题：无。

⑩《技术规范》第二十四条：车站紧急情况下使用的消防设施、安全应急设施、疏散通道和紧急出口，应具有齐全醒目的警示标志和使用说明。

A. 评估结论：经对____站现场踏勘，核查设计、监理、施工等资料。不满足《技术规范》第二十四条要求。

B. 初期运营前应解决问题：丽景门站、应天门站、周王城广场站、夹马营站、青年宫站紧急情况下使用的消防设施、安全应急设施、疏散通道和紧急出口，无齐全醒目的警示标志和使用说明。

C. 持续改进问题：无。

3）结构工程

①《技术规范》第二十五条：地下车站、地面和高架车站站台顶板、设备用房、行人通道等结构不应渗水、结构表面应无湿渍，区间隧道、连接通道结构不应漏水，轨道道床面应无渗水。

A. 评估结论：经对____站右线现场踏勘。满足《技术规范》第二十五条要求。

B. 初期运营前应解决问题：无。

C. 持续改进问题：无。

②《技术规范》第二十六条：高架桥梁侧边翼缘下沿应具有滴水槽、滴水沿或其他防止雨水流向混凝土侧面和地面的构造措施，桥面桥梁端部应有防止污水回流污染支座和梁端表面的防水措施。

A. 评估结论：经对____站现场踏勘，核查设计文件、现场施工等资料。满足《技术规范》第二十六条要求。

B. 初期运营前应解决问题：无。

C. 持续改进问题：无。

③《技术规范》第二十七条：具有结构工程监测系统，对结构沉降和变形等进行监测和分析。

A. 评估结论：经核查《＿＿市城市轨道交通＿＿号线工程运营期结构变形监测项目》等资料。满足《技术规范》第二十七条要求。

B. 初期运营前应解决问题：无。

C. 持续改进问题：无。

④《技术规范》第二十八条：对轨行区电缆、管线、射流风机等吊挂构件，声屏障、防火门、人防门、防淹门等构筑物具有安装牢固、定位锁定和防护措施是否到位的检查记录。

A. 评估结论：经核查《桥隧设施日常巡检记录》《射流风机巡检记录表》《人防门巡检记录表》《防火门巡检记录表》及《轨行区电缆、管线巡查记录》等资料。满足《技术规范》第二十八条要求。

B. 初期运营前应解决问题：无。

C. 持续改进问题：无。

⑤《技术规范》第二十九条：地下工程（含车站、区间、出入场段等）临近轨行区旁的分隔墙，应经风荷载和振动荷载作用下结构的抗疲劳性、安全度和耐久性计算和分析，不宜采用砖砌墙。

A. 评估结论：经对＿＿站至＿＿站右线现场踏勘，核查《＿＿市轨道交通＿＿号线工程车站临近轨行区混凝土墙承载计算结果》等资料。满足《技术规范》第二十九条要求。

B. 初期运营前应解决问题：无。

C. 持续改进问题：无。

⑥《技术规范》第三十条：轨行区人防门、防淹门、联络通道防火门宜具有环境与设备监控系统（BAS）对其运行状态和故障状态的监视报警功能、视频监视系统对其开闭状态的监视功能。

A. 评估结论：经对＿＿站至＿＿站右线现场踏勘，人防门、联络通道防火门具有环境与设备监控系统（BAS）对其运行状态和故障状态的监视报警功能、视频监视系统对其开闭状态的监视功能。满足《技术规范》第三十条要求。

B. 初期运营前应解决问题：无。

C. 持续改进问题：无。

⑦《技术规范》第三十一条：当高架区间上跨道路净空高度不大于4.5m时，应具有限高标志和限界防护架；位于道路一侧或交叉口的墩柱有可能受外界撞击时，墩柱应具有防撞击的保护设施。

A. 评估结论：经对＿＿车辆段、＿＿站现场踏勘，核查设计文件、现场施工等资料。满足《技术规范》第三十一条要求。

B. 初期运营前应解决问题：无。

C. 持续改进问题：无。

⑧《技术规范》第三十二条：设备安装未使用的结构预留孔洞应完成封堵；区间结构

施工遗留的混凝土浮浆、碎块等异物和设备安装遗留在结构本体上的铁丝、铁片、胶条等异物均应完成清除。

A. 评估结论：经过对____车辆段、____站右线现场踏勘。满足《技术规范》第三十二条要求。

B. 初期运营前应解决问题：无。

C. 持续改进问题：无。

⑨《技术规范》第三十三条：作为疏散通道的道床面应平整、连续、无障碍；轨行区至站台的疏散楼梯、疏散平台在联络通道处的坡道连接、区间联络通道防火门开启等不应影响乘客紧急疏散。

A. 评估结论：经对____站右线现场踏勘，核查设计文件、现场施工资料等资料。基本满足《技术规范》第三十三条要求。

B. 初期运营前应解决问题：无。

C. 持续改进问题：____站区间"____"处疏散指示灯距离标识错误。

（2）设备系统

1）车辆

①《技术规范》第三十四条：具有车辆超速保护、列车紧急制动距离、车门安全联锁、车门故障隔离、车门障碍物探测、列车联挂救援等功能的测试合格报告，测试应分别符合表1～表6的规定。

A. 评估结论：____站～____站区间上行对____车进行车门安全联锁、车门故障隔离、车门障碍物探测测试，测试结果合格；核查《车辆超速保护测试报告》《列车紧急制动距离测试报告》《列车联挂救援测试报告》，结果合格，满足《技术规范》第三十四条要求。

B. 初期运营前应解决问题：无。

C. 持续改进问题：无。

②《技术规范》第三十五条：各列车运行里程均不少于2000列km。

A. 评估结论：现场已验收____组列车，开通运营时需投入____组列车，2组列车备用；目前已验收的____组列车，运行里程均超过2000km。抽查____列车里程计，其运行里程分别为13433km、25240km，检查公里数统计表。满足《技术规范》第三十五条要求。

B. 初期运营前应解决问题：无。

C. 持续改进问题：无。

③《技术规范》第三十六条：具有蓄电池测试报告，蓄电池容量应满足列车失电情况下车载安全设备、应急照明、应急通风、广播、通信等系统规定工作时间内的用电要求。

A. 评估结论：核查《蓄电池充放电型式试验报告》，蓄电池容量满足列车失电情况下车载安全设备、应急照明（45min）、应急通风（45min）、广播、通信规定工作时间内的用电要求，满足《技术规范》第三十六条要求。

B. 初期运营前应解决问题：无。

C. 持续改进问题：无。

④《技术规范》第三十七条：车辆各电气设备金属外壳或箱体应采取保护性接地措施。

A. 评估结论：现场抽查____车，其电气设备金属外壳及箱体均采取保护性接地措施；核查《交流电气装置的接地设计规范》GB/T 50065—2011、《铁路防雷及接地工程技术规范》TB 10180—2016 等资料，满足《技术规范》第三十七条要求。

B. 初期运营前应解决问题：无。

C. 持续改进问题：无。

⑤《技术规范》第三十八条：列车上非乘客使用的重要设备或设施应具有锁闭措施。客室地板防滑，客室结构和过道处、扶手等不应有可能造成乘客伤害的尖角或突出物。

A. 评估结论：现场抽查____车，电气柜门、侧盖板等非乘客使用的设施设备均有锁闭措施，客室地板具备防滑功能，客室结构、过道处、扶手等未发现造成乘客伤害的尖角或突出物，满足《技术规范》第三十八条要求。

B. 初期运营前应解决问题：无。

C. 持续改进问题：无。

⑥《技术规范》第三十九条：列车车门防夹警示、车门防倚靠警示、紧急报警提示、车门紧急解锁操作提示、消防设备提示等安全标志齐全、醒目。

A. 评估结论：现场抽查____车，列车车门防夹警示、车门防倚靠警示、紧急报警提示、车门紧急解锁操作提示、消防设备提示等安全标志齐全、醒目，满足《技术规范》第三十九条要求。

B. 初期运营前应解决问题：无。

C. 持续改进问题：无。

2) 供电系统

①《技术规范》第四十条：具有相邻主变电所支援供电、牵引接触网（轨）越区供电、变电所 0.4kV 低压备自投等功能的测试合格报告，测试应分别符合表 7～表 9 的规定。

A. 评估结论：经查阅并采信上海市工程设备监理有限公司提供的《相邻主变电所支援供电测试报告》《牵引接触网（轨）越区供电测试报告》，北京中苏博电技术检测有限公司提供的《0.4kV 开关柜联调试验报告》等测试报告，报告内容符合表 7～表 9 的规定；在王城公园站降压变电所进行了 0.4kV 备自投测试，测试结果合格。满足《技术规范》第四十条的要求。

B. 初期运营前应解决问题：无。

C. 持续改进问题：无。

②《技术规范》第四十一条：电力监控系统具备遥控、遥信和遥测使用功能。

A. 评估结论：经____主所、____站降压变电所现场踏勘，并查阅上海市工程设备监理有限公司提供的综合联调 PSCADA 技术资料和测试报告，满足《技术规范》第四十一条要求。

B. 初期运营前应解决问题：无。

C. 持续改进问题：无。

③《技术规范》第四十二条：具有各类电气元件、开关的整定值调整合格报告；具有车站公共区、区间照明系统测试合格报告；具有轨道结构对地电阻测试合格报告，轨道结构具有良好的绝缘性能。

A. 评估结论：经现场踏勘，并查阅《供电系统继电保护整定通知书》《变电所交接试验报告》《车站公共区、区间照明系统照度测试报告》《轨道结构对地电阻测试报告》等技术资料和测试报告，基本满足《技术规范》第四十二条的要求。

B. 初期运营前应解决问题：无。

C. 持续改进问题：未完成 1500V 断路器大电流脱扣整定值核对工作。

④《技术规范》第四十三条：变电所接地标志和安全标志齐全清晰，安全工具试验合格、配置齐全、放置到位；变电所内、外设备间应整洁，电缆沟和隐蔽工程内无杂物和积水。电缆孔洞应封堵，设备房应安装防鼠板。

A. 评估结论：经现场踏勘，基本满足《技术规范》第四十三条要求。

B. 初期运营前应解决问题：无。

C. 持续改进问题：____站降压变电所配置的绝缘工器具与检验合格证书未相互对应、变电所设备间未配齐相关安全标示牌。

3）通信系统

①《技术规范》第四十四条：具有车地无线通话、列车到站自动广播和到发时间显示、与主时钟系统接口通信、换乘站基本通信等功能的测试合格报告，测试应分别符合表 10～表 13 的规定。

A. 评估结论：经查阅通信系统安全评估材料《车地无线通话测试报告》《列车到站自动广播和到发时间显示测试报告》《与主时钟系统接口通信测试报告》《144h 连续系统试验报告》《各子系统第三方测试检验报告》《单位（子单位）工程验收记录》等资料；在控制中心、____站专用通信设备室、电源室、通号电缆引入间、车控室现场踏勘；在长安路站进行车地无线通话测试，通过车控室固定台呼叫 0114 车载台双向通话测试、行调分机呼叫控制中心双向通话测试、专用电话值班台呼叫上海市场站双向测试，调取____路站出入口、站厅球机 CCTV 摄像机视频；在站台层进行列车到站自动广播和到发时间显示测试、紧急求助电话通话测试、司机立岗处 PSL 电话通话测试；在控制中心分别通过无线调度台和手持台对全线上线车辆进行组呼测试、通过行调调度台与____站车控室进行双向通话测试，通过 CCTV 系统监控终端对全线摄像机进行轮巡测试。以上各项通信功能测试符合设计要求，满足《技术规范》第四十四条要求。

B. 初期运营前应解决问题：无。

C. 持续改进问题：无。

②《技术规范》第四十五条：设备机房的温度、湿度满足安全运行要求，具有防电磁干扰测试合格报告。

A. 评估结论：经对控制中心、____站现场踏勘，核查《机房防电磁干扰测试报告》等资料，满足《技术规范》第四十五条要求。

B. 初期运营前应解决问题：无。

C. 持续改进问题：无。

4）信号系统

①《技术规范》第四十六条：应完成信号系统各子系统之间、信号系统与关联系统的联调及动态调试，具有完整的信号系统验收和联调及动态调试合格报告。其中，列车超速安全防护、列车追踪安全防护、列车退行安全防护、车站扣车和跳停测试应分别符合

表 14～表 17 的规定。

A. 评估结论：经查阅信号系统安全评估材料《列车超速安全防护测试报告》《列车追踪安全防护测试报告》《列车退行安全防护测试报告》《车站扣车和跳停测试测试报告》等资料，并在____站上下行区间用____测试车完成了列车超速安全防护测试、列车追踪安全防护测试、列车退行安全防护测试、车站扣车和跳停测试，满足《技术规范》第四十六条要求。

B. 初期运营前应解决问题：无。

C. 持续改进问题：无。

②《技术规范》第四十七条：设备机房温度、湿度满足安全运行要求，具有防电磁干扰测试合格报告。

A. 评估结论：经对____站现场踏勘，核查《机房防电磁干扰测试报告》资料，满足《技术规范》第四十七条要求。

B. 初期运营前应解决问题：无。

C. 持续改进问题：无。

5）通风、空调与供暖系统

①《技术规范》第四十八条：具有通风换气和空气环境控制功能、排烟系统排烟量、隧道纵向排烟风速、楼梯间加压送风系统余压等测试合格报告。

A. 评估结论：经对____站现场踏勘，核查通风换气和空气环境控制功能、排烟系统排烟量、隧道纵向排烟风速、楼梯间加压送风系统余压等测试合格报告，基本满足《技术规范》第四十八条要求。

B. 初期运营前应解决问题：无。

C. 持续改进问题：

（A）通风换气和空气环境控制功能、排烟系统排烟量、隧道纵向排烟风速、楼梯间加压送风系统余压等测试报告内容填写不规范，签字不完整。

（B）____站部分组合风阀，执行机构未调整到位，阀瓣关闭不严密。

②《技术规范》第四十九条：车站控制室和控制中心具备通风设备状态信息显示和故障报警功能。

A. 评估结论：经对____站现场踏勘，满足《技术规范》第四十九条要求。

B. 初期运营前应解决问题：无。

C. 持续改进问题：无。

③《技术规范》第五十条：应完成冷却塔、多联空调的室外机地面硬化，相关排水管路应接入市政排水系统，冷却塔或室外机周边具有安全防护栏；空调送风口、空调冷凝水管不应设置在电气设备上方，无法避免时应具有防护措施；空调柜检修门不应有影响检修的水管、支架、结构柱等遮挡。

A. 评估结论：经对____站现场踏勘，满足《技术规范》第五十条要求。

B. 初期运营前应解决问题：无。

C. 持续改进问题：无。

④《技术规范》第五十一条：风管支、吊架应完成防锈防腐处理；风道内影响设备正常运行的裸露进风口、排风口以及大型风机的进出风端应设置防鼠网或防护网；应完成通

风管路及风道内的杂物清理及卫生清扫。

A. 评估结论：经对____站现场踏勘，满足《技术规范》第五十一条要求。

B. 初期运营前应解决问题：无。

C. 持续改进问题：无。

6）消防和给水排水系统

①《技术规范》第五十二条：具有生产、生活给水系统各用水点的水量和水压、车站消火栓系统充实水柱和水量压力、设备房自动灭火系统运行、区间水泵安全运行等测试合格报告。区间水泵安全运行测试应符合表18的规定。

A. 评估结论：经____站现场踏勘，核查生产、生活给水系统各用水点的水量和水压、车站消火栓系统充实水柱和水量压力、设备房自动灭火系统运行、区间水泵安全运行等测试合格报告，基本满足《技术规范》第五十二条要求。

B. 初期运营前应解决问题：无。

C. 持续改进问题：____站车站消火栓箱未张贴标识。

②《技术规范》第五十三条：排水系统应提供满足设计要求的可靠排水设施，并满足排放条件。

A. 评估结论：经对____站现场踏勘，核查水泵测试记录等资料，基本满足《技术规范》第五十三条要求。

B. 初期运营前应解决问题：无。

C. 持续改进问题：

（A）____站排水检查井未安装防坠网；

（B）____站公共区离壁沟垃圾未清理，有积水；

③《技术规范》第五十四条：车站自动扶梯集水井盖板、出入口与站厅连接处的拦水横截沟盖板等安装牢靠并具有检查记录。

A. 评估结论：经对____站现场踏勘，满足《技术规范》第五十四条要求。

B. 初期运营前应解决问题：无。

C. 持续改进问题：无。

④《技术规范》第五十五条：完成车站、车辆基地、控制中心、区间泵房、风亭和各类集水池杂物清理。

A. 评估结论：经对____站现场踏勘，基本满足《技术规范》第五十五条要求。

B. 初期运营前应解决问题：无。

C. 持续改进问题：____室外排水检查井、出入口扶梯集水井垃圾杂物清理不彻底。

7）自动售检票系统

①《技术规范》第五十六条：具有自动售检票系统压力、跨站（线）走票功能、终端设备金属外壳漏电保护和可靠接地，检票系统与火灾自动报警系统联动等测试合格报告。

A. 评估结论：经对____站现场踏勘，并查阅了《____市轨道交通____号线工程自动售检票系统采购项目压力测试报告》《____市轨道交通____号线工程自动售检票系统采购项目跑票分析报告》《____市轨道交通____号线工程自动售检票系统采购项目紧急放行测试报告》《____市轨道交通____号线工程自动售检票系统采购项目144h测试报告》《____市轨道交通____号线工程自动售检票系统采购项目SC-ACC接口测试报告》《____市轨道交通____号线工程自动售检票系统电气/防雷/其他装置接地电阻测试报告》，满足《技术规范》第五十六条要求。

  B. 初期运营前应解决问题：无。
  C. 持续改进问题：无。
  ②《技术规范》第五十七条：车站公共区自动售检票机的布置应符合乘客进、出站流线，客流不宜交叉；当检修采用后开门形式时，自动售票机高墙装饰面的空间应满足维修需要。

  A. 评估结论：经对____站现场踏勘，满足《技术规范》第五十七条要求。
  B. 初期运营前应解决问题：无。
  C. 持续改进问题：无。
  ③《技术规范》第五十八条：每组进、出站检票机群均应有不少于2个通道具备使用条件。每个车站至少有1个宽通道具备使用条件。
  A. 评估结论：经对____站现场踏勘，满足《技术规范》第五十八条要求。
  B. 初期运营前应解决问题：无。
  C. 持续改进问题：无。

  8）电梯、自动扶梯与自动人行道
  ①《技术规范》第五十九条：电梯、自动扶梯与自动人行道具有语音安全提示功能、电梯具有视频监视和门防夹保护功能，以及电梯的车站控制室、轿厢、控制柜或机房之间具备三方通话功能。
  A. 评估结论：经对____站现场踏勘，基本满足《技术规范》第五十九条要求。
  B. 初期运营前应解决问题：无。
  C. 持续改进问题：车站自动扶梯视频监视范围未调整到位。
  ②《技术规范》第六十条：自动扶梯与楼梯板交叉时或自动扶梯交叉设置时，扶手带上方应设置防护挡板；当自动扶梯扶手带转向端入口处与地板形成的空间内加装语音提示或其他装置时，不应形成可能夹卡乘客的三角空间；自动扶梯紧急停止按钮应具有防误操作的保护措施。
  A. 评估结论：经对____站现场踏勘，满足《技术规范》第六十条要求。
  B. 初期运营前应解决问题：无。
  C. 持续改进问题：无。
  ③《技术规范》第六十一条：自动扶梯下部机坑内不应有影响自动扶梯安全运行的积水；电梯底坑内排水设施应具备使用条件，不应有影响电梯安全运行的漏水和渗水；应完成井道、巷道内杂物和易燃物的清理。
  A. 评估结论：经对____站现场踏勘，满足《技术规范》第六十一条要求。
  B. 初期运营前应解决问题：无。
  C. 持续改进问题：无。
  ④《技术规范》第六十二条：电梯、自动扶梯与自动人行道使用标志、安全标志和安全须知应齐全醒目。
  A. 评估结论：经对____站现场踏勘，满足《技术规范》第六十二条要求。
  B. 初期运营前应解决问题：无。

C. 持续改进问题：无。

9）站台门

①《技术规范》第六十三条：具有站台门后备电源、门体绝缘和接地绝缘、安全玻璃性能，以及站台门控制系统与信号系统的接口、站台门乘客保护等测试合格报告。站台门乘客保护测试应符合表 19 的规定。

  A. 评估结论：经对____站现场踏勘，查阅了站台门后备电源、门体绝缘和接地绝缘、安全玻璃性能及站台门控制系统与信号系统的接口、站台门乘客保护等测试报告，对门体绝缘和接地绝缘进行了抽测，满足《技术规范》第六十三条要求。

  B. 初期运营前应解决问题：无。

  C. 持续改进问题：无。

②《技术规范》第六十四条：自车站控制室和控制中心具有站台门运行状态、故障信息显示和报警功能。

  A. 评估结论：经对____现场踏勘，满足《技术规范》第六十四条要求。

  B. 初期运营前应解决问题：无。

  C. 持续改进问题：无。

③《技术规范》第六十五条：应急门、端门应能向站台侧旋转 90°平开，打开过程应顺畅，不受地面及其他障碍物（含盲道）的影响。

  A. 评估结论：经对____站现场踏勘，满足《技术规范》第六十五条要求。

  B. 初期运营前应解决问题：无。

  C. 持续改进问题：无。

④《技术规范》第六十六条：站台门安全标志、使用标志和应急操作指示应齐全醒目。

  A. 评估结论：经对____站现场踏勘，满足《技术规范》第六十六条要求。

  B. 初期运营前应解决问题：无。

  C. 持续改进问题：无。

（3）车辆基地

1)《技术规范》第六十七条：具备车辆基地运用、检修等生产设施设备验收合格报告，设施设备配备和功能满足运营需要；内燃机车和工程车等特种车辆，架车机、不落轮镟和洗车机等车辆配属设备的配置数量与功能状况满足运营需要。

  ① 评估结论：经对____现场踏勘，核查设计图纸、特种设备检测报告、专用设备调试报告及设备现场验收记录表等资料，满足《技术规范》第六十七条要求。

  ② 初期运营前应解决问题：无。

  ③ 持续改进问题：无。

2)《技术规范》第六十八条：停车列检库线供电隔离启闭设备、有无电显示设施、出入库列位外声光警示设施、检修作业平台安全保护分区和安全防护设施具备使用条件；试车线与周围建（构）筑物之间、车辆基地有电区和无电区之间应具有隔离设施。

  ① 评估结论：经对____现场踏勘，核查设计图纸、验收工作报告等资料，感应测试了出入库列位外声光报警，满足《技术规范》第六十八条要求。

  ② 初期运营前应解决问题：无。

③ 持续改进问题：无。

3)《技术规范》第六十九条：车辆基地周界应有围蔽设施并满足封闭管理要求；车辆基地应有不少于两个具备使用条件并与外界道路相通的出入口。

① 评估结论：经对____场现场踏勘，核查设计图纸、验收报告等资料，满足《技术规范》第六十九条要求。

② 初期运营前应解决问题：无。

③ 持续改进问题：无。

4)《技术规范》第七十条：预留上盖开发条件的车辆基地，轨行区柱网布置应满足轨旁设备检修维护空间要求，上盖开孔四周应具有防抛措施；生产性库房检修爬梯应与墙体预埋角钢焊接牢固，钢爬梯应做防锈处理；库内水管应根据运营需要完成防寒处理。

① 评估结论：经对____现场踏勘，红山车辆段有预留上盖开发条件，轨行区柱网布置满足轨旁设备检修维护空间要求，上盖开孔四周具有防抛措施，满足《技术规范》第七十条要求。

② 初期运营前应解决问题：无。

③ 持续改进问题：无。

5)《技术规范》第七十一条：备品备件、设备、材料、抢修、救援器材和劳保用品应到位并满足初期运营需要；物资仓库、易燃物品库等建筑建成并具备使用条件，易燃物品库应独立设置，并按存放物品的不同性质分库设置。

① 评估结论：经对____场现场踏勘，核查合同清单、备品备件移交台账、应急抢修和救援器材验收移交等资料，满足《技术规范》第七十一条要求。

② 初期运营前应解决问题：无。

③ 持续改进问题：无。

6)《技术规范》第七十二条：车辆基地安全标志应齐全醒目，道路、平交路口、站场线路、试车线等应设有安全隔离、限高等设施和安全警示标志。

① 评估结论：经对____现场踏勘，核查验收报告等资料，满足《技术规范》第七十二条要求。

② 初期运营前应解决问题：无。

③ 持续改进问题：无。

(4) 控制中心

1)《技术规范》第七十三条：控制中心行车调度、电力调度、环控调度、防灾指挥、客运管理、维修施工和信息管理等设施布局、功能运行、人机界面等应满足运营要求。

① 评估结论：经对控制中心现场踏勘，满足《技术规范》第七十三条要求。

② 初期运营前应解决问题：无。

③ 持续改进问题：无。

2)《技术规范》第七十四条：控制中心与其他建筑合建时，控制中心应具有独立的进出口通道，控制中心用房具备独立性和安全性。

① 评估结论：经对控制中心现场踏勘，核查《控制中心用房具备独立性和安全性说明》相关资料，满足《技术规范》第七十四条要求。

② 初期运营前应解决问题：无。

③ 持续改进问题：无。

3)《技术规范》第七十五条：室内装修与照明综合效果不应在控制中心显示屏上产生眩光。

① 评估结论：经对控制中心现场踏勘，核查《关于"室内装修与照明综合效果不应在控制中心显示屏上产生眩光"问题现场核实》《OCC大厅无眩光说明》等相关资料，满足《技术规范》第七十五条要求。

② 初期运营前应解决问题：无。

③ 持续改进问题：无。

5. 系统联动测试情况

（1）轮轨关系

1)《技术规范》第七十六条：轮轨关系测试包括轨道动态几何状态、车辆动力学响应—运行稳定性、车辆动力学响应—运行平稳性测试。

① 评估结论：详见以下第七十七条，第七十八条。满足《技术规范》第七十六条要求。

② 初期运营前应解决问题：无。

③ 持续改进问题：无。

2)《技术规范》第七十七条：轨道动态几何状态测试应符合表20的规定。

① 评估结论：经查阅轨道动态几何状态测试报告，轨道动态几何状态符合标准要求。满足《技术规范》第七十七条要求。

② 初期运营前应解决问题：无。

③ 持续改进问题：无。

3)《技术规范》第七十八条：车辆动力学响应—运行稳定性测试和车辆动力学响应—运行平稳性测试应分别符合表21和表22的规定。

① 评估结论：经查阅《____市轨道交通____号线车辆动应力学____车检测报告》，其中车辆动力学响应-运行平稳性指标在车辆最高运行速度80km/h运行模式下，拖车、动车运行平稳性指标均为优级，拖车、动车的转向架未出现失稳现象。满足《技术规范》第七十八条要求。

② 初期运营前应解决问题：无。

③ 持续改进问题：无。

（2）弓网关系

1)《技术规范》第七十九条：弓网关系测试包括接触网动态几何参数、弓网燃弧指标、弓网动态接触力、受电弓垂向加速度（硬点）测试。

① 评估结论：经查阅____轨道交通检测技术有限公司提供的《接触网动态几何参数测试报告》《弓网燃弧指标测试报告》《弓网动态接触力测试报告》《受电弓垂向加速度（硬点）测试报告》等相关报告，基本满足《技术规范》第七十九条要求。

② 初期运营前应解决问题：无。

③ 持续改进问题：测试的支撑数据不完善。

2)《技术规范》第八十条：接触网动态几何参数测试应符合表23的规定。

① 评估结论：经查阅____轨道交通检测技术有限公司提供的《接触网动态几何参数测试报告》，基本满足《技术规范》第八十条要求。

② 初期运营前应解决问题：无。

③ 持续改进问题：测试的支撑数据不完善。

3)《技术规范》第八十一条：弓网燃弧指标测试应符合表 24 的规定。

① 评估结论：经查阅____轨道交通检测技术有限公司提供的《弓网燃弧指标测试报告》，基本满足《技术规范》第八十一条要求。

② 初期运营前应解决问题：无。

③ 持续改进问题：测试的支撑数据不完善。

4)《技术规范》第八十二条：弓网动态接触力测试应符合表 25 的规定。

① 评估结论：经查阅____轨道交通检测技术有限公司提供的《弓网动态接触力测试报告》，基本满足《技术规范》第八十二条要求。

② 初期运营前应解决问题：无。

③ 持续改进问题：测试的支撑数据不完善。

5)《技术规范》第八十三条：受电弓垂向加速度（硬点）测试应符合表 26 的规定。

① 评估结论：经查阅____轨道交通检测技术有限公司提供的《受电弓垂向加速度（硬点）测试报告》，基本满足《技术规范》第八十三条要求。

② 初期运营前应解决问题：无。

③ 持续改进问题：测试的支撑数据不完善。

（3）信号防护

1)《技术规范》第八十四条：信号防护测试包括列车车门安全防护、站台紧急关闭按钮安全防护、站台门安全防护、车门与站台门联动、列车折返能力测试。

① 评估结论：经查阅信号系统安全评估材料《列车车门安全防护测试报告》《站台紧急关闭按钮安全防护测试报告》《站台门安全防护测试报告》《车门与站台门联动测试报告》《列车折返能力测试报告》，并在____站测试车完成了列车车门安全防护测试、站台紧急关闭按钮安全防护测试、站台门安全防护测试、车门与站台门联动测试，满足《技术规范》第八十四条要求。

② 初期运营前应解决问题：无。

③ 持续改进问题：无。

2)《技术规范》第八十五条：列车车门安全防护测试应符合表 27 的规定。

① 评估结论：经查阅《列车车门安全防护测试报告》，满足《技术规范》第八十五条要求。

② 初期运营前应解决问题：无。

③ 持续改进问题：无。

3)《技术规范》第八十六条：站台紧急关闭按钮安全防护测试应符合表 28 的规定。

① 评估结论：经在____站上行站台使用____测试车完成了站台紧急关闭按钮安全防护现场测试，满足《技术规范》第八十六条要求。

② 初期运营前应解决问题：无。

③ 持续改进问题：无。

4)《技术规范》第八十七条：站台门安全防护测试应符合表 29 的规定。

① 评估结论：经在____站上行站台使用____测试车完成了站台门安全防护测试，满足《技术规范》第八十七条要求。

② 初期运营前应解决问题：无。

③ 持续改进问题：无。

5)《技术规范》第八十八条：车门与站台门联动测试应符合表 30 的规定。

① 评估结论：经在____站上行站台使用____测试车完成了车门与站台门联动测试，满足《技术规范》第八十八条要求。

② 初期运营前应解决问题：无。

③ 持续改进问题：无。

6)《技术规范》第八十九条：列车折返能力测试应符合表 31 的规定。

① 评估结论：经查阅《列车折返能力测试报告》，满足《技术规范》第八十九条要求。

② 初期运营前应解决问题：无。

③ 持续改进问题：无。

(4) 防灾联动

1)《技术规范》第九十条：防灾联动测试包括车站综合后备控制盘功能、车站公共区火灾工况联动、列车区间事故工况联动测试。

① 评估结论：经____现场踏勘，核查相关资料，满足《技术规范》第九十条要求。

② 初期运营前应解决问题：无。

③ 持续改进问题：无。

2)《技术规范》第九十一条：应符合表 32 的规定。

① 评估结论：经____现场踏勘及车站综合后备控制盘功能测试，满足《技术规范》第九十一条要求。

② 初期运营前应解决问题：无。

③ 持续改进问题：无。

3)《技术规范》第九十二条：车站公共区火灾工况联动测试应符合表 33 的规定。

① 评估结论：经____站现场踏勘及车站站台公共区火灾工况联动测试，满足《技术规范》第九十二条要求。

② 初期运营前应解决问题：无。

③ 持续改进问题：无。

4)《技术规范》第九十二条：列车区间事故工况联动测试应符合表 34 的规定。

① 评估结论：经核查《列车区间事故工况联动测试报告》，满足《技术规范》第九十三条要求。

② 初期运营前应解决问题：无。

③ 持续改进问题：无。

6. 运营准备工作情况

(1) 组织架构

1)《技术规范》第九十四条：运营单位应具有与运营管理模式和管理任务相适应的组

织架构，并设置行车组织、客运服务、设施设备维护、安全生产管理等部门。

① 评估结论：经对____站现场踏勘，核查运营单位组织架构等资料，满足《技术规范》第九十四条要求。

② 初期运营前应解决问题：无。

③ 持续改进问题：无。

2)《技术规范》第九十五条：运营单位应建立从安全生产委员会（或安全生产领导小组）至基层班组的安全生产管理组织架构，安全生产责任制分解到岗位和人员，并配备专职安全生产管理人员。

① 评估结论：经对____站现场踏勘，核查运营单位安全生产管理组织架构图、运营单位定岗定编方案、安全生产责任制等资料，满足《技术规范》第九十五条要求。

② 初期运营前应解决问题：无。

③ 持续改进问题：无。

3)《技术规范》第九十六条：运营单位应具有受理和处理乘客投诉的部门。

① 评估结论：经对控制中心及服务热线现场踏勘，核查热线值班员到位情况及服务质量，基本满足《技术规范》第九十六条要求。

② 初期运营前应解决问题：无。

③ 持续改进问题：热线服务技巧欠缺。

（2）岗位与人员

1)《技术规范》第九十七条：运营单位应合理设置岗位，行车组织、客运服务、设施设备维护和安全生产管理部门按运营需求配齐人员。

① 评估结论：经对____车辆段、控制中心现场踏勘，核查资料，满足《技术规范》第九十七条要求。

② 初期运营前应解决问题：无。

③ 持续改进问题：无。

2)《技术规范》第九十八条：运营单位主要负责人和安全生产管理人员应按规定接受安全培训，初次安全培训时间不少于32学时。列车驾驶员、行车调度员、行车值班员、信号工、通信工等重点岗位人员应通过安全背景审查，列车驾驶员还应通过心理测试。

① 评估结论：经核查资料，满足《技术规范》第九十八条要求。

② 初期运营前应解决问题：无。

③ 持续改进问题：无。

3)《技术规范》第九十九条：列车驾驶员应符合以下要求：（一）接受不少于300学时的理论知识培训和不少于2个月的岗位技能培训，培训包括出退勤作业、列车整备和出入场作业、正线和车辆基地作业、列车设备基本操作、正常和非正常情况下行车、列车故障应急处置和救援、乘客紧急疏散等；（二）通过理论知识考试和岗位技能考试；（三）在经验丰富的列车驾驶员指导和监督下驾驶，驾驶里程不少于5000km，其中在本线上的里程不少于1000km。

① 评估结论：经核查列车驾驶员培训档案、培训大纲、培训实施方案、考核鉴定表等资料，满足《技术规范》第九十九条要求。

② 初期运营前应解决问题：无。

③ 持续改进问题：无。

4)《技术规范》第一百条：行车调度员、电力调度员和环控调度员应符合以下要求：（一）接受不少于 300 学时的理论知识培训和不少于 3 个月的岗位技能培训。行车调度员培训包括调度工作规则、行车组织规程、客运组织规程、施工管理规程等；电力调度员培训包括电力作业安全规则、电力操作规程、电力故障和事故应急处置等；环控调度员培训包括环控、站台门、防灾报警等机电设备的规程、有关环控设备故障和事故应急处置等；（二）通过理论知识考试和岗位技能考试；（三）在经验丰富的调度员指导和监督下进行操作，时间不少于 1 个月。

① 评估结论：经控制中心现场踏勘，核查调度员培训档案、培训大纲、培训实施方案、考核鉴定表等资料，满足《技术规范》第一百条要求。

② 初期运营前应解决问题：无。

③ 持续改进问题：无。

5)《技术规范》第一百〇一条：行车值班员应符合以下要求：（一）接受不少于 150 学时的理论知识培训和不少于 1 个月的岗位技能培训，培训包括车站行车作业、客运服务、票务管理、检修施工、设备基本操作和突发事件应急处置等；（二）通过理论知识考试和岗位技能考试；（三）在经验丰富的行车值班员指导和监督下进行操作，时间不少于 1 个月。

① 评估结论：经核查行车值班员培训档案等资料，满足《技术规范》第一百〇一条要求。

② 初期运营前应解决问题：无。

③ 持续改进问题：无。

6)《技术规范》第一百〇二条：设备维修人员经系统岗位培训，通过理论知识考试和岗位技能考试。

① 评估结论：经核查设备维修人员培训档案等资料，满足《技术规范》第一百〇二条要求。

② 初期运营前应解决问题：无。

③ 持续改进问题：无。

7)《技术规范》第一百〇三条：控制中心值班主任经系统岗位培训，具有 2 年以上行车调度岗位工作经历，并掌握电力调度、环控调度的工作内容和安全作业要求。

① 评估结论：经控制中心现场踏勘，核查调度值班主任培训档案等资料，满足《技术规范》第一百〇三条要求。

② 初期运营前应解决问题：无。

③ 持续改进问题：无。

8)《技术规范》第一百〇四条：列车驾驶员、行车调度员、电力调度员、环控调度员、行车值班员、设备维修人员、控制中心值班主任、客运服务人员应持证上岗；特种设备作业人员应具有特种设备作业人员证，并持证上岗。

① 评估结论：经核查上岗证、特种设备作业人员证等资料，基本满足《技术规范》第一百〇四条要求。

② 初期运营前应解决问题：无。

③ 持续改进问题：未全部完成运营人员建构筑物消防员证的取证工作。

（3）运营管理

1）《技术规范》第一百〇五条：运营单位应建立以下运营管理制度：（一）安全管理类，包括风险分级管控和隐患排查治理、劳动安全、安全检查、安全教育培训和考核、危险品管理、保护区安全管理、关键信息系统等级保护等制度；（二）行车管理类，包括行车管理办法、车辆基地及车站行车工作细则、调度工作规则和检修施工管理办法等；（三）服务管理类，包括客运管理制度和服务质量标准、企业内部服务监督检查管理办法、票务管理办法和车站环境管理办法等；（四）维护维修类，包括各专业设施设备系统检修规程和检修管理制度等；（五）操作办法类，包括各岗位操作规程、各专业系统操作手册和故障处理指南等。

① 评估结论：经对控制中心、＿＿＿车辆段、＿＿＿站现场踏勘，对运营管理制度资料的查阅，满足《技术规范》第一百〇五条要求。

② 初期运营前应解决问题：无。

③ 持续改进问题：无。

2）《技术规范》第一百〇六条：运营单位应结合工程可行性研究报告的客流预测、沿线客流因素变化、与本线关联的既有线路客流情况等，组织编制初期运营客流预测报告。

① 评估结论：经对《初期运营客流预测报告》资料的查阅，满足《技术规范》第一百〇六要求。

② 初期运营前应解决问题：无。

③ 持续改进问题：无。

3）《技术规范》第一百〇七条：运营单位应综合考虑线路初期运营设计运能、设计车辆配属、初期运营客流预测，以及设备技术条件、列车运行与折返时间等因素，编制列车运行计划。

① 评估结论：经对列车运行计划资料的查阅，基本满足《技术规范》第一百〇七条要求。

② 初期运营前应解决问题：无。

③ 持续改进问题：本线应配置车辆未全部到位。

4）《技术规范》第一百〇八条：运营单位应结合车辆采购、调试和应急需要等情况，设置本线路运用车和备用车数量，并满足初期运营列车运行图行车和应急情况下运输组织调整需要。

① 评估结论：经对运用车和备用车数量等资料的查阅，满足《技术规范》第一百〇八条要求。

② 初期运营前应解决问题：无。

③ 持续改进问题：无。

5）《技术规范》第一百〇九条：运营单位应根据车站配线、站台布局、信号系统、供电系统等设施设备的配置情况及初期客流预测情况，制定涵盖正常、非正常和应急状态下的行车组织方案。

① 评估结论：经对控制中心的现场踏勘，核查《行车组织方案》等资料的查阅，满

足《技术规范》第一百○九条要求。

② 初期运营前应解决问题：无。

③ 持续改进问题：无。

6)《技术规范》第一百一十条：应具有大客流车站（含各种交路折返车站和停车功能的车站）站台至站厅或其他安全区域的疏散楼梯、用作疏散的自动扶梯和疏散通道的通过能力模拟测试报告，核验超高峰小时一列进站列车所载乘客及站台上的候车人员能在6min内全部疏散至站厅公共区或其他安全区域、公共区乘客人流密度等参数是否符合乘客疏散和安全运营要求。

① 评估结论：经对《通过能力模拟测试报告》等资料的查阅，满足《技术规范》第一百一十条要求。

② 初期运营前应解决问题：无。

③ 持续改进问题：无。

7)《技术规范》第一百一十一条：运营单位应根据列车运行计划、初期运营客流预测、设施设备能力和人员配备情况，编制客运组织方案（至少包括组织机构、岗位设置、上岗人员、客流疏散方案、乘客换乘安全保障方案）。

① 评估结论：经对____的现场踏勘，核查《车站客运组织方案》等资料的查阅，满足《技术规范》第一百一十一条要求。

② 初期运营前应解决问题：无。

③ 持续改进问题：无。

8)《技术规范》第一百一十二条：运营单位制定的城市轨道交通检修施工管理制度，应规定施工作业请点和销点、施工作业安全防护、施工动火作业和工程车使用，以及对外单位（含委外）影响行车安全的施工作业进行旁站监督等要求。

① 评估结论：经对《运营单位施工管理规定》资料的查阅，满足《技术规范》第一百一十二条要求。

② 初期运营前应解决问题：无。

③ 持续改进问题：无。

9)《技术规范》第一百一十三条：运营单位应具有初期运营所需的土建工程竣工资料、设备系统技术规格说明书、操作手册、维修手册、各类软件和调试报告等技术图纸资料。

① 评估结论：经对运营公司技术图纸资料的查阅，基本满足《技术规范》第一百一十三条要求。

② 初期运营前应解决问题：无。

③ 持续改进问题：未见双方移交签字的汇总清单。

10)《技术规范》第一百一十四条：具有城市轨道交通沿线公交配套衔接方案，公交配套衔接与车站同步实施到位、同步投入使用。

① 评估结论：经对____的现场踏勘，经对公交配套衔接方案资料的查阅，满足《技术规范》第一百一十四条要求。

② 初期运营前应解决问题：无。

③ 持续改进问题：无。

(4) 应急管理

1)《技术规范》第一百一十五条：运营单位应建立应急信息报送、应急值守和报告、乘客应急信息发布、乘客伤亡事故处置和运营突发事件（事故）调查处理等应急管理制度。

① 评估结论：经查阅《运营单位规章文本汇编》等资料，运营单位建立了《运营单位应急管理规定》《运营单位安全信息报送管理规定》《运营单位总值班管理办法》《运营单位生产安全事故（事件）调查处理规定》《运营单位客运伤亡事件处理规定》等制度，满足《技术规范》第一百一十五条要求。

② 初期运营前应解决问题：无。

③ 持续改进问题：无。

2)《技术规范》第一百一十六条：运营单位应与有关管理部门和单位建立突发事件应急联动机制。

① 评估结论：经查阅《运营单位突发事件综合应急预案》等资料，满足《技术规范》第一百一十六条要求。

② 初期运营前应解决问题：无。

③ 持续改进问题：无。

3)《技术规范》第一百一十七条：运营单位应按规定建立突发事件应急预案，主要包括：（一）运营突发事件应急预案：应对列车脱轨、列车相撞、突发停电、突发大客流、火灾、设施设备故障、乘客滞留、乘客意外伤害事件等应急预案。其中，设施设备故障应急预案包括调度系统、列车、供电、信号、通信、工务、机电等系统；（二）自然灾害事件应急预案：应对台风、洪水、冰雪等气象灾害和地震、山体滑坡等地质灾害的应急预案；（三）公共卫生事件应急预案：应对突发公共卫生事件的应急预案；（四）社会安全事件应急预案：应对人为纵火、爆炸、投毒和核生化袭击等应急预案。

① 评估结论：经查阅《运营单位规章文本汇编》等资料，运营公司建立了 1 项综合应急预案、____项专项应急预案、____项现场处置方案，满足《技术规范》第一百一十七条要求。

② 初期运营前应解决问题：无。

③ 持续改进问题：无。

4)《技术规范》第一百一十八条：涉及不同运营单位的共管换乘站，应制定客运组织协同处置预案。

① 评估结论：____市轨道交通____号线工程未涉及不同运营单位的共管换乘站。

② 初期运营前应解决问题：无。

③ 持续改进问题：无。

5)《技术规范》第一百一十九条：应至少开展 1 次相关应急处置部门和单位参加的综合性应急演练。

① 评估结论：经查阅《____市轨道交通____号线工程综合性应急演练》等资料，运营单位已于____月____日开展了综合性应急演练，满足《技术规范》第一百一十九条要求。

② 初期运营前应解决问题：无。

③ 持续改进问题：无。

6)《技术规范》第一百二十条：运营单位应开展以下运营突发事件应急演练项目：(一) 临时扣车和加车、越站行车、各种交路列车折返等行车组织应急演练；(二) 列车故障救援应急演练；(三) 供电、通信、信号（含道岔故障处理，手动操作道岔办理进路）、轨道、站台门等设备故障应急演练；(四) 突发停电（含区间应急照明和列车应急照明）应急演练；(五) 车站站台火灾、站厅火灾、区间火灾、主要设备房火灾等应急演练；(六) 突发大客流应急演练；(七) 道床拱起、隧道拱顶漏水、隧道结构意外打穿等工务系统应急演练；(八) 乘客滞留、乘客意外伤害应急演练；(九) 列车相撞和脱轨应急演练。

① 评估结论：经查阅《突发事件应急演练质量评估报告》等资料，基本满足《技术规范》第一百二十条要求。

② 初期运营前应解决问题：无。

③ 持续改进问题：车站级现场演练未做到全员参与。

7)《技术规范》第一百二十一条：相关专业实施委外维修的，运营单位应与委外维修单位签订委外维修协议，并在协议中规定委外维修单位安全管理职责、人员安全培训和上岗条件、应急演练和救援、运营单位日常对重点维修项目的过程监督检查和验收等基本要求。

① 评估结论：经查阅运营单位与委外维修单位签订的《委外维修协议》《工程维修工程部现场处置方案》及《自评自证报告》等资料，现场踏勘____站，基本满足《技术规范》第一百二十一条要求。

② 初期运营前应解决问题：无。

③ 持续改进问题：委外安全协议中的风险管控内容不完善。

8)《技术规范》第一百二十二条：运营单位应配备满足初期运营需要的应急救援物资和专业器材装备，建立相应的维护、保养和调用等制度。

① 评估结论：经查阅《运营单位应急物资管理办法》《运营单位应急物资及装备清单》等资料及现场踏勘____车辆段、控制中心、____站，基本满足《技术规范》第一百二十二条要求。

② 初期运营前应解决问题：无。

③ 持续改进问题：

A. 综合抢险救援车未见车辆专业以外的工器具。

B. 车站应急备品未完全配置到位。

9)《技术规范》第一百二十三条：运营单位应建立专业应急抢险队伍，熟练掌握应急救援预案、应急救援器材装备使用方法和应急救援要求。

① 评估结论：经查阅《关于成立运营单位应急救援组织的通知》及《运营单位应急救援抢修队伍名单》等资料及现场踏勘并抽问应急救援抢修队队员。满足《技术规范》第一百二十三条要求。

② 初期运营前应解决问题：无。

③ 持续改进问题：无。

7. 运营安全评估意见

专家组认为____市城市轨道交通____号线工程在初期运营前须解决如下问题，并经过整改复核后，可具备初期运营条件。

（1）部分无障碍电梯不能正常使用；

（2）无障碍垂直电梯装修收口未完工；

（3）车站醒目位置未公布安全乘车注意事项、监督投诉电话、本站首末车时间和周边公交换乘信息，并按规定张贴城市轨道交通禁止、限制携带物品目录。

8. 其他意见建议

（1）____站紧急疏散通道地面出入口装修未完成且未与市政道路联通，紧急疏散通道内注浆针管未切除，排水沟盖板未安装；上下出入门框未安装，出入口扶梯侧面未安装防护板，站内部分异型装饰板未安装；车控室观察窗外四周墙面装饰板未安装；风井内建筑施工物资未清理，排水管未作保温处理；弱电电缆室空洞封堵不严。

（2）____站出入口未张贴车站名，出入口外部台阶正在施工，部分楼梯防护玻璃缺失，站内外垂梯门套未安装，扶梯外侧装饰板缺失，扶梯侧面未安装防护板。

（3）____站EPS设备时钟显示时间错误，需全线排查；照明配电室内配电箱未做防火封堵、未挂电缆标识牌，箱体未张贴标识，二次电缆线未见回路标号，个别裸露的电缆端子未做防护，需全线排查；站厅层B端环控机房排水沟不规范，排水阻力大。

（4）____站消防水池未安装防虫网且控制箱设备有积尘。

（5）____站设备层A端走道消火栓阀门手柄与桥架冲突，操作不便。

（6）____站A、B出入口与公路边缘段应硬化，且CCTV摄像机未接入中心级视频监控平台。

（7）____站半自动售票机没有安装，自动售票机和自动检票机底座没有打胶。

（8）____站信号设备室温度偏高。

（9）____停车场库区，未在地面设置库区股道编号；____车辆段、库房内市政供暖未调试完成。

（10）车站应急通道出入口相关设施不完善；车站垂直电梯未能完全启用。建议尽快做好开荒保洁，清理车站、区间建筑垃圾；各车站出入口电扶梯两侧未安装防护栏和张贴相关安全标识，导向标志和警示标志未完全安装到位。

（11）尽快完善全线标志标识。

（12）列车客室侧扶手杆存在高个乘客碰头的风险，建议对后续新建线路列车的侧扶手杆高度进行改进。

（13）信号、通信系统各子系统测试报告封面未加盖公章。

（14）通信系统单位（子单位）工程质量竣工验收记录，未明确标注各子系统名称。

（15）控制中心电源室双电源引入配电箱接线端子固定螺栓过长。

（16）供电设备交接试验报告中整流器试验报告、40.5kV断路器非额定电压下分合闸时间测试数据、接地电阻测量等报告相关内容需完善。

（17）综合监控显示应天门站C1出入口电梯故障状态、长安路站A出入口电扶梯通信中断，红山车辆段牵引降压所、运用库探测器状态显示异常，建议普查各站未完成调试的终端设备。

（18）需加大AFC压力测试力度，对已投入使用的全部票种进行测试；须加快____地铁APP上线，确保开通使用。

（19）运营计划应作延点安排；客服中心未实现功能。

（20）___站 C2 出入口平台，高出室外地坪只有一个台阶的高度。应复核各车站出入口、消防专用通道、无障碍电梯的地面建筑标高和风亭口部建筑标高是否满足防洪、防涝要求，以及采取相应的应急措施。

第8章 城市轨道交通初期运营前正式评估测试项目

8.1 正式评估测试项目分类

根据《暂行办法》要求，初期运营安全评估期间，第三方安全评估机构可根据所评估城市轨道交通工程项目前期工作情况，对系统功能是否符合设计文件要求进行核验，经核验发现影响后续评估工作开展或对初期运营可能产生重大安全影响的系统功能缺陷，应当及时报告城市轨道交通运营主管部门，连同发现的其他较大安全问题作为遗留问题，在安全评估报告中如实记录。城市轨道交通运营主管部门可根据需要，要求建设单位会同运营单位对系统功能缺陷重新测试确认。因此正式安全评估期间，第三方安全评估机构专家组有权根据实际情况对测试项目再次进行测试，测试项目仍为《技术规范》中规定的34个项目，按专业可分为车辆、供电系统、通信系统、信号系统、消防和给水排水系统、站台门、轮轨关系、弓网关系、信号防护、防灾联动十大方面，具体项目分类如表8.1-1所示。

正式评估测试项目分类 表8.1-1

序号	类别	项目名称
1	车辆	车辆超速保护测试
2		列车紧急制动距离测试
3		车门安全联锁测试
4		车门故障隔离测试
5		车门障碍物探测测试
6		列车联挂救援测试
7	供电系统	相邻主变电所支援供电测试
8		牵引接触网(轨)越区供电测试
9		变电所0.4kV低压备自投测试
10	通信系统	车地无线通话测试
11		列车到站自动广播和到发时间显示测试
12		与主时钟系统接口通信测试
13		换乘站基本通信测试
14	信号系统	列车超速安全防护测试
15		列车追踪安全防护测试
16		列车退行安全防护测试
17		车站扣车和跳停测试

续表

序号	类别	项目名称
18	消防和给水排水系统	区间水泵安全运行测试
19	站台门	站台门乘客保护测试
20	轮轨关系	轨道动态几何状态测试
21		车辆动力学响应—运行稳定性测试
22		车辆动力学响应—运行平稳性测试
23	弓网关系	接触网动态几何参数测试
24		弓网燃弧指标测试
25		弓网动态接触力测试
26		受电弓垂向加速度(硬点)测试
27	信号防护	列车车门安全防护测试
28		站台紧急关闭按钮安全防护测试
29		站台门安全防护功能测试
30		车门与站台门联动测试
31		列车折返能力测试
32	防灾联动	车站综合后备控制盘功能测试
33		车站公共区火灾工况联动测试
34		列车区间事故工况联动测试

8.2 正式评估测试项目的具体要求

34项系统测试具体要求。

具有车辆超速保护、列车紧急制动距离、车门安全联锁、车门故障隔离、车门障碍物探测、列车联挂救援等功能的车辆须进行以下测试，符合相应规定者为测试合格。

1. 车辆超速保护测试

在具备以车辆设计最高运行速度安全行车条件的区段进行相应的操作，察看、记录列车速度、超速保护的程序和措施。

当超过车辆设计最高运行速度时，列车自动采取符合车辆设计超速保护的报警、牵引封锁和制动保护措施，视为合格。测试内容、方法及结果要求见表8.2-1。

车辆超速保护测试　　　　　　　　　　　　　　表8.2-1

测试内容与方法	在具备以车辆设计最高运行速度安全行车条件的区段，切除列车自动防护(ATP)，以人工驾驶模式下行车，牵引手柄保持最大牵引位，使车持续加速至车辆设计最高运行速度，记录列车速度、超速保护的程序和措施
测试结果	列车持续加速至车辆设计最高运行速度，当超过车辆设计最高运行速度时，应自动采取符合车辆设计超速保护的报警、牵引封锁和制动保护措施

2. 列车紧急制动距离测试

列车以人工驾驶模式在平直线路区段运行至设计最高运行速度、按下紧急制动按钮，至列车停止时，测量列车紧急制动距离。

列车紧急制动距离应符合设计要求。测试内容、方法及结果要求见表 8.2-2。

列车紧急制动距离测试　　　　　　　　　　　　　表 8.2-2

测试内容与方法	列车以人工驾驶模式在平直线路区段运行至设计最高运行速度时，列车驾驶员按下紧急制动按钮，至列车停止时，测量列车紧急制动距离
测试结果	列车紧急制动距离应符合设计要求

3. 车门安全联锁测试

测试时，将阻挡块放在一扇车门两扇门叶之间，使车门不能完全锁闭，按列车关门按钮后，推主控制器手柄至牵引位，启动列车，观察列车状态；列车在区间零速以上运行，按开门按钮，观察客室车门状态。

测试内容、方法及结果见表 8.2-3。

车门安全联锁测试　　　　　　　　　　　　　表 8.2-3

测试内容与方法	(1)将阻挡块放在一扇车门两扇门叶之间，使车门不能完全锁闭，按列车关门按钮后，推主控制器手柄至牵引位，启动列车，观察列车状态； (2)列车在区间零速以上运行，按开门按钮，观察客室车门状态
测试结果	(1)列车主控制器手柄推至牵引位，列车仍无牵引力、不能启动； (2)列车在零速以上运行时，按列车开门按钮，客室车门不能打开

4. 车门故障隔离测试

当列车停靠站台，通过隔离装置专用钥匙对测试车门进行隔离后，按司机室开门按钮，观察全部车门状态；被测车门在隔离状态，操作紧急解锁装置后，记录是否能手动打开被测车门。

测试内容、方法及结果要求见表 8.2-4。

车门故障隔离测试　　　　　　　　　　　　　表 8.2-4

测试内容与方法	列车停靠站台，通过隔离装置专用钥匙对测试车门进行隔离后，按司机室开门按钮，观察全部车门状态；被测车门在隔离状态，操作紧急解锁装置后，记录是否能手动打开被测车门
测试结果	按司机室开门按钮，被隔离车门不能打开，其他车门打开；被测车门处于隔离状态，操作紧急解锁装置后，仍无法手动打开被测车门

5. 车门障碍物探测测试

测试时，将测试块作为障碍物置于车门两扇门叶之间，列车发出关门指令后，记录开门次数及车门最终状态，并用压力测试仪记录关门压力。

被测车门按照设计要求自动循环打开和关闭数次后，车门保持打开状态、关门压力应满足设计要求。测试内容、方法及结果要求见表 8.2-5。

车门障碍物探测测试 表 8.2-5

测试内容与方法	将测试块作为障碍物置于车门两扇门叶之间，列车发出关门指令后，记录开门次数及车门最终状态，并用压力测试仪记录关门压力
测试结果	被测车门按照设计要求自动循环打开和关闭数次后，车门保持打开状态、关门压力应满足设计要求

6. 列车联挂救援测试

测试时，将模拟故障列车施加停放制动，降弓/靴停放在线路上，另一列救援列车低速靠近模拟故障列车进行列车联挂；完成联挂后，释放模拟故障列车停放制动，推救援列车牵引手柄牵引模拟故障列车至一定距离，记录列车联挂救援情况。

列车联挂救援功能应符合设计要求。测试内容、方法及结果要求见表 8.2-6。

列车联挂救援测试 表 8.2-6

测试内容与方法	(1) 将模拟故障列车施加停放制动，降弓/靴停放在线路上，另一列救援列车低速靠近模拟故障列车进行列车联挂； (2) 完成联挂后，释放模拟故障列车停放制动，推救援列车牵引手柄牵引模拟故障列车一定距离，记录列车联挂救援情况
测试结果	列车联挂救援功能应符合设计要求

具有相邻主变电所支援供电、牵引接触网（轨）越区供电、变电所 0.4kV 低压备自投等功能的供电系统须进行以下测试，符合相应规定者为测试合格。

7. 相邻主变电所支援供电测试

测试时，两座及两座以上主变电所的线路，对拟退出主变电所相关开关设备及继电保护作预定操作，使一座主变电所退出运行且其母线系统正常；操作环网联络开关由相邻主变电所支援供电，并记录测试区段供电情况。

主变电所支援供电的能力和功能符合设计要求。测试内容、方法及结果要求见表 8.2-7。

相邻主变电所支援供电测试 表 8.2-7

测试内容与方法	(1) 两座及两座以上主变电所的线路，对拟退出主变电所相关开关设备及继电保护作预定操作，使一座主变电所退出运行且其母线系统正常； (2) 操作环网联络开关由相邻主变电所支援供电，并记录测试区段供电情况
测试结果	主变电所支援供电的能力和功能符合设计要求

8. 牵引接触网（轨）越区供电测试

模拟解列正线一座牵引变电所，进行左右相邻两座牵引变电所供电的倒闸操作，实现对解列牵引变电所供电区段进行大双边供电；记录大双边供电时的牵引电压和电流、走行轨对地电压等运行数据。

大双边供电时，牵引电压和电流、走行轨对地电压等符合设计要求。测试内容、方法及结果要求见表 8.2-8。

牵引接触网（轨）越区供电测试	表 8.2-8
测试内容与方法	模拟解列正线一座牵引变电所，进行左右相邻两座牵引变电所供电的倒闸操作，实现对解列牵引变电所供电区段进行大双边供电；记录大双边供电时的牵引电压和电流、走行轨对地电压等运行数据
测试结果	大双边供电时，牵引电压和电流、走行轨对地电压等符合设计要求

9. 变电所 0.4kV 低压备自投测试

通过失电、切换、恢复等步骤，记录测试操作过程和相关电能参数，测试设备自动切换功能、切换过程的动作次序和时间以及电能参数、三级负荷回路的切除等是否符合设计要求。

备自投自动切换功能、切换过程的动作次序和时间以及电能参数、三级负荷回路的切除等应符合设计要求。测试内容、方法及结果要求见表 8.2-9。

变电所 0.4kV 低压备自投测试	表 8.2-9
测试内容与方法	(1)失电：任选一座车站降压变电所，在正常运行状态下，模拟 I 段动力变压器的温控跳闸继电器动作，I 段动力变压器的 35kV（或 10kV）断路器跳闸失电，0.4kV 的 I 段进线断路器跳闸，0.4kV 的 I 段母线失电，同时 0.4kV 母线三级负荷断路器自动分闸； (2)切换：经延时 2～3s（延时依据设计要求确定）后，0.4kV 母线联络断路器自动合闸，0.4kV 的 I、II 段母线均通过 II 段动力变压器供电； (3)恢复：合上 I 段动力变压器的 35kV（或 10kV）断路器，I 段动力变压器送电，0.4kV 母线联络断路器自动分闸，然后 0.4kV 的 I 段进线断路器合闸，0.4kV 的 I 段母线由 I 段动力变压器供电，同时 0.4kV 母线三级负荷断路器手动或自动合闸，系统恢复； (4)记录测试操作过程和相关电能参数
测试结果	备自投自动切换功能、切换过程的动作次序和时间以及电能参数、三级负荷回路的切除等应符合设计要求

具有车地无线通话、列车到站自动广播和到发时间显示、与主时钟系统接口通信、换乘站基本通信等功能的通信系统须进行以下测试，符合相应规定者为测试合格。

10. 车地无线通话测试

控制中心行车调度员与列车驾驶员、车辆基地信号楼和运转室调度员与车场内列车驾驶员、车站值班员与正线列车驾驶员之间建立通话，进行该功能测试。

车地无线通话的接通时间和通话质量应符合设计要求。测试内容、方法及结果要求见表 8.2-10。

车地无线通话测试	表 8.2-10
测试内容与方法	(1)控制中心行车调度员通过单呼、组呼、紧急呼叫等方式与列车驾驶员建立通话，并记录通话情况； (2)车辆基地信号楼和运转室调度员与车场内列车驾驶员建立通话；车站值班员经控制中心同意与正线列车驾驶员建立通话，并记录通话情况
测试结果	车地无线通话的接通时间和通话质量应符合设计要求

11. 列车到站自动广播和到发时间显示测试

在站台区域测试并记录上、下行进站列车到站自动广播时间和内容，并记录所在区域的乘客信息系统播出列车到站信息时间和内容。

测试内容、方法及结果要求见表 8.2-11。

列车到站自动广播和到发时间显示测试 表 8.2-11

测试内容与方法	在站台区域测试并记录上、下行进站列车到站自动广播时间和内容,并记录所在区域的乘客信息系统播出列车到站信息时间和内容
测试结果	列车即将进站前,车站自动广播列车到站信息,车站乘客信息系统显示屏显示列车进站信息,出站后显示下次列车到站时间

12. 与主时钟系统接口通信测试

在不同条件下,检查、测试、记录信号系统、环境与设备监控系统或综合监控系统、自动售检票系统的服务器与主时钟服务器之间的显示时间。

测试结果符合表 8.2-12,视为合格。测试内容、方法及结果要求见表 8.2-12。

与主时钟系统接口通信测试 表 8.2-12

测试内容与方法	(1)检查信号系统、环境与设备监控系统或综合监控系统、自动售检票系统的服务器,记录其显示的日期和时间是否与主时钟服务器保持一致; (2)将主时钟服务器上的日期和时间设置成比当前时间晚 1 天 1 小时 10 分钟,记录被测系统时间与主时钟时间差; (3)断开主时钟服务器的网络连接,记录被测系统的时间; (4)重新恢复主时钟服务器的网络连接,记录被测系统更新后的时间与主时钟时间差
测试结果	(1)信号系统、环境与设备监控系统或综合监控系统、自动售检票系统的服务器的日期和时间与主时钟服务器保持一致; (2)当主时钟服务器上的时间和日期设置成比当前时间晚 1 天 1 小时 10 分钟,被测系统工作站和服务器自动更新为与主时钟时间同步,误差范围符合设计要求; (3)断开主时钟服务器的网络连接后,被测系统服务器上的日期和时间继续保持正常,符合设计要求; (4)重新恢复主时钟系统的网络连接后,被测系统的服务器更新为与主时钟时间同步,误差范围符合设计要求

13. 换乘站基本通信测试

分别对换乘站换乘区域视频图像调看功能、广播和事故工况广播指令的互送功能、乘客信息发布功能及事故工况下信息互送功能(对方线路显示屏上显示功能)和换乘车站不同线路车控室间值班员建立通话等进行测试。

换乘站换乘区域的视频图像调看、广播、乘客信息发布,以及不同线路车控室间值班员的通话符合设计要求。测试内容、方法及结果要求见表 8.2-13。

换乘站基本通信测试 表 8.2-13

测试内容与方法	(1)对换乘站换乘区域视频图像调看功能进行测试; (2)对换乘站换乘区域广播和事故工况广播指令的互送功能进行测试; (3)对换乘站换乘区域乘客信息发布功能以及事故工况下信息互送功能(对方线路显示屏上显示功能)进行测试; (4)换乘车站不同线路车控室间值班员建立通话进行测试
测试结果	换乘站换乘区域的视频图像调看、广播、乘客信息发布,以及不同线路车控室间值班员的通话符合设计要求

应完成信号系统各子系统之间、信号系统与关联系统的联调及动态调试。

14. 列车超速安全防护测试

分别进行 ATP 超速安全防护测试、区段限速安全防护测试、侧向过岔安全防护测试、轨道尽头安全防护测试、降级模式下闯红灯安全防护测试（仅对设置了点式 ATP 降级系统）、RM 模式行车安全防护测试、反向 ATP 安全防护测试。

测试结果应符合相关要求。测试内容、方法及结果要求见表 8.2-14。

列车超速安全防护测试　　　　　　　　　表 8.2-14

测试内容与方法	(1) ATP 超速安全防护测试 列车以 ATP 防护模式行车,持续加速至超速报警,忽略报警继续加速到紧急制动触发;记录列车限速显示、超速报警情况以及触发紧急制动时的列车运行速度。 (2) 区段限速安全防护测试 对线路某区间设置限速后,列车以 ATP 防护模式在该区间持续加速至区段限速值;记录列车限速值、触发常用制动和紧急制动时的列车运行速度。 (3) 侧向过岔安全防护测试 列车以 ATP 防护模式行车,持续加速至道岔侧向最高限制速度;记录触发紧急制动时的列车运行速度。 (4) 轨道尽头安全防护测试 排列直通轨道尽头的进路后,列车以 ATP 防护模式行车至轨道尽头停车点;列车到达停车点前的整个过程中,记录列车在不同位置的运行速度;若列车仍未能减速,列车驾驶员应实施紧急制动。 (5) 降级模式下闯红灯安全防护测试(仅对设置了点式 ATP 降级系统) 关闭站前方道岔处的防护信号机或关闭出站信号机后,列车以点式 ATP 降级模式行车至防护信号机或出站信号机;记录列车触发常用制动或紧急制动情况。 (6) RM 模式行车安全防护测试 列车以 RM 模式加速至超速报警,忽略报警继续加速到紧急制动触发;记录限速显示、报警情况以及触发紧急制动时的列车运行速度。 (7) 反向 ATP 安全防护测试 列车切换驾驶端,以 ATP 防护模式反向行车,列车加速至超速报警,忽略报警继续加速到紧急制动触发;记录限速显示、报警情况以及触发紧急制动时的列车运行速度
测试结果	(1) 列车行驶接近 ATP 最大允许列车运行速度时,驾驶台显示单元应有报警;加速至 ATP 最大允许列车运行速度时,车载 ATP 应施加紧急制动; (2) 列车运行接近区段临时限速值时,驾驶台显示单元应有报警;加速超过允许速度时,列车应触发紧急制动,制动点的速度应低于区段临时限速值; (3) 列车运行接近侧向道岔限速值时,驾驶台显示单元应有报警;继续加速应触发紧急制动,超速防护制动点的速度应低于侧向道岔限速值; (4) 列车以 ATP 防护模式行驶至轨道尽头停车点过程中,最大允许列车运行速度降为系统限定值;列车越过停车点设定距离,最大允许列车运行速度降为零,强行越过时应触发紧急制动; (5) 列车在点式 ATP 降级模式下闯红灯,应触发常用或紧急制动; (6) 列车接近 RM 模式最大允许限速时,驾驶台显示单元应有报警;加速超过 RM 模式最大允许速度时,应触发紧急制动; (7) 列车以 ATP 防护模式反向运行时,实施列车超速、限速、正常开关门等操作正常,ATP 安全防护功能有效

15. 列车追踪安全防护测试

选取部分区间,前行列车在不同防护模式下,分别采取几种速度运行或在区间停车,测试、记录后续列车运行情况。

测试结果应符合相关要求。测试内容、方法及结果要求见表 8.2-15。

列车追踪安全防护测试 表 8.2-15

测试内容与方法	(1)选取部分区间,前行列车以 ATP 防护模式或切除 ATP 防护模式运行,后续列车以列车自动驾驶(ATO)模式持续加速紧跟前行列车运行; (2)前行列车分别采取几种速度运行或在区间停车,记录后续列车运行情况
测试结果	后续列车紧跟前行列车正常行车,后续列车依据前行列车距离和速度变化,自动调整追踪速度和保持追踪安全距离,安全距离符合设计要求

16. 列车退行安全防护测试

测试时,以 ATP 防护模式人工驾驶列车进站至相应距离后,分别进行不同操作,记录回退过程中触发列车紧急制动时的回退距离、速度,车载 ATP 反映情况和有关提示信息。

测试结果应符合相关要求。测试内容、方法及结果要求见表 8.2-16。

列车退行安全防护测试 表 8.2-16

测试内容与方法	(1)以 ATP 防护模式人工驾驶列车进站,并驾驶列车越过站台对位停车点停车(实际越过停车点的距离应小于设计最大允许越过距离),然后转为后退驾驶模式启动列车,以退行速度小于设计最大允许退行速度回退行车,回退过程中,记录触发列车紧急制动时的回退距离; (2)继续以 ATP 防护模式人工驾驶列车进入下一站。列车驾驶员驾驶列车越过站台对位停车点停车(实际越过停车点的距离小于设计最大允许越过距离)后,然后转为后退驾驶模式启动列车,以退行速度超过设计最大允许退行速度回退行车,回退过程中,记录触发紧急制动时的退行速度; (3)继续以 ATP 防护模式人工驾驶列车进入下一站。列车驾驶员驾驶列车越过站台对位停车点,持续行车至设计最大允许越过距离,记录车载 ATP 反映情况和有关提示信息
测试结果	当列车越过站台停车点(实际越过停车点的距离小于设计最大允许越过距离)停车后,列车在退行过程中,车载 ATP 触发紧急制动时的回退距离或回退速度应符合设计要求;当列车越过站台停车点至设计最大允许越过距离时,车载 ATP 反映情况及提示信息应符合设计要求

17. 车站扣车和跳停测试

测试时,列车以 ATO 或 ATP 防护模式运行至车站停车并设置扣车,停站时间结束,记录出站进路触发和列车启动情况;取消扣车、对下一站设置跳停,记录列车在下一站跳停和进路触发情况。

测试结果应符合相关要求。测试内容、方法及结果要求见表 8.2-17。

车站扣车和跳停测试 表 8.2-17

测试内容与方法	列车以 ATO 或 ATP 防护模式运行至车站停车并设置扣车,停站时间结束,记录出站进路触发和列车启动情况;取消扣车、对下一站设置跳停,记录列车在下一站跳停和进路触发情况
测试结果	ATS 工作站扣车和跳停显示符合设计要求,列车被扣站后,自动出站进路不能触发,列车不发车;取消扣车后,列车在跳停车站不停车通过

消防和给水排水系统中,区间水泵安全运行须进行以下测试,符合相应规定者为测试合格。

18. 区间水泵安全运行测试

模拟低水位报警、中水位启泵、高水位报警,记录现场水泵运行状况和中央、车站

BAS 系统显示状态是否一致。

测试结果应符合相关要求。测试内容、方法及结果要求见表 8.2-18。

区间水泵安全运行测试 表 8.2-18

测试内容与方法	模拟低水位报警、中水位启泵、高水位报警,记录现场水泵运行状况和中央、车站 BAS 系统显示状态是否一致
测试结果	区间水泵低水位报警、中水位启泵、高水位报警功能正常,中央和车站 BAS 系统显示的水泵状态和现场水泵启/停状况一致

站台门乘客保护须进行以下测试,符合相应规定者为测试合格。

19. 站台门乘客保护测试

分别进行障碍物探测测试、防夹保护测试、测量并记录车站站台门与列车停靠站台时的车体最宽处的间隙、防踏空保护测试等。

测试结果应符合相关要求。测试内容、方法及结果要求见表 8.2-19。

站台门乘客保护测试 表 8.2-19

测试内容与方法	(1)障碍物探测测试。选择车站一侧站台门,操作站台门端头控制盘,打开和关闭整侧滑动门 3 次,确认滑动门能正常打开和关闭;选择其中一挡滑动门,操作门头就地控制盒打开滑动门后,将 40mm×40mm×5mm 的标准试块分别放在上、中、下等离地高度来阻挡滑动门,操作门头上的就地控制盒关闭该滑动门,记录滑动门报警和动作情况; (2)防夹保护测试。选择车站一侧站台门的一挡滑动门,操作门头上的就地控制将其打开后,将测力计置于被测滑动门之间,测力点位于其行程的约 1/3 位置处(即滑动门的匀速运动区段),然后关闭滑动门,在滑动门遇到测力计打开后,及时记录测力计最大读数(即为滑动门对乘客的最大作用力),测试至少重复 3 次; (3)测量并记录车站站台门与列车停靠站台时的车体最宽处的间隙; (4)防踏空保护测试。选择车站一侧站台门,并将列车在车站对标停车;打开站台门和列车车门,测量并记录站台边缘(或防踏空胶条边缘)与车厢地板面高度处车辆轮廓线的水平间隙
测试结果	(1)滑动门探测到障碍物后应释放关门力,滑动门自动弹开,等待障碍物移除后(等待时间预先设定且可调)重新关门,在达到设定次数(一般为 3 次)后如仍不能关闭和锁紧,则滑动门全开并报警; (2)滑动门对乘客的最大作用力不大于 150N; (3)直线站台的站台门,其滑动门门体与车体最宽处的间隙,当车辆采用塞拉门时,不大于 130mm,当采用内藏门或外挂门时,不大于 100mm; (4)直线车站站台边缘(或防踏空胶条边缘)与车厢地板面高度处车辆轮廓线的水平间隙不应大于 100mm;曲线车站站台边缘(或防踏空胶条边缘)与车厢地板面高度处车辆轮廓线的水平间隙不应大于 180mm

轮轨关系测试中的轨道动态几何状态测试、车辆动力学响应—运行稳定性、车辆动力学响应—运行平稳性测试。

20. 轨道动态几何状态测试

采用符合条件的电客车在正线上进行测试,采集测量并记录相关参数后,分别采用局部幅值和区段质量(均值)进行评价。

测试结果应符合相关要求。测试内容、方法及结果要求见表 8.2-20。

轨道动态几何状态测试　　　　　　　　　　　　　　　　　　　　　表 8.2-20

测试内容与方法	(1)采用装有轨道动态几何参数检测装置、具备精确定位功能的电客车在正线上进行测试； (2)采集测量并记录 1.5～42m 波长范围高低、1.5～42m 波长范围轨向，轨距、轨距变化率、水平、三角坑、车体横向加速度、车体垂向加速度等轨道动态几何状态参数； (3)分别采用局部幅值和区段质量(均值)进行评价
测试结果	局部幅值评价结果符合以下规定： 轨道动态几何状态评价允许值 | 轨道动态几何状态参数		评价允许值 | |---|---|---| | 高低(mm) | 波长 1.5～42m | 6 | | 轨向(mm) | 波长 1.5～42m | 5 | | 轨距(mm) | | +6 / −4 | | 轨距变化率(‰)(基长 3.0m) | | 1.5 | | 水平(mm) | | 6 | | 三角坑(mm)(基长 3.0m) | | 5 | | 车体垂向加速度(m/s²) | | 1.0 | | 车体横向加速度(m/s²) | | 0.6 | (2)区段质量(均值)评价结果符合以下规定：轨道不平顺质量指数(TQI)允许值 | 波长(m) | TQI(mm) | |---|---| | 1.5～42 | 9.0 | 注：轨道不平顺质量指数(TQI)计算方法见附则

21. 车辆动力学响应—运行稳定性测试

采用符合条件的电客车在正线上进行测试，采集测量并计算车辆运行安全性特征参数后，对其是否符合设计要求进行评价。测试内容、方法及结果要求见表 8.2-21。

车辆动力学响应—运行稳定性测试　　　　　　　　　　　　　　　　表 8.2-21

测试内容与方法	(1)采用装有车辆动力学—运行稳定性检测设备、具备精确定位功能、已完成车辆型式试验的电客车在正线上进行测试； (2)采用测力轮对测试全线轮轨力数据，采集测量并计算脱轨系数、轮重减载率、轮轴横向力等车辆运行安全性特征参数； (3)对脱轨系数、轮重减载率、轮轴横向力等车辆运行安全性特征参数是否符合设计要求进行评价
测试结果	脱轨系数、轮重减载率、轮轴横向力等参数应符合以下评判标准： 有关安全性特征参数评判标准 | 项目 | 评判标准 | |---|---| | 脱轨系数 Q/P | $Q/P < 0.8$ | | 轮重减载率 $\Delta P/\overline{P}$ | $\Delta P/\overline{P} \leqslant 0.6$ | | 轮轴横向力 H(kN) | $H \leqslant 10 + P_0/3$ | 注：Q 为轮轨横向力(kN)；P 为轮轨垂向力(kN)；$\overline{P}$ 为平均静轮重(kN)；P_0 为静轴重(kN)；ΔP 为轮轨垂向力相对平均静轮重的减载量(kN)；H 为轮轴横向力(kN)

22. 车辆动力学响应—运行平稳性测试

采用符合条件的电客车在正线上进行测试，采集车体垂向、横向加速度数据，测试并计算车辆运行平稳性指标后，评价该指标是否符合设计要求。

测试结果应符合相关要求。测试内容、方法及结果要求见表 8.2-22。

车辆动力学响应—运行平稳性测试 表 8.2-22

测试内容与方法	(1) 采用装有车辆动力学响应—运行平稳性检测设备、具备精确定位功能、已完成车辆型式试验的电客车在正线上进行测试； (2) 车体垂向、横向加速度传感器安装在转向架中心位置正上方距其左侧或右侧 1000mm 位置的车体地板面上，采集车体垂向、横向加速度数据，测试并计算车辆运行平稳性指标； (3) 对车辆运行平稳性指标是否符合设计要求进行评价
测试结果	车辆运行平稳性指标应小于 2.5

弓网关系测试中的接触网动态几何参数、弓网燃弧指标、弓网动态接触力、受电弓垂向加速度（硬点）测试。

23. 接触网动态几何参数测试

在电客车上安装接触网几何参数检测装置，在正线上进行测试。根据测量到的接触线拉出值、导高和定位点间高差等接触网几何参数，评价其是否符合设计要求。

测试内容、方法及结果要求见表 8.2-23。

接触网动态几何参数测试 表 8.2-23

测试内容与方法	(1) 在电客车上安装接触网几何参数检测装置，在正线上进行测试； (2) 测量接触线拉出值、导高和定位点间高差等接触网几何参数； (3) 对接触线拉出值、导高和定位点间高差等接触网几何参数是否符合设计要求进行评价
测试结果	接触线拉出值、导高、定位点间高差等接触网几何参数应符合设计要求

24. 弓网燃弧指标测试

在电客车的受电弓上安装燃弧探测器，在正线上进行测试。测试记录并统计分析相关数据后，评价以上弓网燃弧指标是否符合设计要求。

测试内容、方法及结果要求见表 8.2-24。

弓网燃弧指标测试 表 8.2-24

测试内容与方法	(1) 在电客车的受电弓上安装燃弧探测器，在正线上进行测试； (2) 测试记录燃弧发生地点和燃弧次数，统计分析燃弧时间和燃弧率； (3) 对弓网燃弧次数、燃弧率、一次燃弧最大时间等弓网燃弧指标是否符合设计要求进行评价
测试结果	燃弧次数应小于 1 次/160m，燃弧率应小于 5%，一次燃弧最大时间应小于 100ms

25. 弓网动态接触力测试

在电客车的受电弓弓头位置串联安装力传感器，在正线上进行测试。根据测试、计算出的弓网动态接触力平均值和标准偏差，对弓网接触力是否符合设计要求进行评价。

测试内容、方法及结果要求见表 8.2-25。

弓网动态接触力测试 表 8.2-25

测试内容与方法	(1)在电客车的受电弓弓头位置串联安装力传感器,在正线上进行测试; (2)测试弓网动态接触力数据,计算每跨内的弓网动态接触力平均值和标准偏差; (3)根据弓网动态接触力平均值和标准偏差,对弓网接触力是否符合设计要求进行评价
测试结果	(1)对于直流 1500V 制式,测试结果应符合以下评判标准: 平均接触力的最大值(N):$F_{m,max} < 0.00097v^2 + 140$; 平均接触力的最小值(N):$F_{m,min} > 0.00112v^2 + 70$; 标准偏差(N):$\sigma \leq 0.3 \times F_{m,max}$。 (2)对于交流 25kV 制式,测试结果应符合以下评判标准: 平均接触力的最大值(N):$F_{m,max} < 0.00047v^2 + 90$; 平均接触力的最小值(N):$F_{m,min} > 0.00047v^2 + 60$; 标准偏差(N):$\sigma \leq 0.3 \times F_{m,max}$。 式中,$v$——速度(km/h)。 $F_{m,max}$——平均接触力的最大值(N); $F_{m,min}$——平均接触力的最小值(N); σ——标准偏差。 (3)其他制式应符合有关设计标准要求

26. 受电弓垂向加速度(硬点)测试

在正线上,对受电弓上安装垂向加速度传感器的电客车进行测试。根据测试和记录受电弓运行过程中的垂向加速度数据,评价其是否符合设计要求。

测试内容、方法及结果要求见表 8.2-26。

受电弓垂向加速度(硬点)测试 表 8.2-26

测试内容与方法	(1)在电客车的受电弓上安装垂向加速度传感器,在正线上进行测试; (2)测试和记录受电弓运行过程中的垂向加速度数据; (3)对受电弓垂向加速度是否符合设计要求进行评价
测试结果	受电弓垂向加速度应小于 490m/s²

信号防护测试中的列车车门安全防护、站台紧急关闭按钮安全防护、站台门安全防护、车门与站台门联动、列车折返能力测试。

27. 列车车门安全防护测试

测试时,在不同状态下激活客室内的"车门紧急解锁装置",并记录列车运行情况。

测试内容、方法及结果要求见表 8.2-27。

列车车门安全防护测试 表 8.2-27

测试内容与方法	(1)列车以 ATP 防护模式行车,出站过程中但未完全离开站台区域时,激活客室内的"车门紧急解锁装置",车辆配合人员通过拉力测试工具手动拉开车门,记录列车运行情况和车门拉开时的拉力值; (2)恢复"车门紧急解锁装置",列车已出站并进入区间运行,再次激活客室内的"车门紧急解锁装置",车辆配合人员打开车门,记录列车运行情况
测试结果	列车在车站区域、区间区域运行时,激活客室"车门紧急解锁装置",打开列车车门,列车运行情况和车门拉开的拉力值应符合设计要求

28. 站台紧急关闭按钮安全防护测试

测试时，在不同状态下触发站台紧急关闭按钮，记录相应情况下列车的运行情况。具体步骤及结果要求见表8.2-28。

站台紧急关闭按钮安全防护测试　　　　　　　　　　　　表8.2-28

测试内容与方法	(1)列车运行接近车站但未到达车站站台安全防护区域前,触发站台紧急关闭按钮,记录列车进入站台区域情况； (2)列车在进站(已在车站站台安全防护区域内)过程中,触发站台紧急关闭按钮,记录列车触发紧急制动情况； (3)列车停在站台区域,触发站台紧急关闭按钮后,启动列车,记录列车启动离站情况； (4)列车出站(仍在车站站台安全防护区域内)时,触发站台紧急关闭按钮,记录列车触发紧急制动情况
测试结果	列车接近进站前、进站中、停靠、出站时等不同情形下触发站台紧急关闭按钮,站台紧急关闭按钮安全防护和列车运行情况符合设计要求

29. 站台门安全防护功能测试

测试时，在不同状态下打开站台门，记录相应情况下列车的运行情况。
测试内容、方法及结果要求见表8.2-29。

站台门安全防护功能测试　　　　　　　　　　　　表8.2-29

测试内容与方法	(1)列车以ATP防护模式行车； (2)列车在进站或出站(在进站和出站均在车站站台安全防护区域内)过程中,站台门打开,记录列车触发紧急制动情况； (3)列车停在站台区域打开站台门,记录列车启动离站情况
测试结果	列车在进站或出站过程中,站台门打开,列车应施加常用或紧急制动；列车停在站台区域打开站台门,列车无速度码,不能启动离站

30. 车门与站台门联动测试

于列车到站对标停车后、离站前，分别打开、关闭车门，观察、记录列车车门和站台门间相应时间差，以判断两门的开、关动作协同情况。
测试内容、方法及结果要求见表8.2-30。

车门与站台门联动测试　　　　　　　　　　　　表8.2-30

测试内容与方法	(1)列车到站对标停车后,列车驾驶员打开车门,观察车门与站台门的站台门动作情况,记录列车车门和站台门打开过程联动情况、两门启动打开的时间差,判断列车车门和站台门打开的动作协同情况； (2)列车离站前,列车驾驶员关闭车门,观察列车车门与站台门的动作情况,记录列车车门和站台门关闭过程联动情况、两门关闭到位时间差,判断列车车门和站台门关闭的动作协同情况
测试结果	列车车门和站台门开关过程联动功能正确,打开和关闭动作协同情况应满足有关设计和运营要求

31. 列车折返能力测试

明确测试对象、核实测试所需要的各项条件等，做好前期准备。制定并严格落实测试保障计划，记录实际运行数据，对比相关大数据，完成分析。

测试内容、方法及结果要求见表8.2-31。

列车折返能力测试 表8.2-31

测试内容与方法	(1)选取影响远期运输能力的车站折返线作为测试对象，核实测试所需要的各项条件。在测试前，具有由设计单位提供被测有关区间的供电能力核算报告，测试所必需的列车数量（一般至少6列车且运行状态良好）到位，为不影响换端作业，在各列车的头尾端均安排一位列车驾驶员； (2)编制好列车折返能力测试列车运行图，列车驾驶员严格按图行车，并按照站台指示间隔发车，各车站站务人员应做好站台值守，及时处置站台门等故障；有关技术人员在控制中心和设备房做技术保障； (3)记录下行站台停车、下行站台出发、下行站台出站至折返点停车、换端后出发、折返出发至上行站台停车、上行站台出发等时刻，并记录列车行车出站至折返点、折返出发至上行站台停车的过程中列车过岔最高运行速度等数据；并根据实际情况进行列车运行多圈测试； (4)下载控制中心和车载有关记录数据，完成折返能力分析
测试结果	列车折返能力应符合设计要求

防灾联动测试中的车站综合后备控制盘功能、车站公共区火灾工况联动、列车区间事故工况联动测试。

32. 车站综合后备控制盘功能测试

通过隧道火灾模式功能测试、专用防排烟风机测试、车站站台门应急操作测试、车站紧急停车操作测试、车站闸机紧急模式测试、车站门禁紧急释放测试、车站消防水泵启/停测试，记录各相关设备系统运行模式和动作情况。

测试内容、方法及结果要求见表8.2-32。

车站综合后备控制盘功能测试 表8.2-32

测试内容与方法	(1)隧道火灾模式功能测试。在车站IBP盘人工执行隧道火灾模式指令，记录隧道防排烟设备动作情况； (2)专用防排烟风机测试。在车站IBP盘上人工进行排烟或加压送风机的启/停操作，记录相关设备动作情况； (3)车站站台门应急操作测试。在车站IBP盘上人工执行上行或下行站台门开关门操作，记录站台门动作情况； (4)车站紧急停车操作测试。在车站IBP盘上进行紧急停车操作，记录车站紧急停车功能控制范围内的列车运行状态变化情况； (5)车站闸机紧急模式测试。在车站IBP盘上进行闸机紧急释放操作，记录车站闸机通道阻挡装置动作情况； (6)车站门禁紧急释放测试。在车站IBP盘上进行门禁系统紧急释放功能操作，记录门禁系统动作情况； (7)车站消防水泵启/停测试。在车站IBP盘上进行A泵启/停操作，记录A泵启动/停、指示灯点亮和关闭情况
测试结果	各相关设备系统运行模式和动作情况应符合设计要求

33. 车站公共区火灾工况联动测试

明确测试对象并于测试前核实各系统设备运行正常。测试中，严谨操作各步骤、记录实际信息。现场测试和检查记录各系统设备运行和动作情况。

测试内容、方法及结果要求见表8.2-33。

车站公共区火灾工况联动测试　　　　　　　　　　　　表8.2-33

测试内容与方法	(1)以地下车站站台或站厅为测试对象,并在测试前,核实车站环控、火灾自动报警、自动售检票、自动扶梯、垂直电梯、动力照明、广播、门禁、站台门、乘客信息、视频监视等系统设备应处于正常运行模式,有关风机、风阀等设备应处于自动控制状态; (2)在车站站台或站厅指定位置点燃烟饼,连续释放烟气(一般持续释烟时间不小于10min),或对火灾探测装置模拟站台或站厅火灾工况,现场监视有关监控工作站,记录火灾自动报警系统是否收到火灾报警信息情况; (3)现场测试和检查记录站厅和站台风口风向、梯口风速、非消防电源切除、自动售检票、门禁、广播、乘客信息、垂直电梯、视频监视等系统设备运行和动作情况
测试结果	(1)火灾自动报警系统主机和环控系统工作站显示火灾报警,报警显示信息与现场设备实际位置和状态保持一致; (2)触发火灾模式指令后,环控系统执行火灾模式并显示执行火灾模式状态; (3)站厅和站台风口风向、梯口风速应符合设计要求;防烟排烟系统正确启动,排烟模式的稳定性和排烟效果良好;车站应急照明启动、非消防电源切除正确;与火灾模式联动有关的车站自动检票机、相关区域门禁、广播、乘客信息系统、车站疏散指示、垂直电梯等切换和动作,以及视频监视系统、防火卷帘等动作均应符合设计要求

34. 列车区间事故工况联动测试

明确测试对象并于测试前核实各系统设备运行正常。在区间阻塞/火灾联动等工况下,现场检测区间两端车站环控设备、区间风速、风向、区间疏散指示标识等动作情况。

测试内容、方法及结果要求见表8.2-34。

列车区间事故工况联动测试　　　　　　　　　　　　表8.2-34

测试内容与方法	(1)选取地下区间作为测试对象,测试前,应核实信号系统、中央综合监控系统、被测区间两端车站有关环控、动力照明、广播、站台门、乘客信息等系统设备处于正常运行模式; (2)列车行驶至被测区间指定位置停车240s(停车时间应根据系统设计而定)模拟阻塞模式,停车时间超过信号系统阻塞报警设定时间后,在控制中心记录阻塞报警信息上报情况和区间阻塞模式执行等处理过程;执行列车区间阻塞模式后,记录列车所停区间的风速和风向; (3)检验列车着火停在区间工况(模拟)时,在控制中心观察火灾信息上报及处理过程,执行列车区间火灾联动模式后,记录区间两端车站通风设备动作情况、现场检测并记录事故列车所在地的区间风速、风向,并检查疏散指示标识内容和指向显示情况; (4)检验列车着火进站疏散工况(模拟)时,现场模拟列车着火,开动列车继续前行至前方车站,检验车站相关设备联动情况
测试结果	在区间阻塞/火灾联动工况下,区间两端车站环控设备、区间风速、风向、区间疏散指示标识等动作情况满足设计要求

8.3　正式评估测试项目的操作步骤

城市轨道交通设备安全稳定的运行离不开合格的工程建设质量以及严格的设备安装调试。因此,在城市轨道交通工程初期运营前必须要确保各设备功能稳定可靠,并符合相关设计要求。自《技术规范》开始执行以来,所有新建城市轨道交通工程在交付运营前必须开展初期运营前安全评估工作,且相较于《城市轨道交通试运营基本条件》GB/T 30013—2013,对系统联动测试提出了新的要求。开展系统联动测试的目的是更好地验证各项设备功能能否符合相关设计要求,为后续安全运营打下基础。

系统测试操作步骤。

根据《技术规范》相关要求,初期运营前所开展的系统联动测试,按照专业可分为10类共计34个项目,涵盖设备系统(车辆、供电、通信、信号、站台门、消防和给水排水)、轮轨关系、弓网关系、信号防护、防灾联动等,同时《技术规范》分别对各项目测试方法与步骤均给出具体要求,下列表为各测试项目具体操作步骤。

1. 车辆系统

车辆系统测试项目见表 8.3-1~表 8.3-6。

车辆系统车辆超速保护测试 表 8.3-1

项目	步骤	
车辆超速保护测试	步骤1	在具备以车辆设计最高运行速度安全行车条件的区段,切除列车自动防护(ATP),以人工驾驶模式下行车
	步骤2	牵引手柄保持最大牵引位,使列车持续加速至车辆设计最高运行速度,记录列车速度、超速保护的程序和措施

车辆系统列车紧急制动距离测试 表 8.3-2

项目	步骤	
列车紧急制动距离测试	步骤1	列车以人工驾驶模式在平直线路区段运行至设计最高运行速度
	步骤2	列车驾驶员按下紧急制动按钮
	步骤3	至列车停止时,测量列车紧急制动距离

车辆系统车门安全联锁测试 表 8.3-3

项目	步骤	
车门安全联锁测试	步骤1	将阻挡块放在一扇车门两扇门叶之间,使车门不能完全锁闭
	步骤2	按列车关门按钮后,推主控制器手柄至牵引位
	步骤3	启动列车,观察列车状态
	步骤4	列车在区间零速以上运行,按开门按钮,观察客室车门状态

车辆系统车门故障隔离测试 表 8.3-4

项目	步骤	
车门故障隔离测试	步骤1	列车停靠站台,通过隔离装置专用钥匙对测试车门进行隔离
	步骤2	按司机室开门按钮,观察全部车门状态
	步骤3	被测车门在隔离状态,操作紧急解锁装置
	步骤4	记录是否能手动打开被测车门

车辆系统车门障碍物探测测试 表 8.3-5

项目		步骤
车门障碍物探测测试	步骤1	将测试块作为障碍物置于车门两扇门叶之间
	步骤2	列车发出关门指令后,记录开门次数及车门最终状态,并用压力测试仪记录关门压力

车辆系统列车联挂救援测试 表 8.3-6

项目		步骤
列车联挂救援测试	步骤1	将模拟故障列车施加停放制动,降弓/靴停放在线路上
	步骤2	另一列救援列车低速靠近模拟故障列车进行列车联挂
	步骤3	完成联挂后,释放模拟故障列车停放制动
	步骤4	推救援列车牵引手柄牵引模拟故障列车至一定距离,记录列车联挂救援情况

2. 供电系统

供电系统测试项目见表 8.3-7～表 8.3-9。

供电系统相邻主变电所支援供电测试 表 8.3-7

项目		步骤
相邻主变电所支援供电测试	步骤1	两座及两座以上主变电所的线路,对拟退出主变电所相关开关设备及继电保护作预定操作,使一座主变电所退出运行且其母线系统正常
	步骤2	操作环网联络开关由相邻主变电所支援供电,并记录测试区段供电情况

供电系统牵引接触网（轨）越区供电测试 表 8.3-8

项目		步骤
牵引接触网(轨)越区供电测试	步骤1	模拟解列正线一座牵引变电所,进行左右相邻两座牵引变电所供电的倒闸操作,实现对列牵引变电所供电区段进行大双边供电
	步骤2	记录大双边供电时的牵引电压和电流、走行轨对地电压等运行数据

供电系统变电所 0.4kV 低压备自投测试 表 8.3-9

项目		步骤
变电所 0.4kV 低压备自投测试	步骤1	失电:任选一座车站降压变电所,在正常运行状态下,模拟Ⅰ段动力变压器的温控跳闸继电器动作,Ⅰ段动力变压器的 35kV(或 10kV)断路器跳闸失电,0.4kV 的Ⅰ段进线断路器跳闸,0.4kV 的Ⅰ段母线失电,同时 0.4kV 母线三级负荷断路器自动分闸
	步骤2	切换:经延时 2~3s(延时依据设计要求确定)后,0.4kV 母线联络断路器自动合闸,0.4kV 的Ⅰ、Ⅱ段母线均通过Ⅱ段动力变压器供电
	步骤3	恢复:合上Ⅰ段动力变压器的 35kV(或 10kV)断路器,Ⅰ段动力变压器送电,0.4kV 母线联络断路器自动分闸,然后 0.4kV 的Ⅰ段进线断路器合闸,0.4kV 的Ⅰ段母线由Ⅰ段动力变压器供电,同时 0.4kV 母线三级负荷断路器手动或自动合闸,系统恢复
	步骤4	记录测试操作过程和相关电能参数

3. 通信系统

通信系统测试项目见表 8.3-10～表 8.3-13。

通信系统车地无线话测试 表 8.3-10

项目	步骤	
车地无线通话测试	步骤 1	控制中心行车调度员通过单呼、组呼、紧急呼叫等方式与列车驾驶员建立通话,并记录通话情况
	步骤 2	车辆基地信号楼和运转室调度员与车场内列车驾驶员建立通话
	步骤 3	车站值班员经控制中心同意与正线列车驾驶员建立通话,并记录通话情况

通信系统列车到站自动广播和到发时间显示测试 表 8.3-11

项目	步骤	
列车到站自动广播和到发时间显示测试	步骤 1	在站台区域测试并记录上、下行进站列车到站自动广播时间和内容
	步骤 2	记录所在区域的乘客信息系统播出列车到站信息时间和内容

通信系统与主时钟系统接口通信测试 表 8.3-12

项目	步骤	
与主时钟系统接口通信测试	步骤 1	检查信号系统、环境与设备监控系统或综合监控系统、自动售检票系统的服务器,记录其显示的日期和时间是否与主时钟服务器保持一致
	步骤 2	将主时钟服务器上的日期和时间设置成比当前时间晚1天1小时10分钟,记录被测系统时间与主时钟时间差
	步骤 3	断开主时钟服务器的网络连接,记录被测系统的时间
	步骤 4	重新恢复主时钟服务器的网络连接,记录被测系统更新后的时间与主时钟时间差

通信系统换乘站基本通信测试 表 8.3-13

项目	步骤	
换乘站基本通信测试	步骤 1	对换乘站换乘区域视频图像调看功能进行测试
	步骤 2	对换乘站换乘区域广播和事故工况广播指令的互送功能进行测试
	步骤 3	对换乘站换乘区域乘客信息发布功能以及事故工况下信息互送功能(对方线路显示屏上显示功能)进行测试
	步骤 4	换乘车站不同线路车控室间值班员建立通话进行测试

4. 信号系统

信号系统测试项目见表 8.3-14～表 8.3-17。

信号系统列车超速安全防护测试　　　　　　　　　　　表 8.3-14

项目	子项目		步骤
列车超速安全防护测试	ATP超速安全防护测试	步骤1	列车以ATP防护模式行车,持续加速至超速报警,忽略报警继续加速到紧急制动触发
		步骤2	记录列车限速显示、超速报警情况以及触发紧急制动时的列车运行速度
	区段限速安全防护测试	步骤1	对线路某区间设置限速后,列车以ATP防护模式在该区间持续加速至区段限速值
		步骤2	记录列车限速值、触发常用制动和紧急制动时的列车运行速度
	侧向过岔安全防护测试	步骤1	列车以ATP防护模式行车,持续加速至道岔侧向最高限制速度
		步骤2	记录触发紧急制动时的列车运行速度
	轨道尽头安全防护测试	步骤1	排列直通轨道尽头的进路后,列车以ATP防护模式行车至轨道尽头停车点
		步骤2	列车到达停车点前的整个过程中,记录列车在不同位置的运行速度
		步骤3	若列车仍未能减速,列车驾驶员应实施紧急制动
	降级模式下闯红灯安全防护测试(仅对设置了点式ATP降级系统)	步骤1	关闭车站前方道岔处的防护信号机或关闭出站信号机后,列车以点式ATP降级模式行车至防护信号机或出站信号机
		步骤2	记录列车触发常用制动或紧急制动情况
	RM模式行车安全防护测试	步骤1	列车以RM模式加速至超速报警,忽略报警继续加速到紧急制动触发
		步骤2	记录限速显示、报警情况以及触发紧急制动时的列车运行速度
	反向ATP安全防护测试	步骤1	列车切换驾驶端,以ATP防护模式反向行车,列车加速至超速报警,忽略报警继续加速到紧急制动触发
		步骤2	记录限速显示、报警情况以及触发紧急制动时的列车运行速度

信号系统列车追踪安全防护测试　　　　　　　　　　　表 8.3-15

项目		步骤
列车追踪安全防护测试	步骤1	选取部分区间,前行列车以ATP防护模式或切除ATP防护模式运行
	步骤2	后续列车以列车自动驾驶(ATO)模式持续加速紧跟前行列车运行
	步骤3	前行列车分别采取几种速度运行或在区间停车,记录后续列车运行情况

信号系统列车退行安全防护测试　　　　　　　　　　　表 8.3-16

项目		步骤
列车退行安全防护测试	步骤1	以ATP防护模式人工驾驶列车进站,并驾驶列车越过站台对位停车点停车(实际越过停车点的距离应小于设计最大允许越过距离),然后转为后退驾驶模式启动列车,以退行速度小于设计最大允许退行速度回退行车,回退过程中,记录触发列车紧急制动时的回退距离

续表

项目		步骤
列车退行安全防护测试	步骤2	继续以ATP防护模式人工驾驶列车进入下一站。列车驾驶员驾驶列车越过站台对位停车点停车(实际越过停车点的距离小于设计最大允许越过距离)后,然后转为后退驾驶模式启动列车,以退行速度超过设计最大允许退行速度回退车,回退过程中,记录触发紧急制动时的退行速度
	步骤3	继续以ATP防护模式人工驾驶列车进入下一站。列车驾驶员驾驶列车越过站台对位停车点,持续行车至设计最大允许越过距离,记录车载ATP反映情况和有关提示信息

信号系统车站扣车和跳停测试　　表 8.3-17

项目		步骤
车站扣车和跳停测试	步骤1	列车以ATO或ATP防护模式运行至车站停车并设置扣车,停站时间结束,记录出站进路触发和列车启动情况
	步骤2	取消扣车、对下一站设置跳停,记录列车在下一站跳停和进路触发情况

5. 消防和给水排水

消防和给水排水测试项目见表 8.3-18。

消防和给水排水区间水泵安全运行测试　　表 8.3-18

项目		步骤
区间水泵安全运行测试	步骤1	模拟低水位报警、中水位启泵、高水位报警
	步骤2	记录现场水泵运行状况和中央、车站BAS系统显示状态是否一致

6. 站台门

站台门测试项目见表 8.3-19。

站台门乘客保护测试　　表 8.3-19

项目	子项目		步骤
站台门乘客保护测试	障碍物探测测试	步骤1	选择车站一侧站台门,操作站台门端头控制盘,打开和关闭整侧滑动门3次,确认滑动门能正常打开和关闭
		步骤2	选择其中一挡滑动门,操作门头就地控制盒打开滑动门后,将40mm×40mm×5mm的标准试块分别放在上、中、下等离地高度来阻挡滑动门,操作门头上的就地控制盒关闭该滑动门,记录滑动门报警和动作情况
	防夹保护测试	步骤1	选择车站一侧站台门的一挡滑动门,操作门头上的就地控制盒将其打开后,将测力计置于被测滑动门之间,测力点位于其行程的约1/3位置处(即滑动门的匀速运动区段)
		步骤2	关闭滑动门,在滑动门遇到测力计打开后,及时记录测力计最大读数(即为滑动门对乘客的最大作用力),测试至少重复3次
	站台门与站台间隙宽度测试	步骤1	测量并记录车站站台门与列车停靠站台时的车体最宽处的间隙
	防踏空保护测试	步骤1	选择车站一侧站台门,并将列车在车站对标停车
		步骤2	打开站台门和列车车门,测量并记录站台边缘(或防踏空胶条边缘)与车厢地板面高度处车辆轮廓线的水平间隙

7. 轮轨关系

轮轨关系测试项目见表 8.3-20～表 8.3-22。

轮轨关系轨道动态几何状态测试 表 8.3-20

项目		步骤
轨道动态几何状态测试	步骤 1	采用装有轨道动态几何参数检测装置、具备精确定位功能的电客车在正线上进行测试
	步骤 2	采集测量并记录 1.5～42m 波长范围高低、1.5～42m 波长范围轨向、轨距、轨距变化率、水平、三角坑、车体横向加速度、车体垂向加速度等轨道动态几何状态参数
	步骤 3	分别采用局部幅值和区段质量(均值)进行评价

轮轨关系车辆动力学响应—运行稳定性测试 表 8.3-21

项目		步骤
车辆动力学响应—运行稳定性测试	步骤 1	采用装有车辆动力学—运行稳定性检测设备、具备精确定位功能、已完成车辆型式试验的电客车在正线上进行测试
	步骤 2	采用测力轮对测试全线轮轨力数据,采集测量并计算脱轨系数、轮重减载率、轮轴横向力等车辆运行安全性特征参数
	步骤 3	对脱轨系数、轮重减载率、轮轴横向力等车辆运行安全性特征参数是否符合设计要求进行评价

轮轨关系车辆动力学响应—运行平稳性测试 表 8.3-22

项目		步骤
车辆动力学响应—运行平稳性测试	步骤 1	采用装有车辆动力学响应—运行平稳性检测设备、具备精确定位功能、已完成车辆型式试验的电客车在正线上进行测试
	步骤 2	车体垂向、横向加速度传感器安装在转向架中心位置正上方距其左侧或右侧 1000mm 位置的车体地板面上,采集车体垂向、横向加速度数据,测试并计算车辆运行平稳性指标
	步骤 3	对车辆运行平稳性指标是否符合设计要求进行评价

8. 弓网关系

弓网关系测试项目见表 8.3-23～表 8.3-26。

弓网关系接触网动态几何参数测试 表 8.3-23

项目		步骤
接触网动态几何参数测试	步骤 1	在电客车上安装接触网几何参数检测装置,在正线上进行测试
	步骤 2	测量接触线拉出值、导高和定位点间高差等接触网几何参数
	步骤 3	对接触线拉出值、导高和定位点间高差等接触网几何参数是否符合设计要求进行评价

弓网关系弓网燃弧指标测试 表 8.3-24

项目		步骤
弓网燃弧指标测试	步骤 1	在电客车的受电弓上安装燃弧探测器,在正线上进行测试
	步骤 2	测试记录燃弧发生地点和燃弧次数,统计分析燃弧时间和燃弧率
	步骤 3	对弓网燃弧次数、燃弧率、一次燃弧最大时间等弓网燃弧指标是否符合设计要求进行评价

弓网关系弓网动态接触力测试 表 8.3-25

项目		步骤
弓网动态接触力测试	步骤1	在电客车的受电弓弓头位置串联安装力传感器，在正线上进行测试
	步骤2	测试弓网动态接触力数据，计算每跨内的弓网动态接触力平均值和标准偏差
	步骤3	根据弓网动态接触力平均值和标准偏差，对弓网接触力是否符合设计要求进行评价

弓网关系受电弓垂向加速度（硬点）测试 表 8.3-26

项目		步骤
受电弓垂向加速度（硬点）测试	步骤1	在电客车的受电弓上安装垂向加速度传感器，在正线上进行测试
	步骤2	测试和记录受电弓运行过程中的垂向加速度数据
	步骤3	对受电弓垂向加速度是否符合设计要求进行评价

9. 信号防护

信号防护测试系统见表 8.3-27～表 8.3-31。

信号防护列车车门安全防护测试 表 8.3-27

项目		步骤
列车车门安全防护测试	步骤1	列车以 ATP 防护模式行车，出站过程中但未完全离开站台区域时，激活客室内的"车门紧急解锁装置"，车辆配合人员通过拉力测试工具手动拉开车门，记录列车运行情况和车门拉开时的拉力值
	步骤2	恢复"车门紧急解锁装置"，列车已出站并进入区间运行，再次激活客室内的"车门紧急解锁装置"，车辆配合人员打开车门，记录列车运行情况

信号防护站台紧急关闭按钮安全防护测试 表 8.3-28

项目		步骤
站台紧急关闭按钮安全防护测试	步骤1	列车运行接近车站但未到达车站站台安全防护区域前，触发站台紧急关闭按钮，记录列车进入站台区域情况
	步骤2	列车在进站(已在车站站台安全防护区域内)过程中，触发站台紧急关闭按钮，记录列车触发紧急制动情况
	步骤3	列车停在站台区域，触发站台紧急关闭按钮后，启动列车，记录列车启动离站情况
	步骤4	列车出站(仍在车站站台安全防护区域内)时，触发站台紧急关闭按钮，记录列车触发紧急制动情况

信号防护站台门安全防护测试 表 8.3-29

项目		步骤
站台门安全防护测试	步骤1	列车以 ATP 防护模式行车
	步骤2	列车在进站或出站(在进站和出站均在车站站台门安全防护区域内)过程中，站台门打开，记录列车触发紧急制动情况
	步骤3	列车停在站台区域打开站台门，记录列车启动离站情况

信号防护车门与站台门联动测试　　　　　　　　　　　　　表 8.3-30

项目		步骤
车门与站台门联动测试	步骤1	列车到站对标停车后，列车驾驶员打开车门，观察车门与站台门的站台门动作情况，记录列车车门和站台门打开过程联动情况、两门启动打开的时间差，判断列车车门和站台门打开的动作协同情况
	步骤2	列车离站前，列车驾驶员关闭车门，观察列车车门与站台门的动作情况，记录列车车门和站台门关闭过程联动情况、两门关闭到位时间差，判断列车车门和站台门关闭的动作协同情况

信号防护列车折返能力测试　　　　　　　　　　　　　　表 8.3-31

项目		步骤
列车折返能力测试	步骤1	选取影响远期运输能力的车站折返线作为测试对象，核实测试所需要的各项条件。在测试前，具有由设计单位提供被测有关区间的供电能力核算报告，测试所必需的列车数量一般至少6列列车且运行状态良好、到位，为不影响换端作业，在各列车的头尾端均安排一位列车驾驶员
	步骤2	编制好列车折返能力测试列车运行图，列车驾驶员严格按图行车，并按站台指示间隔发车，各车站站务人员应做好站台值守，及时处置站台门等故障；有关技术人员在控制中心和设备房做技术保障
	步骤3	记录下行站台停车、下行站台出发、下行站台出发至折返点停车、换端后出发、折返出发至上行站台停车、上行站台出发等时刻，并记录列车行车出站至折返点、折返出发至上行站台停车的过程中列车过岔最高运行速度等数据；并根据实际情况进行列车运行多圈测试
	步骤4	下载控制中心和车载有关记录数据，完成折返能力分析

10. 防灾联动

防灾联动测试见表 8.3-32～表 8.3-34。

防灾联动车站综合后备控制盘功能测试　　　　　　　　　表 8.3-32

项目	子项目		步骤
车站综合后备控制盘功能测试	隧道火灾模式功能测试	步骤1	在车站 IBP 盘人工执行隧道火灾模式指令
		步骤2	记录隧道防排烟设备动作情况
	专用防排烟风机测试	步骤1	在车站 IBP 盘上人工进行排烟或加压送风机的启/停操作
		步骤2	记录相关设备动作情况
	车站站台门应急操作测试	步骤1	在车站 IBP 盘上人工执行上行或下行站台门开关门操作
		步骤2	记录站台门动作情况
	车站紧急停车操作测试	步骤1	在车站 IBP 盘上进行紧急停车操作
		步骤2	记录车站紧急停车功能控制范围内的列车运行状态变化情况
	车站闸机紧急模式测试	步骤1	在车站 IBP 盘上进行闸机紧急释放操作
		步骤2	记录车站闸机通道阻挡装置动作情况
	车站门禁紧急释放测试	步骤1	在车站 IBP 盘上进行门禁系统紧急释放功能操作
		步骤2	记录门禁系统动作情况
	车站消防水泵启/停测试	步骤1	在车站 IBP 盘上进行 A 泵启/停操作
		步骤2	记录 A 泵启动/停、指示灯点亮和关闭情况

防灾联动车站公共区火灾工况联动测试　　　　　　　　　　　表 8.3-33

项目	步骤	
车站公共区火灾工况联动测试	步骤1	以地下车站站台或站厅为测试对象,并在测试前,核实车站环控、火灾自动报警、自动售检票、自动扶梯、垂直电梯、动力照明、广播、门禁、站台门、乘客信息、视频监视等系统设备应处于正常运行模式,有关风机、风阀等设备应处于自动控制状态
	步骤2	在车站站台或站厅指定位置点燃烟饼,连续释放烟气一般持续释烟时间不小于10min,或对火灾探测装置模拟站台或站厅火灾工况,现场监视有关监控工作站,记录火灾自动报警系统是否收到火灾报警信息情况
	步骤3	现场测试和检查记录站厅和站台风口风向、梯口风速、非消防电源切除、自动售检票、门禁、广播、乘客信息、垂直电梯、视频监视等系统设备运行和动作情况

防灾联动列车区间事故工况联动测试　　　　　　　　　　　表 8.3-34

项目	步骤	
列车区间事故工况联动测试	步骤1	选取地下区间作为测试对象,测试前,应核实信号系统、中央综合监控系统、被测区间两端车站有关环控、动力照明、广播、站台门、乘客信息等系统设备处于正常运行模式
	步骤2	列车行驶至被测区间指定位置停车240s(停车时间应根据系统设计而定)模拟阻塞模式,停车时间超过信号系统阻塞报警设定时间后,在控制中心记录阻塞报警信息上报情况和区间阻塞模式执行等处理过程;执行列车区间阻塞模式后,记录列车所停区间的风速和风向
	步骤3	检验列车着火停在区间工况(模拟)时,在控制中心观察火灾信息上报及处理过程,执行列车区间火灾联动模式后,记录区间两端车站通风设备动作情况、现场检测并记录事故列车所在地的区间风速、风向,并检查疏散指示标识内容和指向显示情况
	步骤4	检验列车着火进站疏散工况(模拟)时,现场模拟列车着火、开动列车继续前行至前方车站,检验车站相关设备联动情况

8.4 正式评估测试项目现场评估测试

根据交通运输部相继印发的《暂行办法》和《技术规范》要求,城市轨道交通工程在建设完成后必须经过初期运营前安全评估才能进行初期运营,并增加了系统联动测试的要求。根据公司实际测试方法,提出相应建议。《技术规范》中明确了34项测试内容,每项测试内容都有对应测试表格,表格内容包含:项目名称、测试目的、测试内容与方法、测试结果,运营单位要结合测试表格当中的内容提前制定测试方案,便于在现场测试中能够了然于胸,熟练操作,使现场测试能够顺利进行,达到良好的测试效果。

现场测试主要从车辆、通信系统、信号系统、消防和给水排水系统、系统联动等方面进行测试,现根据地铁公司安全评估现场测试内容进行列举。

8.4.1 车辆系统测试

1. 测试目的

根据《技术规范》中表3车门安全联锁测试要求完成测试,测试车门安全联锁功能试验。

车门安全联锁测试科目包括以下两个方面：
(1) 车门障碍物检测功能。
(2) 列车零速以上运行时，开门保护功能。
安全门联锁测试见表 8.4-1。

车门安全联锁测试 　　　　　　　　　　　　　　　表 8.4-1

项目名称	车门安全联锁测试
测试目的	测试车门与列车牵引控制联锁功能是否符合设计要求
测试内容与方法	(1)将阻挡块放在一扇车门两扇门叶之间，使车门不能完全锁闭，按列车关门按钮后，推主控制器手柄至牵引位，启动列车，观察列车状态； (2)列车在区间零速以上运行，按开门按钮，观察客室车门状态
测试结果	(1)列车主控制器手柄推至牵引位，列车仍无牵引力、不能启动； (2)列车在零速以上运行时，按列车开门按钮，客室车门不能打开

2. 现场测试方法（表 8.4-2）

车辆系统现场测试方法 　　　　　　　　　　　　　　　表 8.4-2

序号	试验描述	合格标准
1	列车停靠站台，处于唤醒状态	车辆工况正常，HMI 无故障信息
2	将障碍物放在一扇车门两门页之间，使车门不能完全锁闭，按列车关门按钮后，推主控制器手柄至牵引位，启动列车，观察列车状态	列车无牵引力，不能启动
3	去除车门叶之间放置的障碍物(25mm×60mm)。司机在一定时间间隔内，按相应侧的车门控制关闭按钮，使相应侧这些未能关闭的车门重新关闭，已关到位的车门不动作。司机室显示屏上车门障碍检测显示状态正确	车门关闭，HMI 无故障信息
4	列车随后从站台驶出，且运行距离小于半列车，车速维持在 5km/h(在零速以上运行)，按列车开门按钮，观察客室车门状态	客室门无动作

8.4.2 通信系统测试

1. 测试目的

根据《技术规范》中通信系统测试表 12：与主时钟系统接口通信测试要求完成测试。即测试各系统与主时钟系统接口通信功能是否符合设计要求。在不同条件下，检查、测试、记录信号系统、环境与设备监控系统或综合监控系统、自动售检票系统的服务器与主时钟服务器之间的显示时间，与主时钟系统接口通信测试见表 8.4-3。

与主时钟系统接口通信测试 　　　　　　　　　　　　　　　表 8.4-3

项目名称	与主时钟系统接口通信测试
测试目的	测试各系统与主时钟系统接口通信功能是否符合设计要求

续表

测试内容与方法	(1)检查信号系统、环境与设备监控系统或综合监控系统、自动售检票系统的服务器,记录其显示的日期和时间是否与主时钟服务器保持一致; (2)将主时钟服务器上的日期和时间设置成比当前时间晚1天1小时10分钟,记录被测系统时间与主时钟时间差; (3)断开主时钟服务器的网络连接,记录被测系统的时间; (4)重新恢复主时钟服务器的网络连接,记录被测系统更新后的时间与主时钟时间差
测试结果	(1)信号系统、环境与设备监控系统或综合监控系统、自动售检票系统的服务器的日期和时间与主时钟服务器保持一致; (2)当主时钟服务器上的时间和日期设置成比当前时间晚1天1小时10分钟,被测系统工作站和服务器自动更新为与主时钟时间同步,误差范围符合设计要求; (3)断开主时钟服务器的网络连接后,被测系统服务器上的日期和时间继续保持正常,符合设计要求; (4)重新恢复主时钟系统的网络连接后,被测系统的服务器更新为与主时钟时间同步,误差范围符合设计要求

2. 现场测试方法（表 8.4-4）

通信系统现场测试方法　　　　　表 8.4-4

测试内容	具体操作	测试标准
与主时钟系统接口通信测试	信号 ATS、综合监控 ISCS 服务器设备显示的日期和时间与控制中心一级母钟显示的日期和时间一致	信号系统、环境与设备监控系统或综合监控系统、自动售检票系统的服务器的日期和时间与主时钟服务器保持一致
	将一级母钟上的时间和日期设置成比当前时间晚1天1小时10分,信号 ATS 设备具有 3s 时间保护机制(见规格书)、综合监控 ISCS 设备具有 1000s 时间保护机制不能自动校(见书面证明)时,切换到自身系统时间保持正常走时	当主时钟服务器上的时间和日期设置成比当前时间晚1天1小时10分钟,被测系统工作站和服务器自动更新为与主时钟时间同步,误差范围符合设计要求
	将一级母钟上的时间和日期设置成比当前时间晚 3s 内,信号 ATS 设备能自动校时同步,将一级母钟上的时间和日期设置成比当前时间晚 1000s 内,综合监控 ISCS 设备能自动校时同步	断开主时钟服务器的网络连接后,被测系统服务器上的日期和时间继续保持正常,符合设计要求
	重新恢复一级母钟与时钟系统的网络连接,信号 ATS 综合监控 ISCS 设备显示的日期和时间与控制中心一级母钟显示的日期和时间一致	重新恢复主时钟系统的网络连接后,被测系统的服务器更新为与主时钟时间同步,误差范围符合设计要求

8.4.3　信号系统测试

1. 测试目的

根据《技术规范》中通信系统测试表 15：列车追踪安全防护测试要求完成测试。即选取部分区间，前行列车在不同防护模式下、分别采取几种速度运行或在区间停车，测试、记录后续列车运行情况，列车追踪安全防护测试见表8.4-5。

列车追踪安全防护测试　　　　　表8.4-5

项目名称	列车追踪安全防护测试
测试目的	列车在ATP防护模式下，测试追踪运行安全间隔防护是否符合设计要求
测试内容与方法	(1)选取部分区间，前行列车以ATP防护模式或切除ATP防护模式运行，后续列车以列车自动驾驶(ATO)模式持续加速紧跟前行列车运行； (2)前行列车分别采取几种速度运行或在区间停车，记录后续列车运行情况
测试结果	后续列车紧跟前行列车正常行车，后续列车依据前行列车距离和速度变化，自动调整追踪速度和保持追踪安全距离，安全距离符合设计要求

2. 现场测试方法（表8.4-6）

列车追踪安全防护现场测试方法　　　　　表8.4-6

测试内容	具体操作	OCC操作	测试标准
列车追踪安全防护测试	前行列车以CBTC-CM模式运行，后续列车以自动驾驶(CBTC-AM)模式持续加速紧跟前行列车运行，前行列车在区间停车，记录后续列车运行情况	确认进路准备正确，做好列车运行情况监控	后续列车紧跟前行列车正常行车，后续列车依据前行列车距离和速度变化，自动调整追踪速度和保持追踪安全距离，安全距离符合设计要求
	前行列车以CBTC-CM模式运行，后续列车以自动驾驶(CBTC-AM)模式持续加速紧跟前行列车运行，前行列车在区间以15km/h速度运行，记录后续列车运行情况		
	前行列车以CBTC-CM模式运行，后续列车以自动驾驶(CBTC-AM)模式持续加速紧跟前行列车运行，前行列车在区间以30km/h速度运行，记录后续列车运行情况		
	前行列车以CBTC-CM模式运行，后续列车以自动驾驶(CBTC-AM)模式持续加速紧跟前行列车运行，前行列车在区间以45km/h速度运行，记录后续列车运行情况		

8.4.4　消防和给水排水系统测试

1. 测试目的

根据《技术规范》中通信系统测试表18：区间水泵安全运行测试要求完成测试。即模拟低水位报警、中水位启泵、高水位报警，记录现场水泵运行状况和中央、车站BAS系统显示状态是否一致，区间水泵安全运行测试见表8.4-7。

区间水泵安全运行测试 表 8.4-7

项目名称	区间水泵安全运行测试
测试目的	测试区间水泵远程监控、启(停)泵水位报警功能是否符合设计要求
测试内容与方法	模拟低水位报警、中水位启泵、高水位报警,记录现场水泵运行状况和中央、车站 BAS 系统显示状态是否一致
测试结果	区间水泵低水位报警、中水位启泵、高水位报警功能正常,中央和车站 BAS 系统显示的水泵状态和现场水泵启/停状况一致

2. 现场测试方法（表 8.4-8）

消防和给排水系统现场测试方法 表 8.4-8

测试内容	具体操作	测试标准
区间水泵安全运行测试	测试人员清点所需工器具(对讲机、水龙带)与安全防护用品无误,向车控室请示后下区间测试,到达测试区域,做好相关防护措施,通过对讲机联系车控室值守人员测试通信是否正常,其余人员打开集水坑盖板	区间水泵低水位报警、中水位启泵、高水位报警功能正常,中央和车站 BAS 系统显示的水泵状态和现场水泵启/停状况一致
	超声波运转指示正常	
	集水坑内无明显漂浮物,盖板完好无变形	
	管道阀门无渗漏,压力表无渗漏	
	电压表电压显示正常、无故障指示灯、实际液位与监测液位基本相符	
	水泵控制箱、控制面板水位等信息与车站、中央信息一致	
	通过模拟水位,测试水泵自动启动功能,核实水泵实地状态与车站、中央状态是否一致	
	就地水泵控制柜置自动位置,车站进行远程操控,车控室分别启动/停止 1 号水泵,2 号水泵,且动作正常	

8.4.5 系统联动测试

1. 测试目的

根据《技术规范》中通信系统测试表 27:列车车门安全防护测试要求完成测试。即列车在车站区域、区间区域运行时,激活客室"车门紧急解锁装置",打开列车车门,列车运行情况和车门拉开的拉力值应符合设计要求,列车车门安全防护测试见表 8.4-9。

列车车门安全防护测试 表 8.4-9

项目名称	列车车门安全防护测试
测试目的	测试列车以 ATP 防护模式行车过程中,客室车门的安全防护是否符合设计要求

续表

测试内容与方法	(1)列车以 ATP 防护模式行车,出站过程中但未完全离开站台区域时,激活客室内的"车门紧急解锁装置",车辆配合人员通过拉力测试工具手动拉开车门,记录列车运行情况和车门拉开时的拉力值; (2)恢复"车门紧急解锁装置",列车已出站并进入区间运行,再次激活客室内的"车门紧急解锁装置",车辆配合人员打开车门,记录列车运行情况
测试结果	列车在车站区域、区间区域运行时,激活客室"车门紧急解锁装置",打开列车车门,列车运行情况和车门拉开的拉力值应符合设计要求

2. 现场测试方法（表 8.4-10）

列车车门安全防护测试　　　　表 8.4-10

测试内容	具体操作	OCC 操作	测试标准
列车车门安全防护测试	列车以 CBTC-CM 模式行车,出站过程中但未完全离开站台区域时,激活客室内的"车门紧急解锁装置"车辆配合人员通过拉力测试工具手动拉开车门记录列车运行情况和车门拉开时的拉力值	确认进路准备正确,做好列车运行情况监控	列车在车站区域、区间区域运行时激活客室"车门紧急解锁装置"打开列车车门列车运行情况和车门拉开的拉力值应符合设计要求
	恢复车门紧急解锁装置,列车已出站并进入区间运行,再次激活客室内的"车门紧急解锁装置"车辆配合人员打开车门,并记录列车运行情况		

8.5　正式评估测试项目的总结

8.5.1　系统测试的意义

近几年我国城市轨道交通事业飞速发展,城市轨道交通运营线路长度逐年增长,截至2021年底,全国累计已有31个省（区、市）和新疆生产建设兵团的50余个城市开通城市轨道交通运营线路,运营线路总里程达到8000余公里。随着城市轨道交通运营里程和以及客运量的快速增长,城市轨道交通安全运营的压力也日益增大,因此,只有确保各个设备、系统稳定可靠运行,才能更好地保证城市轨道交通线路安全运营。

为了把好城市轨道交通工程初期运营的第一道安全关口,2019年2月交通运输部印发《技术规范》,对城市轨道交通工程初期运营前安全评估工作进行了详细的规范和明确,尤其是在城市轨道交通工程初期运营前必须要确保各设备功能稳定可靠,《技术规范》更是对各类系统功能、联动测试进行了明确要求,旨在更好地验证各项设备功能符合相关设计要求。

8.5.2　各阶段的系统测试

通常系统测试在各类系统设备调试结束、初期运营前安全预评估及正式评估阶段都会进行。第一阶段测试是指系统设备调试结束,厂家组织开展相关测试,形成测试报告并提交至建设/运营单位，此时建设/运营单位为确保功能稳定可靠、符合设计要求，组织公司内部人员及厂家人员开展相关测试或验证。由于34项测试项目总体可分为现场验证项目和周期性验证项目两类，其中现场验证项目可以由建设/运营单位自主开展，但周期性验证项目因测试难度较大，建设/运营单位一般无法自主开展，需要委托第三方专业机构进行测试。第二阶段测试是指初期运营前安全预评估阶段，根据专家组或第三方评估机构要求，选取部分关键项目进行测试。第三阶段测试是指初期运营前正式评估阶段，根据专家组或第三方评估机构要求，开展的部分测试，第三阶段其实也是对前几阶段的检验和复查，是最后一次把关。

8.5.3 正式评估系统测试的整体流程

由于正式评估前各系统设备均开展过相关验证、测试，并有相关测试报告，同时正式评估时间均为2~3日，在此期间专家组要参加预备会、首次会议、资料查阅、现场踏勘等工作项目，时间紧张且任务繁重，且正式评估也无系统测试项目明确要求，故具体测试项目均由专家组或第三方评估机构根据踏勘情况、资料查阅情况、预评估系统测试项目及评估时间来综合确定。一般预评估测试过的项目，正式评估期间可能会不再进行，但根据专家组监审的意见也可能出现重复进行的情况，在＿＿＿市轨道交通＿＿＿号线初期运营前正式安全评估期间，第三方评估机构确定了8个测试项目，但在首日会议结束后，专家组临时决定将测试项目增加至19项，其中大部分为预评估测试项目，由此可见，根据专家组的意见，正式评估系统测试项目的确定与预评估已完成测试项目并无直接关联。

系统测试项目可根据测试方法分为两类，即行车类测试和设备类测试，正式评估期间测试项目确定后，建设/运营单位应根据测试项目分类及时安排测试时间、地点、配合人员及测试列车。由于正式评估时间较紧张，可能会出现部分项目安排至夜间进行的情况，此时建设/运营单位需统筹安排，制定合理的系统测试方案并结合现场踏勘合并开展测试，运营单位相关部门、专业应提前根据第三方评估及专家组确定的测试项目，逐项编制测试方案，测试方案至少应包含测试具体时间、测试地点（区间或车站）、测试操作及配合人员、操作具体步骤，并由测试主责部门提前将测试方案知会配合部门，确保测试期间各环节人员配合流畅（图8.5-1、图8.5-2）。

针对行车类测试（信号类和车辆类）因列车驾驶模式要求建议分开进行，信号类测试重点需要结合线路情况，如信号机位置、信标、计轴等轨旁设备情况合理安排测试项目，便于进行安全卡控、排列进路等；车辆类测试中部分项目对线路条件要求较高，如车辆超速保护测试需要在长直股道上进行，运行速度接近车辆构造速度，存在一定安全风险，需谨慎选择开展测试的地点，并制定相应的安全防护措施，做好安全卡控。

正式评估结束后第三方评估机构结合系统测试报告查看情况及评估期间现场系统测试等检查情况，出具《初期运营前安全评估报告》，按照《技术规范》对34项测试项目逐项给出评估意见及结论，如存在问题，建设/运营单位应及时整改，确保正式评估顺利通过，评估报告见图8.5-3。

系统测试项目安排

序号	测试内容	测试专家	涉及部门	牵头部门	计划时间	测试区域	操作人	配合部门操作人（联络人）	牵头部门负责人	备注
1	站台门乘客保护测试		维修工程部、客运部、调度票务部	维修工程部	16日下午	▇▇站		客运部：▇ 调度票务部：		专家乘电客车到达▇站后即可进行该项测试，测试结束后按原路返踏勘
2	与主时钟系统接口通信测试		维修工程部、调度票务部	维修工程部	16日下午	控制中心		调度票务部：		专家现场踏勘结束后前往控制中心开展测试
3	区间水泵安全运行测试		维修工程部、调度票务部、客运部	维修工程部	16日下午	▇站至▇站区间		客运部：▇ 调度票务部：		1.专家现场踏勘结束后前往市民之家站进行该项测试；2.该项测试维修工程部人员进入区间泵房，具体要求按维修工程部系统测试方案执行；
4	列车超速安全防护测试		维修工程部、客运部、车辆部、调度票务部	维修工程部	16日下午	▇站至▇站上行区间、▇站下行区间		客运部：▇ 车辆部：▇ 调度票务部：		
5	列车追踪安全防护测试		维修工程部、客运部、车辆部、调度票务部	维修工程部	16日下午	▇站至▇站上行区间、▇站下行区间		客运部：▇ 车辆部：▇ 调度票务部：		
6	列车退行安全防护测试		维修工程部、车辆部、客运部、调度票务部	维修工程部	16日下午	▇站至▇站上行区间、▇站下行区间		客运部：▇ 车辆部：▇ 调度票务部：		1.专家现场踏勘结束后前往▇站添乘电客车开展此8项测试（具体测试顺序由维修工程部专业人员同专家确定）；2.此8项测试需2列电客车配合，具体摆车按维修工程部系统测试方案执行；
7	车站扣车和跳停测试		维修工程部、调度票务部、车辆部	维修工程部	16日下午	▇站至▇站上行区间、▇站下行区间		客运部：▇ 车辆部：▇ 调度票务部：		
8	列车车门安全防护测试		维修工程部、车辆部、客运部、调度票务部	维修工程部	16日下午	▇站至▇站上行区间、二桥路站至市民之家站下行区间		客运部：▇ 车辆部：▇ 调度票务部：		
9	站台紧急关闭按钮安全防护测试		维修工程部、客运部	维修工程部	16日下午	▇站上行区间、▇站至▇		客运部：▇ 调度票务部：		

图 8.5-1 系统测试项目安排

列车紧急制动距离测试方案

根据运营分公司发布的《▇市轨道轨道交通▇号线工程初期运营前安全预评估问题整改表》中提出的工作安排，车辆部于▇▇年▇月▇日进行列车紧急制动距离测试，为顺利完成测试，特制定本方案。

一、测试目的

根据《城市轨道交通初期运营前安全评估技术规范 第1部分：地铁和轻轨》（交办运〔2019〕17号）中列车紧急制动距离测试要求完成测试，测试列车紧急制动距离测试。

列车紧急制动距离测试科目包括内容如下表所列：

列车紧急制动距离测试	
项目名称	列车紧急制动距离测试
测试目的	测试列车在设计最高运行速度下的紧急制动距离是否符合设计要求。
测试内容与方法	列车以人工驾驶模式在平直线路区段运行至设计最高运行速度时，列车驾驶员按下紧急制动按钮，至列车停车时，测量列车紧急制动距离。
测试结果	列车紧急制动距离应符合设计要求。

二、相关部门及职责

客运部：提供电客车司机，满足列车紧急制动距离测试

图 8.5-2 系统测试方案

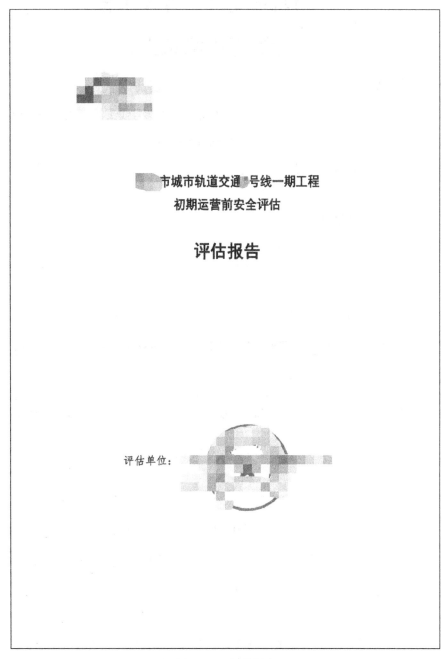

图 8.5-3 评估报告

▇▇市轨道交通 ▇号线工程
车辆超速保护测试报告

一、测试范围

本报告仅对▇▇年▇月▇日▇▇市轨道交通▇号线工程车辆超速保护功能测试（《城市轨道交通初期运营前安全评估技术规范 第1部分：地铁和轻轨》表1）结果做出评估总结。

二、测试内容及结果

测试目的	测试车辆自身超速保护功能是否符合设计要求
测试内容和方法	在具备以车辆设计最高运行速度安全行车条件的区段，切除列车自动防护（ATP）以人工驾驶模式下行车，牵引手柄保持最大牵引位，使列车持续加速至车辆设计最高运行速度，记录列车速度超速保护的程序和措施。
测试结果	20▇▇年▇月▇日，▇号线正线××站-××站，0608车超速保护功能测试： 当列车0608车速度超过100km/h时HMI发出蜂鸣报警，当列车速度到达105km/h时HMI发出蜂鸣报警且牵引封锁屏中"列车速度＞105km/h"信息红闪，当列车速度到达108km/h时HMI发出蜂鸣报警且列车施加紧急制动。 综上，此车辆列车超速保护的程序和措施均符合设计要求。

图 8.5-3　评估报告（续）

三、测试评估表

项目工程名称	▇▇▇市轨道交通▇号线工程		
测试项目名称	车辆超速保护测试		
集成商/施工方	中车唐山机车车辆有限公司		
测试时间	2021年05月07日	测试地点	▇▇站▇▇站
测试内容	列车以100%牵引至速度超过100km/h时,HMI发出蜂鸣报警。保持2s后施加制动停车。停车降弓后解除100km/h限速,重新升弓后列车以100%牵引达到105km/h的速度,HMI发出蜂鸣报警且运行界面的牵引封锁屏中"列车速度>105km/h"信息红闪。保持1s后施加制动停车。停车降弓后解除105km/h限速,重新升弓后列车以100%牵引达到108km/h的速度,HMI发出蜂鸣报警,列车施加紧急制动直到停车。		
测试评估结果	此车辆超速保护测试满足设计要求		
存在问题	无		
整改措施及整改时间	无		
集成商/施工方单位:(签字/盖章)	监理单位:(签字/盖章)	建设单位:(签字/盖章)	运营单位:(签字/盖章)

图 8.5-3 评估报告(续)

四、测试记录表

测试项目	车辆超速保护测试		
列车号	0608		
测试地点	■■站-■■站	测试日期	2021年05月07日
序号	操作步骤	测试结果	备注
1	接动车指令后,列车在调试区段进行一个往返试跑,确认区间运行安全。	安全	
2	列车以100%牵引至速度超过100 km/h时,HMI发出蜂鸣报警。保持2s后施加制动停车。	当列车速度超过100km/h时,HMI发出蜂鸣报警。	
3	返回出发点,停车降弓后解除100 km/h限速,重新升弓后列车以100%牵引达到 105 km/h的速度,HMI发出蜂鸣报警且运行界面的牵引封锁屏中"列车速度>105 km/h"信息红闪。保持1s后施加制动停车。	当列车速度达到105km/h时,HMI发出蜂鸣报警且牵引封锁屏中列车速度>105km/h信息红闪。	
4	返回出发点,停车降弓后解除105 km/h限速,重新升弓后列车以100%牵引达到 108 km/h的速度,HMI发出蜂鸣报警,列车触发紧急制动直至停车。	当列车速度达到108km/h时,HMI发出蜂鸣报警且牵引封锁屏中"列车速度>105km/h"信息红闪,列车紧急制动。	
存在问题	无		

会签栏:

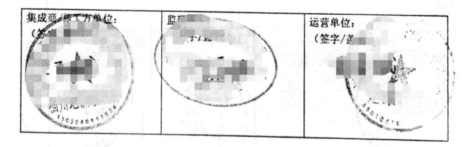

图 8.5-3 评估报告(续)

██市轨道交通█号线工程
列车紧急制动距离测试报告

一、测试范围

本报告仅对 2██ 年 █ 月 █ 日 ██市轨道交通█号线工程列车紧急制动距离测试（《城市轨道交通初期运营前安全评估技术规范》.第1部分：地铁和轻轨》表2）结果做出评估总结。

二、测试内容及结果

测试目的	测试列车在设计最高运行速度下的紧急制动距离是否符合设计要求。
测试内容和方法	列车以人工驾驶模式在平直线路区段运行至设计最高运行速度时，列车驾驶员按下紧急制动按钮，至列车停止时，测量列车紧急制动距离。
测试结果	██████，6号线正线██████，0602车紧急制动距离测试： 列车0602车速度达到100km/h时触发紧急制动直至列车停稳，HMI显示列车速度0km/h，通过HMI测试界面计算的列车紧急制动距离237m小于设计要求321m。 综上，在设计最高运行速度下的紧急制动距离符合设计要求。

图 8.5-3　评估报告（续）

三、测试评估表

项目工程名称	▇▇▇市轨道交通▇号线工程		
测试项目名称	列车紧急制动距离测试		
集成商/施工方	▇▇▇▇▇ ▇▇▇▇▇▇		
测试时间	▇▇▇▇年▇月▇日	测试地点	▇▇▇▇▇▇▇
测试内容	触发紧急制动直至列车停稳，HMI显示列车速度0km/h，通过测试界面计算列车紧急制动距离下≤321m。		
测试评估结果	此车辆在设计最高运行速度下的紧急制动距离符合设计要求的≤321m。		
存在问题	无		
整改措施及整改时间	无		
集成商/施工方单位：（签字/盖章）	监理单位：（签字/盖章）	建设单位：（签字/盖章）	运营单位：（签字/盖章）

图 8.5-3　评估报告（续）

四、测试记录表

测试项目	列车紧急制动距离测试		
列车号	06*7	测试日期	
测试地点			
序号	操作步骤	测试结果	备注
1	接动车指令后,列车在调试区段进行一个往返试跑,确认区间运行安全。	正常	
2	将ATP旁路开关打至"合"位,列车以人工驾驶的模式在平直的线路段运行至设计最高运行时速100km/h时,司机触发紧急制动。	车速100km/h 紧急制动	
3	触发紧急制动直至列车停稳,HMI显示列车速度0km/h,通过HMI测试界面计算列车紧急制动距离≤321m。	紧急制动 距离237m	
存在问题	无		

会签栏:

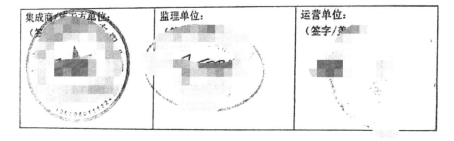

图 8.5-3 评估报告(续)

▇▇市轨道交通 6 号线工程
车门安全联锁测试报告

一、测试范围

本报告仅对▇▇▇▇▇▇日福州市轨道交通▇号线工程车门安全联锁功能测试（《城市轨道交通初期运营前安全评估技术规范》.第 1 部分：地铁和轻轨》表 3）结果做出评估总结。

二、测试内容及结果

测试目的	测试车门与列车牵引控制联锁功能是否符合设计要求。
测试内容和方法	a) 将阻挡块放在一扇车门两扇门叶之间，使车门不能完全锁闭，按列车关门按钮后，推主控制器手柄至牵引位，启动列车观察列车状态； b) 列车在区间零速以上运行，按开门按钮，观察客室车门状态。
测试结果	▇▇▇▇▇，6 号线正线××站-××站，0602 车紧急制动距离测试： (1) 0602 车在车辆零速状态下，打开一侧车门，然后按下关门按钮，在车门未完全关闭前，把防夹块放置在任意一扇车门的两扇门叶之间，使此门不能完全锁闭，司机主控制器手柄推到牵引位，试图启动列车，列车无法动车。 (2) 使列车恢复到正常状态，启动列车，保持在 10km/h 速度左右，司机按开门按钮，车门无法开启。 综上，此车辆车门与列车牵引控制联锁功能符合设计要求。

图 8.5-3　评估报告（续）

三、测试评估表

项目工程名称	▉▉市轨道交通▉号线工程		
测试项目名称	车门安全联锁功能测试		
集成商/施工方	▉▉▉▉▉▉▉▉		
测试时间	▉▉▉▉▉	测试地点	▉▉▉▉▉
测试内容	车门没有完全关闭的情况下,司机推司控器主控手柄至牵引位,此时列车无牵引输出,不能启动。列车在零速以上运行时,按压列车开门按钮,客室车门无法打开,零速保护。		
测试评估结果	此车辆车门与列车牵引控制联锁功能符合设计要求。		
存在问题	无		
整改措施及整改时间	无		
集成商/施工方单位: (签字/盖章)	监理单位: (签字/盖章)	建设单位: (签字/盖章)	运营单位: (签字/盖章)

图 8.5-3 评估报告(续)

四、测试记录表

测试项目	车门安全连锁测试		
列车号	0602		
测试地点	▓▓▓	测试日期	▓▓▓
序号	操作步骤	测试结果	备注
1	检查测试列车所有设备的状态。	正常	
2	列车司机按压开门按钮将车门打开,车辆试验人员任意选择一个车门在两车门之间放入 25mm×60mm 防夹块,司机按压关门按钮触发防夹功能(3次)使车门不能关上。司机推司控器主控手柄至牵引位,此时列车无牵引输出。	合格	
3	恢复车门使列车处于正常状态,列车保持 10km/h 左右的速度运行,运行途中分别按压司控台及侧墙上的开门按钮,此时列车有牵引,车门不动作。	合格	
存在问题	无		

会签栏:

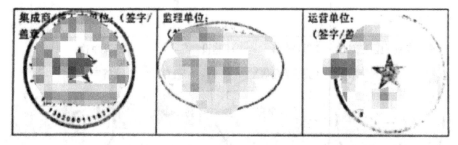

图 8.5-3　评估报告(续)

第9章 城市轨道交通开通初期运营前正式评估问题库管理

9.1 问题的介绍与分类

9.1.1 现场进度检查问题介绍

现场进度检查阶段,专家检查问题可分为进度滞后类、工程质量类、建筑垃圾类、标识标贴类、设计施工类五大类。参照某地铁新线现场进度检查问题做以下介绍:

1. 进度滞后类

主要为工程施工未严格按照施工计划造成进度滞后、公共区装修进度缓慢或未按计划开展、机电设备部分未如期到货或设备到货后未进行安装及调试等问题。

2. 工程质量类

主要为设施设备间存在缝隙、设施设备成品保护不到位、孔洞未封堵等问题。

3. 建筑垃圾类

主要为房间物品堆放、垃圾异物、水泥残渣等未清理、施工余料未清除、施工部件未拆除、钢轨铁锈未处理等问题。

4. 标识标贴类

主要为设备房内未张贴接地标识、相关制度、设备包保制度、柜内布置图等问题。

5. 设计施工类

主要为相关设计影响应急疏散、设计选用的设备不符合相关标准、设备接线不规范、风井爬梯缺少防护笼等问题。

某地铁新线现场进度检查问题清单如表9.1-1所示。

某地铁新线现场进度检查问题清单　　　　　表 9.1-1

序号	类型	存在的问题及建议
1	进度滞后类	存在问题:各车站均应具有不少于2个直通地面的出入口。设有侧式站台的车站,每侧站台不少于2个出入口应投入使用。目前,车站出入口正在施工中,存在进度滞后的问题
2		存在问题:车站公共区的顶棚、墙面、地面开始装修施工,出入口、风亭、人行楼梯、售检票亭、投入试运营的通道及相应的装修工程基本没有开展。 整改建议:尽快制定车站公共区顶棚设计方案,以便后续工程能够尽早开展,包括相关弱电设备的安装
3		存在问题:由于IBP盘等设备未到货,影响车控室的机电设备安装及装修

续表

序号	类型	存在的问题及建议
4		存在问题:区间隧道的联络通道正在施工中,存在进度滞后的问题。 整改建议:建议区间联络通道施工制订详细的进度计划、风险管控措施、监测数据上传和复核制度
5		存在问题:区间隧道的联络通道施工进度滞后。 建议:应制订详细的进度计划、风险管控措施、监测数据上传和复核制度,建议建立建设、监理、施工三级风险管控、冷冻压力等关键监测数据三级复核制度
6		存在问题:车辆段静调库、行车、架车机、不落轮镟和洗车机等车辆配属设备尚不能投入使用,存在进度滞后的问题
7		存在问题:车辆段周界已设围蔽设施;试车线和周围建、构筑物之间,有隔离设施;库内车顶作业平台两侧安全防护设施正在施工中
8		存在问题:车辆段尚不具备车辆存放的供暖条件,设备尚未到货安装
9		存在问题:段内的起重设备、电梯和压力容器等特种设备尚未完工。 建议:通过验收并取证
10		存在问题:车辆段施工进度滞后。 建议:编制工程筹划、各专业详细进度计划、制定赶工措施
11		存在问题:镟轮线没接通正式电源。 建议:需尽快完成
12	进度滞后类	存在问题:车站站厅层设备区土建施工对机电安装影响较大,设备安装情况较差,通风空调专业工程的进度仅为50%左右。 整改建议:(1)尽快安排甲供、乙供剩余主要设备的到货时间,增加人力物力投入,对延误的工期进行合理抢工。 (2)规范设备区施工安装的管理,合理安排施工工序,避免因此造成返工或主要工序受延误
13		存在问题:车站直蒸冷水机组设备刚到货就位,冷水机房水系统管道及附件未开展安装。冷水机房受墙体砌筑影响,设备安装情况较差
14		存在问题:车站环控机房吊顶风机已安装就位,机房内主要风管已开展安装工作,相应风机与风管连接及相关阀体附件安装均未开展
15		存在问题:车站隧道风机房隧道风机TVF、消声器已就位安装,车站隧道风机TEF、天圆地方、立式组合风阀未开展安装
16		存在问题:冷却塔室外设备未开始安装
17		存在问题:车站主要消防水管、气体灭火管道和给水排水管道基本安装就位,但末端设备设施未接入系统
18		存在问题:车站出入口、风亭集水池未进行杂物清理,污水泵设备未进行安装
19		存在问题:车站防火卷帘、手报和消报、烟温感设备、FAS模块箱、气灭就地控制盘等设备基本未开始安装
20		存在问题:车站综合监控设备室内主要设备,包括服务器、交换机、FEP等未进行安装接线
21		存在问题:车站滑动门、应急门门体基本完成安装,端门门体未完成安装。DCU设备、锁闭设备和接线盒等门机设备未进行安装

续表

序号	类型	存在的问题及建议
22		存在问题:车站站台门控制室机柜已安装,但柜内主要设备未安装接线
23		存在问题:建议区间联络通道施工制订详细的进度计划、风险管控措施、监测数据上传和复核制度
24		存在问题:环控电控柜设备未到货,影响车站通风空调设备的配电及控制,影响单机调试和综合联调工作的开展
25		存在问题:单位工程验收、项目验收若存在不能在试运行前完成的问题。 建议:与市工程质量监督主管部门沟通项目验收时间
26		存在问题:按照《基本条件》及《技术规范》的要求,综合联调应在试运行前完成,建议加快综合联调进度
27		存在问题:车站建筑专业进度滞后,各车站均应具有不少于2个直通地面的出入口。设有侧式站台的车站,每侧站台不少于2个出入口应投入使用。目前,___站4个出入口正在施工中,存在进度滞后的问题。车站排水系统未与市政接驳,卫生间无法正常使用;通风空调系统尚未完成,无法正常启用
28		存在问题:车站公共区的顶棚、墙面、地面开始装修施工,出入口、风亭、人行楼梯、售检票亭、投入试运营的通道及相应的装修工程基本没有开展
29		存在问题:IBP盘等设备已到货,车控室的机电设备安装及装修未完成,站长室装修未完成,站长及值班员不能入驻,对试运行有影响
30	进度滞后类	存在问题:站台门、设备房房门未安装完成,站台门设备房墙面和地面存在孔洞未封堵情况,存在安全隐患
31		存在问题:尽快制定车站公共区顶棚设计方案,以便后续工程能够尽早开展,包括相关弱电设备的安装
32		存在问题:厂内型式试验32项,已经完成,但尚未出报告
33		存在问题:业主现场型式试验13项,计划9月份完成,噪声试验尚未确定具体时间
34		存在问题:已到货8列车,完成了8列车PAC,但查线核图工作尚未开展
35		存在问题:开通运营时,计划完成___列车调试和PAC工作,但其中2列车计划存在因时间紧迫导致调试检查不足的问题,建议再提前1个月到货
36		存在问题:各类型工程车共12台,已到达3台,需督促供应商保证到货时间
37		存在问题:固定式架车机发货中,进度滞后
38		存在问题:镟床坑口轨道没做支撑。 建议:加快整改,以免影响后续安装调试。 镟床到货中,进度滞后:(1)轨道坑边没有做支撑。(2)缺少一组接地绝缘带。 建议:(1)不落轮镟床近坑边200mm内钢轨无加固扣件,钢轨悬空过长会被车辆压弯。建议:轨道专业安装加固扣件共4个。 (2)镟轮库进库端(25股道)缺少一组绝缘节,有可能出现回流电影响镟床正常运行。请相关单位在进库端(机坑坑边大于5m处)加装一组(2个)绝缘节
39		存在问题:总体进度滞后,其中:五防设备正在安装中、洗车机正在安装中、起重机正在调试中,还未验收取证、立体仓库安装中

续表

序号	类型	存在的问题及建议
40	进度滞后类	存在问题：尚未见到通信系统的单位工程验收、项目工程验收相关文件。 建议：依据《城市轨道交通建设工程验收管理暂行办法》(建质〔2014〕42号)文件要求,在试运行开始前须完成单位工程验收和项目工程验收
41		存在问题：通信系统各子系统的设备安装已经基本完成,单机、单系统调试尚未全部完成,接口调试尚未完成。 建议：尽快完成剩余部分车站的单机、单系统调试,加快通信系统与外系统接口调试
42		存在问题：车辆段DCC室无法进入,室内无线调度台尚未安装,无线集群调度系统未能投入使用,影响调度对列车的通信指挥
43		存在问题：OCC大厅无线调度台已经安装,但未完成单系统调试,未完成与信号ATS接口调试,影响试运行开展,专用调度电话只能呼通1～2个车站,其余车站尚未完成调试
44		存在问题：OCC通信设备网管室所有2号线通信系统的网管设备尚未安装,影响单系统调试和联调项目的开展
45		存在问题：控制中心通信设备房设备安装已经基本完成,单系统调试未完成,防静电地板未完成安装
46		存在问题：通信设备房内设备基本完成安装,防静电地板、电缆绑扎仍然处于施工中；单机、单系统调试尚未全部完成
47		存在问题：车控室内调度电话、广播均不具备功能,PIS、CCTV系统工作站未完成调试,设备未开机。 建议：尽快开通无线集群800M的正线区间全部覆盖以及车辆段内的覆盖,确保调度人员与列车司机的调度指挥通道畅通,给安全试运行提供良好的通信指挥保障
48		存在问题：站厅、站台处于装修施工中,影响通信系统广播、PIS、CCTV终端设备的安装和各系统调试
49		存在问题：查阅了联调调试大纲及与联调单位交流,通信系统的8个联调项目,目前仅开展了1项,其余7项均未开展,按照《城市轨道交通建设工程验收管理暂行办法》(建质〔2014〕42号)中试运行前需要完成综合联调工作的要求,联调联试工作已经严重滞后。 建议：(1)综合联调单位要主动牵头组织开展通信专业牵头的综合联调项目,提前启动换乘站基本通信测试的设计和施工,确保在预评估前完成功能测试。优先安排《技术规范》要求的通信专业的四项测试内容,车地无线通话测试要求做到所有列车全覆盖,列车到站广播和到发时间显示测试要求覆盖所有车站。 (2)按照《城市轨道交通试运营基本条件》GB/T 30013—20013 及《技术规范》的要求,综合联调应在试运行前完成,建议加快综合联调进度
50		存在问题：未取得单位工程验收文件；未提供机房防电磁干扰测试合格报告及综合接地验收报告；未取得第三方载客运行安全认证
51		存在问题：信号设备房内风水电、机电等其他专业施工未完成,收边收口未完成,外专业孔洞未封堵,挡鼠板未安装
52		存在问题：设备房内通风、空调未投入使用,设备房温度较高
53		存在问题：车站AFC设备未完成安装,调试未开展

续表

序号	类型	存在的问题及建议
54	进度滞后类	存在问题:按照《城市轨道交通试运营基本条件》GB/T 30013—20013及《技术规范》的要求,综合联调应在试运行前完成。 建议:加快综合联调进度
55		存在问题:开展初期运营前安全评估的前提条件是完成单位工程验收、项目验收,通过专项验收和竣工验收合格,且验收发现的影响运营安全和基本服务质量的问题已完成整改。目前进度严重滞后。 建议:制定赶工措施,动员各方力量加快车站装修、设备安装和调度进度
1	工程质量类	存在问题:站台楼梯口挡烟垂壁与电梯井井壁容易存在缝隙,需排查整改
2		存在问题:区间隧道过江段尚未完工的2个联络通道,采用冷冻法工法施工,为__号线一期工程中重大风险工点。冷冻施工过程中若风险管控不到位将产生重大损失的风险
3		存在问题:区间隧道的联络通道施工,会对隧道内轨道道床、浮置板道床等设施成品保护造成不利影响。 建议:应做好成品保护措施
4		存在问题:部分设备房小系统、大系统防火阀安装未设置独立支吊架,部分小系统防火阀安装离墙体超过150mm
5		存在问题:车站站台门对地绝缘电阻需达到国家标准的最低限0.5MΩ。 建议:施工阶段应加强施工督导和质量检查,避免后续检测不合格
6		存在问题:加强站台门门体的防护,避免不必要的损坏
7		存在问题:站台层强电设备房内设备已经带电,设备柜体前应铺设绝缘胶垫,避免安全事故的发生
8		存在问题:现场多专业同步交叉施工。 建议:请施工单位合理安排施工工序,监理单位加大旁站监理力度,注意施工安全及成品保护
9		存在问题:信号设备房内,电源屏、UPS、蓄电池、稳压器人员操作位置未加装人员防护绝缘垫
10		存在问题:稳压器柜内,裸露部件前未加装防护挡板
11		存在问题:信号设备室房间内固定风管支架边缘处未做防护,易造成人员磕碰
12		存在问题:主变电所四周人行道高于四周地坪,主变电所目前低洼,主变电所四周人行道和电缆夹层通风口处于同一水平面,电缆夹层存在雨水倒灌风险
13		存在问题:主变电所电缆夹层35kV电缆与电缆槽盒拐角处缺少垫皮防护,容易导致电缆破损,影响使用寿命
14		存在问题:站内扶梯上机仓与地面地板存在空隙。 建议:及时填充打胶处理
15		存在问题:道床与侧墙间水沟上防尘布多处破损,多处防尘布固定螺丝松动。 建议:应更换、修补
16		存在问题:439、35环管片严重破损。 建议:查明破损原因,修补更换
17		存在问题:区间侧墙多处孔洞未封堵
18		存在问题:轨道中间消防水管外层橡胶包层未包裹好
19		存在问题:线缆处孔洞未封堵好

续表

序号	类型	存在的问题及建议
1	建筑垃圾类	存在问题:站台门控制室有物品堆放,需及时清理
2		存在问题:站台层强电设备房下电缆夹层存在垃圾及积水。 建议:尽快进行清理,以免损坏设备
3		存在问题:站内扶梯基坑垃圾较多。 建议:及时清除基坑垃圾
4		存在问题:站台门控制室电池柜下方有施工余料,存在安全隐患。 建议:及时清理电池柜下方施工余料
5		存在问题:区间钢轨铁锈需清理。 建议:清理钢轨上塑料螺母
6		存在问题:区间钢轨扣垫水泥残渣,转辙扣沟、两侧排水沟存在大量垃圾异物。 建议:清理
7		存在问题:区间结构柱上、道床、支架上铁丝、结构壁上贴纸标识未清理
8		存在问题:洞口环梁遗留钢管头未清除
9		存在问题:洞口环梁遗留施工模板未拆除
10		存在问题:人防门装卸构件未拆除
11		存在问题:区间侧墙挂钩查明是否有用,无用拆除
12		存在问题:人防门卡槽需清理干净
1	标识标贴类	存在问题:信号设备房内接地箱/排位置应张贴接地标识
2		存在问题:设备房内相关制度应上墙张贴
3		存在问题:机柜内部未张贴柜内布置图,未说明柜内设备名称和位置分布
4		存在问题:站内扶梯上机仓控制柜无防止踩踏标识。 处理建议:设置踩踏标识并进行张贴
5		存在问题:设备应包保制度,在机柜上张贴责任牌
1	设计施工类	存在问题:主变电所绝缘工器具没有送检,缺少检验周期,不符合变电所工器具使用标准
2		存在问题:主变电所二楼值班室门口护笼爬梯只有2根立杆,不符合直梯护笼《固定式钢梯及平台安全要求 第1部分:钢直梯》GB 4053.1—2009标准
3		存在问题:主变电所外电源电缆廊道上方路面没有做电缆警示桩,外部有施工时容易造成电缆损伤
4		存在问题:变电所电缆夹层盖板没有扶手,影响电缆夹层巡视
5		存在问题:控制中心控制室、35kV开关柜室未做自流平且35kV开关柜前孔洞未封堵,存在安全隐患
6		存在问题:控制中心变电所无外线电话及电调直通电话及民用通信信号,影响正常通信及故障响应
7		存在问题:车辆段公寓楼消防电梯接线不规范,存在安全隐患。 处理建议:按照施工标准使用接插件,杜绝安全隐患
8		存在问题:区间中部1信号机下安装了钢制踏板,影响应急疏散,应整改
9		存在问题:联络通道门口对照设计要求,分析是否需要加踏步,以利于应急疏散
10		存在问题:中间风井爬梯缺少防护笼

9.1.2 预评估及正式评估专家检查问题介绍

预评估及正式评估阶段，专家将依据《技术规范》条款逐项进行检查，对不符合规范要求的进行问题记录，按照问题影响程度分为初期运营前应解决问题、持续改进问题、其他意见建议三个等级，具体问题详见 10.1 节内容。

初期运营前应解决问题主要是影响新线开通初期运营的问题，例如：各类批复文件、专项验收文件、各项测试报告未按要求全部取得，规范要求的相关制度、方案等未建立健全，设施设备无法正常使用、因施工、设计、设备状态、环境等原因存在的隐患问题，各类安全标识、导向标识等未完成张贴，初期运营所需的技术图纸资料移交不全，岗位人员未配齐或重要岗位人员未取得上岗证，应急演练未完成等问题。对于初期运营前应解决问题关系着新线是否能够通过安全评估，开通初期运营，是专家问题整改情况复核的重点问题，须在复核前全部完成整改。

持续改进问题主要是对新线开通初期运营没有太大影响，但急需解决的问题，例如：垃圾杂物清理不彻底、疏散指示灯距离标识错误、未完成 1500V 断路器大电流脱扣整定值核对、排水检查井未安装防坠网、车站自动扶梯视频监视范围未调整到位、运营人员对设备操作技能培训待加强、热线服务技巧欠缺等问题。

其他意见建议是《技术规范》中是评估专家对新线建设与运营提出的发展性、前沿性的意见或建议。

9.2 问题库的分工及整改工作安排

9.2.1 初期运营前安全评估的评估范围

初期运营前安全评估的评估范围，一般主要包括计划投入运营的整条线路，全部车站，车辆基地，停车场，控制中心、主变电所的土建工程及机电设备安装工程，以及轨道、车辆、通信系统、信号系统、供电系统、综合监控系统、环境与设备监控、火灾自动报警系统、通风及空调系统、给水排水及消防系统、自动售检票系统、乘客信息显示系统、电（扶）梯、车站装修工程等；"三权"移交、运营接管和全线初期运营各项筹备工作。

在安全评估工作中，专家组采取资料查阅、听取工程情况汇报、现场查勘、人员问询、系统联动测试、旁站测试、列车添乘等方式对初期运营前安全进行评估，并形成《初期运营前安全评估评估报告》，报告中提出的初期运营前应解决问题、持续改进问题及专家建议，按照《城市轨道交通新线工程初期运营前安全评估工作方案》中，根据《技术规范》条款内容进行逐项分解，细化责任单位，进行跟踪整改，对于影响开通的运营前应解决问题，做好跟踪管理，在规定期限完成整改，并将整改情况汇总成《工程初期运营前安全评估问题整改情况报告》，经评估专家复核后，给出最终评估意见。涉及的持续改进问题及专家建议，责任单位定期跟进整改情况，持续推进整改。

9.2.2 初期运营评估整改方案

初期运营评估整改方案可按如下形式编制。

＿＿＿轨道交通＿＿＿号线工程初期运营前安全评估发现问题整改方案

1. 初期运营前应解决的问题

（1）部分无障碍电梯不能正常使用。经对＿＿＿站现场踏勘，核查设计、监理、施工等资料，不满足《技术规范》第十七条要求。

责任部门：机电设备管理部门。

整改完成时间：＿＿＿年＿＿＿月＿＿＿日（初期运营时间前）。

整改措施：对全线无障碍电梯全面排查，确保正常使用。

（2）无障碍垂直电梯装修收口未完工。经对＿＿＿站现场踏勘，核查设计、监理、施工等资料。不满足《技术规范》第二十一条要求。

责任部门：机电设备管理部。

整改完成时间：＿＿＿年＿＿＿月＿＿＿日（初期运营时间前）。

整改措施：加快所有车站无障碍垂直电梯装修收口工作。

……

2. 持续改进问题

（1）机电设备管理部门需整改落实问题

现场出入口通道垃圾未清理。经对＿＿＿站现场踏勘，核查设计、监理、施工等资料。基本满足《技术规范》第十八条要求。

整改完成时间：＿＿＿年＿＿＿月＿＿＿日。

整改措施：加快全线计划开通运营的出入口、通道的保洁及垃圾清理。

……

（2）运营分公司需整改落实问题

热线服务技巧欠缺。

责任部门：＿＿＿部门。

整改完成时间：＿＿＿年＿＿＿月＿＿＿日。

整改措施：加强培训，借鉴学习其他地铁城市热线服务，完善应对各类突发情况。

……

3. 相关建议问题

（1）＿＿＿站紧急疏散通道地面出入口装修未完成且未与市政道路联通，紧急疏散通道内注浆针管未切除，排水沟盖板未安装；上下出入门框未安装，出入口扶梯侧面未安装防护板，站内部分异型装饰板未安装；车控室观察窗外四周墙面装饰板未安装；风井内建筑施工物资未清理，排水管未作保温处理；弱电电缆室空洞封堵不严。

责任部门：机电设备管理部门。

整改完成时间：＿＿＿年＿＿＿月＿＿＿日。

整改措施：加强施工组织，完成出入口装修工作。

（2）＿＿＿站EPS设备时钟显示时间错误，需全线排查；照明配电室内配电箱未做防火封堵、未挂电缆标识牌，箱体未张贴标识，二次电缆线未见回路标号，个别裸露的电缆端子未做防护，需全线排查；站厅层____端环控机房排水沟不规范，排水阻力大。

责任部门：机电设备管理部门。

整改完成时间：____年____月____日。

整改措施：全线排查 EPS 设备时钟显示时间，确保准确一致。

……

初期运营前安全评估方案将重点内容根据《技术规范》条款内容进行逐项分解，细化责任单位。

9.3 问题库整改工作的整理与自查自证报告的编写

根据 9.2 小节问题库的分工及整改工作的安排，梳理出初期运营前应解决的问题数量，持续改进的问题数量及专家建议的问题数量，分类、分专业明确责任部门。评估中发现的问题，责任部门应制定具体整改措施，其中初期运营前需解决的问题要重点关注，必须在初期运营前彻底完成整改。在整改过程中，定期召开会议，时刻关注初期运营前应解决的问题的整改进度，及时发现整改过程中遇到的问题，及时进行协调解决。持续改进的问题和专家的建议应明确整改期限，并定期组织会议协调解决整改过程中遇到的各类问题。

问题整改自查自证报告的编写要从评估情况的概述及问题整改情况的说明进行编写，只需对有问题的项目进行逐项列举，无问题的项目在整改报告中无需列举。评估整改情况包含评估问题对应《技术规范》所属的条款、评估结论、初期运营前应解决的问题、持续改进问题、整改措施、整改情况、整改完成时间、整改责任人，描述要求语言简洁、突出重点，并附上整改前后的照片。其中初期运营前应解决的问题必须在运营前完成整改，持续改进问题和专家建议如无法在初期运营前完成整改的要标明计划完成整改时间。自查自证报告分类主要从、车辆系统、通信系统、信号系统、消防和给水排水系统、系统联动等方面进行编写，现根据地铁公司安全评估现场测试内容进行列举。

事例如下：

评估情况的概述：

受____市交通运输局委托，____单位（第三方）于____年____月____日至____日在____市组织召开____市城市轨道交通__号线工程初期运营前安全评估会议，会议成立的专家组由____、____、____、____等地的____名专家组成，分成总体组、土建组、设备一组、设备二组、初期运营准备组。专家组采取资料查阅、听取工程情况汇报、现场查勘、人员问询、系统联动测试、旁站测试、列车添乘等方式对____市城市轨道交通__号线工程初期运营前安全评估，并形成《____市城市轨道交通__号线工程初期运营前安全评估评估报告》，共提出____条初期运营前应解决问题（A 类）、____条持续改进问题（B 类）及____条专家建议（C 类），现将整改情况汇报如下：

1. 初期运营前应解决问题（A 类）

（1）车站建筑

1)《技术规范》第十七条：车站楼梯、公共厕所和无障碍设施应具备使用条件；车站出入口至站厅、站厅至站台应至少各有一台电梯和一组上、下行自动扶梯具备使用条件。

① 评估结论：____站、____站、____站、____站、____站现场踏勘，核查设计、监理、施工等资料。不满足《技术规范》第十七条要求。

② 初期运营前应解决问题：部分无障碍电梯不能正常使用。

③ 持续改进问题：无。

回复：

整改措施：加快全线计划开通运营的出入口无障碍电梯的投用。

整改情况：经全线排查，有9台无障碍未启用，为装修专业收口未完成，近2日内已对未启用的____站、____站、____站、____站、____站共计9台无障碍电梯进行开启，目前运行状态正常。

整改完成时间：____年____月____日。

整改责任人：____。

整改前后的照片见图9.3-1、图9.3-2所示。

图9.3-1 整改前

图9.3-2 整改后

2)《技术规范》第二十三条：车站醒目位置应公布安全乘车注意事项、监督投诉电话、本站首末车时间和周边公交换乘信息，未按规定张贴城市轨道交通禁止、限制携带物品目录。

① 评估结论：经对____站、____站、____站、____站、现场踏勘，核查设计、监理、施工等资料。不满足《技术规范》第二十三条要求。

② 初期运营前应解决问题：车站醒目位置未公布安全乘车注意事项、监督投诉电话、本站首末车时间和周边公交换乘信息，并按规定张贴城市轨道交通禁止、限制携带物品

目录。

③ 持续改进问题：无。

回复：

整改措施：按设计及相关标准、规范，完成全线车站标识、标志安装工作。

整改情况：已按照整改要求张贴乘车注意事项、车站首末时间、轨道交通禁止、携带物品目录。

整改完成时间：＿＿年＿＿月＿＿日。

整改责任人：＿＿。

整改前后的照片见图 9.3-3、图 9.3-4 所示。

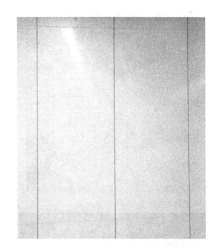
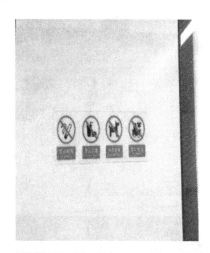

图 9.3-3　整改前　　　　　　　　图 9.3-4　整改后

（2）电梯、自动扶梯与自动人行道

《技术规范》第五十九条：电梯、自动扶梯与自动人行道具有语音安全提示功能、电梯具有视频监视和门防夹保护功能，以及电梯的车站控制室、轿厢、控制柜或机房之间具备三方通话功能。

1）评估结论：抽查＿＿站、＿＿站，不满足《技术规范》第五十九条要求。

2）初期运营前应解决问题：三方通话装置不能有效通话。
3）持续改进问题：无。
回复：
整改措施：对＿＿站和＿＿站所有直梯的三方通话线路进行了规整，部分话机进行了更换。
整改情况：＿＿站和＿＿站所有直梯具备三方通话功能。
整改完成时间：＿＿年＿＿月＿＿日。
整改责任人：＿＿。
整改前后现场照片见图9.3-5、图9.3-6所示。

图9.3-5 整改前　　　　　　　图9.3-6 整改后

2. 持续改进问题（B类）

（1）车站建筑

《技术规范》第十八条：车站公共区和出入口通道不应有妨碍乘客安全疏散的非运营设施设备，安检设施不应占用乘客紧急疏散通道。

1）评估结论：经对＿＿站、＿＿站、＿＿站、＿＿站、＿＿站现场踏勘，核查设计、监理、施工等资料。基本满足《技术规范》第十八条要求。

2）初期运营前应解决问题：无。

3) 持续改进问题：出入口通道垃圾未清理。

回复：

整改措施：加快全线计划开通运营的出入口、通道的保洁及垃圾清理。

整改情况：已组织各参建单位对各站出入口等站设备区通道垃圾进行清理，并进行保洁。

整改完成时间：＿＿年＿＿月＿＿日。

整改责任人：＿＿＿。

整改前后照片见图 9.3-7、图 9.3-8 所示。

图 9.3-7　整改前

图 9.3-8　整改后

（2）结构工程

《技术规范》第三十三条：作为疏散通道的道床面应平整、连续、无障碍；轨行区至站台的疏散楼梯、疏散平台在联络通道处的坡道连接、区间联络通道防火门开启等不应影响乘客紧急疏散。

1）评估结论：经对＿＿＿站至＿＿＿站右线现场踏勘，核查设计文件、现场施工资料等资料。基本满足《技术规范》第三十三条要求。

2）初期运营前应解决问题：无。

3）持续改进问题：＿＿＿～＿＿＿站区间 K0＋500 处疏散指示灯距离标识错误。

回复：

整改措施：核查设计及现场实际，尽快整改标识错误。

整改情况：根据现场实际调整图纸方案，重新采购区间米标疏散指示，预计＿＿＿年＿＿月＿＿＿日整改完成。

整改完成时间：＿＿年＿＿月＿＿日。

整改责任人：＿＿＿。

（3）消防和给水排水系统

1)《技术规范》第五十二条：具有生产、生活给水系统各用水点的水量和水压、车站消火栓系统充实水柱和水量压力、设备房自动灭火系统运行、区间水泵安全运行等测试合格报告。区间水泵安全运行测试应符合表18的规定。

① 评估结论：查阅了建设单位提供的全线生产、生活给水系统各用水点的水量和水压、车站消火栓系统充实水柱和水量压力、设备房自动灭火系统运行、区间水泵安全运行等测试合格报告，区间水泵安全运行测试应符合表18的规定，基本满足《技术规范》第五十二条要求。

② 初期运营前应解决问题：无。

③ 持续改进问题：____站气瓶间各气瓶上的压力表未完成安装；____站气瓶间有2个气瓶的压力表不能显示。

回复：

整改措施：积极组织施工人员进行安装、更换。

整改情况：压力表已安装、压力表已显示。

整改完成时间：____年____月____日。

整改责任人：____。

整改前后照片见图9.3-9、图9.3-10所示。

图 9.3-9　整改前

图 9.3-10　整改后

2)《技术规范》第五十二条：具有生产、生活给水系统各用水点的水量和水压、车站消火栓系统充实水柱和水量压力、设备房自动灭火系统运行、区间水泵安全运行等测试合格报告。区间水泵安全运行测试应符合表18的规定。

① 评估结论：经____站、____站、____站现场踏勘，核查生产、生活给水系统各用水点的水量和水压、车站消火栓系统充实水柱和水量压力、设备房自动灭火系统运行、区间水泵安全运行等测试合格报告，基本满足《技术规范》第五十二条要求。

② 初期运营前应解决问题：无。
③ 持续改进问题：____站、____站、____站车站消火栓箱未张贴标识。
回复：
整改措施：尽快完成____站、____站、____站车站消火栓箱标识张贴，并对全线各车站进行全面排查。
整改情况：已对____站、____站、____站、____站、____站、____站、____站进行排查，消火栓箱标识已张贴完成。
整改完成时间：____年____月____日。
整改责任人：____。

(4) 通风、空调与供暖系统

1)《技术规范》第五十条：应完成冷却塔、多联空调的室外机地面硬化，相关排水管路应接入市政排水系统，冷却塔或室外机周边具有安全防护栏；空调送风口、空调冷凝水管不应设置在电气设备上方，无法避免时应具有防护措施；空调柜检修门不应有影响检修的水管、支架、结构柱等遮挡。

① 评估结论：现场踏勘____站、____站，基本满足《技术规范》第五十条要求。
② 初期运营前应解决问题：无。
③ 持续改进问题：____站冷却塔所接市政排水系统地面排水地漏缺失；____站冷却塔、多联机室外机周边杂物未清理。
回复：
整改措施：按设计要求增加排水系统地面遗漏的地漏，对____冷却塔、多联机室外机周边杂物进行清理。
整改情况：____站冷却塔所接市政排水系统地面排水地漏已按要求增加完成，____站冷却塔、多联机室外机周边杂物已清理完成。
整改完成时间：____年____月____日。
整改责任人：____。
整改后的照片见图 9.3-11 所示。

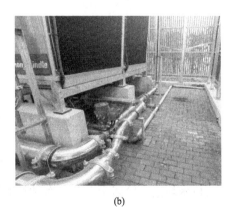

图 9.3-11 整改后

2)《技术规范》第四十八条：具有通风换气和空气环境控制功能、排烟系统排烟量、隧道纵向排烟风速、楼梯间加压送风系统余压等测试合格报告。

① 评估结论：经对____站、____站、____站现场踏勘，核查通风换气和空气环境控制功能、排烟系统排烟量、隧道纵向排烟风速、楼梯间加压送风系统余压等测试合格报告，基本满足《技术规范》第四十八条要求。

② 初期运营前应解决问题：无。

③ 持续改进问题：

A. 通风换气和空气环境控制功能、排烟系统排烟量、隧道纵向排烟风速、楼梯间加压送风系统余压等测试报告内容填写不规范，签字不完整。

回复：

整改措施：核查资料，规范填写，完善签字，加强相关业务人员的培训教育。

整改情况：资料已按照规范进行填写，签字已补充完整。

整改完成时间：____年____月____日。

整改责任人：____。

B. ____站、____站部分组合风阀，执行机构未调整到位，阀瓣关闭不严密。

回复：

整改措施：对____站、____站部分组合风阀按规范、标准调整到位，并对全线各车站进行全面排查。

整改情况：对____站、____站部分组合风阀按规范、标准调整到位，并对____站、____站排查后调整到位。

整改完成时间：____年____月____日。

整改责任人：____。

整改后的照片见图9.3-12所示。

图9.3-12 整改后

3)《技术规范》第四十九条：车站控制室和控制中心具备通风设备状态信息显示和故障报警功能。

① 评估结论：经对____站、____站现场踏勘，基本满足《技术规范》第四十九条要求。

② 初期运营前应解决问题：无。

③ 持续改进问题：____站、____站各大、小系统温湿度传感器信息无法上传至车站控制室；"____站空调节能系统多联机"界面错误标注为"____站空调节能系统多联机"。

回复：

整改措施：加快施工进度，及时将____站、____站大、小系统温湿度传感器信息上传至车站控制室。

整改情况：正在整改中。

预计整改完成时间：____年____月____日。

整改责任人：____。

(5) 自动售检票系统

《技术规范》第五十六条：具有自动售检票系统压力、跨站（线）走票功能，终端设备金属外壳漏电保护和可靠接地，检票系统与火灾自动报警系统联动等测试合格报告。

1) 评估结论：经查阅工程相关资料，已完成系统压力测试、跨站（线）走票功能测试、终端设备绝缘及接地测试、与FAS的联动测试等并具有测试合格报告；基本满足《技术规范》第五十六条要求。

2) 初期运营前应解决问题：无。

3) 持续改进问题：半自动售票机（BOM）及工作台的安装调试未完成；自动检票机人脸识别装置安装调试未完成。

回复：

整改措施：积极组织人员完成剩余终端设备的安装及调试。

整改情况：半自动售票机（BOM）及工作台安装调试完成；自动检票机人脸识别装置安装调试完成。

整改完成时间：____年____月____日。

整改责任人：____。

整改后的照片见图9.3-13所示。

图9.3-13 整改后

(6) 供电系统

1)《技术规范》第四十二条：具有各类电气元件、开关的整定值调整合格报告；具有车站公共区、区间照明系统测试合格报告；具有轨道结构对地电阻测试合格报告，轨道结构具有良好的绝缘性能。

① 评估结论：经现场踏勘，并查阅《供电系统继电保护整定通知书》《变电所交接试验报告》《车站公共区、区间照明系统照度测试报告》《轨道结构对地电阻测试报告》等技术资料和测试报告，基本满足《技术规范》第四十二条的要求。

② 初期运营前应解决问题：无。

③ 持续改进问题：未完成1500V断路器大电流脱扣整定值核对工作。

回复：整改措施：按设计及相关规范、标准完成。

整改情况：已完成整改，现场1500V断路器大电流脱扣整定值已按照设计单位出具的供电系统继电保护整定通知书完成整定值整定核对工作。

整改完成时间：＿＿＿年＿＿＿月＿＿＿日。

整改责任人：＿＿＿。

整改后的照片见图9.3-14所示。

图9.3-14　整改后

2)《技术规范》第四十三条：变电所接地标志和安全标志齐全清晰，安全工具试验合格、配置齐全、放置到位；变电所内、外设备间应整洁，电缆沟和隐蔽工程内无杂物和积水。电缆孔洞应封堵，设备房应安装防鼠板。

① 评估结论：经现场踏勘，基本满足《技术规范》第四十三条要求。

② 初期运营前应解决问题：无。

③ 持续改进问题：＿＿＿站降压变电所配置的绝缘工器具与检验合格证书未相互对应、变电所设备间未配齐相关安全标示牌。

回复：

整改措施：＿＿＿站降压变电所配置的绝缘工器具与检验合格证书相互对应、变电所设备间配齐相关安全标示牌。

整改情况：已完成整改，按照要求将带编号合格证书贴在绝缘工器具本体上，保证一一对应；并在变电所配置安全标示牌。

整改完成时间：____年____月____日。

整改责任人：____。

整改后的照片见图9.3-15所示。

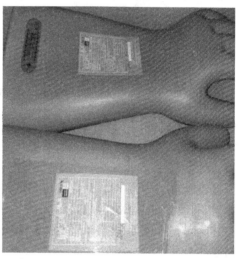

图9.3-15　整改后

（7）车辆基地

《技术规范》第七十一条：备品备件、设备、材料、抢修、救援器材和劳保用品应到位并满足初期运营需要；物资仓库、易燃物品库等建筑建成并具备使用条件，易燃物品库应独立设置，并按存放物品的而不同性质分库设置。

1）评估结论：经对____车辆段现场踏勘，查阅《自评自证报告》、合同清单、备品备件移交台账、应急抢修和救援器材验收移交等资料，基本满足《技术规范》第七十一条要求。

2）初期运营前应解决问题：无。

3）持续改进问题：备品备件未完全验收入库，剩余物资未及时采购到位。

回复：

整改措施：积极对接备品备件、物资移交，尽快将备品备件完全验收入库，剩余物资及时采购到位。

整改情况：设备使用部门已督促设备厂家及供应商，将三包件、备品备件、易损件/消耗性材料等按照供货计划表及时组织验收入库及后续到货，并及时跟进自购物资的采购进度，及时组织验收及领用，目前车辆专业到货数量已满足运营需求。轨道专业备品备件已采购到位，并按照运营单位要求摆放至指定位置。

整改完成时间：____年____月____日。

整改责任人：____。

整改后的照片见图 9.3-16 所示。

图 9.3-16　整改后

（8）系统联动测试

《技术规范》第七十七条：轨道动态几何状态测试应符合表 20 的规定。

1）评估结论：查阅《____轨道交通__号线一期工程初期运营前安全评估弓网轮轨关系检测报告》，其中轨道动态几何状态测试数据，基本满足《技术规范》第七十七条要求。

2）初期运营前应解决问题：无。

3）持续改进问题：提供轨距数据复测报告。

回复：

整改措施：检测单位和施工单位出具轨距复测报告。

整改情况：已完成，检测单位和施工单位已出具轨距复测报告。

整改完成时间：____年____月____日。

整改责任人：____。

整改后见图 9.3-17 所示。

（9）组织构架

《技术规范》第九十六条：运营单位应具有受理和处理乘客投诉的部门。

1）评估结论：经对控制中心及服务热线现场踏勘，核查热线值班员到位情况及服务质量，基本满足《技术规范》第九十六条要求。

2）初期运营前应解决问题：无。

3）持续改进问题：热线服务技巧欠缺。

回复：

整改措施：加强服务技巧培训。

整改情况：已根据热线人员的业务情况，组织专业人员持续进行服务技巧和业务技能的培训，提升服务质量。

计划整改完成时间：____年____月____日。

整改责任人：____。

（10）应急管理

《技术规范》第一百一十五条：运营单位应建立应急信息报送、应急值守和报告、乘客应急信息发布、乘客伤亡事故处置和运营突发事件（事故）调查处理等应急管理制度。

6.2.1.2 轨距

轨距局部峰值评价允许值为"-4.0mm～+6.0mm"。上、下行线路轨距局部峰值波形图如图6-3、图6-4所示。

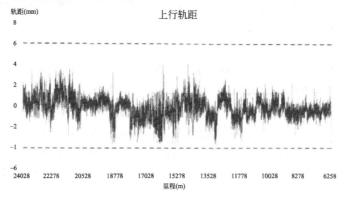

图6-3 上行线路轨距局部峰值波形图

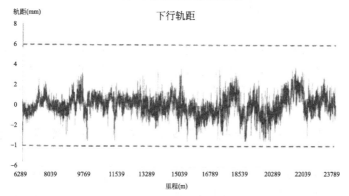

图6-4 下行线路轨距局部峰值波形图

图 9.3-17　整改后

1）评估结论：经踏勘____站、____车辆段、控制中心，查阅相关资料和问询相关人员，运营建立了《运营分公司总值班管理办法》《运营分公司应急信息管理办法》《运营分公司客运伤亡事件处理规定》《运营分公司生产安全事故（事件）调查处理规定》，基本满足《技术规范》第一百一十五条要求。

2）初期运营前应解决问题：无。

3）持续改进问题：完善运营分公司应急值班管理制度。

回复：

整改措施：尽快完善运营分公司应急值班管理制度。

整改情况：①目前运营分公司正在将值班相关制度梳理完善，运营分公司总值班管理办法、应急信息管理办法、客运伤亡事件处理规定、生产安全事故事件调查处理规定等联动。②运营分公司总值班管理制度中纳入领导班子日常值班管理和应急管理，目前值班室配备有固定电话和800M宽带。

整改完成时间：____年____月____日。

整改责任人：____。

3. 专家建议（C类）

（1）____站紧急疏散通道地面出入口装修未完成且未与市政道路联通，紧急疏散通道内注浆针管未切除，排水沟盖板未安装；上下出入门框未安装，出入口扶梯侧面未安装防护板，站内部分异型装饰板未安装；车控室观察窗外四周墙面装饰板未安装；风井内建筑施工物资未清理，排水管未作保温处理；弱电电缆室空洞封堵不严。

回复：

整改措施：按照规范要求安装排水沟盖板，清理风亭内建筑施工物资，排水管按规范要求进行保温处理，弱电电缆室孔洞要严密封堵。

整改情况：____站紧急疏散通道地面出入口装修已完成。正在加紧安装排水沟盖板，清理风亭内建筑施工物资，对排水管进行保温，站内部分异形装饰板正在安装，____年____月____日整改完成，弱电电缆室孔洞已按照要求严密封堵，车控室观察窗外四周墙面装饰板已安装。紧急疏散通道地面出入口未与市政道路联通、紧急疏散通道内注浆针管未切除____年____月____日整改完成。

整改完成时间：____年____月____日。

整改责任人：____。

（2）____站 EPS 设备时钟显示时间错误，需全线排查；照明配电室内配电箱未做防火封堵、未挂电缆标识牌，箱体未张贴标识，二次电缆线未见回路标号，个别裸露的电缆端子未做防护，需全线排查；站厅层 B 端环控机房排水沟不规范，排水阻力大。

回复：

整改措施：按照要求悬挂标识牌、张贴标识、对裸露的电缆端子做防护、整改排水沟。

整改情况：经过全线排查，发现____A 端、____A 端、____A 端 EPS 设备时钟显示时间错误，现已全部整改完成。____站配电箱防火封堵已完成、电缆标识牌已挂，二次电缆线回路标号已贴，裸露的电缆端子已做防护，站厅层 B 端环控机房排水沟已重新处理，已对____站、____站、____站进行排查，上述问题已整改完成。

整改完成时间：____年____月____日。

整改责任人：____。

整改后照片见图 9.3-18 所示。

（3）____站、____站、____站消防水池未安装防虫网且控制箱设备有积尘；____站气瓶间地面起灰，设备表面积尘。

回复：

整改措施：全面排查，增加防虫网、轻松灰尘。

整改情况：____站、____站、____站消防水池未安装防虫网，计划____月____日完成，且控制箱设备有积尘已整改完毕，____站气瓶间地面起灰，设备表面积尘已完成整改，现场已对设备进行保洁清洁。

整改完成时间：____年____月____日。

整改责任人：____。

整改后照片见图 9.3-19 所示。

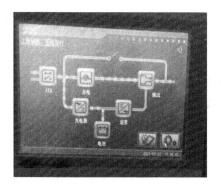
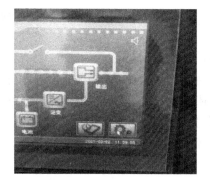

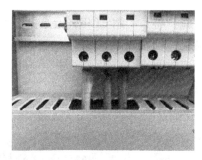

图 9.3-18 整改后

图 9.3-19 整改后

（4）___站 A、B 出入口与公路边缘段应硬化，且 CCTV 摄像机未接入中心级视频监控平台。

回复：

整改措施：完成___站 A、B 出入口与公路边缘段硬化。

整改情况：___站 A、B 出入口与公路边缘段应硬化。

整改完成时间：___年___月___日。

整改责任人：___。

（5）CCTV 摄像机未接入中心级视频监控平台。

回复：

整改措施：将___站 CCTV 摄像机接入中心级视频监控平台。

整改情况：已完成。

整改完成时间：___年___月___日。

整改责任人：___。

整改后照片见图 9.3-20 所示。

图 9.3-20 整改后

（6）___站半自动售票机没有安装，自动售票机和自动检票机底座没有打胶。

回复：

整改措施：完成___站半自动售票机安装。对自动售票机、自动检票机底座打胶。

整改情况：已完成___站半自动售票机安装。已完成自动售票机、自动检票机底座打胶。

整改完成时间：____年____月____日。
整改责任人：____。
整改后照片见图9.3-21所示。

图9.3-21 整改后

(7)____站信号设备室温度偏高。

回复：

整改措施：开启____站信号设备室空调设备，降低信号设备室温度，并对全线信号设备室进行排查。

整改情况：已开启信号设备室空调，信号设备室温度目前已降至规定范围内。

整改完成时间：____年____月____日。

整改责任人：____。

整改后照片见图9.3-22所示。

图9.3-22 整改后

（8）____车辆段、____停车场库区，未在地面设置库区股道编号；____车辆段、____停车场库房内市政供暖未调试完成。

回复：

1) ____车辆段、____停车场库区，未在地面设置库区股道编号。

整改措施：按要求对股道进行标号设置。

整改情况：____车辆段、____停车场库区地面股道编号已整改完成。

整改完成时间：____年____月____日。

整改责任人：____。

整改后照片见图9.3-23所示。

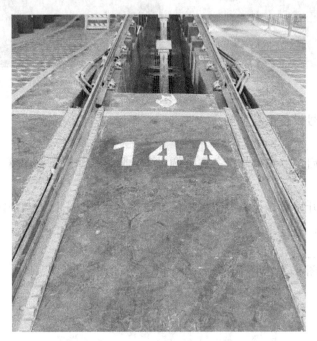

图9.3-23　整改后

2) ____车辆段、____停车场库房内市政供暖未调试完成。

整改措施：下一个供暖期完成调试。

整改情况：____车辆段、____停车场热力一次管网、热力二次管网、末端散热片均已安装到位。考虑到本年度供暖已结束，计划下一个供暖期完成调试。

整改完成时间：____年____月____日。

整改责任人：____。

（9）车站应急通道出入口相关设施不完善；车站垂直电梯未能完全启用。建议尽快做好开荒保洁，清理车站、区间建筑垃圾；各车站出入口电扶梯两侧未安装防护栏和张贴相关安全标识，导向标志和警示标志未完全安装到位。

回复：

整改措施：完善车站应急通道出入口相关设施；启用车站垂直电梯；进行开荒保洁；安装护栏和相关标识。

整改情况：车站应急通道出入口相关设施已完善；车站垂直电梯已全部启用。已对全站进行开荒保洁，车站及区间垃圾已清理完成，完成防护栏、标识的安装。

整改完成时间：＿＿＿年＿＿＿月＿＿＿日。

整改责任人：＿＿＿＿。

整改后照片见图 9.3-24 所示。

图 9.3-24　整改后

（10）尽快完善全线标志标识。

回复：

整改措施：加快标识安装进度。

整改情况：已安装完毕。

整改完成时间：＿＿＿年＿＿＿月＿＿＿日。

整改责任人：＿＿＿＿。

整改后照片见图 9.3-25 所示。

（11）列车客室侧扶手杆存在高个乘客碰头的风险，建议对后续新建线路列车的侧扶手杆高度进行改进。

回复：

整改措施：已要求设计对后续线路高度提升至 1900mm（加吊环拉手）。

整改情况：已对扶手杆优化调整。

整改完成时间：＿＿＿年＿＿＿月＿＿＿日。

整改责任人：＿＿＿＿。

（12）信号、通信系统各子系统测试报告封面未加盖公章。

回复：

整改措施：信号、通信系统各子系统测试报告封面加盖公章。

整改情况：已完成对信号系统各子系统测试报告封面加盖公章。

整改完成时间：＿＿＿年＿＿＿月＿＿＿日。

整改责任人：＿＿＿＿。

图 9.3-25 整改后

（13）控制中心电源室双电源引入配电箱接线端子固定螺栓过长。

回复：

整改措施：已组织人更换界线端子螺栓。

整改情况：已完成。

整改完成时间：____年____月____日。

整改责任人：____。

整改后照片见图 9.3-26 所示。

图 9.3-26 整改后

(14) 供电设备交接试验报告中整流器试验报告、40.5kV 断路器非额定电压下分合闸时间测试数据、接地电阻测量等报告相关内容需完善。

回复：

整改措施：完善交接试验报告相关内容。

整改情况：已完成整改，已完善供电设备交接试验报告中整流器试验报告、40.5kV 断路器非额定电压下分合闸时间测试数据、接地电阻测量等报告相关内容。

整改完成时间：____年____月____日。

整改责任人：____。

(15) 重点岗位人员安全背景审查人员范围不规范、审查内容待完善。

回复：

整改措施：要求重点岗位人员全部开具无犯罪记录证明。

整改情况：重点岗位人员已开具无犯罪记录证明。

整改完成时间：____年____月____日。

整改责任人：____。

(16) 进一步加强应急演练，提高应急处置应变能力。

回复：

整改措施：演练计划将增加"双盲"演练，切实做到演练的真实性，演练后认真总结演练中存在的问题，督促各部门整改到位。针对汛期制定了相应的防汛演练计划。针对"两会"制定了反恐防暴的演练计划。

整改情况：为了进一步加强应急演练，运营分公司及各部门制定了详细的演练计划，包括分公司级演练每月至少一次，部门级演练每月至少一次，车间级演练每月至少一次，班组级每月至少两次，演练形式包括桌面演练、现场演练和"双盲"演练。为了提高应急处置能力，运营分公司制定了每年至少一次市级综合性演练计划，主要检验各单位和部门之间的协同联动机制。

整改完成时间：____年____月____日。

整改责任人：____。

整改后见图 9.3-27 所示。

(17) 设备区房间完善标识标志和标牌；有防鼠板设置要求的房间应尽快安装完成。

回复：

整改措施：尽快完成设备区标牌安装工作。对全线车站房间进行排查，有防鼠板设置要求的房间尽快安装完成。

整改情况：根据房间重要程度，目前到货的____块，已安装标识牌____块。其余标识牌正在安装中，持续对接后续到货情况，及时组织安装。有防鼠板设置要求的房间防鼠板已安装完成。

整改完成时间：____年____月____日。

整改责任人：____。

整改后照片见图 9.3-28 所示。

(18) 部分设备机房温度偏高，应采取措施降温。

回复：

图 9.3-27　整改后

图 9.3-28　整改后

整改措施：设备房多联机具备开机条件的，开启多联机制冷运营模式降低机房温度；不具备多联机开机条件的，开启设备房内小系统送排风机进行降温。已联系空调厂家，对全线空调存在问题进行整改，目前空调已正常开启，设备房温度已正常。

整改情况：全线小系统、多联机系统调试完成，设备房温度已正常。

整改完成时间：＿＿＿年＿＿＿月＿＿＿日。

整改责任人：＿＿＿。

整改后照片见图 9.3-29 所示。

（19）进一步对轨行区进行清洗及垃圾清理。

回复：

整改措施：对轨行区进行清洁。

整改情况：已对轨行区进行清洁。

图 9.3-29 整改后

整改完成时间：___年___月___日。

整改责任人：___。

整改后照片见图 9.3-30 所示。

图 9.3-30 整改后

9.4 配合专家核查问题整改与销项

专家组核查问题复审，一般在正式安全评估 1~2 周后进行，即通过邀请专家对影响初期运营的问题进行现场检查，由运营单位组织政府相关部门、评估单位、公司相关部门等召开复审会议。在复审工作中，运营单位应指定专人负责相应组织工作并承担其职责。

专家组核查运营单位提供的《初期运营前安全评估问题整改情况报告》，通过现场问询的方式对检查问题整改情况进行确认，同时配合专家对影响初期运营的问题现场踏勘确认整改完成。

专家组根据检查问题整改复核情况，出具《初期运营前应解决问题整改情况复核意见》，并在复核意见书上签字。第三方安全评估机构和评估专家一致同意城市轨道交通满足初期运营条件（图 9.4-1~图 9.4-5）。

图 9.4-1　初期运营前应解决问题整改情况复核意见

图 9.4-2　进度滞后类问题整改情况复核意见表　　图 9.4-3　工程质量类问题整改情况复核意见表

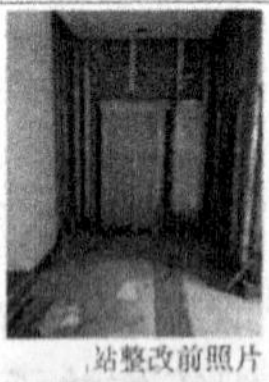

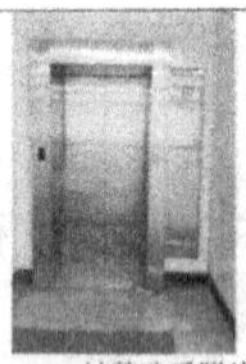

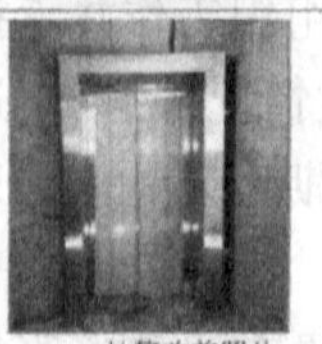

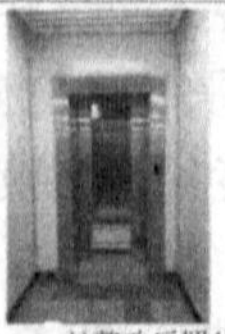

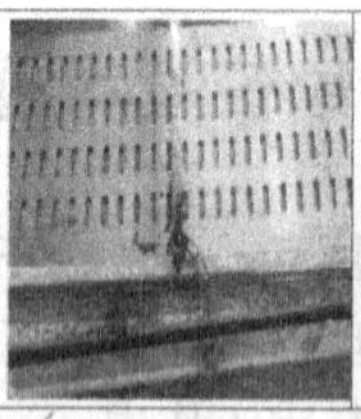

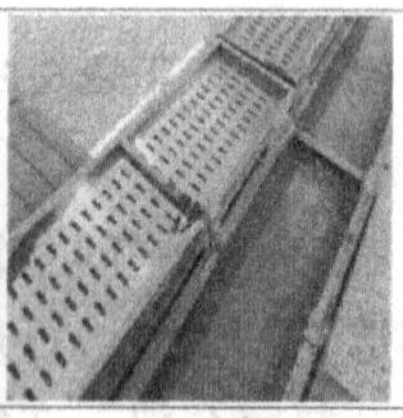

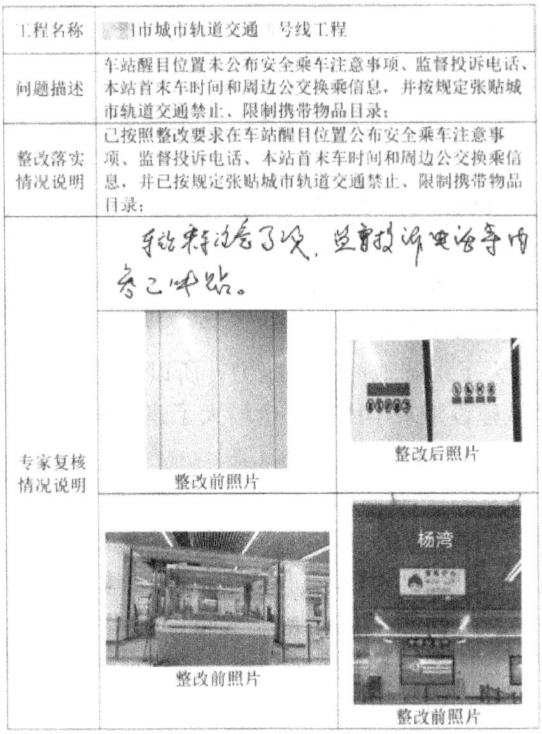

表3 整改情况复核意见

工程名称	市城市轨道交通 号线工程
问题描述	车站醒目位置未公布安全乘车注意事项、监督投诉电话、本站首末车时间和周边公交换乘信息，并按规定张贴城市轨道交通禁止、限制携带物品目录；
整改落实情况说明	已按照整改要求在车站醒目位置公布安全乘车注意事项、监督投诉电话、本站首末车时间和周边公交换乘信息，并已按规定张贴城市轨道交通禁止、限制携带物品目录；
专家复核情况说明	车站乘车注意事项，监督投诉电话等内容已张贴。 整改前照片　整改后照片 整改前照片　整改前照片

图 9.4-4　标识标贴类问题整改情况复核意见表

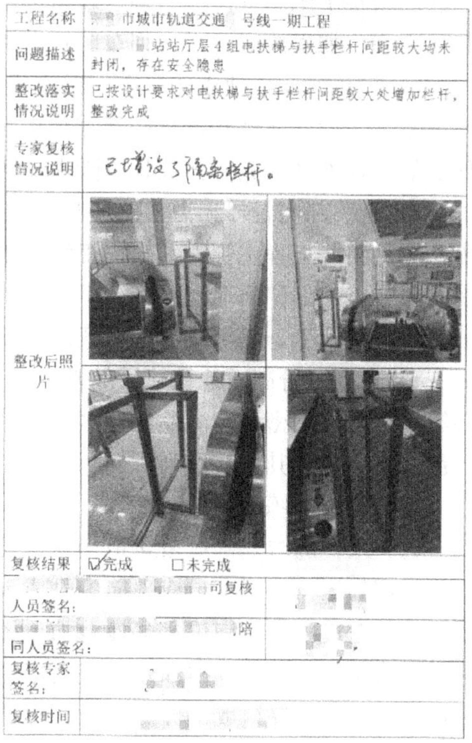

表1 整改情况复核意见

工程名称	市城市轨道交通 号线一期工程		
问题描述	站站厅层4组电扶梯与扶手栏杆间距较大均未封闭，存在安全隐患		
整改落实情况说明	已按设计要求对电扶梯与扶手栏杆间距较大处增加栏杆，整改完成		
专家复核情况说明	已增设了隔离栏杆。		
整改后照片			
复核结果	☑完成　□未完成		
司复核人员签名：			
路同人员签名：			
复核专家签名：			
复核时间			

图 9.4-5　设计施工类问题整改情况复核意见表

9.5　问题库的持续性跟踪与优化

1. 常见问题

初期运营安全评估前后，项目建设和运营单位在组织生产、开展项目验收的同时，要准备评估资料，筹备评估会议，短时间内的工作内容多，劳动强度大，常见问题多。

（1）项目建设问题

我国城市化进程已进入城市快速发展阶段，然而市区空间有限，所以地下空间的开发利用逐渐成为建设的重点，地铁由此产生，近年来的建设主体也正在向地下空间转移，在其建设的过程中仍存在很多问题，因地铁施工导致路面坍塌事故在有些地方时有发生，从而使得地铁安全施工成为重中之重。存在地质问题、设计问题、有关部门督导无力、工程造价高等现象。许多项目建设受前期工作影响，安全评估时工程实体还未完成建设。

1）地质问题：不均匀沉降是中国地铁建设过程中遇到的特有问题，曾有建筑师说过，本国与其他国家相比就好像是“他们是在硬质岩石里打洞，而我们是在蛋糕里打孔。”从地质角度而言，某些地区的天然条件并不适合地铁工程：在极端的气候条件下，在盾构施工过后，引起土体膨胀和地表不均匀隆起，极易导致不均匀沉降，这就使得勘察地质情况并为地铁施工提供参数非常必要。高频率坍塌事故的发生，证明了城市管理者对地质环境的特殊性与复杂性了解并不透彻。地铁的结构发生沉降和变形后，还容易引起其他的“并发症"——隧道渗漏水，从而进一步诱发或加剧地面不均匀沉降，其更严重的后果是一旦相邻的轨道下降高度产生差别，就可能引发轨道变形，当变形超过一定的限度后，轨道会突然断裂，如果此时恰巧有列车驶过，就会酿成灾难性的后果。

2) 设计问题：地铁建设中，勘察设计时对地质风险评估分析不充分，钻探和试验工作量不够。设计文件并没有按规定提出工程检测要求和检测控制标准，对工程重点部位和环节的设计处理不完善，工程风险考虑不够。

3) 有关部门督导无力：监理和第三方检测机构是负责地铁工程质量的另一支重要队伍，但是某些工程主管为了加快工程进度，而一味地赶工期，未按照既定程序进行，从而使得部分施工部位出现土层冻结不充分，水泥注浆不到位，在准备工作还没有完全落实的情况下实现开工，以至于出现后续的一系列工程建设安全问题。

4) 工程造价高：地铁建设的功能主要就是为了缓解地面交通压力，所以其建设地点必然位于人口稠密区和商业发达区，这就给地铁建设带来了困难，也增大了建设成本。必然包括拆迁费等其他一系列可避免的费用。

(2) 运营演练问题

近年来，随着我国城市轨道交通运营规模的迅速发展，越来越多的城市轨道交通运营企业意识到运营一线人员应急能力已成为运营应急能力建设的关键要素。通过分析，发现在应急处置过程中多岗位、多专业协同不到位会造成运营事故影响扩大或运营损失增加。这对运营应急演练的频次和效果提出了更高的要求。地铁运营演练组织工作是地铁运营应急管理工作的重要组成部分。运营演练能够对人员应急能力、应急信息管理、应急物资配置等多项应急管理提供一种较为综合的检验和测试方法，是地铁具体运营组织创新实践探索工作中的必要环节；同时又是地铁试运营筹备期间各系统测试联调后模拟试运行的一个重要补充，是检验设备及人员队伍能够确保顺利开通的重要工作项目。在长期的运营实践中，运营演练往往存在思想重视不够、仿真度不高、演练次数不够、组织策划不足的情况。各地铁公司应在演练计划制定、具体演练工作方案编制、组织实施和演练工作评估等几个方面高度重视，认真把控，务求从各个管理环节提升演练的实际效果。在项目完成系统联调后开展运营演练，之后再开展试运行。有些项目存在运营演练方案不完善、演练的时间和地点安排不周、演练之后总结评估不到位等问题。此外，易出现整改演练过程中发现的问题整改不到位现象，进而影响后续试运行，导致试运行关键指标不达标。

(3) 项目验收问题

安全评估前应完成单位工程验收和项目竣工验收，取得质量验收监督意见、消防验收文件、特种设备验收文件、人防验收文件等。部分项目验收过程中发现的影响运营安全和基本服务质量问题未能及时整改，同时存在验收文件不全、未设置保护区提示或警示标志等现象。

(4) 资料准备问题

安全评估需要准备的资料繁多，不同单位和人员编写的材料风格各异，良莠不齐。存在评估资料未能按时完成、评估资料不完整、无法及时提供评估专家所需资料、部分资料在装订中出现差错现象。

(5) 会务组织问题

安全评估会务涉及的人员包括政府相关部门、第三方评估单位、评估专家、项目参建各方，会务组织需要周密安排。会务组织方面，易出现安排的配合人员不了解项目情况、现场踏勘未能覆盖所有站点、会议现场出现差错等问题。

2. 建议措施

安全评估前期准备工作需要周密部署，为确保评估工作顺利开展，相关措施建议如下。

（1）细化施工组织，确保工程完工

针对设计做好充分的前期准备工作，对于地铁建设这样工期长、耗资大的项目必须缜密细致地调研，首先就要在选址和建设地点方面征求涉及建设工程、环境保护、危机管理等领域专家的意见，并且能严格执行。由具有专业资质的单位进行施工，施工前需进行施工组织设计，对施工中的每一个环节都详细分析研究，以确保安全，施工组织设计方案需通过技术审查后方可实施。

建立完善的质量监管体系，在日常的监督管理以外，质监和安监部门应成立"督导队"，每组各几人，分别在不同的时刻进入各工地进行实时巡查，从而时刻保证着地铁建设工程质量的优秀。以"抓大、查小、促安全"的安全管理理念，"安全第一，预防为主，综合治理"的建设方针使得在地铁建设过程中的施工管理具体化。

合理规划减少工程造价，在地铁建设前，对其交通线网进行合理规划，而不是赋予其更多的商业和社会服务功能，影响投资效率和旅客出行的舒适度，同时应当对客流量进行估计，使猜测的客流量基本接近于实际客流量，以此来确定列车的长度、车次与车辆编组，以减少建设规模，进而降低工程造价。项目机电安装和车站装修阶段，细化施工组织，工程计划应精确到天并确保落实，确保在安全评估前完成所有的机电安装和车站装修工作，与乘客乘车舒适度相关的设备设施应具备投入条件。对于交地过晚的出入口，制定专项施工计划，加大投入，力争同期投入使用，确实不能同期投入使用的应提前分析研究，做好论证说明，确保每座车站至少有 2 个出入口可投入使用。提前与市政部门沟通，加快出入口外市政道路施工，确保项目初期运营时投入使用。

（2）编制演练方案，确保整改到位

运营单位应提前编制初期运营演练总体方案并通过评审，确保方案的规范、完整。此外，确保初期运营演练的时间、地点满足规范要求，演练内容应包括运营组织方案类、应急预案类、重要设备设施故障抢修类，演练后尽快进行总结评估，演练过程中发现的问题要全部落实整改。

1）选择合适的演练项目：首先，在选择应急演练项目的过程中应该对实际管理需求进行深入的剖析。对其覆盖范围给予充分的重视，并能将专项训练与综合训练进行有机结合。其次，地铁运营的发展分为不同的阶段，应急项目的选择应该与不同的阶段相适应。第三，要想更好地优化应急演练管理工作的效果，相关的工作人员应该对以往的地铁事故进行仔细分析，从而更好地提高应急演练工作的针对性。最后，演练人员是地铁运营应急演练的主体，其能力的高低将直接影响演练工作的质量和效率。因此，在选择演练项目时，应该重点考虑演练人员的能力，并将其作为主要的项目选择依据。

2）确定演练频率和次数：确定演练的次数和频率是实施地铁运营应急演练工作的一个关键点。地铁运营是一个系统性较强的过程，这样的工作特点也就决定了在确定演练频率和次数时应该避免与一些重大的项目发生"撞车"问题，选择合适的时间段来开展演练活动。值得注意的是，地铁在实际的运营过程中可能会出现一些突发情况，在实施演练方案时应该充分结合实际情况来调整。在发布方案时，应该重视演练的要求、模板以及演练效果的评估记录。

3）演练策划与场景设置：在正式实施地铁运营应急演练计划时，方案策划以及场景布置是先决条件。首先，相关负责人应该分别从年度和月度这两个方面确定演练方案，将重要的基础信息提取出来，比如，演练人员的水平、环境因素以及设备情况等。其次，对演练场景进行合理布置，明确演练的范围以及对周围环境的影响，并在此基础上实施模拟演练，调整演练方案。

4）召开演练布置会：布置会是一个安排具体工作的流程。在这个环节需要为参加演练的各个部门分配工作，对演练场景进行进一步的确认，确定各个部门以及人员的岗位，并能对组织演练活动的机构进行确认。

5）制定演练方案，补充组织细节：首先，在布置会的基础上对演练的方案进行明确，确定演练场景、演练的依据及目标、基础条件以及对相关人员的要求等内容。其次，保证参与演练的部门都已经明确自己的职责，在此基础上对演练过程中可能出现的风险进行评估并根据风险的性质设计合理的规避方案。另外，相关部门还应该对演练的流程进行严密的设计。

6）演练现场实施：首先，在确认演练的前提条件后，正式进入演练环节，使每个参与人员都进入应急演练的状态当中。其次，在应急演练的过程中存在一些重要环节，相关人员需要对其进行重点监制，将各个环节中所反映的关键信息及时记录下来。在实际的演练活动中，合理调整演练的内容，并对其进行分析和记录。最后，对演练活动的各个步骤进行评价，由相关人员发出演练结束的指令。在演练结束后，在现场直接以会议的形式针对演练效果进行点评。

7）项目组织：项目组织是地铁运营应急演练效果评估的关键环节，这个环节的主要目的是对演练过程中出现的一些超出预想范围的内容进行合理评估，主要包括突发状况、演练边界、模拟活动是否合理以及实施过程中可能出现的风险。所以，在实际的应急演练过程中，应该根据演练的项目对其边界进行合理设定，从而保证演练活动能按照预期的效果实施下去。另外，还需要将组织计划中可能出现的效果与实际演练中的人员情况以及相关设备的情况进行对比，检查二者之间的契合程度。这样的评估环节不仅能提高地铁运营应急演练效果的科学性和合理性，还能为后续的演练计划设计提供一定的参考信息。地铁运营应急演练管理是运营管理的必修科目，必须按照项目管理的理念进行科学、系统的管理，必须认真合理制定年度演练计划、周密编制具体演练工作方案、有步骤地开展具体演练组织、定期开展工作评估改进，既要有细节把控，又要通盘考虑，这样才能提高和改进整体的应急演练工作水平。

（3）制定专项计划，确保验收顺利

针对单位工程和各类验收文件的取得，制定验收专项计划，专人跟进验收工作，及时整改验收过程中发现的各类问题，确保在项目竣工验收前取得质量验收监督意见、消防验收文件、特种设备验收文件、人防验收文件等，确保项目顺利通过竣工验收。

（4）提前组织培训，确保资料完整

针对资料内容繁多、风格各异问题，项目建设和运营单位应提前组织培训，明确材料标准和完成时间，所有材料要有人编写、有人审核、有人审定，确保所有材料内容完整、格式规范、能够全面反映工程全貌，让评审专家从中得到有用信息。此外，需要提前联系好印刷机构，在资料交稿后尽快完成印制。

(5) 制定会务细则，确保规范有序

针对会务组织，应制定会务细则，内容包括总体目标、工作组成员及职责、具体工作要求、详细工作计划，详细工作计划中应有具体工作内容及计划、评估专家配合人员、评估会务安排、现场系统测试检验实施方案等。每项工作应有明确的责任人和完成时间，建设单位验交管理部门定期督办，确保规范有序。

第 10 章　城市轨道交通开通初期运营正式评估常见问题及优化

10.1　正式评估会议常见问题梳理与分类

10.1.1　正式评估常见问题

正式评估各专家组通过资料查阅、听取工程情况汇报、现场查勘、人员问询、系统联动测试、旁站测试、列车添乘等方式进行评估，在评估过程中常见问题可分为：项目建设问题、运营演练问题、项目验收问题、资料准备问题、会务组织问题。

1. 项目建设问题

许多项目建设受前期工作影响，安全评估时工程实体还未完成建设。存在部分车站出入口未完成土建结构施工、部分车站未完成机电安装和装修、部分垂直电梯和扶梯未完成安装调试、部分车站出入口无法实现公交接驳等现象。

常见问题：

（1）土建工程类。车站出入口与市政联络通道未完工无法实现有效连接。出入口与公路边缘段未做硬化处理。

（2）装饰装修类。紧急疏散通道地面出入口装修未完成且未与市政道路联通，紧急疏散通道内注浆针管未切除，排水沟盖板未安装；上下出入门框未安装，出入口扶梯侧面未安装防护板，站内部分异型装饰板未安装；车控室观察窗外四周墙面装饰板未安装；风井内建筑施工物资未清理，排水管未做保温处理；弱电电缆室空洞封堵不严。站出入口未张贴车站名，出入口外部台阶正在施工，部分楼梯防护玻璃缺失，站内外垂梯门套未安装，扶梯外侧装饰板缺失，扶梯侧面未安装防护板。

（3）机电安装类。部分车站无障碍电梯未安装调试完成不能正常使用。

（4）设计类。车站出入口、消防专用通道、无障碍电梯的地面建筑标高和风亭口部建筑标高不满足防洪、防涝要求。

2. 运营演练问题

项目完成系统联调后开展运营演练，之后再开展试运行。有些项目存在运营演练方案不完善、演练的时间和地点安排不周、演练之后总结评估不到位等问题。此外，易出现整改演练过程中发现的问题整改不到位现象，进而影响后续试运行，导致试运行关键指标不达标。

常见问题：

（1）运营单位编制的《突发事件应急演练质量评估报告》发现的问题不突出，整改措施不完善，存在假大空现象。

（2）车站级现场演练未做到全员参与，不能测试车站全员应急处置能力是否满足运营需要。

3. 项目验收问题

安全评估前应完成单位工程验收和项目竣工验收，取得质量验收监督意见、消防验收文件、特种设备验收文件、人防验收文件等。部分项目验收过程中发现的影响运营安全和基本服务质量问题未能及时整改，同时存在验收文件不全、未设置保护区提示或警示标志等现象。

常见问题：

（1）设备检测类。部分组合风阀，执行机构未调整到位，阀瓣关闭不严密。

（2）系统测试类。核查生产、生活给水系统各用水点的水量和水压、车站消火栓系统充实水柱和水量压力、设备房自动灭火系统运行、区间水泵安全运行等测试合格报告，部分消火栓水量压力较小，不满足设计要求；EPS设备时钟显示时间错误，需全线排查。

（3）警示标识类。车站醒目位置未公布安全乘车注意事项、监督投诉电话、本站首末车时间和周边公交换乘信息，并按规定张贴城市轨道交通禁止、限制携带物品目录。

4. 资料准备问题

安全评估需要准备的资料繁多，不同单位和人员编写的材料风格各异，良莠不齐。存在评估资料未能按时完成、评估资料不完整、无法及时提供评估专家所需资料、部分资料在装订中出现差错现象。

常见问题：

（1）核查通风换气和空气环境控制功能、排烟系统排烟量、隧道纵向排烟风速、楼梯间加压送风系统余压等测试合格报告内容填写不规范，签字不完整。

（2）第三方检测机构提供的《接触网动态几何参数测试报告》《弓网燃弧指标测试报告》《弓网动态接触力测试报告》《受电弓垂向加速度（硬点）测试报告》等相关报告中的支撑数据及相关照片不完善。

（3）设备系统技术规格说明书、操作手册、维修手册、各类软件使用说明不齐全，有缺失。

（4）经查阅运营分公司与委外维修单位签订的《委外维修协议》《工程维修工程部现场处置方案》及《自评自证报告》等资料，委外安全协议中的风险管控内容不完善。

（5）信号、通信系统各子系统测试报告封面未加盖公章。

（6）通信系统单位（子单位）工程质量竣工验收记录，未明确标注各子系统名称。

5. 会务组织问题

安全评估会务涉及的人员包括政府相关部门、第三方评估单位、评估专家、项目参建各方，会务组织需要周密安排。会务组织方面，易出现安排的配合人员不了解项目情况、现场踏勘未能覆盖所有站点、会议现场出现差错等问题。

常见问题：

（1）会场布局不合理，面积较小，全体参会人员就座后略显拥挤。

（2）会议室数量不足，无法满足各专业小组分组讨论问题的需要。存在两组共用一个会议室，引起交叉的现象。

(3) 会场地址选择不合理，距离踏勘现场较远，出行不便。

(4) 陪同专家人员数量不足、分工不明、业务不精，无法及时记录专家问题，并对于现场踏勘过程中提出的疑问不能有效解答，造成工作被动，后期需要准备大量的资料进行自评自证。

10.1.2 常见问题汇总

1. 评估报告问题摘录

（1）前提条件

《技术规范》第八条：按照规定划定城市轨道交通工程项目保护区，具有建设单位根据土建工程验收资料勘界后制定的保护区平面图，并在具备设置条件的保护区设置提示或警示标志。

持续改进问题：应充分根据土建工程验收资料勘界后制定保护区平面图及警示位置清单。

《技术规范》第十九条：车站公共区有关设施设备结构、过道处、楼梯口、楼梯装饰玻璃边角、扶手转角及其连接部位、防护栏杆、不锈钢管焊缝处等不应有可能造成乘客伤害的尖角或突出物；车站地面嵌入式疏散指示应与地面平齐；车站公共区地板应防滑，列车站台停靠时的列车驾驶员上下车立岗处应经地面防滑和防静电处理。

持续改进问题：部分车站防护玻璃边角等处存在尖角或突出物。

《技术规范》第二十三条：车站醒目位置应公布安全乘车注意事项、监督投诉电话、本站首末车时间和周边公交换乘信息，未按规定张贴城市轨道交通禁止、限制携带物品目录。

持续改进问题：城市轨道交通禁止、限制携带物品目录未张贴在出入口醒目处。

《技术规范》第二十五条：地下车站、地面和高架车站站台顶板、设备用房、行人通道等结构不应渗水、结构表面应无湿渍，区间隧道、连接通道结构不应漏水，轨道道床面应无渗水。

持续改进问题：1）联络通道管片与结构施工缝处存在渗漏水。

2）排风道、新风道内尚有检修爬梯等工程未完成施工。

《技术规范》第三十二条：设备安装未使用的结构预留孔洞应完成封堵；区间结构施工遗留的混凝土浮浆、碎块等异物和设备安装遗留在结构本体上的铁丝、铁片、胶条等异物均应完成清除。

初期运营前应解决问题：排风通道人防门处孔洞未完成封堵。

《技术规范》第四十九条：车站控制室和控制中心具备通风设备状态信息显示和故障报警功能。

初期运营前应解决问题：控制室BAS工作站显示的小系统设备状态信息与设计运行模式不一致。

（2）其他意见建议

1）未见甩项工程建设部门出具的安全保障措施。

2）未见开通后备用列车运用计划和加开临时计划。

3）车站基础性管理需进一步完善。

4）司机立岗处地面未做防滑措施。

5）车站司机停车位置标文字描述错误。

6）某出入口原计划应完工参与本次安全评估。实际该出入口目前仅完成结构施工，后续工程需与物业工程结合，应补充缓建说明。

7）出入口卷帘门未安装防护板。

8）风道人防门处穿墙预留套管未完全封堵。

9）司机上下车立岗处，栏杆开口过宽。

10）风道内结构外露，钢筋未做处理。

11）紧急疏散口雨水管下部端头未接入车站泵房。

12）需要在易燃品库增设存放管理要求告示牌。

13）建议各运营中心之间应加强技术交流，举一反三，防止同类问题重复发生。

14）在亭岗站现场抽测变电所 0.4kV 低压设备自投功能测试时发现，车站 A 端 EPS 设备人机界面报警系统有误，进线电缆未挂牌。

15）设备用房墙面有裂缝，设备用房疏散楼梯内墙未完工。

16）站厅、站台部分栏杆玻璃尚未安装或破损。

17）两站区间管片连接螺栓松动。

18）两站区间隧道内残余铁丝、砂浆未清理干净。

19）两站区间靠近上部端头排水沟有杂物。

20）两站区间，靠近聚龙站端头有漏水点。

21）两站区间联络通道内有杂物，防火门把手缺失，集水井盖板未安装到位。

22）列车通过上行线曲线时产生的声音较大。

23）上行线部分疏散指示灯不亮，个别隧道照明灯不亮。

24）自动售检票系统应按计划完成对既有线运行线路终端设备、车站计算机、线路中央计算机系统的乘客服务界面、参数和报表的升级工作。

25）对于全曲线站台及部分站台局部加宽的车站、异物探测已预留接口，尚未接入安全回路。

26）电调大屏某处画面不清晰，缺少车辆段的电调信息。

27）某站消防火栓管道四环未标注。

28）某站消防水泵吸水偏心异径管安装不规范。

29）活塞阀而处于不正常状态。

30）车辆段冷水机房部分冷水管保温不完善。

31）尽快将车站票务系统正式环境及权限配置到位。

32）FAS 立柜内电源插座建议设计核实柜内设备固定供电方式，采用固定的 PDU 供电。

33）信号系统 HMI 上运行图的目的地码和车次显示，设置在两边空白处；运营期间出厂的列车和正常运营折返列车通过不同颜色来区分。

（3）资料审查

1）未见完整的各层级安全生产组织架构相关资料［不满足《技术规范》第九十五条：运营单位应建立从安全生产委员会（或安全生产领导小组）至基层班组的安全生产管理组

织架构,安全生产责任制分解到岗位和人员,并配备专职安全生产管理人员]。

2)客运管理部门不能直接处理乘客投诉(不满足《技术规范》第九十六条:运营单位应具有受理和处理乘客投诉的部门)。

3)列车驾驶员心理测试缺少应急反应的相关内容(不满足《技术规范》第九十八条:运营单位主要负责人和安全生产管理人员应按规定接受安全培训,初次安全培训时间不少于32学时。列车驾驶员、行车调度员、行车值班员、信号工、通信工等重点岗位人员应通过安全背景审查,列车驾驶员还应通过心理测试。)。

4)《行车组织方案》内容不完整缺少设备支持等内容(不满足《技术规范》第一百○九条:运营单位应根据车站配线、站台布局、信号系统、供电系统等设施设备的配置情况及初期客流预测情况,制定涵盖正常、非正常和应急状态下的行车组织方案。)。

5)《客运组织方案》编制不完整[不满足《技术规范》第一百一十一条:运营单位应根据列车运行计划、初期运营客流预测、设施设备能力和人员配备情况,编制客运组织方案(至少包括组织机构、岗位设置、上岗人员、客流疏散方案、乘客换乘安全保障方案)]。

6)车站请销点控制表未明确异地请销点相关内容(不满足《技术规范》第一百一十二条:运营单位制定的城市轨道交通检修施工管理制度,应规定施工作业请点和销点、施工作业安全防护、施工动火作业和工程车使用,以及对外单位(含委外)影响行车安全的施工作业进行旁站监督等要求)。

7)初期运营所需的土建工程竣工图纸资料未完全交接到位(不满足《技术规范》第一百一十三条:运营单位应具有初期运营所需的土建工程竣工资料、设备系统技术规格说明书、操作手册、维修手册、各类软件和调试报告等技术图纸资料)。

8)未见车辆段中水回用系统故障应急处置方案[不满足《技术规范》第一百一十五条:运营单位应建立应急信息报送、应急值守和报告、乘客应急信息发布、乘客伤亡事故处置和运营突发事件(事故)调查处理等应急管理制度]。

9)因____站至____站区间存在"飞站",该区间作为长大区间功能运作,经查阅相关演练记录,未见该区间火灾演练开展记录(不满足《技术规范》第一百二十条:运营单位应开展以下运营突发事件应急演练项目:(一)临时扣车和加车、越站行车、各种交路列车折返等行车组织应急演练;(二)列车故障救援应急演练;(三)供电、通信、信号(含道岔故障处理,手动操作道岔办理进路)、轨道、站台门等设备故障应急演练;(四)突发停电(含区间应急照明和列车应急照明)应急演练;(五)车站站台火灾、站厅火灾、区间火灾、主要设备房火灾等应急演练;(六)突发大客流应急演练;(七)道床拱起、隧道拱顶漏水、隧道结构意外打穿等工务系统应急演练;(八)乘客滞留、乘客意外伤害应急演练;(九)列车相撞和脱轨应急演练)。

(4)现场勘查

1)车站出入口

① 城市轨道交通禁止、限制携带物品目录未张贴在出入口醒目处。

② 出口处需设置紧急出口标识。

2)电扶梯、楼梯处

① 电扶梯、楼梯处需设置老人儿童的播音、标志提示。

② 站台到站厅建议设置出入口标识。
③ 建议电扶梯上方设置上、下运行指示标志。
3）消防站处需设置湿毛巾或毛巾和水设备。
4）车站控制室
① IBP 盘（综合后备盘）上自动扶梯的出入口数字表示形式应采用运营中规定的形式。
② IBP 盘上"车头和不明"说法不可，需表述清晰。
③ 防淹门不应放在 IBK 盘上使用，考虑此处防淹门控制不适用于突发情况，建议不要设置控制。
④ 调度命令应一事一令，不可一事多令。
⑤ 行车记录本应放在值班员方便拿取的地方。
⑥ 值班员应具备行车操作能力、紧急情况反应能力。
⑦ 值班员应进行信号指示培训及考核。
5）车站站台
① 紧急停车按钮处应张贴罚责及操作说明。
② 司机应做到手指口呼。
③ 停车标位置应按照规范要求设置。
④ 司机立岗处地面应做防滑措施。
⑤ 车内噪声应符合相关标准要求。
⑥ 电客车内应为残疾人设置安全防护设施。
⑦ 车站换乘方式应做到无障碍换乘。
⑧ 一个站每增设一个换乘站，需增加两个出入口（标准要求）。
⑨ 隧道内不允许漏水，站台内不允许渗水（标准要求）。
⑩ 排水沟的盖板应固定齐平。
⑪ 残疾人卫生间配置应齐全，护栏需安装牢固。

2. 其他意见

（1）消火栓设置不合理，易出现绊人安全事故。
（2）车站出入口卷帘门缺少物理性防坠落措施。
（3）出入口通道内水泵控制箱门未安装门锁。
（4）本工程尚未完成运营期结构沉降位移监测合同签订，应尽快完成合同签订。
（5）设计文件及测试报告中缺少楼梯间加压送风系统余压值。
（6）目前平过道已设置物理隔离，管理规程已要求请点进入，但还需增设出入库列位声光报警。

10.2 建议及措施

10.2.1 安全评估相关措施

安全评估前期准备工作需要周密部署，运营单位编制评审方案，明确分工及职责，制定时间节点,按照节点推进评审准备工作,为确保评估工作顺利开展,相关措施如下。

1. 细化施工组织,确保工程完工

项目机电安装和车站装修阶段,细化施工组织,工程计划应精确到天并确保落实,确保在安全评估前完成所有的机电安装和车站装修工作,与乘客乘车舒适度相关的设备设施应具备投入条件。对于交地过晚的出入口,制定专项施工计划,加大投入,力争同期投入使用,确实不能同期投入使用的应提前分析研究,做好论证说明,确保每座车站至少有2个出入口可投入使用。提前与市政部门沟通,加快出入口外市政道路施工,确保项目初期运营时投入使用。

2. 编制演练方案,确保整改到位

运营单位应提前编制初期运营演练总体方案并通过评审,确保方案的规范、完整。此外,确保初期运营演练的时间、地点满足规范要求,演练内容应包括运营组织方案类、应急预案类、重要设备设施故障抢修类,演练后尽快进行总结评估,演练过程中发现的问题要全部落实整改。

3. 制定专项计划,确保验收顺利

针对单位工程和各类验收文件的取得,制定验收专项计划,专人跟进验收工作,及时整改验收过程中发现的各类问题,确保在项目竣工验收前取得质量验收监督意见、消防验收文件、特种设备验收文件、人防验收文件等,确保项目顺利通过竣工验收。

4. 提前组织培训,确保资料完整

针对资料内容繁多、风格各异问题,项目建设和运营单位应提前组织培训,明确材料标准和完成时间,所有材料要有人编写、有人审核、有人审定,确保所有材料内容完整、格式规范、能够全面反映工程全貌,让评审专家从中得到有用信息。此外,需要提前联系好印刷机构,在资料交稿后尽快完成印制。

5. 制定会务细则,确保规范有序

针对会务组织,应制定会务细则,内容包括总体目标、工作组成员及职责、具体工作要求、详细工作计划,详细工作计划中应有具体工作内容及计划、评估专家配合人员、评估会务安排、现场系统测试检验实施方案等。每项工作应有明确的责任人和完成时间,建设单位验交管理部门定期督办,确保规范有序。

10.3 相关方案及规定模板

城市轨道交通初期运营前安全评估常见问题按照问题类别主要分为项目建设问题、运营演练问题、项目验收问题、资料准备问题、会务组织问题五类。

例:运营演练问题,____市城市轨道交通__号线一期工程,尚未张贴各站的安全乘车注意事项、监督投诉电话、本站首末车时间和周边公交换乘信息,并按规定张贴城市轨道交通禁止、限制携带物品目录,问题整改情况复核意见模板如下。

1. 问题整改情况复核意见（A）（表 10.3-1）

问题整改情况复核意见（A）　　　　　表 10.3-1

工程名称	___市城市轨道交通____号线一期工程
问题描述	车站醒目位置未公布安全乘车注意事项、监督投诉电话、本站首末车时间和周边公交换乘信息，并按规定张贴城市轨道交通禁止、限制携带物品目录
整改落实情况说明	已按照整改要求张贴乘车注意事项、车站首末时间、轨道交通禁止、携带物品目录
专家复核情况说明	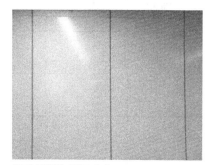 整改前照片(照片大小:3.98cm×5.13cm)  整改后照片(照片大小:3.98cm×5.13cm)  整改前照片(照片大小:3.98cm×5.13cm)  整改后照片(照片大小:3.98cm×5.13cm)  整改前照片(照片大小:3.98cm×5.13cm)  整改后照片(照片大小:3.98cm×5.13cm)

续表

专家复核情况说明	 整改前照片(照片大小:3.98cm×5.13cm)	 整改后照片(照片大小:3.98cm×5.13cm)
复核结果	□完成□未完成	
____城轨工程咨询有限公司复核人员签名：		
____市轨道交通集团有限责任公司陪同人员签名：		
复核专家签名：		
复核时间		

2. 问题整改情况复核意见（B）

《技术规范》第二十三条：车站醒目位置应公布安全乘车注意事项、监督投诉电话、本站首末车时间和周边公交换乘信息，未按规定张贴城市轨道交通禁止、限制携带物品目录。

1）评估结论：尚未张贴各站的安全乘车注意事项、监督投诉电话、本站首末车时间和周边公交换乘信息，并按规定张贴城市轨道交通禁止、限制携带物品目录。不满足《技术规范》第二十三条要求。

2）初期运营前应解决问题：车站醒目位置未公布安全乘车注意事项、监督投诉电话、本站首末车时间和周边公交换乘信息，并按规定张贴城市轨道交通禁止、限制携带物品目录。

3）持续改进问题：无。

回复：整改措施：按设计及相关标准、规范，完成车站标识、标志安装工作。

整改情况：已按照整改要求张贴乘车注意事项、车站首末时间、轨道交通禁止、携带物品目录，整改前后的照片见图10.3-1。

整改完成时间：____年__月__日。

整改责任人：____。

第10章 城市轨道交通开通初期运营正式评估常见问题及优化

整改前照片

整改后照片

整改前照片

整改后照片

整改前照片

整改后照片

图 10.3-1　整改前后的照片

第 11 章 城市轨道交通开通初期运营

11.1 城市轨道交通新线初期运营批复

城市轨道交通新线初期运营评估流程见图 11.1-1。

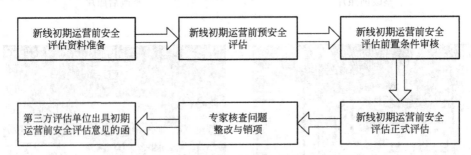

图 11.1-1 城市轨道交通新线初期运营评估流程

第三方评估机构根据专家检查问题整改情况复核意见，出具《关于报送城市轨道交通初期运营前安全评估意见的函》，并在文件中给出本次安全评估最终意见：城市轨道交通已具备初期运营条件。同时将《城市轨道交通初期运营前安全评估报告》《城市轨道交通初期运营前安全评估问题整改情况报告》《城市轨道交通初期运营前应解决问题整改情况复核意见》等文件作为附件报送给城市轨道交通行业主管部门（图 11.1-2）。

轨道公司需向城市轨道交通主管部门在城市轨道交通新线开通前提交《关于申请____轨道交通____号线开通初期运营的请示》，主要阐述____市轨道交通初期运营前安全评估工作完成情况，针对评估报告中专家提出的问题和建议的整改落实情况，第三方机构专家对初期运营前必须解决的问题整改情况复核结果，专家出具的城市轨道交通初期运营前安全评估意见中本次评估结果等内容，同时需明确申请城市轨道交通初期运营具体时间。《城市轨道交通初期运营前安全评估问题整改情况报告》应作为请示文件的附件上报市交通运输局，图 11.1-3 为轨道公司初期运营请示模板。

城市轨道交通主管部门对轨道公司提交的《关于申请____轨道交通____号线开通初期运营的请示》及相关文件资料验收通过后，向市人民政府提交《____市交通运输局关于申请____城市轨道交通____号线开通初期运营的请示》，并将第三方安全评估单位出具的《城市轨道交通初期运营前安全评估意见函》和《城市轨道交通____号线初期运营开通仪式实施方案》附后，图 11.1-4 为市交通运输局初期运营请示模板。

市人民政府根据城市轨道交通主管部门提交的城市轨道交通新线开通初期运营的请示，经研究决定后，向城市轨道交通主管部门下发《____市人民政府关于____市轨道交通____号线开通初期运营的批复》文件，批复城市轨道交通新线开通初期运营，图 11.1-5

图 11.1-2　初期运营安全评估意见函模板

图 11.1-3　轨道公司初期运营请示模板

图 11.1-4 市交通运输局初期运营请示模板

图 11.1-5 人民政府初期运营批复模板

为人民政府初期运营批复模板。

11.2 初期运营前安全评估总结

城市轨道交通新线开通前的安全评估机制既是对城市轨道交通系统设备性能的全面核验，也是对运营组织中人、物、管理制度等关键运营资源准备情况的科学评判，城市轨道交通项目的运营单位必须重视正式运营前技术条件的安全评估工作，提前做好各项准备，严格执行基准管理，将此项规范落实到建设、运营筹备的每个环节，在实践中不断总结，完善安全评估体系，持续保证线路开通后的安全稳定运营。

城市轨道交通新线在初期运营安全评估可以分为三个阶段：

第一阶段：初期运营前安全评估前期准备阶段：主要包含有相关政策解析及落实要求、用户需求书、评估方案、评估单位及评估审核等前期准备、各类综合性报告及其他资料准备；

第二阶段：初期运营前安全评估正式评估阶段：主要包含有安全预评估、前置条件审核、正式评估及系统测试项目。

第三阶段：评估问题整改优化阶段：主要包含有问题库分类、分工、整改、销项、跟踪、优化以及常见问题梳理、建议及措施等内容。

本书总结某地铁已开通线路初期运营前安全评估经验，在分析研究已开通线路初期运营前安全评估过程中，提出了评估组织和资料准备方面需重点关注事项，希望对今后城市轨道交通新线初期运营前安全评估提供参考和帮助。

11.3 正式开通运营

城市轨道交通是当下许多城市为适应自身的发展需要而建设的一项惠及市民的基础性设施服务。它作为我国道路交通建设的重要组成部分不断的发挥自身价值来推动社会的发展和进步。在发展低碳交通过程中，城市轨道交通所扮演的角色正是顺应了时代发展的潮流。同时，城市轨道交通的建设及运营能促进工业、运输等相关产业的发展，刺激就业，促进沿途土地升值，拓展城市发展空间，具有明显的外部经济性。对加快周边城市建设，优化城市布局等起到积极的推动作用。

在地铁正式开通之际，可通过举办开通仪式，通过媒体转播等形式向广大民众宣传。另外，在此重要节点，运营单位可编制《开通初期运营保障方案》，以调动运营各部门力量，做好初期运营保障工作，确保开通初期运营组织工作安全、平稳、有序。方案中应包含：

1. 工作目标

确保地铁初期运营期间的行车组织安全、高效，客运组织、票务运作顺畅、有序，设备运行正常、稳定，应急反应迅速、快捷，安全保障响应及时、迅速，员工精神饱满、文明服务，充分展现地铁良好服务形象。

2. 组织架构及职责

设立领导小组，明确运营各部门职责。

3. 初期运营基本要素

（1）初期运营基本条件：初期运营期间，严格按照国家相关要求，全部设备系统投入使用，运营人员到岗，规范车站出入口并提供收费载客服务等。

（2）开通初期运营时间及范围：时间以政府批文为准；范围以实际开通线路及车站为准。

（3）初期运营目标：明确运营服务时间，峰期设置，列车运行交路。

4. 开通初期运营运输组织

综合考虑行车组织，客运组织，票务组织，设备、物资、后勤保障，人员、技术保障，安全应急保障及其他保障安排。

地铁线路通过初期运营前安全评估并正式开通运营后，安全仍是重中之重，需要我们始终将保证地铁的安全放在首要的位置，视保证地铁的安全运行如同生命，无论是管理人员还是一线员工，都要结合国家标准，行业标准，地方标准，同时借鉴国内外先进的管理经验，不断完善安全管理措施，锤炼安全技能，为地铁安全运营保驾护航。

参考文献

[1] 交通运输部办公厅. 交通运输部办公厅关于印发《城市轨道交通初期运营前安全评估技术规范 第1部分：地铁和轻轨》的通知（交办运〔2019〕17号）[S]. 北京：中华人民共和国交通运输部，2019.

[2] 交通运输部. 交通运输部关于印发《城市轨道交通初期运营前安全评估管理暂行办法》的通知（交运规〔2019〕1号）[S]. 北京：中华人民共和国交通运输部，2019.

[3] 交通运输部. 城市轨道交通运营管理规定（交通运输部令2018年第8号）[S]. 北京：中华人民共和国交通运输部，2018.

[4] 国务院办公厅. 国务院办公厅关于保障城市轨道交通安全运行的意见（国办发〔2018〕13号）[S]. 北京：中华人民共和国国务院办公厅，2018.

[5] 住房和城乡建设部. 城市轨道交通建设工程验收管理暂行办法（建质〔2014〕42号）[S]. 北京：中华人民共和国住房和城乡建设部，2014.

[6] 交通运输部. 交通运输部关于印发《城市轨道交通正式运营前和运营期间安全评估管理暂行办法》的通知（交运规〔2019〕16号）[S]. 北京：中华人民共和国交通运输部，2019.

[7] 交通运输部办公厅. 交通运输部办公厅关于印发《城市轨道交通正式运营前安全评估规范 第1部分：地铁和轻轨》的通知（交办运〔2019〕83号）[S]. 北京：中华人民共和国交通运输部，2019.

[8] 交通运输部办公厅. 交通运输部办公厅关于印发《城市轨道交通运营期间安全评估规范》的通知（交办运〔2019〕84号）[S]. 北京：中华人民共和国交通运输部，2019.

[9] 交通运输部. 城市轨道交通试运营基本条件：GB/T 30013—2013 [S]. 北京：中国标准出版社，2014.

[10] 程永谊，吴方林. 城市轨道交通线网运营期间安全评估实施研究 [J]. 现代城市轨道交通，2021（4）：1-5.

[11] 苏保卫. 城市轨道交通综合联调组织方案技术探讨 [J]. 现代城市轨道交通，2017（1）：60-64.

[12] 柳雪丽. 城市轨道交通安全管理对策研究 [J]，大众标准化，2020（8）：200-201.

[13] 张恒业. 关于城市轨道交通运营安全管理的探讨 [J]. 中国设备工程，2021（5）：26-27.

[14] 龙百画. 城市轨道交通控制保护区管理要点 [J]. 都市快轨交通，2014，27（2）：39-42.

[15] 陈源，姚建伟. 城市轨道交通综合联调的现场组织与管理 [J]. 现代城市轨道交通，2014（1）：110-113.

[16] 李壮. 城市轨道交通综合联调工作要点探析 [J]. 城市建设理论研究，2019（6）：160.

[17] 徐源，林晓伟. 城市轨道交通联调联试的组织与实施 [J]. 工业控制计算机，2020，33（1）：10-12，15.

[18] 刘延东. 城市轨道交通建设安全风险管理浅析 [J]. 中国设备工程，202（6）：270-271.

[19] 李克定. 探讨地铁联调联试管理措施 [J]. 信息通信，2015，5（5）：268-269.

[20] 孙石头. 城市轨道交通安全管理体系研究 [J]. 科技风，2019（10）：227.

[21] 肖慧娟. 试论如何做好城市轨道交通施工现场安全管理 [J]. 城市建筑，2013，7（14）：110-112.

[22] 严俊，吴川，滕东华. 城市轨道交通双重安全预防机制建设中相关概念辨析 [J]. 城市轨道交通研究，2021，24（S1）：37-39.

[23] 王小飞. 国内外城市轨道交通应急管理状况分析 [J]. 现代城市轨道交通，2020（12）：118-123.

[24] 李昊. 关于城市轨道交通综合联调安全管理的探讨 [J]. 城市建设理论研究，2016（6）：431.

[25] 孙路. 城市轨道交通系统联调项目策划的研究 [D]. 北京：中国铁道科学研究院，2016.

[26] 王璟. 不同组织方式与技术方案下城市轨道交通综合联调差异分析与比较 [J]. 现代城市轨道交通, 2019 (5): 58-63.

[27] 王昊, 崔琰, 石杰红. 轨道交通运营风险分级管控与隐患排查治理 [J]. 中国安全生产科学技术, 2021, 16 (SI): 127-128.

[28] 田宝春, 张捷. 城市轨道交通建设安全风险管理现状与发展趋势分析 [J]. 居舍, 2020, 11 (31): 144-145.

[29] 李明. 城市轨道交通地铁施工安全管理探究 [J] 绿色环保建材, 2021 (1): 121-123.

[30] 苏应麟. 城市轨道交通工程建设安全风险管控措施 [J], 四川建材, 2021, 47 (2): 221-222.

[31] 中国城市轨道交通协会. 城市轨道交通 2020 年度统计和分析报告 [R]. 北京: 中国城市轨道交通协会, 2021.

[32] 张岩. 新建城市轨道交通运营筹备策略初探 [J]. 中国勘察设计, 2011 (3): 62-64.

[33] 李晔. 程泽华, 张凌云. 城市轨道交通联调联试新模式研究 [J]. 现代城市轨道交通, 2019 (8): 24-26.

[34] 刘程夫. 城市轨道交通应对公共卫生事件策略研究 [J]. 美与时代 (城市版), 2020 (7): 112-114.

[35] 姜彦璘, 张文韬. 西安地铁客流监控预警信息系统可行性研究及分析 [J]. 都市快轨交通, 2018 (2): 8-11.

[36] 张铭. 规划城市轨道交通换乘站时考虑的几个问题 [J]. 交通标准化, 2011 (1): 33-35.

[37] 陈建宇. 基于 Anylogic 的成都北站铁路客流换乘城市轨道交通仿真研究 [D]. 成都: 西南交通大学, 2014.

[38] 中华人民共和国住房和城乡建设部. 地铁设计规范: GB 50157—2013 [S]. 北京: 中国建筑工业出版社, 2014.

[39] 何静, 刘志娟, 朱海燕. 城市轨道交通运营管理 [M]. 北京: 中国铁道出版社, 2013.

[40] 毛保华, 王明生, 牛惠民, 等. 城市客运管理 [M]. 北京: 人民交通出版社, 2009.

[41] 王炜, 杨新苗, 陈学武, 等. 城市公共交通系统规划方法与管理技术 [M]. 北京: 科学出版社, 2002.

[42] 张国宝. 城市轨道交通运输组织 [M]. 北京: 中国铁道出版社, 2000.

[43] 李士兵, 冯攀. 城市轨道交通运营新线筹备阶段的组织管理 [J]. 企业改革与管理, 2018 (7): 202-203.

[44] 孟祥明. 地铁建设施工阶段安全管理对策研究 [J]. 现代城市轨道交通, 2021 (4): 97-100.

[45] 上海申通地铁集团有限公司. 上海轨道交通建设机电系统联调联试管理规定: Q/SD-JGZ-G-TS-2501—2018 [S]. 上海: 上海申通地铁集团有限公司, 2018.

[46] 上海申通地铁集团有限公司. 上海轨道交通全自动运行运营场景及功能分配: Q/SD-JS-1-QC-YG0008—2019 [S]. 上海: 上海申通地铁集团有限公司, 2019.

[47] 沈伟明. 现代地铁捷运系统机电项目管理–新加坡东北地铁线经验介绍 [J]. 现代城市轨道交通, 2004 (3): 49-51.

[48] 尹聪聪. 城市轨道交通线路 UTO 运营条件和技术难点分析 [J]. 隧道与轨道交通, 2021 (S1): 107-109.

[49] 丰文胜, 王永星, 薛强. 轨道交通全自动无人驾驶场景的新功能需求 [J]. 铁道通信信号, 2020, 56 (2): 83-85.

[50] 苏保卫. 城市轨道交通综合联组织方案技术探讨 [J]. 现代城市轨道交通, 2017 (1): 60-64.

[51] 黎东. 城市轨道交通综合联调数据分析与评估 [J]. 中小企业管理与科技 (中旬刊), 2017 (8): 80-81.

[52] 金宇明. 城市轨道交通综合联调组织方案技术分析 [J]. 设备管理与维修, 2017 (18): 48-49.

[53] 张海尚，李剑波．轨道交通综合监控系统中的接口管理及在综合联调中的应用实践［J］．机电工程技术，2018，47（7）：141-143．

[54] 杨关善．城市轨道交通运营管理新规［J］．城市轨道交通，2018（8）：28-29．

[55] 李洋，王文斌．城市轨道交通初期运营前安全评估管理办法与技术规范研究［J］．现代城市轨道交通，2019（8）：27-31．

[56] 王忠文，方鸣．城市轨道交通安全评估现状综述［J］．现代城市轨道交通，2013（S）：1-5．

[57] 张毓，王璐．城市轨道交通安全评估体系的探讨［J］．城市建设理论研究（电子版），2018（16）：145．

[58] 黄玲．考虑安全因素的铁路线路方案综合评价研究［D］．北京：北京交通大学，2017．

[59] 张劭楠．城市道路交通安全评价及其影响因素分析［D］．兰州：兰州交通大学，2016．

[60] 王忠文，方鸣，刘潍清．我国城市轨道交通安全评估体系的探讨［J］．现代城市轨道交通，2014（6）：1-8．

[61] 周乃锋，蒋帅．海外城市轨道交通运营技术条件安全评估［J］．中国安全科学学报，2020，30（S1）：152-157．

[62] 于鑫．城市轨道交通初期运营前安全评估与动态检测服务模式研究［J］．现代城市轨道交通，2019（8）：1-6．

[63] 戴华明，王文斌．城市轨道交通动态验收模式探讨［C］．第四届全国智慧城市与轨道交通学术会议暨轨道交通学术年会论文集．北京：中央民族大学出版社，2017．

[64] 刘俊发，李海川．城市轨道交通设备联调联试与安全评估管理的探讨［J］．设备监理，2020（1）：27-29．

[65] 戴源廷，姚建伟．城市轨道交通初期运营前轮轨及弓网关系测试［J］．现代城市轨道交通，2019（8）：7-11．

[66] 赵慧阳．城市轨道交通初期运营安全评估中系统测试方法及建议［J］．科学技术创新，2020（22）：53-54．

[67] 王苹，钱伟．城市轨道交通投融资模式研究——基于广州地铁投融资模式的思考［J］．中国总会计师，2018（9）：42-45．

[68] 郭湛，邢智，Yiming Guo．城市轨道交通系统安全评估体系及重点方法［J］．现代城市轨道交通，2019（8）：12-17．

[69] 田桂艳，程永谊．动态综合测试期间北京大兴国际机场线高架区间列车运行平稳性异常原因分析［J］．铁道建筑，2020（2）：131-133．

[70] 程田壮．城市轨道交通延伸线的进出站客流预测［D］．南昌：华东交通大学，2019．

[71] 李江．浅谈城市轨道交通现状及未来发展方向［J］．企业改革与管理，2014（4）：153．

[72] 王鹏．基于场景的风险管理在地铁综合联调中的应用研究［D］．北京：北京交通大学，2020．

[73] 梁琦．地铁车辆监造管理技术研究［D］．北京：中国铁道科学研究院，2017．

[74] 王子煜，邓文豪，郝晓武．城市轨道交通初期运营前车辆系统安全评估的探讨［J］．现代城市轨道交通，2019（8）：37-40．

[75] 刘凯．城轨信号系统项目软件现场调试管理探讨［J］．科技风，2021（5）：91-92．

[76] 国家发展改革委网站．国家发展改革委关于印发洛阳市城市轨道交通第一期建设规划（2016-2020年）的通知．https：//www.ndrc.gov.cn/fggz/zcssfz/zcgh/201608/t20160825_1145739.html?code=&state=123．

[77] 河南省发展和改革委员会官网．关于洛阳市城市轨道交通1号线工程初步设计的批复．http：//fgw.henan.gov.cn/2017/11-01/707482.html．